LA VIE
et
L'AME

par

ÉMILE FERRIÈRE

PARIS
ANCIENNE LIBRAIRIE GERMER BAILLIÈRE ET Cie
FÉLIX ALCAN, ÉDITEUR
108, BOULEVARD SAINT-GERMAIN, 108

1888

LA VIE ET L'AME

OUVRAGES DU MÊME AUTEUR

Le Darwinisme. — Bibliothèque utile. Un volume de 190 pages. Prix. . . . . » 60

Le même, cartonné à l'anglaise. Prix. . . . . 1 »

Les Apôtres, essai d'histoire religieuse, d'après la méthode des sciences naturelles. Un fort vol. in-18. Prix. 4 50

L'Ame est la fonction du cerveau. Deux forts volumes in-18. Prix. . . . . 7 »

Paganisme des Hébreux jusqu'à la captivité de Babylone. Un fort volume in-18. Prix. 3 50

La Matière et l'Énergie. Un fort vol. in-18. Prix. . 4 50

EN PRÉPARATION :

La Cause première et la Connaissance humaine. Un fort volume in-18.

La Philosophie de Spinoza commentée à la lumière des faits scientifiques. Un fort volume in-18.

Sceaux. — Imprimerie Charaire et fils.

LA VIE
ET
L'AME

PAR
ÉMILE FERRIÈRE

PARIS
ANCIENNE LIBRAIRIE GERMER BAILLIÈRE ET Cⁱᵉ
FÉLIX ALCAN, ÉDITEUR
108, BOULEVARD SAINT-GERMAIN, 108

1888

PRÉFACE

Ce livre est le second d'une trilogie dont le but est de démontrer l'unité de substance au moyen des faits positifs, à l'exclusion de tout argument *à priori*. C'est la première fois qu'aura été fait au profit de la philosophie un essai de synthèse scientifique; et, vu l'état des progrès de la science, cet essai ne pouvait être tenté que dans le dernier quart du XIXe siècle.

Dans le premier volume de la trilogie intitulé *La Matière et l'Énergie* [1], est exposée la théorie mécanique de l'univers, conquête de la science moderne, l'une des plus grandes et des plus fécondes qu'on ait jamais faites. Les conséquences qui en découlent pour la Métaphysique ont une importance capitale; elles peuvent se résumer en les cinq formules suivantes :

1. E. FERRIÈRE, *La Matière et l'Énergie*, 1887, chez Félix Alcan.

1° Identité substantielle de la matière et de l'énergie;

2° Éternité de la matière et de l'énergie; il n'y a que des changements de formes;

3° Unité des lois de la matière et de l'énergie par tout l'univers;

4° Tous les êtres ne sont que des modes de la matière et de l'énergie;

5° Fin de la vie dans l'univers par suite de l'établissement de l'énergie en équilibre stable.

Le nouveau livre qu'aujourd'hui je publie sous le titre de *La Vie et l'Ame* se divise en trois parties.

La première est consacrée à la Vie; on y trouvera exposés les faits physiques et physiologiques qui concernent les conditions générales et nécessaires du fonctionnement de la vie. La conclusion qui jaillit des faits est la suivante : *Unité de la vie chez les animaux et les végétaux.*

La deuxième partie est consacrée à l'Ame; l'âme y est étudiée au point de vue des conditions vitales, de la pathologie, de l'embryogénie, ainsi qu'au point de vue comparatif avec l'âme des animaux. L'interprétation des faits psychiques, soit à l'état sain, soit à l'état morbide, donne la conclusion générale suivante : *L'Ame est la fonction du cerveau.*

Cette deuxième partie est le résumé d'un ouvrage en deux volumes antérieurement publiés [1]. Rien d'essentiel n'a été omis; j'ai même mis à profit certains travaux récents relatifs à l'instinct et à l'aphasie.

La troisième partie est consacrée aux rapports de la Vie et de l'Ame avec la Matière et l'Énergie; elle rattache étroitement ce volume au volume précédent. Les conclusions sont les suivantes :

1° *La Vie ou énergie vitale est le second mode général de l'Énergie universelle;*

2° *L'Ame est un mode particulier de l'énergie vitale.*

Tous les faits de ce livre sont des faits physiologiques, physiques et chimiques; non seulement ils sont empruntés aux savants les plus illustres, mais encore ils n'ont été produits qu'à la condition d'être définitivement acquis à la sience.

Quant à l'esprit qui a présidé à la composition de l'ouvrage, c'est celui de la Méthode expérimentale, celui qu'a décrit Claude Bernard dans son admirable *Introduction à la Médecine expérimentale*, véritable évangile de la science contemporaine.

Quoique le but de ce livre soit de tendre à la solution du plus haut problème de la philosophie, à

---

1. E. FERRIÈRE, *L'Ame est la fonction du cerveau*, 1883, chez Félix Alcan.

savoir, celui de la Substance, il n'en est pas moins certain que ce volume est, par la force même des choses, un livre de vulgarisation scientifique : il contient, en effet, condensées et résumées, les connaissances positives que l'on a présentement touchant la Vie et l'Ame. Aussi le lecteur, à qui le seul nom de Métaphysique ferait hérisser les crins, peut se rassurer : il n'y a pas dans tout le volume un seul argument *à priori*, un seul terme transcendantal; partout règnent en souveraines la physiologie, la physique et la chimie ainsi que le langage qui convient à la science, c'est-à-dire le langage qui n'a d'autre souci que celui de la clarté, de la précision et de la sobriété.

La table analytique des matières, très détaillée, permet d'embrasser l'ensemble des points traités; elle est comme un tableau synoptique de l'ouvrage entier. On peut ainsi se rendre aisément compte de l'utilité ou du profit qu'on pourra retirer de la lecture d'un tel livre.

L'erreur où sont tombés certains critiques au sujet de ce qu'il faut entendre par *unité de substance*, m'oblige à ne pas renvoyer à un autre volume une définition devenue indispensable. Ces critiques, en effet, ont pris l'unité de substance pour l'unité de la matière; naturellement leur raisonnement s'en est trouvé vicié. Dans ce qui va suivre je m'efforcerai d'être assez clair pour que tout lecteur, même étranger aux questions philosophiques, puisse comprendre en gros ce que les métaphysiciens appellent la Substance et quels problèmes se rattachent à la Substance.

Il ne faut pas confondre l'unité de substance avec l'unité de la matière : la première est une théorie métaphysique ; la seconde, une théorie physique ; ces deux théories sont indépendantes l'une de l'autre. Présentement la science physique, loin de tendre à l'unité de la matière, semble s'en éloigner de plus en plus ; les découvertes qui se succèdent ajoutent un nouveau corps simple à ceux qui étaient déjà connus ; ceux-ci, de leur côté, résistent à toutes les tentatives de réduction. Ce qu'on est obligé de conclure actuellement, ce n'est pas l'unité, mais bien la multiplicité de la matière. La théorie métaphysique de l'unité de substance n'est pas atteinte par cette multiplicité matérielle.

D'autre part, en supposant que l'on vînt à démontrer expérimentalement que nos corps simples sont des groupements variés de l'hydrogène, but que s'est proposé M. Lockyer dans ses beaux travaux d'analyse spectrale ; ou même encore que ces mêmes corps simples, y compris l'hydrogène, ne fussent que les condensations et les groupements complexes de l'éther, comme l'admettent idéalement les physiciens philosophes, la théorie de l'unité de substance n'en retirerait aucune aide ni secours : elle resterait posée exactement de la même façon. Qu'est-ce donc que l'unité de substance ?

Un examen superficiel des phénomènes qui se déroulent sous nos yeux nous conduit à les classer en deux grandes catégories, à savoir, la catégorie des phénomènes matériels et celle des phénomènes vitaux et psychiques (sensations, sentiments, connaissances). Pour être bref et ne pas entrer dans les détails ni dans les distinctions qui conviennent à un traité complet de métaphysique, appelons les phénomènes vitaux et psychiques du nom unique de phénomènes spirituels, par opposition aux phénomènes matériels.

Tous les individus, hommes, animaux et plantes, apparaissent, subsistent quelque temps, puis succombent. D'autres individus leur succèdent, et le même cycle se reproduit indéfiniment. Mais si les individus ou phénomènes individuels sont en proie à un flux changeant sans cesse renouvelé, il est sous cette dissolution du corps des individus quelque chose qui reste constamment debout, c'est la matière ; il est sous cette éclipse successive des phénomènes spirituels de chaque individu quelque chose qui reste debout, c'est l'esprit. On voit, en effet, la matière revêtir incessamment des formes individuelles sans cesse renouvelées, et l'esprit animer incessamment les formes nouvelles qu'a prises la matière. Or ce qui reste debout constamment sous les phénomènes transitoires et changeants est ce qu'on appelle en métaphysique la *Substance*, ainsi que l'indique l'étymologie latine « *stare*, se tenir debout, *sub*, sous ». La matière est donc la substance des phénomènes matériels ; et l'esprit, la substance des phénomènes spirituels. On peut donc définir la substance en ces termes : Le fond permanent d'où émane la variété indéfinie des phénomènes transitoires et changeants.

Tel est le sens du mot métaphysique Substance. Quant à la distinction des deux fonds permanents qui correspondent aux deux classes de phénomènes naturels, elle est le point de vue auquel se sont mis certains philosophes. Il y avait donc, pour ces philosophes, deux substances irréductibles, la Matière et l'Esprit. Ce qui les confirmait dans cette interprétation, c'est qu'à la mort de chaque individu, homme, animal ou plante, ils remarquaient que les phénomènes spirituels disparaissaient des éléments matériels de l'individu mort, de sorte que nos philosophes furent amenés à induire que l'Esprit non seulement était distinct de la Matière, mais encore qu'il pouvait loger et logeait effectivement pendant un temps limité dans les corps matériels; enfin, que ce qu'on appelait la mort n'était autre chose que la séparation de l'Esprit d'avec la Matière. Ce genre de philosophie, lequel admet deux substances irréductibles, est le type du Dualisme. De Platon à Descartes, ces deux grands pontifes du dualisme, le genre s'est subdivisé en nombre d'espèces et de variétés; mais cela est l'affaire de l'histoire de la philosophie.

Ce que nous avons appelé Esprit a reçu plusieurs autres noms; le plus employé dans les trois derniers siècles a été le mot Force; il est aisé d'en comprendre la raison. En effet, ce qui en apparence caractérise les corps matériels est de recevoir le mouvement de l'extérieur et de subir le mouvement dans la mesure que celui-ci leur est donné; on a donc appelé *passifs* (dans le sens de « dépourvus d'activité ») les phénomènes matériels, et l'on a dit : La Matière est passive.

Au contraire, l'activité éclate avec évidence dans les phénomènes vitaux et psychiques; c'est de l'Esprit que partent les initiatives et les impulsions; on a dit : L'Esprit est actif. Pour exprimer en un seul mot cette activité de l'Esprit, on a dit la Force. Ce mot a l'avantage d'avoir un sens plus large que celui d'Esprit ; il convient également aux phénomènes vitaux et aux phénomènes psychiques. Ces détails sont un peu longs, mais nécessaires, car les mots jouent un grand rôle dans la Métaphysique. Cela dit, reprenons notre classification des systèmes philosophiques.

Nous avons déjà un premier embranchement philosophique, celui qui admet deux substances, à savoir, la Matière et la Force. Il est connu sous le nom assez impropre de spiritualisme. Le spiritualisme est le type de la classe des philosophies dualistes.

Le second embranchement est celui qui admet une seule Substance ; on l'appelle aujourd'hui le Monisme, du mot grec « *monos*, seul ». Comme l'une des choses qui ont le plus fait de tort à la Métaphysique est l'abus des mots grecs, nous emploierons exclusivement la langue usuelle, connue de tous ; nous appellerons donc Philosophies de l'unité de substance les systèmes qui admettent une seule substance. Ces systèmes se subdivisent en trois genres distincts ; ces genres sont fondés sur la valeur respective que les philosophes attribuent à la Matière et à la Force.

Le premier système unitaire est celui qui fait de la Matière la substance unique ; c'est le Matérialisme. Il regarde la Force comme une simple propriété de la Matière; par conséquent, la Force est subordonnée à la Matière; elle ne lui est pas essentielle; elle pourrait être conçue comme étant enlevée à la Matière sans que pour cela la Matière fût supprimée. L'existence des minéraux semblait, aux yeux des anciens philosophes, démontrer l'exactitude de cette conception. Une comparaison servira à faire comprendre le point de vue auquel se place le Matérialisme.

Il nous est impossible de voir écrit ou d'entendre prononcer le nom de Socrate sans qu'aussitôt s'éveille en nous l'idée de sagesse et de bon sens; sagesse et bon sens sont inséparables du nom de Socrate. Et cependant nous concevons parfaitement que Socrate eût pu exister sans posséder cette admirable propriété que nous appelons sagesse et bon sens. En fait, de son propre aveu, Socrate, dans sa jeunesse, fut enclin à deux passions : celle des femmes et celle du vin, lesquelles n'ont rien de commun avec la sagesse et le bon sens. Il est donc évident que dans l'individu appelé Socrate la substance est le corps matériel avec sa forme caractéristique; la sagesse et le bon sens sont les propriétés de la forme matérielle connue sous le nom de Socrate. Cet exemple permet de saisir le sens et la portée du système unitaire qui s'appelle le Matérialisme. L'idée de Force s'adjoint bien à la Matière, mais elle s'y adjoint en tant que propriété, de même que l'idée de sagesse s'adjoint à Socrate en tant que propriété morale. Pour le Matérialisme, la Force n'est pas plus la substance que pour l'Anthropologie la sagesse n'est Socrate.

A côté de ce système unitaire se range un autre système également unitaire, lequel se place au pôle opposé : pour lui, la Force, est la substance unique ; la Matière n'est qu'une forme dégradée, grossière, de la Force ou, si l'on veut conserver l'antithèse symétrique, la Matière est une propriété de la Force. L'auteur de ce système est un philosophe du plus vaste génie, Leibniz. Comme Force en grec se dit *dynamis*, on a donné le nom de Dynamisme à la théorie de Leibniz. La Force est à l'état de pureté absolue dans Dieu et dans les âmes isolées du corps ; elle est à l'état de grossièreté absolue dans les minéraux. La forme pure et la forme grossière de la Force coexistent dans l'homme : l'une, à savoir, l'âme, est logée dans l'autre, à savoir, le corps. Cette inclusion passagère de la Force pure dans la Force grossière place, dans la hiérarchie dynamiste, l'homme au-dessous de Dieu et des âmes libres. Après l'homme viennent les animaux, puis les végétaux, et en dernier lieu les minéraux, où l'état de grossièreté de la Force est telle qu'elle en semble être éteinte. La comparaison suivante fera peut-être mieux saisir la théorie leibnizienne.

Tout le monde sait que dans une atmosphère chaude la vapeur d'eau est transparente, invisible, insaisissable. Dans un air qui se refroidit un peu, la vapeur d'eau s'épaissit en nuage. Dans un air plus froid, le nuage se condense davantage; sa grossièreté déchoit en un état plus grossier encore, qu'on appelle la pluie. Enfin, lorsque la température s'abaisse au-dessous de zéro, la pluie se concrète en glace : c'est l'état de grossièreté absolue. Rien ne semble plus dissemblable que la vapeur d'eau invisible, échappant à tous nos sens, et la glace qui affecte ces mêmes sens péniblement. Et cependant la glace et la vapeur d'eau sont essentiellement une seule et même chose sous deux états différents. L'invisible vapeur d'eau est l'image de la Force pure de Leibniz ; c'est Dieu et les âmes libres. Le nuage, la pluie et la glace représentent l'épaississement progressif de la Force leibnizienne dans les hommes, les animaux, les plantes et dans les minéraux, avec cette nuance que chez l'homme la formegr ossière de la Force renferme une parcelle à l'état pur ; et chez les animaux, une autre parcelle moins pure que chez les hommes.

Comme on le voit, dans le Dynamisme, la Force est la substance unique ; ce qu'on appelle matière n'est que l'état dégradé et grossier de la Force ; cet état ne lui est pas du tout essentiel ; la Force peut exister et, en fait, selon Leibniz, elle existe sans lui dans Dieu et dans les âmes. Le Dynamisme est donc un système unitaire qui se pose en un point de vue diamétralement opposé à celui du Matérialisme. Le Dynamisme de Leibniz, par cela qu'il n'admet pas la matière comme substance, devrait recevoir exclusivement le nom de Spiritualisme, car il est peu raisonnable d'appeler Spiritualisme une théorie qui admet comme substance la Matière aussi bien que l'Esprit.

Le Matérialisme disait : La Matière est la substance ; la force en est la propriété.

Le Dynamisme dit : La Force est la substance ; la matière est un état éventuel de la Force ; ou, en forçant un peu les termes afin de rendre symétrique l'antithèse : La Force est la substance ; la matière en est une propriété.

A côté de ces deux systèmes unitaires se range un troisième système unitaire qui dit ceci : La matière et la force sont inséparables et identiques : elles ne sont pas le fond permanent des phénomènes, c'est-à-dire la substance ; elles sont les deux aspects sous lesquels l'esprit humain *conçoit* la Substance. Si l'esprit humain les distingue en donnant à chacun des deux aspects un nom particulier, c'est par impuissance d'embrasser la totalité des phénomènes simultanés ; la distinction entre la matière et la force est donc une distinction purement logique ; elle n'implique pas du tout une distinction réelle, correspondant à des faits réels. Aujourd'hui le mot Force, pour avoir été employé abusivement, tend de plus en plus à être exclu de la science ; on le remplace par le mot *Énergie*, lequel a le double avantage de n'avoir pas été défloré par les métaphysiciens *à priori* et de traduire plus exactement les données de la Thermodynamique. Il suit de là que le troisième genre unitaire peut se formuler ainsi : Il n'y a qu'une Substance : la Substance unique se manifeste à l'esprit humain sous deux aspects qui semblent distincts, mais qui, en réalité, sont simultanés, indissolubles et identiques ; ces deux aspects sont la matière et l'énergie. Une comparaison aidera peut-être à faire mieux saisir cette théorie. Prenons un homme quelconque, Pierre ou Paul.

En tant que nous considérons le père et la mère de Paul, nous appelons celui-ci : *Le fils;*

En tant que nous considérons la femme que Paul a prise en mariage, nous appelons Paul : *L'époux;*

En tant que nous considérons les enfants qu'il a eus de sa femme, nous l'appelons : *Le père.*

Ces trois expressions « le fils, l'époux, le père » ne désignent pas trois Paul, trois substances différentes, mais un seul Paul, une seule substance, laquelle prend ces noms divers selon le point de vue sous lequel on la considère; c'est par une pure distinction logique que nous discernons dans Paul le fils, l'époux et le père, car ces trois manifestations pauliniennes sont simultanées, inséparables et substantiellement identiques.

Le troisième genre unitaire n'est pas nouveau, quant au fond; dans l'Antiquité, les Stoïciens et, dans le XVIIe siècle, Spinoza, l'ont exposé en suivant des méthodes différentes; mais jusqu'à la moitié de notre siècle, ce système unitaire est resté au rang des métaphysiques *a priori*, c'est-à-dire une hypothèse dépourvue de la sanction suprême, à savoir, la vérification expérimentale. Les progrès des sciences physiques, et surtout la découverte de la théorie mécanique de la chaleur, ont transformé radicalement les termes en lesquels se pose le problème métaphysique. Il est acquis à la science aujourd'hui, dans le dernier quart du xixe siècle, que le repos absolu n'est nulle part, et que le mouvement, ou plus exactement l'activité, est partout; que ce qu'on prenait autrefois pour le repos n'est pas autre chose qu'un équilibre; or l'équilibre est la balance égale entre deux ou plusieurs activités qui se meuvent en sens contraires; il suit de là que l'énergie est partout. La conception d'une matière qui serait dépourvue d'énergie est à jamais condamnée; une telle matière est une fiction, une chimère; l'énergie ne peut donc pas être la propriété de la matière.

D'autre part, il a été impossible à la science moderne armée des plus puissants instruments, des réactifs les plus délicats, ainsi que de cette admirable analyse spectrale qui tient du prodige, il a été impossible de trouver une manifestation énergique sans constater simultanément une manifestation matérielle. Or il était déjà également impossible de surprendre une particule matérielle qui fût dénuée d'énergie. Il suit de là que énergie et matière ou matière et énergie sont indissolubles et substantiellement identique. Régulièrement on ne devrait pas séparer les deux mots par la conjonction *et,* mais les unir par un trait d'union. La formule exacte du troisième genre unitaire serait donc celle-ci : la Substance est unique; sa manifestation extérieure est la matière-énergie.

En comparant le troisième genre unitaire aux deux autres genres, il est aisé de voir en quoi il se rapproche de chacun d'eux et en quoi il s'en éloigne.

1º Il s'éloigne du Matérialisme en ce qu'il nie contre celui-ci que l'énergie soit la propriété de la matière, et que la matière puisse être conçue comme antérieure et supérieure à l'énergie.

Il se rapproche du Dynamisme en ce qu'il affirme avec celui-ci que l'énergie est partout, éternelle et indéfectible.

2º Il s'éloigne du Dynamisme en ce qu'il nie contre celui-ci que l'énergie se manifeste ou puisse se manifester dans l'univers isolément, en dehors de toute particule matérielle.

Il se rapproche du Matérialisme en ce qu'il affirme avec celui-ci que la matière est partout aussi bien que l'énergie, puisque énergie et matière, termes au fond synonymes, sont, pour le troisième système, la manifestation nécessairement simultanée de la Substance.

Enfin, si l'on met en parallèle ce que chacun des trois systèmes appelle la Substance, on aura le tableau suivant :

1° Selon le Matérialisme, la Matière est la substance ;

2° Selon le Dynamisme, l'Énergie est la substance ;

3° Selon le troisième système, qu'on pourrait appeler le *Spinozisme* expérimental, ni la matière ni l'énergie ne sont la substance ; la Substance est ce que l'esprit humain *conçoit* comme le fond permanent qui se manifeste extérieurement sous la forme matière-énergie.

C'est le troisième système unitaire qui m'a paru résulter de l'ensemble des faits acquis par la science contemporaine ; c'est lui que je désigne sous le nom de théorie de l'Unité de substance, et que j'essaye d'établir sur les fondements de l'expérience.

LA VIE ET L'AME

PREMIÈRE PARTIE
LA VIE

CHAPITRE PREMIER

CARACTÈRES GÉNÉRAUX ET CONDITIONS GÉNÉRALES DE LA VIE

I. — Le conflit vital.

1º LA VIE EST UN CONFLIT ENTRE LE MONDE EXTÉRIEUR ET LA CONSTITUTION PRÉÉTABLIE DE L'ORGANISME.

Tout organisme vivant est en relation étroite et harmonique avec le monde extérieur. Le monde extérieur détermine dans l'organisme les phénomènes physico-chimiques; les conditions particulières de l'organisme règlent la succession, le concert et l'harmonie de ces phénomènes. Les conditions organiques dérivent, par descendance, d'êtres antérieurs; elles sont donc préétablies. Par exemple, pour un homme contemporain, la vie est la relation étroite et harmonique de son organisme propre avec les conditions physico-chimiques du milieu où il est; l'organisme propre à cet homme contemporain lui vient d'ancêtres, il est préétabli.

Cette relation entre les conditions physico-chimiques du monde extérieur d'une part, et la constitution préétablie d'un organisme d'autre part ; cette collaboration entre ces deux ordres d'éléments est appelée par Claude Bernard le *conflit vital*.

Par « conflit vital », Claude Bernard n'entend pas une lutte entre l'organisme et le monde extérieur : « Ce n'est point par une lutte contre les conditions cosmiques que l'organisme se développe et se maintient ; c'est tout au contraire par une *adaptation*, un accord avec celles-ci. L'être vivant ne constitue pas une exception à la grande harmonie naturelle qui fait que les choses s'adaptent les unes aux autres ; il ne rompt aucun accord ; il n'est ni en contradiction ni en lutte avec les forces cosmiques générales ; bien loin de là, il fait partie du concert universel des choses ; et la vie de l'animal, par exemple, n'est qu'un fragment de la vie totale de l'Univers [1] ».

II° LE CONFLIT VITAL DÉTERMINE DANS L'ÊTRE VIVANT DEUX ORDRES DE PHÉNOMÈNES, A SAVOIR, LES PHÉNOMÈNES DE DESTRUCTION ORGANIQUE ET LES PHÉNOMÈNES DE CRÉATION ORGANIQUE.

Le conflit vital engendre deux ordres de phénomènes dans tout être vivant.

1° Des phénomènes de *destruction organique*, ou de désorganisation, ou de désassimilation ;

---

1. Claude BERNARD, *Phénomènes de la vie*, tome I", page 67.

2° Des phénomènes de *création organique*, ou d'organisation, ou de synthèse organique, ou d'assimilation.

A. *Phénomènes de destruction organique.* — Les phénomènes de destruction organique correspondent aux phénomènes fonctionnels de l'être vivant. Lorsqu'une partie fonctionne, muscles, glandes, nerfs, cerveau, etc., la substance de ces organes se consume, l'organe se détruit. « Quand chez l'homme et chez l'animal un mouvement survient, une partie de la substance active du muscle se détruit et se brûle; quand la sensibilité et la volonté se manifestent, les nerfs s'usent; quand la pensée s'exerce, le cerveau se consume. On peut ainsi dire que *jamais la même matière ne sert deux fois à la vie*. Lorsqu'un acte est accompli, la parcelle de matière vivante qui a servi à le produire n'est plus. Si le phénomène reparaît, c'est une matière nouvelle qui lui a prêté son concours.

L'usure moléculaire est toujours proportionnée à l'intensité des manifestations vitales. L'altération matérielle est d'autant plus profonde ou considérable que la vie se montre plus active.

La désassimilation rejette de la profondeur de l'organisme des substances d'autant plus oxydées par la combustion vitale que le fonctionnement des organes a été plus énergique. Ces oxydations ou combustions engendrent la chaleur animale, donnent naissance à l'acide carbonique qui s'exhale par le poumon, et à différents produits qui s'éliminent par les autres émonctoires de l'économie. Le corps s'use, éprouve une consomption et une perte de poids qui traduisent et mesurent l'intensité de ses fonctions. Partout, en un mot, la destruction physico-chimique est unie à l'activité fonctionnelle, et nous pouvons regarder comme un axiome physiologique la proposition suivante : « *Toute manifestation d'un phénomène dans l'être vivant est nécessairement liée à une destruction organique* [1]. » Cette destruction est un phénomène physico-chimique qui est le résultat, soit d'une combustion, soit d'une fermentation.

B. *Phénomènes de création organique.* — Les phénomènes de création organique ou d'organisation sont les actes plastiques qui s'accomplissent dans les organes au repos et les régénèrent. La synthèse assimilatrice rassemble les matériaux et les réserves que le fonctionnement doit dépenser. C'est un travail intérieur, silencieux, caché, n'ayant rien qui le manifeste au dehors.

L'éclat avec lequel se manifestent à l'extérieur les phénomènes de destruction organique nous rend victimes d'une illusion ; nous les appelons les phénomènes de la vie ; en réalité, ils sont les phénomènes de la mort.

« Nous ne sommes pas frappés par les phénomènes de la vie. La régénération des tissus et des organes s'opère silencieusement, à l'intérieur, hors de nos regards. Seul l'embryogéniste en suivant le développement de l'être vivant saisit des changements, des

---

[1]. Cl. BERNARD, *La Science expérimentale*, page 188.

phases qui lui révèlent ce travail sourd : c'est ici un dépôt de matière; là, une formation d'enveloppe ou de noyau; là, une division ou une multiplication, une rénovation.

Au contraire, les phénomènes de destruction ou de mort vitale sautent aux yeux; aussi est-ce par eux que nous sommes amenés à caractériser la vie. Et cependant, quand le mouvement se produit et qu'un muscle se contracte; quand la volonté et la sensibilité se manifestent; quand la pensée s'exerce, quand la glande sécrète, alors la substance du muscle, des nerfs, du cerveau, du tissu glanduleux, se désorganise, se détruit et se consume; ce sont bien des phénomènes de destruction et de mort [1]. »

III° LES DEUX ORDRES DE PHÉNOMÈNES DE DESTRUCTION ORGANIQUE ET DE CRÉATION ORGANIQUE SONT CONNEXES ET INSÉPARABLES.

« Les deux ordres de phénomènes de destruction et de création ne sont divisibles et séparables que pour l'esprit; dans la nature, ils sont étroitement unis; ils se produisent, chez tout être vivant, dans un enchaînement qu'on ne saurait rompre. Les deux opérations de destruction et de rénovation, inverses l'une de l'autre, sont absolument connexes et inséparables, en ce sens que la destruction est la condition nécessaire de la rénovation; les actes de destruction sont les précurseurs et les instigateurs de ceux par lesquels les parties se rétablissent et renaissent, c'est-à-dire

---

1. Cl. BERNARD, *Phénom. de la vie*, tome Ier, page 40.

de ceux de la rénovation organique. Celui des deux types de phénomènes qui est pour ainsi dire le plus vital, le phénomène de création organique, est donc en quelque sorte subordonné à l'autre, au phénomène physico-chimique de la destruction [1]. » Par exemple, en venant au monde, l'enfant respire, se meut ; par conséquent il commence par détruire son organisme, par en dépenser les matériaux formés dans le sein maternel ; ce n'est qu'en second lieu que se montre la vie créatrice.

II. — Caractères généraux des êtres vivants.

LES CARACTÈRES GÉNÉRAUX DES ÊTRES VIVANTS SONT AU NOMBRE DE QUATRE, A SAVOIR, L'ORGANISATION, LA GÉNÉRATION, LA NUTRITION, L'ÉVOLUTION.

On peut ramener à quatre les caractères généraux des êtres vivants : 1° l'organisation ; 2° la génération ; 3° la nutrition ; 4° l'évolution (accroissement, caducité, maladie, mort).

1° *L'organisation.* — L'organisation résulte d'un mélange de substances complexes réagissant les unes sur les autres. C'est l'arrangement qui donne naissance aux propriétés immanentes de la matière vivante, arrangement qui est spécial et complexe, mais qui n'en obéit pas moins aux lois chimiques générales du groupement de la matière. Les propriétés vitales ne sont en réalité que les propriétés physico-chimiques de la matière organisée.

---

1. Cl. BERNARD, *Phénom. de la vie*, tome Ier, page 348.

2° *La génération*. — La faculté de se reproduire ou la Génération, c'est-à-dire l'acte par lequel les êtres proviennent les uns des autres, les caractérise d'une manière à peu près absolue. Tout être vient de parents, et, à un certain moment, il est capable d'être parent à son tour, c'est-à-dire de donner origine à d'autres êtres.

3° *La nutrition*. — La nutrition a été considérée comme le trait distinctif, essentiel de l'être vivant, comme la plus constante et la plus universelle de ses manifestations, celle par conséquent qui doit et peut suffire par elle seule à caractériser la vie. Elle est la continuelle mutation des particules qui constituent l'être vivant. L'édifice organique est le siège d'un perpétuel mouvement nutritif qui ne laisse de repos à aucune partie; chacune, sans cesse ni trêve, s'alimente dans le milieu qui l'entoure et y rejette ses déchets et ses produits. Cette rénovation moléculaire est insaisissable pour le regard; mais, comme nous en voyons le début et la fin, c'est-à-dire l'entrée et la sortie des substances, nous en concevons les phases intermédiaires, et nous nous représentons un courant de matière qui traverse incessamment l'organisme et le renouvelle dans sa substance en le maintenant dans sa forme. L'universalité d'un tel phénomène chez la plante et chez l'animal, dans toutes leurs parties, et sa constance, qui ne souffre pas d'arrêt, en font un signe général de la vie.

4° *L'évolution*. — L'évolution est peut-être le trait le plus remarquable des êtres vivants et par conséquent de la vie. L'être vivant apparaît, « s'accroît, décline et meurt ». Il est en voie de changement continuel; il est sujet à la mort. Il sort d'un germe, à savoir, d'un œuf ou d'une graine, acquiert par des différenciations successives un certain degré de développement; il forme des organes, les uns passagers et transitoires, les autres ayant la même durée que lui-même; puis il se détruit.

L'être brut minéral est immuable et incorruptible tant que les conditions extérieures ne changent point.

Ce caractère d'évolution déterminée, de commencement et de fin, de marche continuelle dans une direction dont le terme est fixé, appartient en propre aux êtres vivants.

La mort est également une nécessité à laquelle est fatalement soumis l'individu vivant; il fait retour par là au monde minéral. Il est sujet, en outre, à la maladie et capable de rétablissement. Les philosophes médecins et naturalistes ont été frappés vivement de cette tendance de l'être organisé à se rétablir dans sa forme, à réparer ses mutilations, à cicatriser ses blessures, et à prouver ainsi son unité, son individualité morphologique.

Cette tendance à réaliser et à réparer une sorte de plan architectural individuel ferait de l'être organisé, suivant certains physiologistes, un Tout harmonique, une sorte de petit monde dans le grand; ce serait là un caractère exclusivement propre aux corps doués de vie. « Les corps inorganiques, dit Tiedemann, n'offrent absolument aucun phénomène que l'on puisse considérer comme effet de la régénération ou de la guérison. Nul cristal ne reproduit les parties qu'il a perdues, nul ne répare les solutions survenues dans sa continuité, nul ne revient de lui-même à son état d'intégrité. » Cela n'est pas rigoureusement exact; les cristaux, comme les êtres vivants, ont leurs formes, leur plan particulier; lorsque les actions perturbatrices du milieu ambiant les en écartent, ils sont capables de les rétablir, par une véritable cicatrisation ou réintégration cristalline. Lorsqu'un cristal a été brisé sur l'une quelconque de ses parties et lorsqu'on le replace dans son eau-mère, M. Pasteur a constaté le fait suivant :

En même temps que le cristal s'agrandit dans tous les sens par un dépôt de particules cristallines, un travail très actif a lieu sur la partie brisée ou déformée; en quelques heures il a satisfait, non seulement à la régularité du travail général sur toutes les parties du cristal, mais au rétablissement de la régularité dans la partie mutilée[1]. Il faut donc le reconnaître,

---

1. *Comptes rendus*, 16 mai 1881. Expériences de M. Loir confirmant celles de M. Pasteur ainsi que celles de Delavalle et de Sénarmont.
1ʳᵉ *Expérience*. — M. Loir prend un cristal octaédrique d'alun de potasse (sulfate d'alumine et de potasse); il en mutile plus ou moins profondément les six sommets; il en lime les douze arêtes. Cela fait, il plonge l'octaèdre d'alun de potasse, lequel est incolore, dans une dissolution saturée d'alun de chrome (sulfate d'alumine et de chrome), laquelle est violette.
Au bout de quelques jours, on constate que les six sommets et les douze arêtes se sont exactement rétablis au moyen de

la force physique qui range les particules cristallines suivant les lois d'une savante géométrie a des résultats analogues à celle qui range la substance organisée sous la forme d'un animal ou d'une plante. Ce caractère n'est donc pas aussi absolu que le croyait Tiedemann; toutefois il a un degré d'intensité et d'énergie qui n'appartient qu'à l'être vivant. D'autre

---

l'alun de chrome violet dissous; on a un octaèdre parfait incolore, avec des sommets et des arêtes de couleur violette.

Cette réparation des blessures étant achevée, si on laisse l'octaèdre dans la dissolution violette, le dépôt commence alors à se faire sur les faces. Ce dépôt ne se fait jamais tant que les blessures des sommets et des arêtes ne sont pas réparées, c'est-à-dire tant que la forme géométrique des sommets et des arêtes n'est pas exactement rétablie.

2ᵉ *Expérience*. — Dans la dissolution violette on plonge deux octaèdres incolores, préalablement pesés; l'un est intact, l'autre est mutilé sur les arêtes et sur les sommets. Au bout d'un nombre suffisant de jours on relève les deux octaèdres, et on les pèse. On constate alors que l'octaèdre mutilé, non seulement a réparé ses blessures, mais qu'il a acquis un poids d'alun violet plus considérable que ne l'a fait l'octaèdre intact.

Ainsi, c'est un fait expérimental que certains minéraux cristallins réparent leurs blessures, comme réparent leurs blessures les végétaux et les animaux.

D'autres expériences faites par M. Loir ont également démontré que les diverses faces d'un cristal n'ont pas la même puissance d'attraction à l'égard de la solution minérale employée pour les nourrir; le dépôt se fait sur certaines faces plus abondamment que sur les autres. Avant M. Loir, M. Lecoq de Boisbaudran avait, par des expériences remarquables, mis ce fait hors de doute.

Ces faits sont vraiment surprenants. Toutefois je crois qu'il est prudent de ne point se hâter de conclure que l'abîme entre le règne minéral et le règne vivant soit comblé. Ce n'est pas sur *quelques* faits qu'une induction aussi hardie doit s'appuyer, c'est sur des *milliers*. Le pire ennemi de la philosophie est l'impatiente imagination, la Folle du logis, comme l'appelle Malebranche.

part, il n'y a pas dans le cristal l'évolution qui caractérise l'animal ou la plante[1].

III. — Conditions générales de la vie.

1° LES CONDITIONS EXTRINSÈQUES NÉCESSAIRES AUX MANIFESTATIONS DE LA VIE SONT AU NOMBRE DE QUATRE, A SAVOIR : L'HUMIDITÉ, L'AIR, LA CHALEUR, ET UNE CERTAINE COMPOSITION CHIMIQUE DU MILIEU.

Rien ne démontre mieux l'unité vitale, c'est-à-dire l'identité de la vie, d'une extrémité à l'autre de l'échelle des êtres, que l'uniformité des conditions nécessaires à ses manifestations. Ces conditions sont : 1° l'humidité; 2° l'air; 3° la chaleur; 4° une certaine composition chimique du milieu.

Pour vivre, tout organisme exige la réunion de ces conditions; il lui faut de l'eau, de l'oxygène, une température convenable, certains principes chimiques; tout cela, dans des proportions sensiblement constantes.

1° *L'Eau*. — L'Eau est un élément indispensable à la constitution du milieu où évoluent et fonctionnent les êtres vivants. La substance vivante a besoin d'une atmosphère humide; son activité est à ce prix.

Le rôle que joue l'eau dans les organismes est multiple :

A. L'eau entre comme élément constituant dans la composition de la substance vivante;

---

1. Claude BERNARD, *Phénomènes de la Vie*, tome Ier, page 32 et suivantes.

B. Elle est le dissolvant ou le véhicule des autres substances du milieu extérieur ou intérieur [1]; elle favorise par elle-même ou permet un grand nombre de réactions chimiques de l'organisme.

Les variations de la quantité d'eau du milieu ont une influence extrêmement marquée sur la vitalité.

Des variations très étendues sont compatibles avec le maintien de la vie chez les animaux inférieurs. Lorsque la quantité d'eau devient insuffisante, la substance des organismes se dessèche et perd ses propriétés, la vie se suspend. La dessiccation est le plus sûr moyen de mettre les organismes inférieurs dans la condition particulière appelée *vie latente*.

Les limites entre lesquelles peut osciller l'eau du milieu intérieur sont bien plus étroites. Dans le sang des mammifères, par exemple, l'eau varie de 80 à 90 pour 100; dans le suc gastrique, sa proportion est de 98 à 99; dans le lait, de 70 à 80 pour 100, etc. [2].

---

1. Le milieu intérieur est le sang, la lymphe, tous les liquides de l'organisme.

2. Le rôle capital que joue l'eau dans l'organisme a été mis en relief par l'expérience célèbre du jeûneur Merlatti en 1886. Merlatti est resté 50 jours sans prendre de nourriture, mais en buvant de l'eau distillée.

Comme contre-épreuve, le docteur V. Laborde a soumis au jeûne deux chiens d'égale grosseur et d'égale vigueur. A l'un on avait supprimé l'eau aussi bien que les aliments; l'autre pouvait user d'eau à discrétion. Le vingtième jour du jeûne, le chien privé d'eau succombait, tandis que le quarantième jour, le chien qui buvait de l'eau était vivant. Le quarantième jour, le jeûne fut rompu pour ce chien; on lui donna un kilogramme de viande hachée qu'il mangea et digéra fort bien. Le chien avait bu, durant ces quarante jours, près de 4 litres d'eau (V. Laborde, *Tribune médicale*, 2 janvier 1887).

Le célèbre médecin Chaussier voulant savoir quelle est la proportion d'eau que renferme l'organisme humain fit placer dans un four, à une chaleur assez peu considérable pour ne pas opérer la carbonisation, un cadavre humain du poids de 60 kilogrammes. La dessiccation le réduisit à 6 kilogrammes. Les parties solides entraient donc dans la constitution du cadavre pour un dixième seulement, tandis que l'eau y était pour les 9 dixièmes. La momification telle que la pratiquaient les Égyptiens donne à peu près les mêmes résultats, c'est-à-dire que les momies ont été ramenées, en général, au dixième de leur poids.

Ces chiffres pris chez l'homme ne sauraient être généralisés et appliqués à toutes les espèces animales. Chez les reptiles et beaucoup d'insectes, la proportion des liquides est bien moindre ; dans certains animaux, cette diminution de l'eau est telle que l'urine est solide et affecte une consistance pulvérulente[1].

Chez les animaux supérieurs, la constance relative de la quantité d'eau qui baigne les éléments est assurée par le mécanisme qui rétablit continuellement l'équilibre entre les rapports et les dépenses ; le mécanisme est gouverné par le système nerveux. Les pertes se font par la voie des sécrétions (urine, sueur), par la respiration, par le perspiration cutanée ; les gains se font par l'introduction des liquides alimentaires, et chez quelques animaux par l'absorption cutanée[2].

---

1. Cl. Bernard, *Liquides de l'organisme*, tome I", page 30.
2. Cl. Bernard, *Phénom. de la vie*, tome II, page 8 et suivantes.

II° *L'Air.* — L'oxygène, c'est-à-dire la partie active de l'air, est également nécessaire au plus grand nombre des êtres vivants. Depuis longtemps c'est un axiome incontesté que l'air entretient la vie et mérite le nom de *pabulum vitæ*, aliment de la vie, que lui ont attribué les physiologistes.

Les découvertes de M. Pasteur ont montré que certains organismes inférieurs (levures ou mycodermes) s'emparaient de l'oxygène combiné et donnaient ainsi naissance aux fermentations. L'altération de l'air, mesurée par la quantité d'oxygène disparu et d'acide carbonique au sein de l'organisme, est en rapport avec l'intensité des phénomènes vitaux ; et cela, aussi bien chez les végétaux que chez les animaux. C'est pourquoi, au moment de la pleine activité vitale chez un animal à sang chaud, le sang veineux général est noir et chargé d'acide carbonique, tandis que chez un animal hibernant ou chez un animal à sang froid, pendant l'engourdissement, le sang veineux conserve sa coloration rouge et ne renferme que des traces d'acide carbonique. Il en est de même pour les végétaux[1].

III° *La Chaleur.* — La chaleur fournit la troisième condition qui intervient dans le développement des phénomènes vitaux. Pour les végétaux, le fait a été bien mis en évidence, et l'on sait que chaque fonction

---

[1]. La sève descendante n'est pas comparable au sang veineux, lequel contient encore une forte proportion d'oxygène, mais plutôt à la lymphe et aux liquides interstitiels ; elle ne renferme en effet que des traces d'oxygène.

ne peut s'exercer qu'entre des limites de température étroitement déterminées. Voici la conclusion à laquelle est arrivé le botaniste Sachs : « Toute fonction ne commence à s'accomplir que lorsque la température de la plante atteint un degré déterminé *au-dessus du point de congélation* des sucs cellulaires. Elle cesse dès que la température dépasse un autre degré également déterminé, qui semble ne pouvoir jamais s'élever d'une façon durable au delà de 50 degrés. »

L'abaissement prolongé de la température a pour conséquence un amoindrissement de l'activité vitale, un véritable état hibernal de la plante.

L'influence de la température sur la vie animale est très remarquable. Il y a pour chaque animal un point moyen qui correspond au maximum d'énergie vitale. Pour les animaux supérieurs, tels que les mammifères, la température compatible avec la vie est à peu près fixe. Ces êtres sont à une température invariable ; non que le milieu extérieur n'éprouve des oscillations considérables, mais le milieu intérieur dans lequel vivent véritablement les éléments anatomiques, le sang, en un mot, présente un degré thermique déterminé et extrêmement peu variable. Chez l'homme, il ne varie que de 37°,5 à 38°.

Ces animaux sont dits à *température constante*, par opposition aux reptiles, aux batraciens et aux poissons, qui sont dits à *température variable*. Chez les animaux à température constante, il existe un ensemble de mécanismes gouvernés par le système nerveux, qui a pour but de maintenir la constance de la température; sans cette constance les fonctions vitales ne sauraient s'exécuter. On peut, en intervenant sur l'un ou l'autre de ces rouages, modifier le résultat, abaisser ou élever la température de l'animal, et faire d'un animal à sang chaud, comme le lapin, un animal à sang froid, comme la grenouille. Les adaptations, pour être possibles, doivent remplir une condition d'exécution invariable : elles doivent être lentes et graduées.

IV° *Constitution chimique du milieu.* — Outre les conditions d'humidité, de chaleur et d'aération convenables du milieu, il est nécessaire que l'élément vivant rencontre autour de lui une quatrième condition. Il faut que le milieu liquide qui le baigne contienne certaines substances sans lesquelles il ne pourrait se nourrir.

On a cru pendant longtemps que la composition de ce milieu était totalement différente lorsqu'on passait des animaux aux plantes ; qu'elle variait infiniment d'un organisme à l'autre, de manière à échapper à toute systématisation. Mais, dans la réalité, cette composition est beaucoup mieux déterminée qu'il ne semblait; elle présente des caractères uniformes et communs à tous les êtres vivants. Le milieu propre à la constitution doit contenir :

1° Des substances *azotées* (azote, carbone, hydrogène, oxygène);

2° Des substances *ternaires* (carbone, hydrogène, oxygène), tels que les sucres, les corps gras, les amidons;

3° Des substances *minérales*, telles que des phosphates, de la chaux, etc.

Il faut que chacun de ces trois groupes soit représenté dans le milieu où baignent les éléments anatomiques. Quant aux espèces de chaque groupe qui sont nécessaires et aux proportions suivant lesquelles ces espèces doivent participer à la composition du milieu, elles varient selon les cas. Ce sont là des nuances fort délicates et par cela même difficiles à préciser. Le seul fait général, c'est la nécessité des unes et des autres, abstraction faite des quantités et des formes qu'elles doivent présenter.

Avec ces matières premières, les éléments vivants fabriquent des principes immédiats, chacun selon sa nature[1].

II° LES CONDITIONS EXTRINSÈQUES DOIVENT ÊTRE RÉALISÉES, SOIT DANS LE MILIEU EXTÉRIEUR, SOIT DANS LE MILIEU INTÉRIEUR DE L'ÊTRE VIVANT.

Les conditions extrinsèques doivent être réalisées dans le milieu qui entoure immédiatement la particule vivante et qui doit entrer en conflit avec elle.

On distingue deux milieux : le milieu ambiant ou *milieu extérieur*, avec lequel entrent directement en conflit les êtres placés au plus bas degré de l'échelle, et le *milieu intérieur*, qui sert d'intermédiaire entre le monde extérieur et la substance vivante. En effet, les êtres élevés en organisation, c'est-à-dire formés par des assemblages d'organismes élémentaires, n'en-

1. CL. BERNARD, *Phénom. de la vie*, tome II, Leçon d'ouverture.

trent pas directement en relation avec le monde extérieur; le monde ambiant n'est pas le lieu véritable où s'accomplit immédiatement leur existence. Pas plus que les autres animaux aériens, l'homme ne vit dans l'air; il n'a pas en réalité de contact direct avec l'atmosphère. Ses parties élémentaires essentielles, ses éléments constitutifs véritablement doués de vie, ses cellules histologiques ne sont pas abandonnées nues dans le monde ambiant; elles baignent dans un *milieu intérieur* qui les enveloppe, les sépare du dehors et sert d'intermédiaire entre elles et le milieu cosmique.

Qu'est-ce que ce milieu intérieur? C'est le sang, non pas à la vérité le sang tout entier, mais la partie fluide du sang, *le plasma sanguin*, ensemble de tous les liquides interstitiels, source et confluent de tous les échanges élémentaires. Il est donc bien vrai de dire que l'animal aérien ne vit pas, en réalité, dans l'air atmosphérique, le poisson dans les eaux, le ver terricole dans le sable. L'atmosphère, les eaux, la terre, sont une seconde enveloppe autour du substratum, de la vie protégé déjà par le liquide sanguin qui circule partout et forme une première enceinte autour de toutes les particules vivantes. Ce n'est donc pas directement que les conditions extérieures influencent ces êtres compliqués, comme elles influencent les êtres bruts ou les êtres vivants plus simples. Il y a pour eux un introducteur forcé qui interpose son ministère entre l'agent physique et l'élément anatomique des tissus. Aussi est-ce dans le milieu intérieur que résident les conditions physiques de la vie[1].

III° Une réserve de matériaux nutritifs est nécessaire pour le maintien de la vie.

L'animal ou la plante en naissant commencent toujours par l'acte vital de la destruction organique; il est donc nécessaire que préalablement des matériaux nutritifs aient été mis en réserve; c'est ce qui a lieu pour l'animal dans le sein maternel, et pour la plante dans la graine. Cette réserve est constituée par les matériaux chimiques qui entrent dans la constitution de l'être vivant : elle est pour ainsi dire un réservoir de matière alimentaire que les manifestations vitales dépenseront plus tard. Ainsi, il faut que l'être possède des réserves accumulées dans ses tissus pour pouvoir se nourrir et parer à ses premières dépenses jusqu'au moment où il pourra puiser au dehors, par l'alimentation, les matériaux qui lui sont nécessaires pour faire de nouvelles réserves.

IV° Selon le degré de dépendance ou d'indépendance des organismes vivants a l'égard du milieu extérieur, on distingue trois formes de vie, a savoir : la vie latente, la vie oscillante, la vie constante.

La nature plus ou moins étroite des relations du monde extérieur avec le milieu intérieur, et par suite avec l'animal, est très importante à considérer. Elle fournit une première classification des différentes formes d'existence des organismes vivants.

Le premier groupe comprend les êtres inférieurs,

---

[1]. Cl. Bernard, *Phénom. de la vie*, tome II, page 4.

animaux ou plantes, qui n'ont point de milieu intérieur, ou dont le milieu intérieur, lorsqu'ils en ont, est absolument dépendant du milieu extérieur.

A. Lorsque le milieu extérieur présente les conditions convenables, la vie suit son cours régulier.

B. Lorsque le milieu extérieur cesse de présenter ces conditions, la vie se suspend d'une manière provisoire ou définitive. Cette condition vitale particulière s'appelle *vie latente.*

Le deuxième groupe comprend les êtres chez qui le milieu intérieur est dans une dépendance moins étroite du milieu extérieur. Les oscillations du milieu intérieur se répercutent sur l'animal lui-même, dont elles exaltent ou atténuent le mouvement vital sans jamais le supprimer absolument. Cette condition vitale particulière s'appelle *vie oscillante.*

Telles sont les plantes; pendant l'hiver leur végétation est diminuée, obscure. Tels sont les invertébrés, les vertébrés à sang froid, et les mammifères hibernants, marmottes, loirs, etc.

Le troisième groupe comprend les êtres dont le milieu intérieur est indépendant du milieu extérieur.

L'être paraît libre; sa vie s'écoule d'un cours constant, affranchie des alternatives du milieu extérieur. C'est qu'un mécanisme compensateur très compliqué maintient constant le milieu intérieur qui enveloppe les éléments des tissus; ces tissus, quelles que soient les vicissitudes cosmiques, sont dans une atmosphère identique, dans une véritable serre chaude. Cette condition vitale particulière s'appelle *vie constante.*

Tels sont les mammifères supérieurs.

1° *La vie latente.* — La vie latente est celle des êtres dont l'organisme est tombé dans l'état d'*indifférence chimique*.

La vie active ou manifestée, quelque atténuée qu'elle puisse être, est caractérisée par les relations entre l'être vivant et le milieu. L'être vivant, à chaque manifestation vitale, se détruit et se consume; pour réparer ses pertes, il emprunte à chaque instant des matériaux liquides ou gazeux au milieu cosmique, et ainsi de suite alternativement. L'indifférence chimique est la suppression de cet échange, la rupture de relation entre l'être et le milieu; l'être ne se détruisant plus n'a plus rien à emprunter et à restituer au milieu; le milieu et lui restent en face l'un de l'autre, inaltérables et inaltérés. C'est ainsi, par exemple, qu'un morceau de craie, dans les conditions ordinaires, reste sans changements appréciables dans l'atmosphère; il n'en reçoit aucune action, il n'en exerce aucune sur elle qui soit capable d'en modifier la constitution chimique.

On connaît aujourd'hui un grand nombre de cas de vie latente chez les animaux et chez les végétaux; on peut même dire sans craindre de se tromper que la vie latente est répandue à profusion dans la nature, et qu'elle nous expliquera dans l'avenir un très grand nombre de faits réputés mystérieux aujourd'hui[1].

1. Toutes les découvertes de M. Pasteur sur les fermentations ont précisément pour objet les germes à l'état de vie

A. **Vie latente chez les graines.** — Les graines nous présentent les phénomènes de la vie latente; la vie existe prête à se manifester si on lui fournit les conditions extérieures convenables; mais elle ne se manifeste aucunement si ces conditions font défaut. La graine a en elle, dans son organisation, tout ce qu'il faut pour vivre; mais elle ne vit pas, parce qu'il lui manque les conditions physico-chimiques nécessaires. Il faut en effet la collaboration étroite de son organisme avec les conditions extrinsèques, à savoir, humidité, air, chaleur, constitution chimique, pour que la vie se manifeste.

Mais ce n'est pas tout. Non seulement il faut à la graine l'humidité, la chaleur, l'air et une réserve nutritive, mais il faut encore que ces conditions existent à un degré, à une dose déterminée; alors la vie brillera de tout son éclat. En dehors de ces limites, la vie tend à disparaître; à mesure qu'on s'approche de ces limites, l'éclat des manifestations vitales pâlit et s'atténue.

Si dans une éprouvette on dispose des graines de cresson alénois sur une éponge, à l'humidité et à la chaleur convenables, et qu'on fasse passer un courant d'air, les graines germent sur l'éponge.

Si l'on remplace l'air par un gaz inerte tel que l'azote ou l'acide carbonique, la graine cesse de germer.

---

latente; les maladies infectieuses sont dues probablement toutes à ces germes; le fait est démontré pour quelques-unes, à savoir, les fièvres paludéennes, les maladies charbonneuses, le choléra, la fièvre typhoïde, etc. Voir *Ferments et maladies* par E. DUCLAUX, éditeur Masson.

En remplaçant le gaz inerte par l'oxygène, la germination reprend.

La germination se fait bien à une chaleur de 17° à 21°. Si l'on porte la chaleur à 35° ou 40°, la germination est suspendue. Il y a donc une sorte d'engourdissement produit par une température trop élevée. Ainsi la manifestation des phénomènes vitaux exige non seulement le concours de la chaleur, mais le concours d'un degré déterminé pour chaque être.

Claude Bernard a fait ce rapprochement singulier qu'à 38° les grenouilles étaient engourdies et comme anesthésiées, et cependant cette température de 38° est celle de la vie normale des mammifères.

Il est important de remarquer que la graine ne peut être comparée physiologiquement à l'œuf, ainsi qu'on le fait trop souvent. L'œuf ne tombe jamais en état de vie latente. La graine n'est pas l'œuf ou le germe de la plante; elle en est l'*embryon*. La partie essentielle de la graine est en effet la miniature du végétal complet; on y trouve le rudiment de la racine ou *radicule*, le rudiment de la tige ou *tigelle*, le bourgeon terminal ou *gemmule*, les premières feuilles ou *cotylédons*. C'est donc l'embryon qui reste en état de vie latente tant que les conditions extérieures ne se prêtent pas à son développement. Il résulte de là que tout ce qui a été dit de la vie latente ne s'applique pas à l'œuf du végétal, mais bien au végétal lui-même.

L'œuf est un corps en évolution, dont le développement ne saurait s'arrêter d'une manière complète.

Il est seulement à l'état de vie engourdie ou oscillante; il reste toujours en relation d'échange matériel avec le milieu. En un mot, l'œuf respire; il prend de l'oxygène et restitue de l'acide carbonique; il ne reste pas inerte dans le milieu ambiant inaltéré[1]. L'indifférence ou l'inertie apparente de l'œuf n'est qu'une illusion produite par la lenteur, l'atténuation ou l'obscurité des phénomènes qui s'y passent. Les œufs de vers à soie, par exemple, attendent pour éclore le retour du printemps; mais on doit admettre que la vie n'y a pas été complètement suspendue. Des changements s'y accomplissent sous l'influence du froid, et le printemps revenant, la chaleur ne trouve plus l'œuf dans le même état, avec la même constitution qu'il avait à la fin de l'automne. On comprend dès lors que la chaleur qui, à cette époque, n'avait pu déterminer le développement de l'œuf le puisse faire maintenant.

L'eau et la chaleur sont pour l'embryon végétal les conditions indispensables du retour de la vie latente à la vie manifestée. La suppression de l'eau et de la chaleur fait constamment disparaître la vie; leur retour la fait reparaître.

Ces phénomènes de vie latente expliquent quel-

---

[1]. D'après les expériences de MM. Van Tieghem et Bonnier, les graines renfermées en vase clos absorbent un peu d'oxygène et émettent un peu d'acide carbonique; donc elles respirent; comme le dit M. Bonnier, « la vie latente n'est pas autre chose qu'une vie extrêmement ralentie ». Claude Bernard est donc allé trop loin en disant que la graine à l'état de vie latente est une substance inerte. Voir *Revue scientifique*, 17 mars 1883, page 342, et 30 avril 1887, page 546.

ques circonstances naturelles très remarquables, lesquelles avaient vivement frappé l'imagination de ceux qui les observaient pour la première fois. Un grand nombre de graines véritables ou de spores (graines simples des acotylédonées : champignons, fougères, mousses) sont enfouies dans le sol ou disséminées à la surface à l'état d'inertie. Tout à coup, à la suite d'une pluie abondante ou d'un remaniement de terrain, elles entrent en germination, et le sol se couvre d'une végétation inattendue et comme spontanée. De même, on voit dans les allées des jardins, à la suite d'une pluie d'orage, des plaques vertes formées par le développement d'une espèce d'algues, le nostoch. Toutes ces végétations ne sont pas apparues subitement et spontanément : les germes existaient dans la profondeur du sol, ou à l'état de dessiccation dans la poussière qui le recouvrait; ils ne se sont manifestés en se développant que lorsqu'ils ont trouvé les conditions d'aération, d'humidité et de chaleur qui sont les trois facteurs essentiels des manifestations vitales.

B. Vie latente chez les animaux. — Un grand nombre d'animaux inférieurs sont susceptibles de tomber, par dessiccation, en état d'indifférence chimique. Tels sont beaucoup d'infusoires, les Kolpodes entre autres. Mais les plus célèbres de ces animaux sont les Rotifères, les Tardigrades et les Anguillules du blé niellé.

1° Les *Kolpodes* sont des infusoires ciliés, en forme de haricot, qui se nourrissent de monades, de bactéries, de vibrions. On peut les faire sécher sur des lames de verre et les conserver indéfiniment en cet état; ils reviennent à la vie dès qu'on leur rend l'humidité. M. Balbiani, professeur au Collège de France, conserve de la sorte depuis sept ans des individus qu'il rend à la vie active et qu'il dessèche chaque année.

2° Les *Rotifères* sont des animaux d'une organisation déjà élevée, que Van Beneden a classés dans un groupe à part entre les crustacés et les vers. Ils ont un tube respiratoire, un appareil masticateur, un intestin, un ovaire, un canal d'excrétion. Ils ont un demi et même un millimètre de grandeur. On les trouve surtout dans les mousses qui forment des touffes vertes sur les toitures. A l'état de vie latente, ils sont ramassés en boule; l'humidité les rend à la vie active.

3° Les *Tardigrades* sont encore plus élevés en organisation que les Rotifères; ils appartiennent à la classe des Arachnides; c'est une famille d'acariens. On les trouve sur la poussière des toits ou sur les mousses qui y végètent. Lorsque l'eau vient à leur manquer, ils se rétractent, se raccornissent et se confondent avec la poussière voisine; ils peuvent rester plusieurs mois, sans manifestation appréciable de la vie, dans cet état de dessiccation. Mais si on humecte cette poussière, on voit au bout d'une heure les animaux y fourmiller actifs et mobiles; leurs organes, muscles, nerfs, viscères digestifs, se rétablissent dans leurs formes; ils reprennent, en un mot, toute la plénitude de leur vitalité jusqu'à ce que la sécheresse vienne l'interrompre encore une fois.

4° Les *Anguillules* du blé niellé sont des helminthes nématoïdes qui produisent la maladie des grains de blé connue sous le nom de *nielle*. Lorsque le blé est humide, l'anguillule est active ; elle s'élève le long de la plante et se loge dans la graine avant sa maturité. Lorsque la terre est sèche, l'anguillule étant desséchée est inerte ; elle ne peut monter le long de la tige nouvelle, et le grain est ainsi préservé. Aussi est-ce dans les années humides, où les pluies sont abondantes au temps de la formation de l'épi, que les blés sont sujets à la nielle. Les cultivateurs savaient cela, mais ils ne pouvaient comprendre le rapport qu'il y a entre l'humidité de la saison et la nielle du blé. On voit que ce rapport n'a rien de mystérieux : c'est une simple condition physique qui fait que le chemin est praticable ou non pour le parasite. Il en est ainsi généralement : toutes les harmonies naturelles se ramènent à des conditions physico-chimiques, quand nous en connaissons le mécanisme.

Baker, en 1771, observa que des anguillules conservées inertes depuis vingt-sept ans reprenaient leur activité dès qu'on les humectait. Claude Bernard en a fait revenir à la vie après quatre années de dessiccation. Spallanzani détermina leur révivification et leur engourdissement jusqu'à seize fois de suite.

Ces animaux ne peuvent pas revenir à la vie indéfiniment, parce que à chaque réviviscence ils consomment une partie de leurs matériaux nutritifs sans pouvoir réparer cette perte puisqu'ils ne mangent pas. De sorte que la réserve des matériaux nutritifs finit par disparaître et empêcher la vie de se manifester. Il en est de même des animaux précédents.

Explication de la vie latente. — Les mécanismes par lesquels se produit l'état de vie latente et se fait le retour à la vie manifestée se rattachent aux deux ordres de phénomènes qui constituent la vie chez tous les êtres, à savoir, la création organique et la destruction organique.

1° La condition principale que doit remplir un organisme pour tomber à l'état de vie latente est la *dessiccation*. Les autres circonstances ne sauraient agir aussi efficacement que la dessiccation pour suspendre la vie. La dessiccation a pour conséquence immédiate de faire disparaître, de rendre impossibles les phénomènes de destruction organique, c'est-à-dire les manifestations fonctionnelles de l'être vivant. Les propriétés physiques des tissus, leur élasticité, leur densité, leur ténacité, sont d'abord modifiées par la dessiccation. Puis les ferments qui produisent les phénomènes chimiques de la destruction organique, étant desséchés, deviennent inertes. Il s'ensuit qu'en faisant disparaître les propriétés physiques et chimiques des tissus, la dessiccation amène la suppression totale de la destruction organique. La création organique s'arrête alors, elle aussi, dans les cellules desséchées. En un mot, la vie considérée sous ses deux faces est suspendue; l'organisme est en état d'indifférence chimique, il est inerte. Il y a arrêt de la vie ou *vie latente*.

2º Le réveil de l'être plongé dans l'état de vie latente, son retour à la vie manifestée, s'explique tout aussi simplement. C'est d'abord la destruction vitale qui redevient possible par le retour des phénomènes physico-chimiques; puis la création organique reparaît à son tour, quand l'animal reprend des aliments.

Dès que l'humidité et la chaleur sont restituées à l'organisme, les tissus reprennent la quantité d'eau qu'ils avaient avant leur dessiccation; alors leurs propriétés mécaniques et physiques de résistance, d'élasticité, de transparence, de fluidité, reparaissent. Le retour des phénomènes chimiques a lieu tout aussitôt; les ferments desséchés en s'humectant de nouveau récupèrent leur activité; les fermentations interrompues reprennent leur cours dans l'organisme vivant.

C'est donc par le rétablissement primitif des actes de destruction vitale que se fait le retour à la vie. La vie créatrice ne se montre qu'en second lieu; c'est là une loi qu'il importe de faire ressortir. L'animal ou la plante, en renaissant, commence toujours par détruire son organisme, par en dépenser les matériaux préalablement mis en réserve. Cette observation nous fait comprendre la nécessité d'une nouvelle condition pour la réviviscence ou le retour à la vie manifestée. Il faut que l'être possède des réserves, accumulées dans ses tissus, avons-nous dit précédemment, pour pouvoir se nourrir et parer à ses premières dépenses, jusqu'au moment où, complètement revenu à l'existence, il pourra puiser au dehors, par l'alimentation, les matériaux qui lui sont nécessaires pour faire de nouvelles réserves. Nous retrouvons ici incidemment une application de cette grande loi, sur laquelle on ne saurait trop insister, à savoir, que la nutrition est toujours indirecte au lieu d'être directe et immédiate. L'accumulation de réserves est donc une nécessité pour les êtres en état de vie latente : la reprise des manifestations vitales n'est possible qu'à ce prix. Dès que les phénomènes de destruction vitale ont recommencé dans l'être tout à l'heure inerte, la création vitale reprend aussi son cours, et la vie se rétablit dans son intégrité avec ses deux ordres de phénomènes caractéristiques.

II° *La vie oscillante.* — Les êtres à vie oscillante sont fort nombreux dans la nature.

Tous les végétaux sont dans ce cas : ils sont engourdis pendant l'hiver. La vie n'est pas complètement éteinte en eux ; les échanges matériels de l'assimilation et de la désassimilation ne sont pas supprimés absolument, mais ils sont réduits à un minimum. La végétation est obscure : le processus vital presque insensible. Au printemps, lorsque la chaleur reparaît, le mouvement vital s'exalte ; la végétation engourdie prend une activité extrême ; la sève se met en mouvement, les feuilles apparaissent, les bourgeons s'entr'ouvrent et se développent; des parties nouvelles, racines, branches, s'étendent dans le sol ou dans l'air.

Dans le règne animal, il se produit des phénomènes analogues. Tous les invertébrés et, parmi les vertébrés, tous les animaux à sang froid possèdent une vie oscillante, dépendante du milieu cosmique. Le froid les engourdit, et si pendant l'hiver ils ne peuvent être soustraits à son influence, la vie s'atténue, la respiration se ralentit, la digestion se suspend, les mouvements deviennent faibles ou nuls. Chez les mammifères, cet état est appelé *état d'hibernation :* la marmotte, le loir nous en fournissent des exemples.

Comment se produit l'engourdissement sous l'action du froid, et par quel mécanisme le retour de la chaleur imprime-t-il une impulsion nouvelle à l'activité vitale? L'expérience établit que l'animal tombe en état d'engourdissement ou d'hibernation, parce que tous ses éléments organiques sont entourés d'un milieu refroidi dans lequel se sont abaissées les actions chimiques et proportionnellement les manifestations fonctionnelles vitales. Il y a absence, chez l'animal à sang froid ou hibernant, d'un mécanisme qui maintienne autour des éléments un milieu constant en dépit des variations atmosphériques. C'est le refroidissement du milieu intérieur qui engourdit l'animal; c'est le réchauffement de ce même milieu qui le dégourdit.

Lorsqu'un animal à sang froid, une grenouille par exemple, vient à s'engourdir, on pourrait croire que l'action du froid porte primitivement sur sa sensibilité, sur le système nerveux, qui est le régulateur général des fonctions de la vie organique et de la vie animale. Il n'en est rien. Lorsque le milieu intérieur, c'est-à-dire l'ensemble des liquides circulants, se refroidit, chaque élément en contact avec le sang s'engourdit pour son propre compte, révélant ainsi son autonomie et les conditions de son activité propre. En un mot, chaque système organique, chaque élément est de lui-même influencé par le froid comme l'individu tout entier. Il a les mêmes conditions d'activité ou d'inactivité que l'ensemble, et il forme un nouveau microcosme dans l'être vivant, microcosme lui-même au sein de l'univers.

De même, lorsque l'animal engourdi revient à la vie, ce n'est pas le système nerveux qui réveille les autres systèmes : et comment cela se pourrait-il puisqu'il est dans le même état d'engourdissement qu'eux ? C'est encore le milieu intérieur qui reçoit l'influence du milieu extérieur et qui réveille chaque élément d'une manière successive, selon sa sensibilité ou son excitabilité.

Les animaux engourdis résistent, par suite de l'abaissement de leur vitalité, à des conditions où d'autres périraient. L'engourdissement est donc aussi une condition de résistance vitale comme l'était la vie latente. Une grenouille reste pendant tout l'hiver sans prendre de nourriture : l'atténuation du processus vital permet cette longue suspension du ravitaillement matériel ; l'animal ne supporterait pas l'abstinence aussi longtemps s'il était à une température plus élevée. Un très petit oiseau, dont l'activité vitale est toujours considérable, meurt de faim si on le laisse vingt-quatre heures sans nourriture. Une marmotte, qui respire faiblement pendant l'hibernation, peut être plongée sans inconvénient dans une atmosphère pauvre en oxygène; réveillée, elle ne tarderait pas à y périr asphyxiée. De même, cet animal, qui était resté plusieurs mois sans nourriture et qui supportait l'abstinence sans dommage, ne pourra plus la soutenir dès qu'il sera réveillé. Il faudra lui fournir des aliments abondants qu'il engloutira avec voracité, sans quoi il ne tarderait pas à périr. Claude Bernard a souvent répété cette expérience chez des loirs ou des marmottes qu'il réveillait; s'il ne leur donnait pas de nourriture, ces animaux succombaient bientôt, ayant rapidement épuisé les réserves dues à une nutrition antérieure.

Explication de la vie oscillante. — Le mécanisme de l'engourdissement et le mécanisme du retour à la vie active s'expliquent aussi clairement que le cas de la vie latente :

1º L'influence des conditions cosmiques produit d'abord la suppression incomplète des phénomènes physiques et chimiques de la destruction vitale. Les animaux engourdis ne font plus de mouvements; leurs muscles ne subissent plus qu'une légère combustion; ils ont le sang veineux presque aussi rutilant que le sang artériel; de même les combustions sont considérablement réduites dans les autres tissus; la chaleur produite est faible, l'acide carbonique est excrété en petite quantité. C'est donc la manifestation vitale fonctionnelle, correspondante à la destruction des organes, qui est atténuée en premier lieu. La vie créatrice subit une réduction parallèle. On peut même dire qu'elle est entièrement suspendue, quant à la formation des principes immédiats qui constituent les réserves.

2° Le retour à l'activité vitale s'explique encore de la même manière que la réviviscence. Il faut nécessairement que l'animal hibernant ait des réserves, non seulement pour parer aux premières dépenses du réveil, mais pour suffire à la consommation qu'il fait dans l'état d'engourdissement. La destruction vitale, en effet, n'est pas suspendue, elle n'est que diminuée. Quant à la création vitale, à la formation des réserves, elle n'a plus de matériaux sur lesquels elle puisse s'exercer pendant l'hibernation, puisque l'animal ne s'alimente plus au dehors. C'est pourquoi, avant de tomber dans le sommeil hibernal ou dès qu'ils en pressentent les approches, les animaux préparent ces réserves sous diverses formes. Chez la marmotte, les tissus se chargent de graisse et de glycogène ; chez la grenouille, chez tous les animaux, il s'accumule des provisions organiques de diverses substances. C'est donc sur ces épargnes prévoyantes préparées par la nature que l'animal vit pendant la première période d'engourdissement ; il ne fait plus que dépenser, il ne crée plus, il n'accumule plus. Ces réserves suffisent pendant un certain temps aux manifestations atténuées qu'on observe chez ces animaux engourdis, mais elles seraient vite dissipées si l'activité vitale renaissait. Aussi est-il nécessaire que, dès leur réveil, les animaux trouvent à leur portée les matériaux alimentaires sur lesquels va s'exercer l'élaboration créatrice. Les loirs placent dans le gîte où ils s'endorment des provisions qu'ils consomment dès qu'ils se raniment. Claude Bernard a eu l'occasion de faire des expériences intéressantes sur ces animaux. Si l'on prend des loirs engourdis et que, les sacrifiant en plein sommeil, on analyse leur foie, on y trouve encore une certaine provision de glycogène. Mais si on ne les sacrifie que quatre à cinq heures après les avoir réveillés, on ne trouve presque plus de traces de cette matière. Ces quatre heures de vie active ont dépensé l'épargne qui eût encore suffi à quelques semaines de vie engourdie.

III° *La vie constante.* — La fixité du milieu intérieur est la condition de la vie libre, indépendante. Elle suppose un perfectionnement tel que les variations externes soient à chaque instant compensées et équilibrées. Bien loin que l'animal d'organisation supérieure soit indifférent au monde extérieur, il est au contraire dans une étroite et savante relation avec lui, de telle façon que son équilibre résulte d'une continuelle et délicate compensation établie comme par la plus sensible des balances. Les conditions nécessaires à la vie des éléments qui doivent être rassemblées et maintenues constantes dans le milieu intérieur pour le fonctionnement de la vie libre sont celles que nous connaissons : l'eau, l'oxygène, la chaleur, les substances chimiques ou réserves. Ce sont les mêmes conditions qui sont nécessaires à la vie des êtres simples ; seulement chez l'animal perfectionné, à vie indépendante, le système nerveux est appelé à régler l'harmonie entre toutes ces conditions.

1° L'eau. — Pour l'homme spécialement, et en général pour les animaux supérieurs, la déperdition d'eau se fait par toutes les sécrétions, par l'urine et la sueur surtout ; en second lieu par l'expiration, qui entraîne une quantité notable de vapeur d'eau, et enfin par la perspiration cutanée.

Quant aux gains, ils se font par l'ingestion des liquides ou des aliments qui renferment de l'eau, ou même, pour quelques animaux, par l'absorption cutanée.

C'est le système nerveux qui forme le rouage de compensation entre les acquêts et les pertes. La sensation de la soif, qui est sous la dépendance de ce système, se fait sentir toutes les fois que la proportion de liquide diminue dans le corps à la suite de quelque condition, telle que l'hémorrhagie, la sudation abondante ; l'animal se trouve ainsi poussé à réparer par l'ingestion de boissons les pertes qu'il a faites. Mais cette ingestion même est réglée, en ce sens qu'elle ne saurait augmenter au delà d'un certain degré la quantité d'eau qui existe dans le sang ; les excrétions urinaires et autres éliminent le surplus, comme une sorte de trop plein.

Ce n'est pas seulement pour l'eau qu'existent ces mécanismes compensateurs, on les connaît également pour la plupart des substances minérales ou organiques contenues en dissolution dans le sang. On sait que le sang ne saurait se charger d'une quantité considérable de chlorure de sodium, par exemple; l'excédent, à partir d'une certaine limite, est éliminé par les urines. Il en est de même pour le sucre, qui, normal dans le sang, est, au delà d'une certaine quantité, rejeté par les urines.

2° La chaleur. — Pour chaque organisme élémentaire ou complexe, il existe des limites de température extérieure entre lesquelles son fonctionnement est possible, et, dans ces limites, il existe également un point moyen qui correspond au maximum d'énergie vitale. Chez les animaux supérieurs, appelés animaux à sang chaud, la température compatible avec les manifestations de la vie est étroitement fixée. Cette température fixée se maintient dans le milieu intérieur, en dépit des oscillations climatériques extrêmes, et assure la continuité et l'indépendance de la vie.

Le mécanisme qui maintient cette fixité est le système nerveux. Il y a des nerfs *thermiques* et des nerfs *vaso-moteurs* (système du grand sympathique) dont le fonctionnement produit, tantôt une élévation, tantôt un abaissement de température, suivant les circonstances :

1° Quand les nerfs thermiques agissent, ils diminuent les combustions interstitielles et abaissent la température ;

2° Quand, par la suppression de leur action ou par l'antagonisme d'autres substances nerveuses, leur influence s'affaiblit, alors les combustions s'exaltent, et la température du milieu intérieur s'élève considérablement.

3° Les nerfs vaso-moteurs, en accélérant la circulation à la périphérie du corps ou dans les organes centraux, interviennent également dans le mécanisme de l'équilibre de la chaleur animale.

La production de la chaleur est due, dans le monde vivant comme dans le monde inorganique, à des phénomènes chimiques : telle est la grande loi dont nous devons la connaissance à Lavoisier et à Laplace. C'est dans l'activité chimique des tissus que l'organisme supérieur trouve la source de la chaleur qu'il conserve dans son milieu intérieur à un degré à peu près fixe. La température des mammifères varie de 37° à 40°; celle des oiseaux, de 40° à 44°. Mais ces deux limites, l'inférieure et la supérieure, ne sont pas également infranchissables. La limite supérieure ne saurait être dépassée sans des perturbations profondes : la mort ne tarderait pas à arriver. Au contraire, la température peut s'abaisser beaucoup tout en restant compatible avec la vie. Elle peut descendre chez les animaux graduellement refroidis jusqu'à 20° au-dessous de la moyenne physiologique. Les mammifères hibernants, qui dans l'été ont la température des animaux à sang chaud, se refroidissent beaucoup pendant leur sommeil hibernal. On a observé des marmottes engourdies dont la température n'était que de quelques degrés au-dessus de zéro. Claude Bernard a constaté, sur une marmotte plongée dans l'engourdissement, une température de 3° seulement au-dessus de zéro [1].

Pour l'homme, la température est de 37°; pour les autres mammifères, elle est de 39°, en chiffres ronds. Chez les mammifères, ceux-là présentent la température la plus élevée qui ont, ou une toison fourrée, ou une peau épaisse, ou une couche profonde de graisse. Si le mouton a une température de 39°,5 alors que la température du cheval est de 38°, ce n'est pas par suite d'une différence dans l'alimentation, c'est parce que la laine des moutons les protège contre le refroidissement extérieur.

En divisant les animaux en deux classes, à savoir, animaux qui ont une température invariable, et animaux qui ont une température variable, on peut établir les températures moyennes ci-dessous.

A. ANIMAUX QUI ONT UNE TEMPÉRATURE INVARIABLE. — On a les subdivisions suivantes :

   Oiseaux, température moyenne à **42°** environ
   Mammifères   —   —   **39°** environ
   Homme   —   —   **37°** environ

B. ANIMAUX QUI ONT UNE TEMPÉRATURE INVARIABLE. — On a les subdivisions suivantes :

Animaux qui *meurent* quand leur température est inférieure à 20° : nouveau-nés des mammifères et des oiseaux :

Animaux qui *s'engourdissent* quand leur tempéra-

[1]. Cl. BERNARD, *Chaleur animale*, page 14.

ture est inférieure à 20° : les animaux hibernants, marmottes, loirs, etc.

Animaux qui sont encore *actifs* quand leur température est inférieure à 20° : reptiles, batraciens, poissons, mollusques, insectes. etc. [1]

3° L'oxygène. — Les manifestations de la vie exigent pour se produire l'intervention de l'air, ou mieux, de sa partie active, l'oxygène, sous une forme soluble et dans un état convenable, condition nécessaire pour que ce gaz puisse arriver à l'organisme élémentaire.

Il faut de plus que cet oxygène soit dans des proportions fixes jusqu'à un certain point dans le milieu intérieur; une quantité trop faible, une quantité trop forte, sont également incompatibles avec le fonctionnement vital.

Il faut donc que chez l'animal à vie constante des mécanismes appropriés règlent la quantité de ce gaz qui est départie au milieu intérieur, et la maintiennent à peu près invariable. Or chez les animaux élevés en organisation, la pénétration de l'oxygène dans le sang est sous la dépendance des mouvements respiratoires et de la quantité d'oxygène qui existe dans le milieu ambiant.

Comme la quantité d'oxygène qui se trouve dans l'air résulte de la composition centésimale de l'atmosphère et de sa pression barométrique, il s'ensuit qu'un animal pourra vivre dans une atmosphère pauvre en

---

[1]. Charles RICHET, *Leçons sur la chaleur animale*, *Revue scientifique* de 1884, 6 sept.; et de 1885, 14 février, page 212.

oxygène si la pression, en condensant l'air, compense cette diminution. Réciproquement, dans un air trop chargé d'oxygène, la diminution de pression rétablira l'équilibre.

Le mécanisme respiratoire est réglé par le système nerveux. Lorsque l'air se raréfie par quelque cause, telle que l'ascension en aérostat ou sur les montagnes, les mouvements respiratoires deviennent plus amples et plus fréquents, et la compensation s'établit. Néanmoins les mammifères et l'homme ne peuvent soutenir cette lutte compensatrice pendant très long temps lorsque la raréfaction est exagérée.

En résumé, tous les mécanismes vivants, quels qu'ils soient, n'ont toujours qu'un but, celui de maintenir l'unité des conditions de la vie dans le milieu intérieur.

4° Les réserves. — Ainsi que l'a démontré Claude Bernard, la nutrition n'est pas directe, mais au contraire elle est indirecte et se fait par des réserves. Cette loi fondamentale est une conséquence de la variété du régime comparée à la fixité du milieu. En un mot, *on ne vit pas de ses aliments actuels, mais de ceux que l'on a mangés antérieurement*, modifiés et en quelque sorte créés par l'assimilation. Il en est de même de la combustion respiratoire : elle n'est nulle part directe. Il y a donc des réserves préparées au moyen des aliments, et à chaque instant dépensées en proportions plus ou moins grandes. Les manifestations vitales détruisent ainsi des provisions qui ont sans doute leur origine première au dehors, mais qui ont été élaborées au sein des tissus de l'organisme, et qui versées dans le sang assurent la fixité de sa constitution physico-chimique.

Quand les mécanismes de la nutrition sont troublés et quand l'animal est mis dans l'impossibilité de préparer ces réserves, lorsqu'il ne fait que consommer celles qu'il avait accumulées antérieurement, il marche vers une ruine qui ne peut aboutir qu'à l'impossibilité vitale, à la mort. Il ne lui servirait alors à rien de manger ; il ne se nourrira pas, il n'assimilera pas, il dépérira.

Quelque chose d'analogue se produit dans le cas où l'animal est en état de fièvre ; il use sans refaire ; et cet état devient mortel s'il persiste jusqu'à l'entier épuisement des matériaux accumulés par la nutrition antérieure.

Ainsi, les substances alibiles pénétrant dans un organisme, soit animal, soit végétal, ne servent pas directement et d'emblée à la nutrition. Le phénomène nutritif s'accomplit en deux temps ; et ces deux temps sont toujours séparés l'un de l'autre par une période plus ou moins longue, dont la durée est fonction d'une foule de circonstances. La nutrition est précédée d'une élaboration particulière qui se termine par un emmagasinement de réserves chez l'animal aussi bien que chez le végétal. Ce fait permet de comprendre qu'un être continue de vivre quelquefois fort longtemps sans prendre de nourriture ; il vit de ses réserves accumulées dans sa propre substance ; il se consomme lui-même.

En résumé, la formation des réserves est non seulement la loi générale de toutes les formes de la vie, mais elle constitue encore un mécanisme actif et ndispensable au maintien de la vie constante et libre, indépendante des variations du milieu cosmique ambiant. [1]

IV. — Caractères et mécanisme de la destruction organique et de la création organique.

1° Parallèle entre la destruction organique et la synthèse organique.

Nous avons vu que la vie se manifeste par deux ordres d'actes entièrement opposés dans leur nature :

1° La *désassimilation* ou destruction organique, qui consiste dans une oxydation ou une hydratation d'une nature particulière, et qui use la matière vivante dans les organes en fonction. [2]

2° La *synthèse assimilatrice* ou organisatrice qui

---

1. Cl. Bernard, *Phénom. de la vie*, tome Ier, la deuxième leçon tout entière.

2. On se sert particulièrement du mot *oxydation* lorsque l'oxygène se combine avec un corps autre que l'hydrogène. Exemple : la combinaison de l'oxygène avec le carbone donne deux degrés d'oxydation : 1° l'oxyde de carbone, CO ; 2° l'acide carbonique, CO^2.

On dit particulièrement qu'il y a *hydratation*, lorsque l'oxygène se combine avec l'hydrogène ; la première combinaison de l'oxygène avec l'hydrogène est l'eau, HO.

On appelle *hydrate de carbone* un corps qui renferme en combinaison HO avec le carbone. Exemple : Le sucre de raisin *glycose*, où douze équivalents de carbone sont combinés avec douze équivalents d'eau : $C^{12}H^{12}O^{12}$.

forme des réserves ou régénère les tissus dans les organes en repos.

Ces deux groupes de phénomènes sont absolument solidaires; la vie exige leur exercice simultané et leur mutuel concours. Ils n'en sont pas moins distincts; et pour être harmonique, leur antagonisme n'en est pas moins accusé.

A. *La destruction est visible*, extérieurement manifeste; les signes en sont évidents, ils éclatent au dehors.

La synthèse, au contraire, *est cachée*, se dérobe au regard; les phénomènes tout intérieurs ne se révèlent que par l'organisation et la réparation de l'édifice vivant; ils rassemblent, d'une manière silencieuse, les matériaux qui seront dépensés plus tard dans les manifestations bruyantes de la vie.

B. *La destruction continue après la mort* et en dehors de l'organisme vivant. Tous les phénomènes fonctionnels accompagnés de combustion, de fermentation ou de dissociation organique peuvent s'accomplir aussi bien en dehors qu'au dedans des corps vivants. Grâce à cette circonstance, le physiologiste peut analyser les mécanismes vitaux à l'aide de l'expérimentation. Dans un organisme mutilé, il entretient artificiellement la respiration, la circulation, la digestion, etc., etc., et il étudie les propriétés des tissus vivants séparés du corps. Dans ces parties disloquées, le muscle se contracte, la glande sécrète, le nerf conduit les excitations absolument comme pendant la vie; toutefois, si les tissus isolés de l'ensemble de leurs conditions organiques peuvent s'user et fonctionner encore, ils ne peuvent plus se régénérer; c'est pourquoi leur mort définitive devient alors inévitable [1].

Une expérience décisive à ce sujet est celle du foie lavé. On fait passer un courant d'eau dans le foie arraché du corps de l'animal, et par conséquent soustrait à toute influence vitale; on enlève par là toute la matière sucrée qu'il contenait. Abandonne-t-on l'organe à lui-même pendant quelque temps, on retrouve une nouvelle quantité de sucre. On peut renouveler l'épreuve avec le même succès un grand nombre de fois, jusqu'à ce que la provision de matière glycogène soit épuisée. Ainsi, dans cet organe isolé de toute influence physiologique ou vitale, la matière glycogène continue à se détruire comme pendant la vie; mais elle ne se refait pas [2].

La synthèse cesse avec la vie. Contrairement aux phénomènes de combustion fonctionnelle, les phénomènes de rénovation organique ne peuvent se manifester que dans le corps vivant, et chacun dans un lieu spécial. Aucun artifice n'a pu jusqu'à présent suppléer à cette condition essentielle de l'activité des germes, d'être en leur place dans l'édifice du corps vivant [3].

C. *La destruction a pour agents chimiques les ferments solubles.* — Les ferments solubles, dont il sera

---

[1]. Cl. Bernard, *Science expérimentale*, page 196.
[2]. Cl. Bernard, *Phénom. de la vie*, tome Ier, page 239.
[3]. Cl. Bernard, *Science expérimentale*, page 197.

parlé ci-après, sont des produits glandulaires de sécrétion; ils ont des caractères radicalement distincts de ceux des ferments insolubles ou figurés. On peut préparer artificiellement les ferments solubles avec le tissu même des glandes. On coupe les glandes, on les fait macérer dans l'eau, puis on précipite le ferment par l'alcool; le ferment ainsi séparé se dissout aisément dans l'eau; il agit sur les matières avec autant d'énergie que s'il était sécrété par un organisme vivant.

La synthèse a pour agents chimiques les ferments insolubles ou figurés. Les ferments figurés sont des organismes vivants. Dans le corps humain, ce sont les germes et les noyaux de cellules [1]. Il est impossible de les préparer artificiellement; ils sont l'apanage exclusif de la vie.

D. *La destruction se manifeste dans les organes en fonction.*

La synthèse se fait dans les organes en repos.

E. *La destruction et la synthèse sont connexes et inséparables.* — Les deux phénomènes de destruction et de synthèse organiques sont liés d'une manière si intime que lorsque la glande cesse de fonctionner, c'est-à-dire de se détruire, l'acte régénérateur cesse également. C'est ainsi qu'on voit les organes glandulaires digestifs s'amoindrir, s'atrophier chez certains animaux engourdis ou plongés dans l'état

---

1. Cl. Bernard, *Phénom. de la vie*, tome Ier, page 227, et *Physiologie générale*, édition 1872, page 141.

d'hibernation qui suspend la fonction digestive [1].

II° LES PHÉNOMÈNES DE DESTRUCTION ET DE SYNTHÈSE ORGANIQUES SONT PHYSICO-CHIMIQUES, MAIS LE MÉCANISME EN EST VITAL.

Les phénomènes de destruction sont :

1° *Tantôt physiques*, excrétions des ferments, usure des nerfs, des muscles par la contraction, etc.

2° *Tantôt chimiques*, action exercée par les ferments excrétés, action des glandes.

Le chimisme du laboratoire et le chimisme du corps vivant sont soumis aux mêmes lois; il n'y a pas deux chimies; Lavoisier l'a dit. Seulement le chimisme du laboratoire est exécuté à l'aide d'agents et d'appareils que le chimiste a créés : le chimisme de l'être vivant est exécuté à l'aide d'agents et d'appareils que l'organisme a créés. Le chimiste, par exemple, transforme l'amidon en sucre à l'aide d'un acide qu'il a fabriqué; il saponifie les corps gras à l'aide de la potasse caustique, de l'acide sulfurique concentré, de la vapeur d'eau surchauffée, tous agents qu'il a créés lui-même. L'animal, aussi bien que la graine qui germe, transforme l'amidon en sucre, sans acide, à l'aide d'un ferment (la diastase) qui est un produit de l'organisme. La graisse se saponifie chez l'animal dans l'intestin, sans potasse caustique, sans vapeur surchauffée, mais à l'aide du suc pancréatique, qui est un produit de sécrétion donné par une glande. Chaque laboratoire a donc ses agents spéciaux, mais

---

[1]. Cl. BERNARD, *Phénom. de la vie*, tome II, pages 485, 481, 483, 388.

les phénomènes chimiques sont au fond les mêmes : la transformation de l'amidon en sucre, le dédoublement de la graisse en acide gras et en glycérine se produisent dans les deux cas par un mécanisme chimique identique.

Pour les phénomènes de création organique, il doit en être de même. Le chimisme du laboratoire peut opérer les synthèses comme les corps vivants, et déjà il en a réalisé un grand nombre. Les chimistes ont fait des essences, des huiles, des graisses, des acides, que les organismes vivants fabriquent eux-mêmes. Mais là encore on peut affirmer que les agents de synthèse diffèrent. Bien que l'on ne connaisse pas encore les agents de synthèse des corps vivants, ils existent certainement. En un mot, le chimiste dans son laboratoire et l'organisme vivant dans ses appareils travaillent de même, mais chacun avec ses outils. Le chimiste pourra faire les produits de l'être vivant, mais il ne fera jamais les outils de celui-ci, parce qu'ils sont le résultat même de la morphologie organique, laquelle est hors du chimisme proprement dit [1].

Dans l'ordre mécanique ou physique, les phénomènes de l'organisme vivant n'ont rien non plus qui les distingue des phénomènes mécaniques ou physiques généraux, si ce n'est les instruments qui les manifestent. Le muscle produit des phénomènes de mouvement qui, comme ceux des machines inertes,

---

1. Cl. BERNARD, *Phénom. de la vie*, tome Ier, page 225.

ne sauraient échapper aux lois de la mécanique générale, ce qui n'empêche pas que le muscle ne soit un apppareil de mouvement spécial à l'animal, et dont le jeu est réglé par les nerfs au moyen de mécanismes également propres à l'être vivant. Les êtres vivants produisent de la chaleur qui ne diffère en rien de la chaleur engendrée dans les phénomènes minéraux, si ce n'est le procédé vital de fermentation ou de combustion qui lui donne naissance.

Les poissons électriques forment ou sécrètent de l'électricité qui ne diffère en rien de l'électricité d'une pile métallique, ce qui n'empêche pas l'organe électrique de la torpille, par exemple, d'être un appareil vital tout à fait particulier, réglé par le système nerveux et que le physicien ne peut imiter.

Il en est de même des fonctions des nerfs et des organes des sens, qui ne sont que des instruments de physique propres aux êtres vivants.

Il n'y a donc en réalité qu'une physique, qu'une chimie et qu'une mécanique générales, dans lesquelles rentrent toutes les manifestations phénoménales de la nature, aussi bien celles des corps vivants que celles des corps bruts. Tous les phénomènes, en un mot, qui apparaissent dans un être vivant, retrouvent leurs lois en dehors de lui, de sorte qu'on pourrait dire que toutes les manifestations de la vie se composent de phénomènes empruntés, quant à leur nature, au monde cosmique extérieur, mais possédant seulement une morphologie spéciale, en ce sens qu'ils sont manifestés sous des formes caractéristiques et à l'aide d'instruments physiologiques spéciaux. Sous le rapport physico-chimique, la vie n'est donc qu'une modalité des phénomènes généraux de la nature; elle n'engendre rien, elle emprunte ses forces au monde extérieur et ne fait qu'en varier les manifestations de mille et mille manières [1].

CHAPITRE II.

LA DIGESTION

1. — La fonction digestive et la nutrition.

1° LES TROIS FONCTIONS GÉNÉRATRICES DU MILIEU INTÉRIEUR OU SANG ET CONSERVATRICES DE SA COMPOSITION CONSTANTE SONT L'ABSORPTION, LA SÉCRÉTION ET L'EXCRÉTION.

Le milieu intérieur dans lequel fonctionnent les éléments histologiques doit, comme le milieu extérieur où vit l'organisme, se maintenir dans une constitution physico-chimique à peu près constante. Cet équilibre de composition du milieu intérieur, qui est nécessaire à l'entretien des phénomènes élémentaires de la vie, ne peut être obtenue qu'à la condition d'une rénovation et d'une épuration incessantes du fluide sanguin. C'est pourquoi il existe, à cet effet, autour de l'organisme vivant, un véritable tourbillon ou *circulus* de la matière qui établit un échange perpétuel entre le milieu cosmique extérieur et le milieu organique intérieur. L'absorption, la sécrétion et l'excrétion sont les trois

---

1. Cl. BERNARD, *Science expérimentale*, page 113 et suivantes. Voir aussi *Phénom. de la vie*, tome II, pages 180, 219.

fonctions à la fois génératrices du milieu intérieur ou sang et conservatrices de sa composition constante.

1° L'*absorption* fait pénétrer les substances réparatrices de l'organisme du milieu extérieur dans le milieu intérieur.

2° La *sécrétion* élabore ces substances au moyen de ferments (comme on le verra ci-après) et crée, à leur aide, les principes immédiats qui entrent dans la composition du milieu organique intérieur.

3° L'*excrétion* élimine et fait passer du milieu intérieur dans le milieu extérieur les matières inutiles ou nuisibles, résidus de la nutrition des éléments histologiques. L'excrétion est la contrepartie de l'absorption [1].

II° L'OPÉRATION QUI PRÉCÈDE L'ABSORPTION EST LA DIGESTION. — L'opération qui précède l'absorption est la digestion. Sous le nom de digestion, on a confondu deux choses distinctes :

1° La *propriété digestive* ou propriété qu'a l'être vivant de s'assimiler les matériaux propres à la nutrition;

2° La *fonction digestive* ou mécanisme particulier par lequel les matériaux nutritifs sont triturés et rendus aptes à être assimilés.

Pour qu'une substance mérite le nom d'*aliment*, il faut qu'elle soit absorbée et qu'on ne la retrouve pas intacte dans les résidus.

La *propriété digestive* est commune à tous les êtres, aux végétaux comme aux animaux.

1. Cl. BERNARD, *Physiologie générale*, édition 1872, page 97.

La *fonction digestive* est très variée; cependant malgré cette diversité des mécanismes, il y a une certaine communauté de procédés entre les deux règnes, animal et végétal.

III° LA PROPRIÉTÉ DIGESTIVE EST COMMUNE AUX ANIMAUX ET AUX VÉGÉTAUX. — La digestion, en tant que *fonction*, peut être considérée comme un caractère exclusif à l'animalité ; mais en tant que *propriété*, elle est universelle : les agents digestifs appartiennent tout aussi bien aux plantes qu'aux animaux. Le végétal digère et consomme les provisions que lui-même a formées et emmagasinées dans ses tissus ; l'animal fait de même : il digère des réserves entreposées dans ses organes, mais il digère aussi des aliments venus directement du dehors. Dans les deux règnes, ces aliments sont entièrement analogues; ils appartiennent aux quatre classes des aliments azotés, des aliments gras, des aliments féculents et des aliments sucrés.

Herbivores, carnivores, omnivores, se nourrissent en réalité de même : des dissemblances physiques masquent l'identité essentielle des régimes ; mais ces variations d'ordre tout à fait physique, sont sans importance réelle, sans valeur pour l'essence même du phénomène digestif. La nutrition met en œuvre les mêmes matériaux chez tous les animaux; ces matériaux sont encore les mêmes chez les plantes. On a établi l'identité des albuminoïdes, albumine, fibrine, caséine, avec l'albumine végétale, le gluten ou fibrine végétale, la légumine ou caséine végétale. Les aliments gras, les aliments féculents et sucrés sont aussi communs aux deux règnes. Il n'y a pas, il est vrai, de tube digestif ni rien d'analogue dans la plante ; mais la réaction chimique est indifférente à la forme du vase. Les végétaux, comme les animaux, accumulent dans leurs tissus des substances féculentes, grasses et albuminoïdes : c'est tantôt dans la tige, tantôt dans la racine, tantôt dans les feuilles, d'autres fois dans les graines, que sont déposées ces provisions. Le moment vient où elles doivent être utilisées ; elles éprouvent alors des modifications qui les rendent assimilables ; elles sont liquéfiées et digérées. Ainsi en est-il de la fécule accumulée dans le tubercule de la pomme de terre, qui est liquéfiée et digérée au moment de la végétation, de la floraison, de la fructification ; ainsi en est-il du sucre entreposé dans la racine de la betterave, de la matière grasse emmagasinée dans les graines oléagineuses, et en général de toutes les substances variées, albuminoïdes ou autres, qui sont préparées en prévision des besoins à venir. Les végétaux digèrent donc en réalité. C'est véritablement une digestion que subissent les matières citées plus haut pour passer de leur forme actuelle, impropre aux échanges interstitiels, à une autre forme favorable à l'absorption et à la nutrition. Dégagée de toutes les circonstances accessoires qui constituent la fonction ou mise en scène des phénomènes, la digestion n'est pas différente, au fond, chez les animaux et chez les végétaux [1].

1. Cl. BERNARD, *Phénom. de la vie*, tome II, page 323.

IV° La digestion n'est qu'une élaboration préparatoire des aliments qui doivent servir a la nutrition.

La nutrition proprement dite est toujours la manifestation la plus générale et la plus caractéristique de la vie ; elle se présente dans tous les êtres avec les mêmes attributs de continuité et de nécessité ; elle ne cesse jamais, sous peine d'entraîner la mort.

La digestion ne présente pas la même importance ; elle est l'un des actes préparatoires qui fournissent à la nutrition ses matériaux. Elle consiste dans l'introduction de substances alimentaires qui doivent être absorbées, dissoutes et rendues absorbables par un appareil spécial plus ou moins compliqué. La digestion est une fonction intermittente qui peut être parfois suspendue un temps très long, sans amener la cessation de la vie.

Cette introduction et cette élaboration préalables offrent le plus haut degré de simplicité chez les plantes et chez les animaux dépourvus d'appareils digestifs ; le plus haut degré de complication chez les animaux supérieurs et chez l'homme. Entre ces deux termes extrêmes, on trouve tous les états intermédiaires.

A travers cette complication croissante, il y a une unité réelle, résultant du but qui doit être atteint et qui est commun partout, quoique réalisé par des mécanismes différents [1].

V° Chez les végétaux, l'élaboration digestive ne vient qu'après l'absorption ; les animaux seuls ont la fonction digestive avant l'absorption.

---

1. Cl. Bernard, *Phénom. de la vie*, tome II, page 248.

Les végétaux puisent dans le sol et dans l'atmosphère les éléments dont ils se nourrissent. L'élaboration de ces principes est extrêmement simple. Les matériaux qui se présentent à la plante sont toujours liquides, gazeux ou solubles ; ils viennent, pour ainsi dire, à la rencontre de la plante, à travers la terre ou l'atmosphère ; ils se présentent à elle à peu près dans l'état où ils doivent être pour être absorbés, sans que celle-ci ait à intervenir activement pour leur préparation. Son rôle ne commence guère qu'à l'absorption.

Il n'en est pas ainsi chez les animaux : avant l'absorption, il y a toute une série d'actes préliminaires qui ont pour but de rendre possible cette absorption ; ces actes appartiennent à la formation digestive. Ce n'est pas que cette élaboration soit exclusive à l'animal : elle existe chez le végétal. Seulement, au lieu d'être placée *avant* l'absorption, elle est placée *après* ; elle est la condition de la mise en œuvre de réserves végétales [1]. Par exemple, ce n'est qu'après avoir accumulé dans ses tissus la saccharose (sucre de canne, $C^{24}H^{22}O^{22}$) que la betterave, pour s'en nourrir, l'élaborera au moyen de sa diastase et la convertira en glycose [2] (sucre de raisin, $C^{12}H^{12}O^{12}$). L'élaboration dans le végétal est donc postérieure à l'absorption.

1. Cl. BERNARD, *Phénom. de la vie*, tome II, page 242.
2. Les physiologistes disent avec raison, conformément à l'étymologie : la saccharose, la lévulose, la glycose.
Les chimistes disent à tort : le saccharose, le lévulose, le glycose, et même le glucose !
Comme la chimie est beaucoup plus répandue que la physio-

VI° CHEZ LES ANIMAUX ÉLEVÉS, LA FONCTION DIGESTIVE A POUR THÉATRE LE TUBE DIGESTIF, LEQUEL EST, EN QUELQUE SORTE, EXTÉRIEUR A L'ÉDIFICE ORGANIQUE.

Le rôle de l'animal en présence des matériaux alimentaires n'est point aussi passif que celui de la plante; son intervention est nécessaire; elle s'exerce par l'ensemble des actes qui constituent la fonction de la digestion. Cependant on peut dire, à un certain point de vue, que cette fonction préliminaire, accessoire, est en quelque sorte étrangère à l'animal lui-même. Prise à son plus haut degré de complication, elle a pour siège le tube digestif, cavité, dépression creusée à la surface du corps, mais qui est séparée des tissus comme le monde extérieur en est séparé lui-même *par la peau*. L'enveloppe tégumentaire se réfléchit, en effet, au niveau des orifices digestifs pour tapisser le tube entier dans toute sa longueur, sans changer de caractère essentiel; en sorte que Blainville et d'autres anatomistes ont pu dire, sous une forme pittoresque, que le tube intestinal était une peau retournée comme un doigt de gant. La lame cutanée affecte là une forme déprimée et tubaire, au lieu d'être saillante et de faire relief comme à la surface extérieure du corps. On peut donc concevoir la digestion comme une sorte d'élaboration des aliments pratiquée dans un tube à analyse chimique, extérieur à l'édifice organique [1].

logie, ce sont les mauvaises expressions qui l'emportent sur les bonnes; celles-ci, tôt ou tard, seront éliminées définitivement : curieux exemple de sélection.

1. Cl. BERNARD, *Phénom. de la vie*, tome II, page 243.

VII° Depuis les animaux inférieurs, lesquels n'ont pas de tube digestif, jusqu'aux animaux supérieurs, lesquels ont un appareil digestif compliqué, on passe par tous les états intermédiaires.

Le tube digestif est extérieur à l'édifice organique; l'évidence de cette conception est rendue frappante par la manière progressive dont se compliquent, dans la série animale, l'appareil de la digestion et la fonction digestive elle-même.

Aux derniers degrés de l'échelle, les protozoaires les plus simples, tels que l'*amibe* et l'*actinophrys*, n'offrent aucune trace de tube digestif; ils se trouvent, relativement aux matières alimentaires qu'ils doivent absorber, dans les mêmes conditions que la plante, ou du moins dans des conditions analogues [1].

La ressemblance est encore bien plus complète chez un grand nombre d'helminthes, où les substances

1. Cl. Bernard, *Phénom. de la vie*, tome II, page 245. L'actinophrys présente des expansions filiformes et rétractiles qui émanent d'une masse gélatineuse centrale et qui y rentrent continuellement. Cet animal, suivant Kolliker, se repaît d'aliments solides, infusoires, rotifères, algues, diatomacées, lyncées, qui viennent se heurter à ses tentacules, y restent accolés et sont ramenés à la surface du corps, où une expansion gélatineuse vient à leur rencontre en se creusant d'une dépression pour les recevoir. L'aliment pénètre ainsi dans la partie centrale du corps et y voyage jusqu'à ce qu'il y soit complètement absorbé. S'il y a un résidu, il est expulsé par un point quelconque de la surface, dont la situation n'a rien de fixe.

D'après Claparède, il en serait de même pour l'*amibe diffluente*; l'aliment traverserait le corps de l'amibe sans qu'il y ait rien de préétabli pour son trajet; et ce résidu sortirait en un autre point quelconque de cet organisme, point constamment changeant.

liquides et solubles sont absorbées uniquement au travers de l'enveloppe tégumentaire.

En remontant un peu plus haut dans l'échelle zoologique, on trouve une cavité digestive persistante, et non plus adventive, comme dans les amibes. Mais cette cavité n'est qu'une simple dépression de l'enveloppe externe. Tel est l'exemple que donne le zoophyte célèbre découvert par Tremblay. L'hydre de Tremblay a l'apparence d'un petit sac en forme de poire dont l'orifice est muni de tentacules. La cavité ainsi formée est un véritable estomac, dans lequel l'hydre carnassière introduit sa proie, animalcules et vers, qu'elle digère et absorbe, et dont elle rejette les résidus. On peut faire subir à ce petit animal une singulière opération, c'est de le retourner comme un doigt de gant. La surface externe, qui tout à l'heure respirait, devient interne : alors elle digère. La surface interne, qui tout à l'heure digérait, devient externe : alors elle se met à respirer [1].

Ces exemples suffisent pour montrer la gradation dans la complication croissante du mécanisme digestif au fur et à mesure qu'on remonte dans l'échelle zoologique. En somme, l'appareil digestif est un tube dans lequel l'animal analyse ses aliments ; la digestion est une modification, une élaboration, par la surface extérieure, du corps des substances ingérées. Nous

1. Pour que l'enveloppe cutanée s'approprie à cette interversion d'usage, il faut l'intervalle de quelques heures. Une fois accommodée à cette nouvelle situation, l'hydre s'empare de sa proie, l'introduit dans la nouvelle cavité qu'on lui a créée artificiellement ; elle se nourrit et digère comme auparavant.

voyons l'animal digérer d'abord par sa surface externe, puis par une dépression de cette surface, laquelle s'enfonçant de plus en plus finit par former un véritable tube digestif. La fonction digestive est en réalité extérieure à l'organisme ; elle s'accomplit en dehors du milieu intérieur, c'est-à-dire du liquide nourricier circulatoire dans lequel vivent tous les éléments organiques. La fonction digestive n'est que préliminaire, accessoire ; la nutrition proprement dite, laquelle se passe dans le milieu interne, est au fond identique chez l'homme, les animaux et les plantes.

VIII° La nutrition n'est pas directe ; elle est indirecte.

C'est une erreur de croire que la nutrition consiste simplement dans la mise en place de certains matériaux introduits directement par l'alimentation et n'ayant éprouvé d'autre changement que d'être rendus solubles. En un mot, les matériaux ne sont pas directement utilisés ; la nutrition n'est pas directe, comme le supposent les chimistes. Par exemple, le sucre et le glycogène que l'on trouve chez l'animal n'ont pas été introduits à l'état d'amidon, de glycogène ou de sucre.

Le phénomène de la nutrition s'acccomplit toujours en deux temps :

1° Il se fait une accumulation, une réserve, un emmagasinement de matériaux.

2° Dans une seconde période, ces matériaux élaborés et accumulés par l'animal sont utilisés, incorporés aux tissus ou brûlés en donnant naissance à des produits excrémentitiels aussitôt expulsés.

Les végétaux fournissent les exemples les plus nets de cette division de l'acte nutritif en deux périodes. Dans la pomme de terre, par exemple, le tubercule se charge pendant la première année d'une provision de fécule qui sera mise en œuvre dans le courant de la seconde année pour le développement du végétal. De même pour la betterave; il s'accumule dans la racine une provision de sucre de canne qui disparaîtra dans la seconde année pour servir, sous forme de glycose, à la floraison et à la fructification de la plante. Il y a deux périodes bien nettement séparées dans ces cas.

L'idée extraordinairement simple que certains chimistes ont voulu se faire du mécanisme de la nutrition est encore plus fausse que simple. D'après eux, l'organisme puiserait dans le mélange des aliments digérés, c'est-à-dire rendus solubles et passés dans le sang, les principes immédiats qui lui sont nécessaires. En vertu d'une sorte d'élection chimico-nutritive, chaque élément anatomique y prendrait toute formée la substance chimique qui entre dans sa propre constitution. Le muscle y choisirait l'albumine musculaire; le cartilage, la cartilagéine; l'os, l'osséine; le cerveau, la matière nerveuse phosphorée cérébrale; et ainsi des autres. Les organes se nourriraient et s'accroîtraient par une sorte de sélection vitale, comme un cristal de sulfate de soude, placé dans une solution de sulfate de soude et de magnésie, ne s'adjoint que le sel de soude. Il n'en est rien. Les produits de la digestion ne sont pas incorporés sous leur forme alimentaire, mais seulement après avoir subi une élaboration qui est le fait de l'individu, élaboration qui les dénature complètement en vue de les rendre assimilables au nouvel être. Pour employer une expression familière, il faut que les matériaux nutritifs aient été préparés dans la cuisine propre de l'individu. Le foie serait peut-être le principal de ces organes élaborateurs [1].

IX° LES PRINCIPES IMMÉDIATS UNE FOIS FORMÉS SONT EMMAGASINÉS OU MIS EN RÉSERVE; C'EST DE CES RÉSERVES QUE VIT TOUT ÊTRE VIVANT.

Les substances indispensables à la vie, une fois formées, sont mises en réserve. Ce qui prouve l'existence de ces accumulations ou de ces emmagasinements de matière, c'est ce qui se passe chez l'animal soumis à l'inanition, c'est-à-dire privé des recettes qui d'ordinaire lui viennent de l'extérieur. Dans ce cas, l'animal se nourrit aux dépens de ses réserves. Et cet état de choses, cette autophagie, dans laquelle l'animal se nourrit de lui-même, pourra durer longtemps. On a vu des chevaux vivre pendant quinze jours à trois semaines sans qu'on leur fournît quoi que ce soit en fait d'aliments solides ou de boissons; des chiens peuvent vivre plus longtemps [2]; les lapins

---

1. Cl. BERNARD, *Phénom. de la vie*, tome, II page, 133.
2. A la page 34, on a vu dans la note l'expérience faite par le docteur V. Laborde sur deux chiens soumis au jeûne, l'un au jeûne sans eau, l'autre au jeûne avec eau. Le chien jeûneur sans eau pesait, au début du jeûne, 15 kilos et demi; à sa mort, au 20° jour du jeûne, il ne pesait plus que 8 kilos.

un peu moins. Chez les oiseaux, la durée de l'abstinence ne peut pas être poussée aussi loin; peut-être parce que les réserves ne sont pas aussi abondantes, et certainement aussi parce que, la vitalité étant plus active, la consommation de ces réserves est plus rapide. Chez les animaux à sang froid, ces réserves peuvent durer plus longtemps. Par exemple, tous les physiologistes conservent des grenouilles pendant des mois, des années même, sans les nourrir aucunement, seulement en empêchant les déperditions de devenir trop grandes. Le séjour dans un milieu où la température est un peu basse et invariable et l'addition d'une faible quantité de sel marin dans l'eau sont des conditions très favorables à retarder la consommation des réserves et à prolonger ainsi la vie de ces animaux. Aussitôt que les réserves sont épuisées, la vie cesse.

Il en est absolument de même des végétaux: ils renferment en eux des provisions aux dépens desquelles ils peuvent vivre, en même temps qu'ils en forment de nouvelles. Mais si l'on soumet le végétal à l'inanition, il peut vivre et fleurir même, grâce aux réserves antérieurement accumulées, comme cela a lieu dans un oignon de jacinthe, par exemple, qu'on fait végéter dans l'eau. Mais le végétal ne pouvant pas former un nouvel emmagasinement, la vie cesse nécessairement après cette période.

<small>Le chien jeûneur avec eau pesait, au début du jeûne, 15 kilos et demi; au 40° jour, époque de la cessation du jeûne, il pesait 7 kilos et 600 grammes. Les expériences sur les autres animaux auraient besoin d'être recommencées, d'après la méthode du docteur V. Laborde.</small>

En résumé, il existe chez les animaux et chez les végétaux deux périodes nutritives : 1° une période nutritive d'*emmagasinement*; 2° une période de *consommation* ou de *destruction*[1].

X° DANS LA FONCTION DIGESTIVE, LES PHÉNOMÈNES CHIMIQUES SEULS SONT ESSENTIELS.

Pour mettre en relief ce qui dans la digestion est général et commun à tous les animaux, la meilleure manière est de déterminer ce qu'il y a d'essentiel dans la digestion envisagée à son maximum de complication chez les animaux supérieurs, où elle est le mieux connue.

Trois ordres de phénomènes contribuent à l'accomplissement de la digestion chez les animaux supérieurs :

1° Des phénomènes *physiques et mécaniques;*

2° Des phénomènes *chimiques;*

3° Des phénomènes d'innervation propres aux animaux, autrement dit, des phénomènes *physiologiques*.

Ces trois ordres de phénomènes nécessitent trois systèmes d'organes, trois sortes d'appareils appropriés. Le tube digestif présente ces trois variétés d'instruments; il est muni d'un certain nombre d'annexes destinés à des usages mécaniques, chimiques et physiologiques.

En lui-même, le tube digestif peut être considéré comme divisé en trois parties :

1° Une partie d'*introduction*, qui s'étend de la bouche à l'estomac;

1. Cl. BERNARD, *Phénom. de la vie*, tome II, page 139.

2° Une partie de *digestion* proprement dite, qui comprend l'estomac et l'intestin grêle : cette partie centrale est la plus importante pour la digestion.

3° Une partie d'*expulsion* pour les substances qui ont résisté aux actions chimiques de la digestion : c'est le cœcum et le gros intestin jusqu'à l'orifice anal.

A chacune de ces portions se trouvent adjoints des organes annexes qui servent à l'accomplissement du rôle dévolu à la partie qu'ils accompagnent.

Les phénomènes physiques et mécaniques comprennent toute une série d'actes : préhension des aliments, mastication, insalivation, succion, déglutition, rumination, qui s'accomplissent dans la première partie du tube digestif. Ils s'accomplissent par les procédés les plus variés : cils vibratiles chez les infusoires, tentacules chez les polypes, pattes mâchoires chez les articulés, langues, griffes, dents, trompe, etc. Ils peuvent même ne pas exister; chez beaucoup d'animaux, la portion antérieure du tube digestif qui leur correspond fait défaut.

Au contraire, les actes chimiques qui s'accomplissent dans la portion moyenne du tube digestif (estomac et intestin grêle) ne peuvent manquer. Ceux-là sont essentiels; sous des aspects quelque peu changeants, on pourra toujours saisir leur fond commun, essentiellement identique. Ce sont eux qui sont les phénomènes fondamentaux, tandis que les autres ne sont que secondaires et accessoires. C'est donc dans les phénomènes chimiques que réside le caractère un et général de la digestion [1].

XI° LE RÉSULTAT DE LA DIGESTION EST IDENTIQUE CHEZ TOUS, HERBIVORES OU CARNIVORES; C'EST LA FORME PHYSIQUE DE L'ALIMENT, ET NON SA NATURE QUI FAIT QUE TEL ANIMAL CHOISIT POUR SE NOURRIR L'ALIMENT HERBE; ET TEL AUTRE, L'ALIMENT CHAIR.

A voir la différence des régimes auxquels sont soumises les différentes espèces d'animaux, on pourrait croire que les digestions doivent être différentes pour les uns ou pour les autres en raison des différentes substances qui constituent leur alimentation. Au fond, il n'en est rien; le résultat de la digestion est identique chez tous, herbivores ou carnivores.

Cette distinction d'animaux qui se nourrissent de végétaux, et d'animaux qui se nourrissent de viande est importante aux yeux des zoologistes; car elle commande une foule de particularités d'organisation et régit la structure de l'être : elle a son retentissement sur la construction du squelette, de la mâchoire, des membres, de la tête; sur la longueur des viscères, qui est plus considérable chez les herbivores; sur l'instinct, sur l'habitat. Mais cette distinction est nulle aux yeux de la physiologie générale; car le même être qui est astreint, par le caractère imprimé à son organisme, à se nourrir d'herbages, digère parfaitement la viande si on la lui présente sous une forme physique acceptable. La réciproque est également vraie.

1. Cl. BERNARD, *Phénom. de la vie*, tome II, page 249.

Ainsi, un chien mourra de faim à côté d'un tas de blé; il n'y touchera point. Il ne sait point que cette substance qu'il dédaigne et qu'il méconnaît, parce qu'elle n'est pas sous la forme appropriée à ses organes de préhension et de mastication, est pourtant parfaitement capable de soutenir son existence. Son instinct s'arrête à la forme physique, laquelle n'est effectivement pas appropriée aux premières parties de son tube digestif. Broyez ce froment et mêlez un peu d'eau à cette farine, voici l'animal qui acceptera parfaitement le pain, genre de nourriture dont la forme physique n'a plus rien d'incompatible avec son organisation.

De même un lapin périra d'inanition à côté d'une proie vivante ou même d'un quartier de viande; réduisez cette viande en fragments, faites-la bouillir, il l'acceptera sans difficulté et la digèrera le plus facilement du monde.

Ainsi, nous le voyons, les qualités chimiques essentielles d'un aliment sont cachées à l'animal; son instinct s'arrête aux qualités physiques. Toute son organisation est en rapport avec cette forme apparente de l'aliment auquel il est astreint; c'est une sorte de fatalité inscrite dans son organisme, sur son squelette, dans son genre de vie. Ce sont les qualités physiques de l'alimentation qui dominent l'histoire naturelle des animaux.

L'homme, au contraire, doué de l'intelligence qui corrige l'instinct, est omnivore. Il sait donner aux aliments la forme qui les rend acceptables; il a recour pour cela aux artifices de la cuisson et de toutes les préparations culinaires, devant lesquelles disparaissent les qualités physiques. Tout animal serait omnivore comme l'homme, s'il savait se procurer les aliments végétaux ou des proies vivantes et les préparer d'une façon convenable; son tube digestif est, en effet, capable de les digérer. C'est donc dans les actes chimiques de la digestion proprement dite que résident l'unité et la généralité de la fonction [1].

II. — Phénomènes chimiques de la digestion.

I° LES PHÉNOMÈNES CHIMIQUES DE LA DIGESTION SONT DES FERMENTATIONS.

Lavoisier divisait les phénomènes chimiques de la destruction organique en trois types : 1° Fermentation; 2° Combustion; 3° Putréfaction. Aujourd'hui, grâce surtout aux travaux de M. Pasteur, ces trois types sont ramenés à un seul, la Fermentation [2]. Si la fermentation respiratoire est encore enveloppée d'obscurité, il n'en est pas de même de la fermentation digestive; les travaux et les découvertes modernes ont projeté sur elle une vive lumière.

II° ON DISTINGUE DEUX CLASSES DE FERMENTS; A SAVOIR, LES FERMENTS SOLUBLES OU NON VIVANTS ET LES FERMENTS INSOLUBLES OU VIVANTS.

On distingue aujourd'hui deux classes de Ferments.

1. Cl BERNARD, *Phénom. de la vie*, tome II, page 256.
2. Cl. BERNARD, *Phénom. de la vie*, tome I", page 178. « Toutes les actions de destruction vitale, dont l'organisme est le théâtre, se ramènent en somme à des fermentations. La fermentation caractérise donc la chimie vivante. »

1° Les *Ferments solubles* sont des liquides élaborés et sécrétés par les organismes vivants. Ils existent dans les plantes et dans les animaux ; ils ont pour caractères d'être solubles dans l'eau, précipitables par l'alcool et de nouveau solubles dans l'eau. Un autre trait commun est la grandeur de l'effet comparée à la quantité très faible du ferment. Par exemple, une quantité déterminée de diastase peut convertir en sucre (glycose) deux mille fois son poids d'amidon.

2° Les *Ferments insolubles* ou Ferments figurés ou Ferments vivants sont des êtres vivants qui se nourrissent, s'accroissent, se multiplient et meurent comme tous les êtres vivants. Le type de cette classe de Ferments est la Levûre de bière.

III° Parallèle entre les ferments solubles et les ferments insolubles.

1° Le Ferment *soluble* s'use, et son usure est en rapport avec l'énergie de l'action qu'il a exercée.

Le Ferment *insoluble* s'accroît et se multiplie d'autant plus que son activité a été plus énergique.

2° Le Ferment *soluble* se dissout dans la glycérine, qui le conserve ; précipité par l'alcool, il se dissout dans l'eau et reprend ses propriétés.

Le Ferment *insoluble* est tué par l'alcool et par la glycérine.

3° Les Ferments *solubles* sont insensibles à l'action des anesthésiques, éther et chloroforme ; leurs propriétés actives ne sont ni diminuées, ni suspendues.

Les Ferments *insolubles* ont leur activité suspendue par les anesthésiques ; à dose forte, ils sont tués.

4° Les Ferments *solubles*, soumis à la pression de l'air ou de l'oxygène, conservent toute leur activité.

Les Ferments *insolubles*, soumis à la même pression, ont leur activité arrêtée net.

5° Les Ferments *insolubles* sécrètent eux-mêmes des ferments *solubles*, entre autres, la diastase, que sécrète la levûre de bière.

Conclusions : 1° Les Ferments *solubles* sont des sécrétions;

2° Les Ferments *insolubles* sont des êtres vivants.

Les Ferments figurés sont des organismes complets : comme tous les organismes, comme tous les éléments anatomiques, ils présentent les deux ordres de phénomènes de destruction fonctionnelle et de synthèse organisatrice. Ils se multiplient, se perpétuent, se nourrissent en même temps qu'ils se détruisent. Ce sont des êtres vivants au même titre que tous les autres, y compris les plus élevés. Leurs manifestations fonctionnelles doivent donc également s'accomplir par l'action des ferments solubles. Et de fait, il existe dans la levûre un ferment inversif qui change le sucre ordinaire en glycose par un véritable phénomène de digestion tout analogue à celui par lequel ce sucre se digère dans l'intestin des animaux supérieurs [1].

IV° Les cinq classes d'aliments et les ferments solubles digestifs.

Les aliments se divisent en cinq classes :

1° Les substances féculentes ou amylacées;

---

1. Cl. Bernard, *Phénom. de la vie*, tome I", page 159; tome II, pages 328, 388, 199, 499.

2° Les substances sucrées;

3° Les substances grasses;

4° Les substances albuminoïdes ou azotées;

5° Les substances minérales.

La nécessité des matières minérales dans l'alimentation résulte de leur présence constante dans un certain nombre de tissus animaux. Ces matières sont l'eau, des gaz, des substances solides. Parmi les substances minérales qui pénètrent après dissolution et qui font partie intégrante de l'organisme, il faut citer : le sel marin ou chlorure de sodium, les phosphates de soude et de potasse, le carbonate de soude, les phosphates de chaux et de magnésie, le carbonate de chaux, le fluorure de calcium qui se trouve dans les os et dans les dents; enfin, certains métaux tels que le fer, lequel est regardé comme indispensable à l'alimentation.

Les ferments solubles qui accomplissent le phénomènes chimiques de la digestion sont :

A. *Ferments pour saccharifier les féculents :*

1° La diastase salivaire, sécrétée par les glandes salivaires;

2° La diastase pancréatique, sécrétée par le pancréas.

B. *Ferment pour convertir en glycose les autres sucres :*

Le ferment inversif, sécrété par les glandes de l'intestin grêle.

C. *Ferment pour émulsionner les graisses :*

Le ferment émulsif, sécrété par le pancréas.

D. *Ferments pour dissoudre les albuminoïdes :*

1° La pepsine, ferment contenu dans le suc gastrique que sécrète l'estomac ;

2° La trypsine, ferment albuminosique du pancréas.

On voit que le pancréas sécrète trois ferments :

1° Un ferment diastasique pour convertir en glycose les féculents ;

2° Un ferment émulsif pour émulsionner et saponifier les corps gras ;

3° Un ferment digestif pour dissoudre les albuminoïdes.

Ces découvertes sont dues surtout aux admirables travaux que Claude Bernard a accomplis, à partir de l'année 1846. La trypsine a été isolée par Kühne.

V° DIGESTION DES SUBSTANCES FÉCULENTES ; ELLES SONT CONVERTIES EN GLYCOSE.

Les substances féculentes et amylacées sont composées de carbone, d'hydrogène et d'oxygène ; d'où le nom de hydrates de carbone ou matières hydro-carbonées qu'on leur donne fréquemment.

Pour être digérés, les féculents et les amidons doivent être saccharifiés, c'est-à-dire convertis en glycose ou sucre de raisin ; cette conversion s'opère surtout dans le duodénum.

A. *Saccharification artificielle de l'amidon dans les laboratoires.* — La saccharification de l'amidon est facile à réaliser dans les laboratoires scientifiques ou industriels. L'industrie, qui utilise en grand cette réaction, n'a que le choix entre les procédés. Les acides étendus, l'acide chlorhydrique, l'acide sulfurique, opèrent cette transformation en glycose. L'action prolongée de l'eau bouillante, la vapeur d'eau surchauffée entraînent le même effet.

B. *Saccharification vitale de l'amidon chez les animaux et chez les végétaux.* — Le procédé vital ou physiologique est tout différent : il consiste dans l'action d'un ferment soluble, la diastase. Dès l'entrée du tube digestif, ce ferment se rencontre dans la salive mixte, c'est la diastase salivaire. L'action exercée par ce ferment est infiniment moins énergique que celle d'un agent analogue existant dans le suc pancréatique. La digestion des féculents incombe à peu près exclusivement à ce dernier liquide ; l'effet de la diastase pancréatique est immédiat, presque instantané.

Ces mêmes ferments glycosiques qui se rencontrent dans la salive, dans le suc pancréatique, se retrouvent dans tous les points de l'économie où l'amidon animal, le *glycogène*, doit être utilisé. Ainsi en est-il dans le foie, où la réserve de glycogène doit être à chaque instant convertie en sucre par un ferment diastasique et versée dans le torrent sanguin.

Toutes les parties d'un végétal ont contenu, à un moment donné de leur existence, de l'amidon destiné à être mis en œuvre à l'état de sucre. Souvent même l'amidon s'accumule sous forme de réserve dans certains organes de la plante, en vue de son alimentation future. Ainsi en est-il dans les graines, dans les jeunes tiges, dans les tubercules. En effet, lorsque la graine entre en germination, lorsque le bourgeon se développe en bois ou en fleur, lorsque la tige s'accroît ou s'élève, la plante digère véritablement son amidon.

Cette saccharification se fait par le même agent, le ferment glycosique ou diastase. C'est en 1833 que Payen et Persoz découvrirent la diastase végétale dans l'orge et l'isolèrent [1].

Conclusions. 1° La saccharification de l'amidon ou digestion des féculents est commune à tous les êtres vivants, animaux et végétaux :

2° Elle est l'œuvre d'un ferment glycosique, la diastase.

VI° DIGESTION DES SUBSTANCES SUCRÉES; ELLES SONT CONVERTIES EN GLYCOSE.

Les sucres sont des substances composées de carbone, d'hydrogène et d'oxygène; ce sont donc, comme les amidons, des hydrates de carbone ou matières hydrocarbonées. Les deux principaux sucres sont le sucre de canne ou saccharose et la glycose.

Le sucre de canne ou saccharose remplit un rôle important dans la nutrition des plantes (surtout chez la betterave); il intervient pour une forte proportion dans le régime alimentaire de l'homme et des animaux frugivores. Mais s'il n'est pas converti en glycose, il ne peut être digéré; il circule impunément dans le sang comme une matière inerte et indifférente, sans que les éléments anatomiques puissent jamais le détourner et se l'approprier. Claude Bernard en a fourni la preuve en injectant dans les veines d'un animal une solution de sucre de canne qu'il retrouvait intacte dans l'excrétion urinaire. Pour être digéré, il

---

1. Cl. BERNARD, *Phénom. de la vie*; tome II, page 491 et suivantes.

faut qu'il soit converti en glycose. C'est dans l'intestin grêle que se produit cette action chimique; elle est due à un ferment *inversif* que renferme le suc intestinal; la saccharose passe à l'état de sucre *interverti* (mélange de deux espèces de glycose); elle peut alors être digérée.

A. *Interversion du sucre de canne dans les laboratoires.* — On peut intervertir le sucre de canne, soit en le pulvérisant simplement (le sucre en poudre est moins sucrant que le sucre en morceaux), soit en le faisant bouillir avec des liquides acidifiés par l'acide chlorhydrique ou par l'acide sulfurique. Le phénomène de l'interversion a été découvert par Dubrunfaut.

B. *Interversion vitale du sucre de canne chez les animaux et chez les végétaux.* — L'interversion de la saccharose chez les animaux et chez les végétaux se fait par un ferment particulier, le ferment *inversif*. Chez les animaux supérieurs, ce ferment est sécrété par les glandes de l'intestin grêle. Chez les autres êtres vivants, il existe dans tous les points et dans toutes les circonstances où la saccharose doit être utilisée pour la nutrition des plantes ou des animaux [1]. La betterave qui monte en graine transforme le sucre entreposé dans sa racine et le digère véritablement de la même manière que fait chez les animaux le suc intestinal. Ainsi animaux et plantes emploient le même agent au même usage.

1. Cl. Bernard, *Phénom. de la vie*, tome II, page 494.

M. Berthelot a montré que l'infusion de levûre contenait le même principe ; elle y remplit le même rôle que dans le tube digestif des animaux La levûre ne peut pas plus utiliser directement le sucre de canne que le fait l'homme lui-même ; il faut qu'elle le transforme, qu'elle le digère ; et cela se fait de la même manière, par interversion, et par le même agent, à savoir, par le ferment inversif.

Conclusions : 1° L'interversion de la saccharose est commune à tous les êtres vivants, animaux et végétaux.

2° Elle est l'œuvre d'un ferment inversif.

VII° DIGESTION DES SUBSTANCES GRASSES ; ELLES SONT ÉMULSIONNÉES ET SAPONIFIÉES.

Les matières grasses sont des hydrates de carbone ainsi que le sucre et l'amidon. Elles participent, sous diverses formes, à l'entretien de l'économie animale. Introduites dans le tube digestif, elles doivent pour être absorbées subir deux espèces de modifications, dont l'une est le prélude de l'autre : d'abord une modification physique, l'*émulsion* ; ensuite, une transformation chimique, la *saponification*.

1° L'*émulsion* est une division mécanique du liquide gras en un nombre infini de petits globules.

2° La *saponification* est le dédoublement de la graisse en acide gras et en glycérine [1].

---

1. Les acides gras principaux sont :
1° L'acide *margarique*, $C^{32}H^{32}O^4$.
2° L'acide *stéarique*, $C^{36}H^{36}O^4$.
3° L'acide *oléique*, $C^{36}H^{34}O^4$.
La glycérine a pour formule $C^6H^8O^6$.

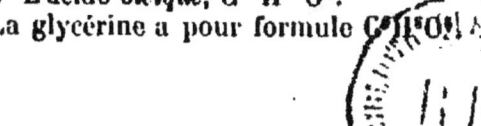

Ces transformations mécaniques et chimiques s'accomplissent dans le duodénum au moyen du ferment émulsif sécrété par le pancréas [1]. .

A. *Saponification artificielle dans les laboratoires.*

La saponification dans l'industrie s'opère au moyen des alcalins, potasse, soude, chaux, baryte, et de l'oxyde de plomb. Le résultat est toujours le même, à savoir, le dédoublement des corps gras en acide gras et en glycérine. La vapeur d'eau surchauffée opère également le dédoublement de la graisse en acide gras et en glycérine ; c'est même par ce procédé particulier qu'on fabrique aujourd'hui la glycérine en état de pureté parfaite [2].

B. *Saponification vitale chez les animaux et les végétaux.*

Chez les animaux, le dédoublement des corps gras est l'œuvre du ferment émulsif et saponifiant du pancréas. Le même ferment émulsif se rencontre chez les végétaux. Que l'on prenne, par exemple, des graines oléagineuses et qu'on les broie avec de l'eau, on aura une émulsion ; et au bout de peu de temps, on cons-

---

1. A l'action du suc pancréatique sur les graisses se joint celle de la bile, d'après les expériences récentes de M. Dastre. La bile paraît plus particulièrement préposée à l'absorption des graisses en les rendant plus fluides ; le suc pancréatique, à leur dédoublement (*Comptes rendus*, 16 janvier 1888).

2. Dans la saponification industrielle, il y a deux phases :

1° Le dédoublement des corps gras en acides gras et en glycérine.

2° La combinaison des acides gras avec une base, potasse, soude, oxyde de plomb. Le produit de cette combinaison est un savon. Les savons noirs sont des oléates de potasse ; les avons blancs sont des oléates de soude.

tatera dans le liquide les produits du dédoublement des corps gras, à savoir, la glycérine et les acides gras. Au moment où se fait la germination, l'huile fermentescible et le ferment seraient mis en présence, et l'action s'opèrerait comme une véritable digestion [1].

Le ferment émulsif existe d'une manière bien nette dans les amandes, les noix; son action s'exerce au moment où la germination s'accomplit. On peut la déterminer artificiellement en écrasant simplement les graines ; on obtient alors une émulsion blanche comme du lait, le lait d'amandes.

L'*émulsine*, qui est le ferment de l'amande, opère l'émulsion de l'huile dans l'amande à la manière du ferment émulsif du pancréas. Pour l'obtenir, il suffit d'écraser les amandes douces, puis de filtrer le mélange après l'avoir laissé macérer dans l'eau froide. Le liquide filtré peut alors être traité par l'alcool et par l'eau successivement. On reconnaît là le procédé général de préparation des ferments solubles.

Conclusions : 1° L'émulsion et la saponification des matières grasses est commune à tous les êtres vivants, animaux et végétaux.

2° Elles sont l'œuvre d'un ferment émulsif.

VIII° DIGESTION DES SUBSTANCES ALBUMINOÏDES ; ELLES SONT CONVERTIES EN PEPTONES.

Les substances albuminoïdes ou azotées renferment essentiellement de l'azote, du carbone, de l'hydrogène et de l'oxygène. Elles contiennent le plus souvent du

---

1. Cl. BERNARD, *Phénom. de la vie*, tome II, page 352.

soufre et du phosphore. Leur digestion est la moins bien connue. Cette digestion a reçu le nom de *peptonisation* ou *peptisation;* après l'élaboration digestive, les substances azotées prennent le nom de *peptones.*

La digestion des albuminoïdes commence dans l'estomac sous l'action du suc gastrique. Celui-ci renferme un ferment albuminosique, la *pepsine*, laquelle ne peut agir que dans un milieu acide. Au sortir de l'estomac, la bile rend insolubles tous les aliments albuminoïdes, quel que soit le degré de leur peptisation ; alors commence l'action du ferment albuminosique du pancréas, appelé *trypsine.* La trypsine ne peut agir que dans un milieu alcalin. C'est la trypsine qui reprend et achève la digestion des albuminoïdes; elle les convertit en *peptones.* Le caractère commun des peptones est d'être incoagulables par la chaleur et facilement dialysables [1]. C'est dans le duodénum qu'a lieu la digestion principale des albuminoïdes.

A. *Digestion artificielle des albuminoïdes dans les laboratoires.*

L'ébullition prolongée produit sur les matières albuminoïdes le même effet que la pepsine. Un consommé de viande est, en réalité, de la viande plus ou moins digérée.

B. *Digestion vitale des albuminoïdes chez les animaux et les végétaux.*

---

1. La dialyse est la propriété qu'ont certaines substances en dissolution de passer à travers des cloisons très variées ; c'est un cas particulier du phénomène général de l'endosmose. La dialyse a été étudiée surtout par l'illustre chimiste anglais Graham.

Au lieu de se faire par l'ébullition, la digestion des albuminoïdes chez les animaux se fait par un ferment du suc gastrique, la *pepsine*, et par un ferment du pancréas, la *trypsine*. Elle est commencée dans l'estomac ; elle s'achève dans l'intestin.

Chez les végétaux, il y a des réserves albuminoïdes comme dans les animaux. L'albumine, la fibrine, la caséine, sont abondantes dans les tissus végétaux ; leur existence et leur parallélisme avec les substances azotées des animaux sont aujourd'hui inébranlablement démontrées. Malheureusement les transformations que ces albuminoïdes végétaux éprouvent, leur évolution et leurs aboutissants sont encore environnés d'un profond mystère.

Cela n'est pas étonnant, car les études de ce genre sont à leur début.

Pendant la germination des graines, il y a des matières albuminoïdes qui se dissolvent en même temps que les matières féculentes, sucrées ou grasses. L'induction permet d'inférer avec vraisemblance que cette digestion se fait sous l'influence d'un ferment analogue aux ferments albuminosiques des animaux ; mais on n'en a pas la preuve expérimentale.

Conclusions : 1° La digestion des albuminoïdes est commune à tous les êtres vivants, animaux et végétaux.

2° Elle est l'œuvre, chez les animaux, de ferments albuminosiques, à savoir, la pepsine et la trypsine ; le ferment albuminosique, chez les végétaux, n'a pas encore été isolé.

XI° L'ABSORPTION DES SUBSTANCES ÉLABORÉES N'EST PAS DIRECTE ; ELLE EST INDIRECTE.

La préparation faite et terminée, il faut que la substance digérée soit amenée dans le milieu intérieur, auquel elle est apte à s'unir ; il faut qu'elle y soit portée et absorbée.

Les plantes puisent dans le sol les aliments dont elles se nourrissent. Les racines baignent dans le liquide qu'elles doivent absorber ; elles y plongent leurs poils radiculaires.

Les animaux puisent les aliments dans le tube digestif. Ce sont les vaisseaux sanguins et lymphatiques qui viennent baigner leurs ramifications infinies dans le liquide intestinal. Ces canaux, subdivisés de plus en plus, représentent bien un arbre qui répandrait ses racines dans un sol nourricier.

L'estomac joue un rôle peu important dans l'absorption des produits de la digestion [1] ; ceux-ci sont absorbés surtout dans le parcours de l'intestin grêle. Magendie a montré que la voie d'absorption, de beaucoup la plus générale et la plus importante, est représentée par les veines de l'intestin, branches de la *veine-porte*, qui apportent le sang au foie.

Quant au mécanisme de l'absorption, il est mal connu. D'après ses expériences, Claude Bernard était porté à admettre que l'absorption digestive n'était

---

1. L'estomac absorbe moins pendant la digestion que pendant l'abstinence : un poison sera plus énergique, plus rapide dans son action s'il est introduit dans l'estomac vide que dans l'estomac chargé d'aliments.

pas une absorption alimentaire simple et directe. A la surface de la membrane muqueuse intestinale, il y a une véritable génération d'éléments épithéliaux [1] (cellules ou noyaux libres) qui attirent les liquides alimentaires, les élaborent et les versent ensuite dans les vaisseaux. Les aliments dissous et décomposés par les sucs digestifs dans l'intestin ne forment qu'un blastème générateur, dans lequel les éléments épithéliaux digestifs trouvent les matériaux de leur formation et de leur activité fonctionnelle. « Je ne crois pas, en un mot, dit Claude Bernard, à ce qu'on pourrait appeler la digestion directe. Il y a un travail intermédiaire organique ou vital. Ce n'est pas une simple dissolution chimique, comme l'avaient admis la généralité des physiologistes. » Pour démontrer que la digestion n'est pas directe, Claude Bernard injecte directement dans le sang des substances alimentaires préalablement dissoutes par le suc gastrique et par les autres

---

1. Ce sont des cellules ou noyaux libres qui revêtent les membranes muqueuses comme l'épiderme revêt la peau. L'épithélium peut être défini l'épiderme des muqueuses. C'est à la présence du revêtement épithélial qui tapisse sa surface muqueuse que l'estomac doit d'être protégé contre l'action destructive du liquide sécrété. Cette couche superficielle forme un obstacle complet à l'action de certaines matières, à l'absorption de certaines autres ; c'est un rempart protecteur. Ce revêtement, d'ailleurs, se détruit et se renouvelle constamment pendant la vie, en sorte que sa chute ne laisse jamais la surface sous-jacente exposée à nu. Ce n'est qu'après la mort que cesse cette mue, cette reproduction incessante ; alors le suc gastrique déversé dans la cavité en digère les parois, et lorsque la température est favorable, il digère même en partie les organes voisins, le foie, la rate, les intestins. (CL. BERNARD, *Phénomènes de la vie*, tome II, page 304.)

liquides digestifs; quoique étant dans le même état qu'elles sont dans le tube digestif, ces substances ne sont pas assimilées [1].

X° En résumé, la propriété digestive, les agents digestifs et les quatre classes d'aliments, féculents, sucrés, gras et azotés, sont communs aux plantes et aux animaux.

La digestion, en tant que *fonction*, peut être considérée comme un caractère exclusif à l'animalité; mais en tant que *propriété*, elle est universelle; les agents digestifs appartiennent tout aussi bien aux plantes qu'aux animaux. Le végétal digère et consomme les provisions que lui-même a formées et emmagasinées dans ses tissus; l'animal fait de même: il digère les réserves entreposées dans ses organes, mais il digère aussi les aliments venus directement du dehors. Dans les deux règnes, ces aliments sont entièrement analogues; ils appartiennent aux quatre classes des aliments, à savoir, les aliments azotés, les aliments gras, les aliments féculents et les aliments sucrés.

Herbivores, carnivores, omnivores, se nourrissent en réalité de même : des dissemblances physiques masquent l'identité essentielle des régimes; mais ces variations, d'ordre tout à fait physique, sont sans importance réelle, sans valeur pour l'essence même du phénomène digestif. La nutrition met en œuvre les mêmes matériaux chez tous les animaux; ces maté-

1. Cl. Bernard, *Physiologie générale*, note 122. Voir aussi pages 102, 111.

riaux sont encore les mêmes chez les plantes. Il n'y a pas, il est vrai, de tube digestif ni rien d'analogue dans la plante; mais la réaction chimique est indifférente à la forme du vase. Les végétaux, comme les animaux, accumulent dans leurs tissus des substances féculentes, grasses et albuminoïdes; c'est tantôt dans la tige, tantôt dans la racine, tantôt dans les feuilles, d'autres fois dans les graines, que sont déposées ces provisions. Le moment vient où elles doivent être utilisées; elles éprouvent alors des modifications qui les rendent assimilables; elles sont liquéfiées et digérées. Ainsi en est-il de la fécule accumulée dans le tubercule de la pomme de terre qui est liquéfiée et digérée au moment de la végétation, de la floraison et de la fructification. Ainsi en est-il du sucre entreposé dans la racine de la betterave, de la matière grasse emmagasinée dans les graines oléagineuses, et, en général, de toutes les substances variées, albuminoïdes ou autres, qui sont préparées en prévision des besoins à venir. Les végétaux digèrent donc en réalité. C'est véritablement une digestion que subissent les matières citées plus haut pour passer de leur forme actuelle, impropre aux échanges interstitiels, à une autre forme favorable à l'absorption et à la nutrition. Dégagée de toutes les circonstances accessoires qui constituent la fonction ou la mise en scène des phénomènes, la digestion n'est pas différente, au fond, chez les animaux et chez les végétaux [1].

1. Cl. Bernard, *Phénom. de la vie*, tome II, page 323.

CHAPITRE III

LA RESPIRATION

1. — La respiration des animaux.

1° SOUS LE NOM DE RESPIRATION, ON DOIT DISTINGUER DEUX CHOSES : 1° LA PROPRIÉTÉ RESPIRATOIRE OU LE BESOIN NÉCESSAIRE QU'ONT LES ÉLÉMENTS ANATOMIQUES D'ÊTRE MIS EN PRÉSENCE DE L'OXYGÈNE ; 2° LA FONCTION RESPIRATOIRE, C'EST-A-DIRE LE MÉCANISME PAR LEQUEL L'OXYGÈNE EST MIS EN PRÉSENCE DES ÉLÉMENTS ANATOMIQUES.

Les rapports de l'air avec l'organisme vivant doivent être considérés de deux manières :

1° Au point de vue des phénomènes qui s'accomplissent lorsque l'air est mis en présence de chaque élément anatomique ;

2° Au point de vue des mécanismes par lesquels, chez les différents individus, est réalisée cette mise en présence.

De là deux ordres de phénomènes :

A. Les premiers, relatifs au rôle intime de l'air dans le fonctionnement vital élémentaire, sont tout à fait généraux, essentiels, constants.

B. Les seconds, relatifs aux mécanismes qui assurent à toutes les parties de l'édifice leur quote-part d'air, sont tout à fait variables et accessoires. C'est à ces derniers, considérés dans leur ensemble, qu'on a réservé, par une exclusion fâcheuse, le nom de *Respiration*.

Il y a *unité vitale* pour les premiers, en quelque lieu qu'on les envisage.

Il y a *variété fonctionnelle* pour les autres, d'une espèce à l'autre, d'un règne à l'autre.

Ce n'est pas d'emblée et dès le début que l'on est parvenu à cette notion essentielle que les fonctions n'existent que pour les cellules, et en vue de leur fournir les conditions extrinsèques sans lesquelles elles ne sauraient vivre. Au lieu de considérer les fonctions comme des *moyens*, on a dû les considérer d'abord comme un *but* en soi, c'est-à-dire comme essentielles en elles-mêmes et pour elles-mêmes au mouvement vital, dont elles constituaient les manifestations les plus évidentes et pour ainsi dire les seules évidentes. Claude Bernard a été le premier parmi les physiologistes à formuler, tout au contraire, la subordination des moyens fonctionnels au but, lequel est la vie cellulaire ; il l'a érigée en principe [1].

II° LA COMBUSTION EST INDIRECTE, ET NON DIRECTE ; ELLE S'ACCOMPLIT DANS TOUS LES TISSUS.

Lavoisier avait considéré la respiration comme une fixation directe de l'oxygène sur le carbone du sang ; c'était pour lui une combustion identique à celle qui s'accomplit dans nos foyers. Le principe de cette explication est vrai ; c'est une découverte capitale dans l'histoire de la physiologie d'avoir montré que

---

1. CL. BERNARD, *Phénom. de la vie*, tome II, pages 147-149.

la chaleur animale a la même source que celle de nos foyers, à savoir, une source purement chimique. Mais si ce point fondamental a été bien établi par Lavoisier et Laplace, les circonstances qui provoquent le phénomène leur ont échappé. Voici ce que l'on sait aujourd'hui :

1º La combustion respiratoire s'accomplit, non pas dans le poumon, mais dans tous les tissus, avec une intensité proportionnelle au fonctionnement de ces tissus[1].

2º La respiration des tissus n'est pas une combustion directe ; ce n'est pas une fixation directe de l'oxygène sur les matériaux du sang ou de la substance azotée des tissus ; cette combustion fonctionnelle est une oxydation indirecte accomplie très vraisemblablement par des agents chimiques spéciaux, de la nature des ferments[2].

Toutes les tentatives faites pour prouver l'oxydation directe ont échoué ; l'oxydation est donc *indirecte* ; mais on ignore encore comment elle se fait. Une expérience de Magendie et de Gay-Lussac a montré que le sang d'un animal purgé d'oxygène libre par un courant continu d'hydrogène et maintenu dans cette atmosphère d'hydrogène produisait, au bout de quelques heures, une grande quantité d'acide carbonique. Cette expérience indique nettement un phénomène de l'ordre des fermentations.

1. Voir Charles RICHET, *Revue scientifique*, 26 septembre 1885, page 402 ; et 17 octobre 1885, la leçon sur les muscles et la production de la chaleur.
2. Claude BERNARD, *Phénomènes de la vie*, tome II, page 500.

Williams Edwards, père de M. Milne-Edwards, a fait vivre et fonctionner des grenouilles dans une atmosphère d'azote pur pendant une durée de 7 heures, alors qu'il n'y avait plus un atome d'oxygène libre dans les liquides de l'organisme. Jusqu'aux derniers moments de la vie, il y avait pourtant production d'acide carbonique; cette production ne cessait qu'avec les manifestations vitales : c'est bien là le caractère des fermentations.

III° DANS LES MUSCLES, L'ÉNERGIE DE LA COMBUSTION EST EN RAISON DIRECTE DE L'EFFORT MUSCULAIRE.

1· Pendant l'activité, le muscle rend plus d'oxygène (à l'état de combinaison : CO^2, acide carbonique) qu'il n'en prend.

2· Pendant le repos, le muscle prend plus d'oxygène qu'il n'en rend. La nature des actions chimiques qui se passent dans le muscle est encore obscure.

IV° DANS LES MUSCLES, L'ÉNERGIE DE LA RÉPARATION EST EN RAISON DIRECTE DE LA COMBUSTION.

A mesure que l'élément musculaire se détruit, il se reconstitue au moyen de ceux de ses matériaux qui n'ont pas été éliminés, ainsi qu'au moyen de l'oxygène et des autres substances fournies par le sang. Il y a une véritable restitution par synthèse, un phénomène plastique régénérateur. Cette synthèse reconstituante est dans un rapport étroit avec la combustion destructive et fonctionnelle; c'est en effet dans le muscle le plus actif qu'est la nutrition la plus énergique. Il y a donc dans le muscle, comme partout, comme dans tous les autres organes et dans tous les éléments anatomiques, ces deux groupes de phénomènes inverses : 1° un phénomène d'*usure* de la matière vivante ; phénomène de dépense vitale, auquel correspondent les manifestations fonctionnelles visibles, contraction, production de chaleur, travail mécanique ; 2° à côté de cela, un phénomène inverse de *synthèse* assimilatrice qui s'opère dans le silence de la vie végétative et ne se révèle que par son résultat, lequel est l'organisation et la réparation du muscle [1].

V° LE FAIT QUE LA COMBUSTION DU MUSCLE EST ÉGALE A SON TRAVAIL DE CONTRACTION EST UNE APPLICATION PARTICULIÈRE DE LA LOI DE LA CONSERVATION DE L'ÉNERGIE.

La destruction matérielle est non seulement liée à l'activité fonctionnelle, on peut dire qu'elle en est la mesure et l'expression. La contraction musculaire est la traduction même de la destruction ou combustion que le muscle subit. Ce n'est pas une coïncidence, c'est une transformation d'énergie. Ici, comme dans les phénomènes physiques, on rencontre la même loi générale : l'apparition d'un phénomène est liée à la disparition d'un autre ; *la destruction n'est qu'un changement de forme.* Plusieurs savants, entre autres MM. Hirn et Helmholtz, ont établi que le travail du muscle était exactement représenté par la destruction ou contraction qu'il subit. On voit ainsi que le principe de la *conservation de l'énergie* s'applique au monde vivant comme au monde physique [2].

1. Cl. BERNARD, *Phénom. de la vie*, tome II, page 510.
2. Cl. BERNARD, *Phénom. de la vie*, tome II, page 23.

VI° LA COMBUSTION ET LA RÉPARATION DES GLANDES, DES NERFS, DU CERVEAU, SE FONT COMME DANS LE MUSCLE.

Les phénomènes de destruction et de réparation qui se produisent dans le muscle en activité se retrouvent pendant le fonctionnement de tous les autres organes, glandes, nerfs, cerveau.

Lavoisier avait compris, comme on pouvait le faire de son temps, le rapport qui existe entre les expressions phénoménales les plus complexes et les changements physico-chimiques qui en sont les conditions. Il ne désespérait pas qu'on arriverait un jour « à évaluer ce qu'il y a de mécanique dans le travail du philosophe qui réfléchit, de l'homme de lettres qui écrit, du musicien qui compose. Ces effets, considérés comme purement moraux, ont quelque chose de physique et de matériel qui permet, sous ce rapport, de les comparer avec les efforts que fait l'homme de peine [1] ».

VII° C'EST LE SYSTÈME NERVEUX QUI PRÉSIDE AUX PHÉNOMÈNES FONCTIONNELS OU DE DESTRUCTION ORGANIQUE.

Le système nerveux préside à ces phénomènes fonctionnels. Chez les êtres élevés en organisation, la manifestation vitale, et par conséquent la combustion destructive qui en est la condition, sont réglés par l'appareil nerveux. On peut montrer que les fonctions des appareils nerveux sont réductibles à ces deux grandes divisions, à savoir, le système de destruction fonctionnelle ou de la dépense vitale, et le système

---

1. Cl. BERNARD, *Phénom. de la vie*, tome II, page 515.

de la synthèse organique ou de l'accumulation vitale [1].

II. — **La respiration des plantes et la fonction chlorophyllienne.**

I° FAITS SUCCESSIFS QUI CONDUISIRENT A ATTRIBUER AUX PLANTES DEUX RESPIRATIONS, L'UNE DE JOUR, L'AUTRE DE NUIT, INVERSES L'UNE DE L'AUTRE.

La théorie qui attribue aux plantes deux respirations, et qui a régné jusqu'à l'époque présente a son point de départ dans la célèbre expérience du chimiste anglais Priestley, en 1775. Une souris est placée sous une cloche dans de l'air confiné; elle finit par y périr; l'air est vicié, et si l'on introduit un autre animal, il tombe très rapidement et périt à son tour asphyxié. Mais si l'on dispose dans la cloche une plante, un pied de menthe, par exemple, non seulement le végétal ne manifeste aucun trouble vital, aucune déchéance, mais il y prospère et s'y développe avec une extrême vigueur. Bien plus! l'atmosphère est purifiée, rétablie dans sa constitution première, si bien qu'un animal peut y vivre de nouveau.

La conclusion qui fut tirée de cette expérience est celle-ci :

1° Les animaux absorbent l'oxygène de l'air et exhalent de l'acide carbonique;

2° Les plantes absorbent l'acide carbonique et exhalent de l'oxygène.

---

1. Cl. BERNARD, *Phénom. de la vie,* tome II, page 516.

L'être végétal vit donc là où meurt l'animal ; comme ils se comportent précisément d'une manière inverse relativement à l'air, l'un défaisant ce que l'autre a fait, il s'ensuivait que le règne animal et le règne végétal constituent un état de choses harmonique, équilibré et par conséquent durable.

En 1787, un médecin hollandais fixé à la cour d'Autriche, Ingenhousz ; un peu plus tard, le Génevois Senebier, puis un autre Génevois, Théodore de Saussure, en 1804, enfin M. Boussingault, en 1840, établirent que les parties vertes des plantes étaient seules capables de dissocier l'acide carbonique sous l'action de la lumière solaire ; elles fixent le carbone et mettent l'oxygène en liberté.

Des travaux postérieurs à 1840 démontrèrent que tout l'acide carbonique décomposé par les feuilles n'était pas nécessairement puisé dans l'atmosphère, mais qu'une partie pouvait y être amenée du sol par les racines [1].

---

[1]. Bernard, *Phénomènes de la vie*, tome II, page 244. « Pour que la chlorophylle décompose l'acide carbonique, il faut la présence de l'eau ou au moins un certain degré d'humidité... Page 223. L'acide carbonique doit être amené à la chlorophylle dans le parenchyme des feuilles à l'état de dissolution. L'acide carbonique à l'état gazeux n'est point décomposé par les feuilles : l'expérience l'établit nettement. Lorsqu'au contraire il est amené à l'état de dissolution, alors il se trouve dans la condition convenable pour subir l'action décomposante. Or c'est surtout par les racines que l'acide carbonique peut pénétrer dans le végétal à l'état dissous. Aussi croyons-nous que la fonction chlorophyllienne s'exerce principalement et peut être exclusivement sur le produit de l'absorption des racines, et non sur le gaz qui serait absorbé directement par les feuilles.

Une deuxième série de travaux parallèles établit que, pendant la nuit ou à l'ombre, les mêmes parties vertes absorbaient de l'oxygène et exhalaient de l'acide carbonique ; elles agissaient donc comme les animaux, et comme eux elles viciaient l'air.

De ces deux ordres de faits, on conclut que les plantes avaient deux respirations inverses l'une de l'autre, à savoir :

1° Une respiration diurne, par laquelle elles absorbent de l'acide carbonique et exhalent de l'oxygène ;

2° Une respiration nocturne, par laquelle, à la façon des animaux, elles absorbent de l'oxygène et exhalent de l'acide carbonique.

II° LES PLANTES N'ONT QU'UNE RESPIRATION, LAQUELLE EST UN PHÉNOMÈNE DE DESTRUCTION ORGANIQUE ; L'AUTRE PRÉTENDUE RESPIRATION EST UNE FONCTION PROPRE A LA CHLOROPHYLLE ; C'EST UN PHÉNOMÈNE DE CRÉATION ORGANIQUE.

La théorie de deux respirations ne peut tenir contre l'observation d'autres faits ; en outre, elle était en contradiction formelle avec l'essence même du phénomène respiratoire.

1° On constata que l'acide carbonique était exhalé en tout temps, jour et nuit, sans interruption, à savoir :

A. Par les parties *non vertes*, telles que fleurs, corolles, étamines, bourgeons, graines, etc., de tous les végétaux sans exception ;

B. Par les végétaux *dépourvus de parties vertes*, tels que les champignons, les orobanchées.

2° On constata que les parties *vertes* elles-mêmes, durant le jour, tout en mettant en liberté une grande quantité d'oxygène, exhalaient aussi une certaine quantité d'acide carbonique;

3° On constata que chez les végétaux l'exhalation d'acide carbonique est accompagnée d'une perte de substance, perte qui peut aller jusqu'à la moitié du poids de la substance sèche dans les graines qui germent à l'obscurité.

Il résultait de ces faits que :

1° L'exhalation d'acide carbonique était universelle, tandis que l'exhalation d'oxygène était particulière;

2° L'exhalation d'acide carbonique était permanente et continue, tandis que l'exhalation d'oxygène était intermittente et discontinue.

Or, la respiration est un fait nécessaire à la vie, qui ne s'arrête et ne se suspend jamais ; donc la production d'acide carbonique est la seule qui constitue le fait respiratoire des plantes.

Enfin la respiration est un fait de destruction organique; or la production d'acide carbonique diminue le poids des graines qui germent à l'obscurité, tandis que la mise en liberté de l'oxygène et la fixation du carbone accroissent le poids de la plante ; donc la production de l'acide carbonique est le fait qui seul constitue la respiration chez les végétaux.

Une expérience achève la démonstration, c'est la manière dissemblable dont agissent les anesthésiques sur l'une et l'autre fonction.

Par cela qu'elle est un phénomène de destruction

organique, la respiration est purement chimique; non seulement elle s'accomplit pendant la vie, à laquelle elle est indispensable, mais elle se produit après la mort.

Par exemple, les muscles vivants respirent; les muscles morts respirent aussi. Une tranche de jambon cuit, mise sous une cloche, respire et produit de l'acide carbonique [1].

La dissociation de l'acide carbonique par la chlorophylle verte des plantes, qui se traduit par la fixation du carbone et la mise en liberté de l'oxygène, appartient exclusivement à un seul tissu, la chlorophylle ou protoplasma vert. La Fonction chlorophyllienne est un phénomène de création organique; elle s'accomplit uniquement pendant la vie; elle est donc un phénomène essentiellement vital.

Les anesthésiques, éther et chloroforme, ont précisément la propriété d'agir exclusivement sur les propriétés vitales; ils sont sans action sur les propriétés chimiques; aussi Claude Bernard les a-t-il appelés les *réactifs naturels de toute substance vivante* [2]. On a donc dans les anesthésiques un moyen de contrôler la théorie qui refuse à la fonction chlorophyllienne d'être une respiration.

Première Expérience. — On soumet une graine en germination à l'action du chloroforme; voici ce que l'on observe :

A. Tous les phénomènes de création organique

---

1. Cl. BERNARD, *Phénom. de la vie*, tome Ier, page 279.
2. Cl. BERNARD, *Phénom. de la vie*, tome Ier, page 253.

proprement dits, en vertu desquels la graine germe, pousse et développe sa radicelle, sa tigelle, etc., sont suspendus.

B. Au contraire, tous les phénomènes chimiques concomitants, tels que la transformation de l'amidon en sucre sous l'influence de la diastase, l'absorption de l'oxygène avec exhalation d'acide carbonique, continuent: l'amidon se change en sucre, l'atmosphère qui entoure la graine se charge d'acide carbonique, etc.

On voit donc que l'action du chloroforme arrête tous les phénomènes vitaux de la germination (création organique), mais n'atteint pas les phénomènes purement chimiques (destruction organique), et parmi eux la respiration.

Seconde Expérience. — Claude Bernard a opéré sur des plantes aquatiques qui se prêtent bien à ce genre d'expérience. Deux plantes disposées convenablement sous deux cloches sont exposées au soleil; sous l'une des cloches est avec la plante une éponge imbibée de chloroforme. Voici ce qui se passe :

Dans la première cloche, *sans chloroforme*, il se dégage de l'oxygène presque pur et en assez grande quantité : la fonction chlorophyllienne a énergiquement agi; la petite quantité d'acide carbonique mêlée à l'oxygène provient de la respiration.

Dans la seconde cloche, *avec chloroforme*, il ne se dégage que très peu de gaz, et ce gaz est de l'acide carbonique : la fonction chlorophyllienne a été arrêtée, la respiration seule a continué.

Si après une durée de l'épreuve suffisante pour démontrer que la chlorophylle de la plante est devenue inapte à dégager de l'oxygène on reprend la même plante; si on la lave à grande eau et qu'on la replace au soleil sous une cloche sans chloroforme, la fonction chlorophyllienne momentanément suspendue reparaît ; l'oxygène est exhalé.

Ces expériences démontrent que la Fonction chlorophyllienne n'est pas une respiration; elle est un phénomène de création vitale, tandis que la respiration est un phénomène de destruction chimique.

La Respiration est la même chez les végétaux et les animaux; elle est caractérisée par l'absorption de l'oxygène et l'exhalation de l'acide carbonique. Si on l'a longtemps méconnue chez les plantes durant le jour, c'est qu'elle est masquée plus ou moins par la fonction chlorophyllienne. Les parties vertes ou, pour mieux dire, la chlorophylle occupe une vaste surface dans un grand nombre de nos végétaux ; il s'ensuit que dans le jour, sous l'action solaire, son fonctionnement très énergique, exercé sur cette vaste surface, donne un produit, à savoir, l'oxygène, infiniment plus abondant que le produit de la respiration, à savoir, l'acide carbonique. De là la cause de l'erreur commise par les premiers observateurs [1].

---

[1]. La chlorophylle peut être assimilée à une glande ; si on la compare aux autres parties de la plante, cette glande n'est pas proportionnellement plus vaste que ne l'est, dans l'animal, l'énorme glande appelée Foie en regard des glandes microscopiques qui sécrètent la sueur, la matière sébacée, etc.

III° La respiration est identique chez les animaux et les végétaux.

1° Les animaux absorbent de l'oxygène; ils exhalent de l'acide carbonique.

Les végétaux absorbent de l'oxygène; ils exhalent de l'acide carbonique.

2° Chez les animaux, l'activité respiratoire est en raison directe du travail physiologique exécuté par l'animal; elle est une source de chaleur.

Chez les végétaux et dans la graine, la fonction respiratoire est également en raison directe de l'activité physiologique. Pendant la germination, la combustion respiratoire est très active; l'acide carbonique est rejeté en quantité considérable, et la chaleur produite est très grande. Au moment de la fécondation, on a pu constater dans les fleurs (androcée et gynécée) une combustion très énergique traduite par l'élévation de température et la production d'acide carbonique. La respiration des graines paraît jusqu'à un certain point plus intense que celle des animaux [1].

3° Chez les animaux, la respiration, phénomène de destruction organique, amène une déperdition de substance.

Chez les végétaux, la respiration est accompagnée d'une perte de substance, perte qui peut aller jusqu'à la moitié du poids de la substance sèche dans les graines qui germent à l'obscurité [2].

---

1. Cl. Bernard, *Phénom. de la vie*, tome Ier, page 75; tome II, page 223.

2. En effet, dans l'obscurité la fonction chlorophyllienne qui

IV° Parallèle entre la respiration et la fonction chlorophyllienne.

1° La Respiration est un phénomène de destruction organique. Bien qu'elle soit la condition nécessaire des autres manifestations vitales, elle use, désagrège et détruit l'édifice vivant.

La Fonction chlorophyllienne est une fonction de création organique; elle concourt à la nutrition, à l'accroissement de la plante, à sa constitution matérielle [1].

2° La Respiration n'est jamais suspendue, ni le jour, ni la nuit, pas même après la mort [2].

La Fonction chlorophyllienne n'a lieu que sous l'influence de la lumière et pendant la vie. Elle est suspendue dans l'obscurité; elle est anéantie par la mort.

3° La Respiration n'est pas arrêtée par l'action des anesthésiques, éther et chloroforme.

La Fonction chlorophyllienne est arrêtée, en pleine lumière solaire, par l'action des anesthésiques.

4° La Respiration appartient à *tout* l'organisme.

La Fonction chlorophyllienne appartient *exclusivement* au protoplasma vert.

---

fixe le carbone et accroît la plante ne s'exerce pas. La destruction organique produite par la respiration n'est plus compensée par la rénovation, œuvre de la fonction chlorophyllienne : le poids de la graine décroît. (*Phén. de la vie*, II, 226).

1. Cl. Bernard, *Phénom. de la vie*, tome II, page 239.
2. Le mécanisme respiratoire est détruit par la mort; mais la fonction respiratoire, c'est-à-dire l'oxydation des tissus se continue après la mort; exemple, la tranche du jambon cuit.

5° Certains animaux inférieurs ont un protoplasma vert; ils réduisent l'acide carbonique avec dégagement d'oxygène. Parmi ces animaux on compte l'*Euglena viridis*, le *Stentor polymorphus*, lequel est très abondant dans les bassins du Muséum; on compte un ver géphyrien, la *Bonellia viridis*.

Certains végétaux, les cryptogames, n'ont pas de chlorophylle; ils respirent, mais ne réduisent pas l'acide carbonique avec dégagement d'oxygène [1].

1. Un physiologiste de Berlin, M. Karl Brandt, avait avancé qu'il n'y a pas d'animaux à chlorophylle; que ce qu'on croit être de la chlorophylle n'est qu'une association d'algues parasites, vivant dans l'animal. M. Engelman a repris les expériences sur les *Vorticelles vertes* avec une méthode aussi ingénieuse qu'imprévue. On sait que la chlorophylle est la *seule substance* qui, à la lumière solaire, donne de l'oxygène et décompose l'acide carbonique. On sait également que certaines bactéries avides d'oxygène ne sont *mobiles* que dans un liquide qui contient de l'oxygène; dès qu'une trace d'oxygène, soit un millionième de gramme, est mise en liberté, aussitôt les bactéries voisines du dégagement deviennent mobiles; leur mobilité est un témoignage assuré de la production d'oxygène aux points où elles sont mobiles. M. Engelman a constaté que, dès que la lumière venait à agir sur les Vorticelles vertes, aussitôt les bactéries devenaient mobiles, au voisinage des masses chlorophylliennes. La substance verte des Vorticelles est donc une chlorophylle véritable. L'examen micro-spectroscopique a confirmé ce fait (*Revue scientifique*, 13 octobre 1883, page 472).

CHAPITRE IV

L'ÊTRE VIVANT

I. — La base physique de l'être vivant.

I° LA VIE EST INDÉPENDANTE DES ORGANES ET DE LA STRUCTURE ; ELLE RÉSIDE DANS UNE SUBSTANCE AMORPHE, LE PROTOPLASMA.

La vie, à son degré le plus simple, n'est pas liée à une forme fixe, mais à une composition physico-chimique déterminée. Dépouillée des accessoires qui la masquent dans la plupart des êtres, elle est indépendante de toute structure, de toute forme spécifique. Elle réside dans une substance qui a une composition physico-chimique définie, mais qui n'a pas de figure; cette substance est le *Protoplasma*. Le protoplasma seul vit ou végète, travaille, fabrique des produits, se désorganise et se régénère incessamment. Il est actif en tant que substance, et non en tant que forme ou figure.

II° COMPOSITION CHIMIQUE DU PROTOPLASMA : SES ÉLÉMENTS PRINCIPAUX SONT LE CARBONE, L'HYDROGÈNE, L'OXYGÈNE ET L'AZOTE.

On ne saurait actuellement enfermer dans une formule exacte et complète la constitution chimique du protoplasma. C'est un mélange complexe de principes immédiats mal connus, renfermant comme éléments principaux le carbone, l'hydrogène, l'oxygène et l'azote, et comme éléments accessoires quelques autres corps simples.

Les corps simples que la chimie nous a fait connaître comme entrant dans la constitution des organismes les plus complexes sont peu nombreux. Il n'y a pas de substance particulière, de corps simple vital, comme l'avait imaginé Buffon pour expliquer la différence des corps vivants et des corps bruts. Les seuls corps qui entrent dans la constitution matérielle des êtres élevés, de l'homme, par exemple, sont au nombre de quatorze.

1° L'oxygène.
2° L'hydrogène.
3° L'azote.
4° Le carbone.
5° Le soufre.
6° Le phosphore.
7° Le fluor.
8° Le chlore.
9° Le sodium.
10° Le potassium.
11° Le calcium.
12° Le magnésium.
13° Le silicium.
14° Le fer.

Accidentellement peuvent s'ajouter à ces quatorze corps le cuivre, le manganèse, l'arsenic, etc. Tels sont les éléments que met en jeu la synthèse chimique, et qui par des combinaisons successives arrivent à former le substratum de la vie.

Ces éléments se réunissent, en effet, pour constituer des combinaisons binaires, ternaires, quaternaires, quinaires [1]; celles-ci s'assemblent pour constituer la

1. Les corps quaternaires sont les corps qui renferment quatre éléments, par exemple: *carbone, hydrogène, oxygène, azote*.
Les corps ternaires sont ceux qui renferment trois éléments, par exemple: *carbone, hydrogène, oxygène*.
Les corps quinaires sont ceux qui, outre le carbone, l'hy-

substance vivante originaire, le Protoplasma, dans laquelle se manifestent les actes essentiels de la vie. A un degré plus élevé, les matériaux prennent un caractère morphologique, c'est-à-dire une *forme* ou *figure*, et constituent l'élément anatomique, à savoir, la *cellule;* aux degrés de plus en plus hauts, ils constituent les organismes complexes : arbre, animal, homme.

III° Propriétés du protoplasma : elles sont au nombre de quatre, a savoir, la sensibilité, le mouvement, la nutrition, la reproduction.

En disant que dans le protoplasma réside la vie, non définie, on exprime ce fait que cette substance amorphe possède toutes les propriétés essentielles qui se manifestent dans les êtres vivants; ces propriétés sont au nombre de quatre, à savoir, *sensibilité, mouvement, nutrition* et *reproduction*.

IV° Les quatre propriétés, sensibilité, motilité, nutrition, reproduction, ne sont que les manifestations ou fonctions particulières d'une propriété fondamentale, l'irritabilité.

Les phénomènes de la vie sont le résultat d'un conflit entre la matière vivante et les conditions extérieures. La vie résulte constamment du rapport réciproque de ces deux facteurs, aussi bien dans les manifestations de sensibilité et de mouvement que

---

drogène, l'oxygène et l'azote, contiennent, soit du soufre, soit du phosphore.

Les corps binaires contiennent deux éléments; exemple : Fluor et calcium.

dans celles des phénomènes physico-chimiques. Cette continuelle relation entre la substance organisée et le milieu ambiant est un caractère général de la vie organique. La nutrition, la sensibilité et le mouvement traduisent, sous des formes plus ou moins compliquées, cette faculté de la matière vivante de réagir aux excitations du monde extérieur. Cette faculté, condition essentielle de tous les phénomènes de la vie, chez la plante aussi bien que chez l'animal, existe à son degré le plus simple dans le protoplasma, c'est l'*irritabilité*.

L'irritabilité est la propriété qu'a tout élément anatomique d'être mis en activité et de réagir d'une certaine manière sous l'influence des excitants extérieurs.

Les excitants extérieurs sont l'eau, l'oxygène, la chaleur, les substances chimiques, nutritives ou salines, que l'être vivant rencontre dans le milieu ambiant.

1° *Irritabilité nutritive*. Chaque tissu réagit à l'excitation du milieu extérieur, eau, air, chaleur, aliment, en y puisant certains principes, en y rejetant d'autres principes, c'est-à-dire en opérant les échanges qui constituent la nutrition. C'est là ce que le physiologiste allemand, M. Virchow, appelle l'irritabilité nutritive ou propriété de réagir à la stimulation alimentaire du milieu ambiant en s'en nourrissant [1].

---

1. Cl. BERNARD, *Science expérimentale*, page 220. « ... Les choses se passent de même quand les aliments pénètrent dans l'estomac et viennent irriter la membrane muqueuse qui le

2º *Irritabilité fonctionnelle.* En outre, chaque élément a la possibilité de manifester ses propriétés particulières d'une manière caractéristique : la fibre musculaire réagit en se contractant (*mouvement*), la fibre nerveuse en conduisant l'ébranlement qu'elle a reçu (*sensibilité*); la cellule glandulaire en élaborant et en évacuant un produit spécial de sécrétion (*fonction glandulaire*); le cil vibratile en s'infléchissant et se redressant alternativement (*mouvement*); le grain de chlorophylle en décomposant l'acide carbonique (*fonction chimique*). Ce sont toutes ces propriétés qu'on a appelées du nom générique d'*irritabilité fonctionnelle*.

Au fond, toutes ces propriétés ne sont que les manifestations ou fonctions particulières de la même propriété, cette propriété essentielle qui caractérise les rapports entre la substance organisée et vivante ou protoplasma, d'une part, et le milieu extérieur, d'autre part; en un mot, de l'*irritabilité*.

Les études expérimentales innombrables que l'on a tentées sur les propriétés des tissus vivants conduisent à cette double conclusion :

1º Il y a dans tous les tissus vivants une faculté commune de réagir sous l'influence des excitants

---

tapisse : l'observateur dont le regard pourrait pénétrer jusque-là verrait, comme l'a vu le docteur W. Beaumont, sur un Canadien dont l'estomac était resté ouvert à la suite d'une blessure d'arme à feu, il verrait, disons-nous, sous l'action des aliments ou de toute substance introduite dans la cavité, la muqueuse rougir, se tuméfier et se couvrir d'une sécrétion particulière. Voilà une réaction bien remarquable et bien évidente dont le *moi* n'a pas connaissance. »

extérieurs, c'est *l'irritabilité*. Le tissu n'est déclaré vivant qu'à cette condition.

2° Il existe en même temps dans tous les tissus vivants une réaction particulière et autonome, c'est la *propriété organique* qui caractérise physiologiquement le tissu. Par exemple, la sensibilité caractérise les nerfs sensibles; la motricité, les nerfs moteurs; la sécrétion du glycogène, le foie; la contractilité, le muscle, etc.

Maintenant, dans quelle partie constituante des tissus doit-on localiser ces deux propriétés dont l'une, l'irritabilité, est commune à tous, et dont l'autre est spéciale à chacun?

A. *L'irritabilité, propriété générale et fondamentale, appartient au protoplasma.*

C'est dans le protoplasma seul que se trouve l'explication de toutes les propriétés des tissus. Le protoplasma possède en réalité, à l'état plus ou moins confus, toutes les propriétés vitales; il est l'agent de toutes les synthèses organiques, et par cela même de tous les phénomènes intimes de nutrition. En outre, le protoplasma se meut, se contracte sous l'influence des excitants, et préside ainsi aux phénomènes de la vie de relation.

B. *Les manifestations particulières de l'irritabilité sont localisées dans chaque organe ou appareil organique.*

En vertu de l'évolution des organismes, les tissus se forment successivement et se différencient l'un de l'autre. La propriété fondamentale du protoplasma continue à résider dans tous les tissus; mais elle acquiert dans les éléments anatomiques de chaque tissu une intensité propre qui crée à ce tissu une fonction originale et lui donne ainsi son autonomie. C'est ainsi qu'en ayant pour point d'application les cellules des nerfs sensitifs, la propriété générale irritabilité devient la *sensibilité;* qu'en ayant pour point d'application les cellules des nerfs moteurs, elle devient la *motricité;* qu'en ayant pour point d'application les cellules de l'appareil optique, elle devient la *vision,* etc. Mais dans chaque tissu, quelle que soit la spécialité qu'il revêt, le protoplasma ne perd jamais la faculté de sentir les excitants qui doivent entrer en contact ou en conflit avec lui pour amener la manifestation d'une de ses propriétés spéciales :

1° Dans certaines cellules, l'irritation extérieure produit des synthèses de matières ternaires, quarternaires, sous forme de sécrétions solides ou liquides; c'est alors la propriété synthétique du protoplasma qui a été mise en jeu.

2° Ailleurs l'irritation extérieure produit une multiplication de cellules et met en activité la propriété proliférante du protoplasma.

3° Ailleurs, enfin, l'irritation extérieure excite la contraction musculaire, et manifeste la propriété motrice ou contractile du protoplasma.

En résumé, le protoplasma est la base physique de tout ce qui est vivant. C'est d'une partie du protoplasma de l'ancêtre que se développe le nouvel être, et c'est par la reproduction incessante du protoplasma que la vie se perpétue. Le protoplasma est l'origine de tout, et sa propriété fondamentale est l'*Irritabilité* [1].

V° LA CELLULE EST LA PREMIÈRE FORME QUE PREND LE PROTOPLASMA.

Le phénomène fondamental de la création organique consiste dans la formation du protoplasma, lequel se constitue au moyen des matériaux du monde extérieur (carbone, hydrogène, oxygène, azote, etc.). Cette formation a reçu le nom de *Synthèse chimique*.

L'opération qui façonne le protoplasma et le revêt d'une forme est la *Synthèse morphologique;* elle est un fait consécutif. Le fait premier est la constitution ou synthèse chimique du Protoplasma; c'est lui qui reste le phénomène essentiel; la synthèse morphologique n'est qu'une complication [2].

La première forme déterminée que prend le protoplasma est la *cellule*. La cellule est une sorte de moule où se trouve encaissée la matière vivante, le protoplasma. Voici les phases de sa formation :

1° Dans une masse protoplasmique pleine, une condensation se fait à la manière de la condensation dans une nébuleuse; cette condensation prend le nom de *noyau*.

2° Puis, le protoplasma se revêt d'une couche plus dense; c'est le début de l'*enveloppe* membraneuse.

---

1. Cl. BERNARD, *Phénom. de la vie*, tome Ier, septième leçon. Vu l'importance de la question, le chapitre suivant est consacré à l'Irritabilité.
2. Cl. BERNARD, *Phénom. de la vie*, tome Ier, page 203.

Voilà un second âge, un second degré de complication. La cellule apparaît alors comme un petit corps plein, avec noyau et couche corticale.

Le développement peut s'arrêter là ; la forme transitoire peut devenir permanente, et cela pour les animaux aussi bien que pour les plantes. Tels sont les corps qu'on appelle *cytodes*.

La cellule arrivée à son développement complet a la configuration suivante.

1° Une enveloppe ou membrane corticale ;

2° Un contenu granuleux ou corps cellulaire ;

3° Un *nucléus* ou noyau, masse incluse dans le contenu granuleux.

4° Un *nucléole* ou plusieurs nucléoles, petits corpuscules inclus dans le noyau.

La cellule est l'élément anatomique que l'on trouve à la base de toute organisation, animale ou végétale [1].

VI° LES MODES PRINCIPAUX DE LA FORMATION DES CELLULES ET DE LEUR MULTIPLICATION SONT AU NOMBRE DE CINQ : 1° CONDENSATION LIBRE ; 2° RAJEUNISSEMENT ; 3° CONJUGAISON ; 4° DIVISION ; 5° GEMMATION.

Les cellules se forment :

1° Librement, par condensation dans la masse protoplasmique :

2° Par rajeunissement, mode propre au seul règne végétal.

3° Par conjugaison ou fusion de deux cellules en une seule.

---

1. Cl. BERNARD, *Phénom. de la vie*, tome, I", pages 188, 193.

Elles se multiplient :

1° Par division ;

2° Par gemmation ou bourgeonnement.

Le point de départ des animaux et des végétaux est une cellule, qu'on appelle *œuf* ou *ovule*.

II. — Le mode de formation de l'être vivant.

1° L'œuf est une cellule.

Tous les êtres organisés ont une origine identique, l'*ovule primordial*, sorte de masse protoplasmique à noyau. Ce fait capital est acquis surtout depuis les travaux de Waldeyer en 1870.

Arrivé à l'état de développement qui le rend propre à subir efficacement l'imprégnation de l'élément mâle, l'ovule est une cellule complète.

1° L'enveloppe corticale est dans l'ovule animal l'enveloppe vitaline ;

2° Le corps cellulaire est le vitellus secondaire ;

3° Le noyau est le vésicule de Purkinje ;

4° Le nucléole est la tache germinative de Wagner.

Dès cette première période, des différences apparaissent suivant que l'œuf devra former un animal de tel ou tel groupe zoologique. Avant toute fécondation, avant tout développement, il est possible de prédire, d'après les caractères anatomiques particuliers de l'œuf complet, la direction générale de son évolution et le groupe auquel appartiendra l'animal qu'il formera.

II° Evolution de l'œuf : les parties de l'organisme se font successivement par épigénèse ou addition et par différenciation.

Une fois la fécondation accomplie, le travail évolutif prend une extrême activité, et la phase embryogénique commence.

Les parties du corps sont faites successivement les unes après les autres, par additions et par différenciations successives [1]. Rien ne préexiste dans sa forme et son dessin définitif. Le germe de l'homme n'est pas un *homoncule*, image réduite et parfaite de l'adulte ; c'est une masse cellulaire qui, par un travail lent, acquiert des formes successivement compliquées.

Les premiers phénomènes par lesquels débute l'évolution embryogénique sont sensiblement les mêmes d'un bout à l'autre du règne animal. L'œuf fécondé éprouve des segmentations successives et nombreuses. L'un des fondateurs de l'embryogénie, l'illustre de Baër, résume ainsi l'évolution de l'œuf fécondé : « L'être vivant provient d'une cellule primitivement identique, l'œuf primordial ; il s'édifie par formation progressive ou épigénèse, par suite de la prolifération de cette cellule primitive qui forme des cellules nouvelles, lesquelles se différencient de plus en plus et s'associent en cordons, en tubes, en lames, pour arriver à constituer les différents organes. Cette structure va se compliquant successivement, de

1. Voir pour les détails le chapitre vi intitulé l'*Emboîtement des germes et l'Epigénèse*.

manière que les formes se particularisent de plus en plus à mesure que le développement avance. C'est la forme la plus générale, celle de l'embranchement, qui se manifeste la première ; puis celle de la Classe ; puis celle de l'Ordre, et ainsi de suite jusqu'à l'Espèce [1]. »

III. — L'être vivant.

1° La matière et la forme ; la matière est une, c'est le protoplasma ; le nombre des formes est indéfini.

Le protoplasma a tout ce qu'il faut pour vivre ; c'est à lui qu'appartiennent toutes les propriétés qui se manifestent chez les êtres vivants. Cependant le protoplasma n'est pas encore un être vivant ; il lui manque la *forme*, qui caractérise l'être défini. Il est la matière de l'être vivant idéal, il est l'agent de la vie, il nous présente la vie à l'état de nudité, dans ce qu'elle a d'universel et de persistant à travers ses variétés de formes. Pour qu'il devienne un être vivant, il lui faut la forme.

L'être vivant est un protoplasma façonné ; il a une forme *spécifique* et *caractéristique*. Il constitue une machine vivante dont le protoplasma est l'agent réel [2].

Le nombre des formes et des changements de forme dans la série des êtres vivants est indéfini ; or le protoplasma persiste toujours semblable à lui-même. Il s'ensuit que la Forme n'est pas une consé-

---

1. Cl. Bernard, *Phénom. de la vie*, tome I", pages 317, 321.
2. Cl. Bernard, *Phénom. de la vie*, tome I", pages 293, 353.

quence de la nature de la matière vivante. Ce n'est donc point par une propriété du protoplasma qu'on peut expliquer la morphologie des animaux ou des plantes. *La Forme de la vie est donc indépendante de l'agent essentiel de la vie,* c'est-à-dire du protoplasma.

II° Relation entre la matière et la forme, ou loi de construction des organismes ; cette loi s'énonce ainsi : l'organisme est construit en vue de la vie élémentaire.

La Forme est distincte de la Matière ; elle ne dérive pas de celle-ci. Mais en vue des exigences et du maintien de la vie, laquelle réside dans le protoplasma, il y a chez les êtres vivants une relation nécessaire entre la matière et la forme. La structure de ces édifices complexes, qui sont les espèces animales ou végétales, dépend d'une façon générale des conditions d'être de la matière vivante ou protoplasmique. Par exemple, un protoplasma plongé dans l'eau, comme l'est celui des poissons, n'a pas les mêmes conditions d'être que le protoplasma plongé dans l'air, comme l'est celui de l'homme ; le protoplasma d'une algue n'a pas les mêmes conditions d'être que celui d'un chêne. Si une structure appropriée ne mettait pas chaque protoplasma en relation avec le milieu où il vit, la vie serait impossible. Les conditions du fonctionnement protoplasmique entrent donc en ligne de compte dans la loi qui régit les formes ; la morphologie doit respecter ces conditions ; elle doit les utiliser en mettant les organes de la structure à leur service. Cette subordination de la structure à la vie des cellules est exprimée dans la loi des constructions des organismes : « L'organisme est construit en vue de la vie élémentaire. Ses fonctions correspondent fondamentalement à la réalisation, en nature et en degré, des quatre conditions de la vie élémentaire, à savoir, humidité, chaleur, oxygène, réserves. »

III° La construction de l'organisme se fait par différenciation et par division du travail physiologique.

La construction de l'organisme se fait par la différenciation des parties, puis par l'attribution de plus en plus exclusive à certains appareils ou à certains organes d'un travail spécial destiné à assurer aux cellules l'exercice et la continuité de la vie; cette attribution de plus en plus spécialisée est appelée : Division du travail physiologique.

1° *Différenciation des parties.* — La différenciation des parties se manifeste dès l'origine, ainsi qu'on l'a vu ci-dessus dans l'exposé de l'Epigénèse par de Baër. Les cellules se groupent en tissus, en organes, en appareils ou systèmes. L'organisme total est donc un mécanisme qui résulte de l'assemblage de mécanismes secondaires. Depuis l'être-cellule jusqu'à l'homme, on rencontre tous les degrés de complication dans ces groupements; les organes s'ajoutent aux organes, et l'animal le plus perfectionné en possède un grand nombre qui forment le système circulatoire, le système respiratoire, le système nerveux, etc.

Les organes, les systèmes, n'existent pas pour eux-mêmes; ils existent pour les cellules, pour les éléments anatomiques innombrables qui forment l'édifice organique. Les vaisseaux, les nerfs, les organes respiratoires, se montrent à mesure que l'échafaudage histologique se complique, de manière à créer autour de chaque élément le milieu et les conditions qui sont nécessaires à cet élément, afin de lui dispenser, dans la mesure convenable, les matériaux dont il a besoin, eau, aliments, air, chaleur. Ces organes sont dans le corps vivant comme dans une société civilisée les manufactures ou les établissements industriels qui fournissent aux différents membres de cette société les moyens de se vêtir, de se chauffer, de s'alimenter et de s'éclairer. C'est pour permettre et régler plus rigoureusement la vie cellulaire que les organes s'ajoutent aux organes, et les appareils aux systèmes. La tâche qui leur est imposée est de réunir, en quantité et en qualité, les conditions de la vie cellulaire. Cette tâche est de rigueur absolue; pour l'accomplir, ils s'y prennent différemment, ils se partagent la besogne, plus nombreux quand l'organisme est plus compliqué; moins nombreux, s'il est plus simple : mais le but est toujours le même [1].

2º *Division du travail physiologique.* — Le principe de la division du travail physiologique doit être limité aux appareils de l'individu ; il ne peut être étendu à un groupe considéré comme travaillant tout entier pour un autre groupe ; par exemple, jusqu'à nos jours, on a considéré le groupe des végétaux comme travaillant exclusivement pour fournir aux

---

1. Cl. BERNARD, *Phénom. de la vie,* tome Ier, pages 357, 358.

herbivores leur nourriture ; puis les herbivores, comme travaillant pour fournir la nourriture aux carnivores. Entendu de cette façon, le principe de la division du travail physiologique a été la source d'erreurs énormes, tant au point de vue scientifique qu'au point de vue philosophique.

IV° AU POINT DE VUE DE LA VIE ALIMENTAIRE, IL N'Y A PAS D'ANIMAL SUPÉRIEUR NI D'ANIMAL INFÉRIEUR ; TOUS SONT SUR LA MÊME LIGNE.

La division du travail physiologique est devenue l'un des appuis de la théorie de la perfection des êtres. Un individu a été regardé comme d'autant plus élevé dans l'échelle des êtres que son organisme est plus complexe. Il importe tout d'abord de laisser de côté la perfection entendue au sens de développement intellectuel ; la question telle qu'elle se pose pour le naturaliste est une question purement physiologique. Or comment se pose-t-elle? La vie réside dans le protoplasma ou, si l'on veut, dans la première forme que revêt le protoplasma, c'est-à-dire dans la cellule. Or la cellule vivante a quatre propriétés essentielles : la sensibilité, le mouvement, la nutrition, la reproduction. Ce qui est nécessaire, c'est que ces propriétés aient sans cesse les conditions de leur fonctionnement. Peu importe à la cellule que ce fonctionnement soit accompli par un organisme complexe, pourvu que ce fonctionnement s'exerce, et en s'exerçant assure à la vie son cours régulier ! Le Polype est une espèce de sac dont la face externe respire, et la face interne digère ; lorsqu'on le retourne comme un doigt de gant, la face qui tout à l'heure respirait digère maintenant; celle qui digérait respire à son tour Cette confusion de deux propriétés dans le même tissu n'assure-t-elle pas la vie du polype aussi bien que l'appareil digestif et l'appareil respiratoire l'assurent à l'homme ? Il faut donc se tenir en garde, au point de vue physiologique, contre ces expressions « animal supérieur, organisme élevé, organisme simple » auxquelles on ajoute un sens philosophique tout différent et dénué de valeur objective. « Il ne faudrait pas croire, dit Claude Bernard, que l'animal inférieur est plus simple ou que ses fonctions sont moins compliquées ou moins nombreuses; et qu'on pourrait les prendre pour ainsi dire à leur naissance pour suivre ensuite leur développement dans les animaux supérieurs, lesquels auraient ainsi des propriétés nouvelles se surajoutant aux premières. L'animal inférieur possède toutes les propriétés essentielles qu'on retrouve aux degrés les plus élevés de l'échelle des êtres; mais il les possède à l'état confus et pour ainsi dire répandues dans toutes les parties du corps. L'animal le plus élevé est simplement celui chez lequel toutes les fonctions sont isolées les unes des autres autant que possible.

« Ce qu'on appelle un organisme élevé n'est qu'un organisme complexe. On a dit souvent que les organismes inférieurs sont *plus simples* que les supérieurs; mais notre opinion est tout justement l'opposé de celle-là. Ce qui est vrai, c'est que les diverses propriétés vitales sont moins bien isolées et séparées les unes des autres dans les êtres inférieurs ; il y a donc avantage à expérimenter sur des animaux élevés, car à mesure qu'un élément s'isole, il est plus facile d'en saisir les propriétés particulières. »

Enfin, dans le passage suivant, Claude Bernard expose avec une netteté frappante l'illusion du vulgaire qui attache à tort l'idée de perfection à l'idée d'organisme complexe : « Si nous considérons un animal placé au sommet de l'échelle, l'homme, par exemple, il possède tous les mouvements que nous avons observés chez les êtres moins parfaits que lui. Ainsi il possédera des fibres musculaires et un système nerveux à son état de développement le plus complet; mais il aura aussi des mouvements sarcodiques et des cils vibratiles, organes de certains mouvements intimes dont il n'a pas conscience. Il est donc permis de dire que l'animal élevé représente et résume tous ceux qui le précèdent dans l'échelle des perfections successives. Mais, au fond, il n'est en réalité ni plus parfait ni plus élevé; il ne possède pas de fonctions essentielles plus que les autres n'en possèdent aussi ; seulement ces fonctions sont mieux isolées chez lui et manifestées avec une sorte de luxe : voilà tout [1]. »

V° PROPRIÉTÉS ET FONCTIONS : LA PROPRIÉTÉ APPARTIENT A LA CELLULE; LA FONCTION, A UN ORGANE OU A UN APPAREIL.

La propriété est le nom d'un fait simple et irréduc-

---

[1]. Cl. Bernard, les *tissus vivants*, pages 700, 22, 102.

tible actuellement. Par exemple, sous le nom de *contractilité* nous apercevons ce fait que la matière protoplasmique modifie sa figure et sa forme sous l'influence d'un excitant extérieur. Et comme le fait n'est pas, dans l'état actuel de la science, réductible à un autre plus simple; qu'il n'est pas explicable par aucun autre, nous le disons propre, spécial ou particulier, et nous l'appelons *Propriété*.

La propriété appartient à la cellule, au protaplasma. Les actes et les fonctions, au contraire, n'appartiennent qu'à des organes et à des appareils, c'est-à-dire à des ensembles de parties anatomiques.

La fonction est une série d'actes ou de phénomènes groupés, harmonisés en vue d'un résultat déterminé.

Pour l'exécution de la fonction interviennent les activités d'une multitude d'éléments anatomiques; mais la fonction n'est pas la somme brutale des activités élémentaires de cellules juxtaposées; ces activités composantes se contiennent les unes par les autres; elles sont harmonisées, concertées, de manière à concourir à un résultat commun. Ce résultat entrevu par l'esprit fait le lien et l'unité de ces phénomènes composants; c'est lui qui fait *la Fonction*.

Ce résultat supérieur, auquel semblent travailler les efforts cellulaires, est plus ou moins apparent. Il y a donc des fonctions que tous les naturalistes admettent et reconnaissent : la circulation, la respiration, la digestion. Il y en a d'autres sur lesquelles ils ne sont point d'accord. Il ne peut manquer, en effet, d'y avoir un certain arbitraire dans une détermination où l'esprit intervient pour une si grande part; c'est l'esprit qui saisit le lien fonctionnel des activités élémentaires; qui prête un plan, un but aux choses qu'il voit s'exécuter; qui aperçoit la réalisation d'un résultat dont il a conçu la nécessité. Or l'accord ne peut être complet que sur le *fait matériel* bien déterminé; jamais dans l'*idée*. De là le désaccord et les divergences des physiologistes dans la classification des fonctions.

Les phénomènes élémentaires sont les seuls qui soient objectifs, tout à fait réels, aussi indépendants que possible de l'esprit qui les observe. Dès que l'on s'élève à la conception d'une harmonie, d'un groupement, d'un ensemble, d'un but assigné à des efforts multiples, d'un résultat où tendraient les éléments en action, on sort de la réalité objective, et l'esprit intervient avec l'arbitraire de ses points de vue. En tant que réalité objective, il n'y a dans l'organisme qu'une multitude d'actes, de phénomènes matériels, simultanés ou successifs, éparpillés dans tous les éléments. C'est l'intelligence qui saisit ou établit leur lien et leurs rapports, c'est-à-dire *la Fonction*.

La fonction est donc quelque chose d'abstrait et d'intellectuel qui n'est matériellement représenté dans aucune des propriétés élémentaires. Il y a une fonction respiratoire, une fonction circulatoire; mais il n'y a pas dans les éléments contractiles qui y concourent une propriété circulatoire. Il y a une fonction vocale dans le larynx, mais il n'y a pas de propriété vocale dans ses muscles, etc. [1].

1. Cl. BERNARD, *Phénom. de la vie*, tome Ier, page 370.

VI. — Autonomie des organes; les organes sont autonomes, mais solidaires avec l'ensemble.

L'organisme complexe est un agrégat de cellules ou d'organismes élémentaires [1], dans lequel les conditions de la vie de chaque élément sont respectées et dans lequel le fonctionnement de chacun est cependant subordonné à l'ensemble. Il y a donc à la fois autonomie des éléments anatomiques et subordination de ces éléments à l'ensemble morphologique, ou, en d'autres termes, subordination des vies partielles à la vie totale [2].

Chaque organe a sa vie propre, son autonomie ; il peut se développer et se reproduire indépendamment des tissus voisins. Il est autonome en ce qu'il n'emprunte ni des tissus voisins ni de l'ensemble les conditions essentielles de sa vie ; il les possède en lui-même et par suite de sa nature protoplasmique. D'autre part, il est lié à l'ensemble par sa fonction ou le produit de sa fonction. Une comparaison fera mieux comprendre ce double caractère des organes :

Représentons-nous l'être vivant complexe, l'animal ou la plante, comme une cité ayant son cachet spécial

---

1. Cl. Bernard, *Tissus vivants*, page 22. « On pourrait jusqu'à un certain point comparer chaque individu à un polypier résultant de la juxtaposition d'une foule d'organismes vivants. » — « *Phénom. de la vie*, I, 386. L'individu zoologique, l'animal, n'est qu'une fédération d'êtres élémentaires, évoluant chacun pour leur propre compte. Il y a longtemps, en 1807, que Gœthe écrivait : « Tout être vivant n'est pas une unité indivisible, mais une pluralité : même alors qu'il nous apparait sous la forme d'un individu, il est une réunion d'êtres, vivant et existant par eux-mêmes. »

2. Cl. Bernard, *Phénom. de la vie*, tome I, page 355.

qui la distingue de toute autre, de même que la morphologie d'un animal distingue celui-ci de tout autre. Les habitants de cette cité y représentent les éléments anatomiques dans l'organisme ; tous ces habitants vivent de même, se nourrissent, respirent de la même façon et possèdent les mêmes facultés générales, celles de l'homme (*autonomie des organes quant aux conditions essentielles de la vie*). Mais chacun a son métier, ou son industrie, ou ses aptitudes, ou ses talents, par lesquels il participe à la vie sociale et par lesquels il en dépend (*subordination de chaque organe à l'ensemble par son fonctionnement*). Le maçon, le boulanger, le boucher, l'industriel, le manufacturier, fournissent des produits différents et d'autant plus variés, plus nombreux et plus nuancés que la société dont il s'agit est arrivée à un plus haut degré de développement. Tel est l'animal complexe. L'organisme, comme la société, est construit de telle façon que les conditions de la vie élémentaire ou individuelle y soient respectées, ces conditions étant les mêmes pour tous ; mais en même temps chaque membre dépend, dans une certaine mesure, par sa fonction et pour sa fonction, de *la place* qu'il occupe dans l'organisme, dans le groupe social. La vie est donc *commune* à tous les membres ; la fonction seule est *distincte*.

1° *Autonomie des organes démontrée au moyen des poisons.*

Les éléments anatomiques vivent de leur vie propre *dans le lieu* où ils sont placés, chacun suivant sa nature. L'action des poisons qui porte primitivement sur tel ou tel élément en épargnant tel ou tel autre démontre avec netteté cette autonomie.

1° Action du curare. — Le poison des Indiens ou curare n'agit pas tout d'abord sur le protoplasma c'est-à-dire sur la vie elle-même, mais sur les mécanismes : il abolit l'action des *nerfs moteurs*. Mais les nerfs sensitifs conservent la faculté de transmettre les sensations ; et les muscles, celle de se contracter. L'action du curare prouve donc l'indépendance ou l'autonomie des éléments nerveux moteurs, des éléments musculaires.

2° Action de l'oxyde de carbone. — Un gaz toxique, l'oxyde de carbone, agit sur les globules rouges du sang ; il les rend impropres à absorber l'oxygène ; mais il laisse intacts les globules blancs, les muscles, les nerfs, etc.

3° Action des anesthésiques. — Les anesthésiques, tels que l'éther et le chloroforme, agissent sur le protoplasma ; attaquant le système nerveux *sensitif*, ils agissent d'abord sur le cerveau, ils suppriment la notion du *moi* ou sensibilité consciente ; puis ils agissent sur la moelle épinière, etc. ; ils respectent les nerfs moteurs, la contractilité musculaire [1], etc.

II° *Solidarité des organes démontrée au moyen des poisons.*

En même temps que l'action des poisons prouve l'autonomie des éléments anatomiques, elle démontre aussi leur solidarité ; car, en se prolongeant, elle

---

1. Cl. Bernard, les *substances toxiques*, 23° leçon ; *Science expérimentale*, le curare ; *Anesthésiques*, 5° leçon.

amène la mort de tout l'organisme. Par exemple, le curare agit exclusivement sur les nerfs moteurs; mais les nerfs moteurs cessant d'agir, la respiration ne peut plus se faire; le sang ne reçoit plus sa provision d'oxygène; l'animal meurt asphyxié.

Les éléments anatomiques sont donc à la fois autonomes et solidaires :

1° *Autonomes*, parce que chacun vit de sa vie propre;

2° *Solidaires*, parce que chacun reçoit le contre coup des phénomènes qui s'accomplissent dans les autres.

Cette solidarité s'établit par l'intermédiaire des liquides interstitiels [1], qui créent aux éléments un *milieu intérieur*, de même que l'air crée un milieu extérieur. Chaque élément a des voisins qui établissent autour de lui une certaine atmosphère ambiante; il ressent les modifications de cette atmosphère du voisinage, et ces modifications règlent sa vie [2].

VII° LES ORGANISMES ÉLÉMENTAIRES SONT SUBORDONNÉS A LA PLACE NATURELLE QU'ILS OCCUPENT.

Les conditions du milieu intérieur où vit chaque cellule existent exclusivement dans la place naturelle que la réalisation du plan morphologique assigne à chaque élément. Les organismes élémentaires ne les rencontrent que dans leur place, à leur poste. Si on les transporte ailleurs, si on les déplace, à plus forte

---

1. Cl. BERNARD, *Liquides de l'organisme*, tome I, page 29. « Les liquides interstitiels sont les liquides spéciaux à chaque tissu, ne circulant pas, à proprement parler, et représentant simplement la partie liquide des tissus auxquels ils appartiennent. »
2. Cl. BERNARD, *Phénom. de la vie*, tome I, pages 359, 360.

raison, si on les extrait de l'organisme, on modifie par cela même leur milieu, et comme conséquence on change leur vie ou même on la rend impossible. En voici un exemple :

Chez un jeune lapin, on enlève un os tout entier de l'une des pattes, un métatarsien ; on l'introduit sous la peau du dos et l'on referme la plaie. L'os déplacé continue à vivre, il poursuit même son évolution, il grossit un peu ; l'ossification des parties cartilagineuses se continue ; mais bientôt le développement s'arrête ; la résorption commence à devenir manifeste, et elle n'a d'autre terme que la disparition complète de l'os transplanté. L'os n'a pas pu continuer à vivre dans des conditions qui n'étaient point faites pour lui. Les cellules déjà formées du périoste ont continué l'évolution commencée et abouti à la formation osseuse ; mais il ne s'en est point formé de nouvelles ; le périoste transplanté a disparu.

Au contraire, dans l'espace métatarsien qui avait été évidé, un os nouveau se produit et persiste remplaçant l'os enlevé, parce que là se trouve le territoire convenable.

On voit quelle est l'influence que la place de l'élément dans le plan total exerce sur son fonctionnement. Il y a donc une autre condition qui ne tient plus à l'élément lui-même, mais qui tient au plan morphologique, à l'organisme total. La cellule a son autonomie qui fait qu'elle vit toujours de la même façon en tous les lieux où se trouvent rassemblées les conditions convenables ; mais, d'autre part, ces conditions convenables ne sont complètement réalisées que dans des lieux spéciaux ; la cellule fonctionne différemment, travaille différemment et subit une évolution différente suivant sa place dans l'organisme [1].

VIII° LE SYSTÈME NERVEUX EST L'HARMONISATEUR DE TOUS LES ORGANES.

Le système nerveux est le grand harmonisateur de tous les organes : il les relie entre eux ; il établit des rapports réciproques entre toutes les parties de l'organisme vivant, et les unit dans une solidarité commune ; il assure ainsi la centralisation organique qui devient d'autant plus puissante et plus nécessaire que l'organisation est plus élevée, que la division du travail est plus grande, et que les éléments histologiques jouissent d'une individualité et d'une autonomie plus marquées [2].

Quoique autonomes et indépendants dans leur développement, les organes du corps sont tous associés et harmonisés dans leur fonctionnement. L'organisme représente sous ce rapport ce qui a lieu dans une fabrique de fusils, par exemple, où chaque ouvrier fait une pièce sans connaître l'ensemble auquel ces pièces doivent concourir. Il semble y avoir ensuite un ajusteur qui met toutes ces pièces en harmonie. Dans l'organisme animal, c'est le système nerveux qui est le grand harmonisateur fonctionnel chez l'adulte. Lorsque cet ajustement des organes dans l'embryon, animal ou végétal, se fait de

---

1. Cl. BERNARD, *Phénom. de la vie*, tome I", page 361.
2. Cl. BERNARD, *Pathologie expérimentale*, page 307.

travers, par une cause quelconque, il en résulte la mort de l'organisme ou des monstruosités, des *malformations*, comme on dit ordinairement [1].

IX° CONCLUSION : L'ORGANISME EST FAIT POUR LA CELLULE.

En résumé, la vie réside dans chaque cellule, dans chaque élément organique, lequel fonctionne pour son propre compte. Elle n'est centralisée nulle part, dans aucun organe ou appareil du corps. Tous ces appareils sont eux-mêmes construits en vue de la vie cellulaire. Lorsqu'en les détruisant on détermine la mort de l'animal, c'est que la lésion ou la dislocation du mécanisme a retenti, en définitive, sur les éléments, lesquels ne reçoivent plus le milieu extérieur convenable à leur existence. Ce qui meurt, comme ce qui vit, c'est la cellule.

Tout est fait *par* l'élément anatomique et *pour* l'élément anatomique. L'appareil respiratoire apporte l'oxygène ; l'appareil digestif introduit les aliments nécessaires à chacun ; l'appareil circulatoire, les appareils sécrétoires assurent le renouvellement du milieu et la continuité des échanges nutritifs. Le système nerveux lui-même règle tous ces rouages et les harmonise en vue de la vie cellulaire. Les appareils fondamentaux indispensables aux organismes supérieurs agissent donc tous, le système nerveux compris, pour procurer à la cellule les matériaux dont elle a besoin, à savoir : eau, aliments, ou chaleur. Dans cette vie des cellules associées qu

---

1. Cl. BERNARD, *Phénom. de la vie*, tome I, page 335.

constituent les ensembles morphologiques ou êtres vivants, il y a à la fois autonomie et subordination des éléments anatomiques. L'autonomie des éléments et leur différenciation nous expliquent la variété des manifestations vitales. Leur subordination et leur solidarité nous en font comprendre le concert et l'harmonie [1].

CHAPITRE V

L'IRRITABILITÉ ET LA SENSIBILITÉ.

1° LA SENSIBILITÉ EST LA RÉACTION MATÉRIELLE A UNE STIMULATION.

Les philosophes donnent généralement le nom de sensibilité à la faculté que nous avons d'éprouver des modifications psychiques agréables ou désagréables à la suite de modifications corporelles. La modification psychique est un fait de conscience.

Pour les physiologistes, la sensibilité n'est pas seulement un fait de conscience, elle est en outre accompagnée de manifestations matérielles et saisissables qui peuvent servir de base à une définition physiologique.

Chez l'homme, et au plus haut degré de complexité, la sensibilité constitue la fonction du système nerveux, fonction qui existe en vue d'harmoniser les vies cellulaires en satisfaisant le besoin qu'a chaque cellule d'être excitée, impressionnée par les agents

---

1. Cl. BERNARD, *Phénom. de la vie,* tome I, pages 369-358.

cosmiques ou organiques qui lui sont extérieurs. Le système nerveux, en un mot, répond à un besoin qu'ont les éléments organiques d'être influencés les uns par les autres, comme les appareils respiratoires répondent au besoin qu'éprouvent les éléments anatomiques d'être influencés par l'oxygène.

Le phénomène de la sensibilité comprend l'ensemble des faits suivants :

1° Impression d'un agent extérieur (action mécanique sur un nerf périphérique).

2° Transmission de cette impression comme un ébranlement purement matériel ou mécanique jusqu'aux centres nerveux où elle se transforme.

3° Phénomène psychique de la perception, lequel peut manquer (dans les actions réflexes, entre autres).

Le phénomène psychique de conscience étant mis à part, l'impression et la transmission, qui sont des ébranlements matériels des cellules nerveuses, déterminent une modification physique, c'est-à-dire de même nature, dans les centres nerveux. Les physiologistes l'ont appelée sensation brute, sensation inconsciente.

Le phénomène ne s'arrête pas là : l'ébranlement qui fait entrer en activité les parties reliées les unes aux autres se continue, se réfléchit sur les nerfs de mouvement et provoque une réaction motrice (mouvement, cri) le plus ordinairement, et quelquefois des réactions d'une autre nature, nutritives, sécrétoires, plus difficilement appréciables.

Aussi le phénomène de sensibilité, chez l'homme même, au lieu d'être une propriété vitale simple, est une manifestation très complexe. On sait déjà qu'elle comprend deux espèces de phénomènes :

1° Des phénomènes purement matériels, à la suite de l'impression d'un agent extérieur;

2° Des phénomènes psychiques.

Si donc nous laissons de côté le phénomène psychique, il nous reste pour caractériser la sensibilité un ensemble de phénomènes organiques ayant pour point de départ l'impression d'un agent extérieur; et pour terme, la production d'un acte fonctionnel variable, mouvement, sécrétion, etc. Ce qui caractérise donc la sensibilité, c'est la réaction matérielle à une stimulation [1].

II° EN DEHORS DE NOUS, LA SEULE MANIFESTATION EXTÉRIEURE QUI DÉCÈLE LA SENSIBILITÉ EST LA RÉACTION MOTRICE, SOIT MÉCANIQUE, SOIT PHYSICO-CHIMIQUE.

Lorsque la réaction matérielle ou motrice fait défaut, nous perdons toute possibilité d'apprécier le phénomène de sensibilité chez les animaux. En dehors de nous, de notre conscience, nous n'avons de renseignement que dans la production de réactions motrices. Si nous les voyons se produire chez un animal, nous affirmons que la sensibilité est en jeu; si elles font défaut, nous ne pouvons plus rien affirmer.

Ainsi l'élément le plus général de la sensibilité, et par conséquent le plus important pour le physiologiste, c'est la réaction qui termine le cycle des faits

---

1. Cl. BERNARD, *Phénom. de la vie*, tome Ier, page 283.

matériels, et qui est tantôt mécanique, tantôt physico-chimique.

La sensibilité est réduite à la réaction motrice purement mécanique dans le cas des *réflexes* proprement dits, où la réaction motrice existe seule sans que la conscience intervienne. C'est ce que le physiologiste appelle une sensibilité inconsciente.

En résumé, ce qu'il y a de particulier dans la sensibilité, c'est la réaction à la stimulation des agents extérieurs. Cette réaction est ordinairement motrice; elle peut être d'une autre nature: trophique (estomac, intestin), sécrétoire (glandes) ou autre. Lorsqu'on descend au fond du phénomène sensible, on ne trouve donc pas autre chose que ceci : la faculté de transmettre, en la modifiant, la stimulation produite en un point de manière à provoquer dans chaque élément organique l'entrée en jeu de son activité propre, mouvement dans les nerfs moteurs, sensation dans le cerveau, vision dans l'œil, etc.

Beaucoup de végétaux présentent des réactions motrices en rapport étroit avec les stimulations extérieures, comme le sont les manifestations de la sensibilité animale. Les exemples du mouvement approprié à un but fourmillent chez les cryptogames. La faculté du mouvement se rencontre très nette et très évidente dans les appareils reproducteurs des algues, les zoospores. Elle l'est encore plus chez les anthérozoïdes de certaines algues, les *Œdogonium*, par exemple [1].

---

[1]. Cl. Bernard, *Phénom. de la vie*, tome I, page 256.
Les Zoospores sont de petites masses ovoïdes, terminées par

Parmi les plantes phanérogames, les exemples de mouvement ne sont pas rares. Le nombre des végétaux dont les organes foliacés sont susceptibles de mouvement est très considérable [1]. De ces mouvements les uns sont provoqués par des attouchements et des ébranlements ; d'autres par l'action de la lumière et de la chaleur, d'autres enfin semblent se produire spontanément sous l'action de causes internes. Tels sont, par exemple, les mouvements des étamines de l'épine-vinette, des Droséracées (le Droséra, le Parnassia palustris, la Dionée gobe-mouche), et ceux des feuilles du sainfoin oscillant *Desmonium* ou *Hedysarum gyrans*.

La condition préalable de ces manifestations de mouvements, c'est la faculté de réagir aux excitants extérieurs qui les provoquent ; cette faculté n'est pas l'attribut exclusif des animaux. Beaucoup de plantes en sont douées à un degré plus ou moins éminent. La plus célèbre de toutes est le *Mimosa pudica*, si connu sous le nom de *Sensitive*.

---

une calotte ou rostre muni de deux à quatre cils. Ces corpuscules se meuvent, se déplacent, se dirigent en nageant : ils semblent, dans bien des cas, éviter les obstacles, s'y prendre à plusieurs fois pour les contourner et arriver à un but déterminé.

M. Pringsheim a vu, en 1854, les anthérozoïdes de l'Œdogonium ; ce sont des corpuscules reproducteurs mâles, en forme de coin, avec rostre garni de cils. L'anthérozoïde, une fois sorti de la cellule qui l'enfermait, nage dans le liquide environnant et se dirige vers la cellule femelle ; il vient buter contre la paroi de cette cellule, en quête de l'orifice que celle-ci présente. Après plusieurs tentatives infructueuses, il semble qu'un effort mieux dirigé lui permette de franchir l'étroit canal et de se précipiter dans la matière verte de l'oosphère, cellule où la fécondation s'accomplit.

1. Voir Charles Darwin, *Faculté motrice dans les plantes*.

III° LA SENSIBILITÉ CONSCIENTE, LA SENSIBILITÉ INCONSCIENTE ET LA SENSIBILITÉ SIMPLE NE SONT QUE LES FORMES DIVERSES ET PARTICULIÈRES D'UNE PROPRIÉTÉ UNIQUE, L'IRRITABILITÉ.

Pour les philosophes, la sensibilité est l'ensemble des réactions psychiques provoquées par les modifications externes.

Pour les physiologistes, c'est l'ensemble des réactions physiologiques de toute nature provoquées par les modificateurs externes.

Comme la réaction peut être envisagée, soit dans la cellule, soit dans l'organe, ou dans l'appareil qui répond aux excitations, la sensibilité sera l'aptitude à réagir, soit de l'organisme total, soit de l'appareil nerveux tout entier, soit d'une de ses parties, soit d'une simple cellule.

L'aptitude à réagir de la cellule est la sensibilité de la cellule, laquelle n'est autre chose que l'*irritabilité* sous sa forme la plus simple.

L'aptitude à réagir de l'ensemble de l'appareil nerveux est la sensibilité *consciente*; la sensibilité consciente est le nom particulier que prend l'irritabilité de l'appareil nerveux tout entier.

La sensibilité *inconsciente* est la réaction d'une partie de cet appareil; c'est une sensibilité secondaire.

Dans la variété infinie des êtres, le système nerveux peut manquer, soit en partie, soit tout entier; alors la vie ne réside plus que dans l'organisme le plus simple tel que l'organisme cellulaire. L'Irritabilité, cette base physiologique de la vie, ne saurait faire défaut pour cela. Aussi l'Irritabilité ou sensibilité simple existe dans le protoplasma de la cellule; c'est la propriété élémentaire, irréductible. Les réactions de l'appareil nerveux ou de chacun des organes nerveux ne sont que des manifestations de perfectionnement.

Dans l'acception ancienne, la sensibilité est considérée comme la propriété du système nerveux; elle n'est en réalité qu'un degré élevé d'une propriété simple qui existe partout. Elle n'a rien d'essentiellement distinct; elle est uniquement l'*irritabilité spéciale au nerf*, comme la contractilité est l'irritabilité spéciale au muscle, comme la propriété sécrétoire est l'irritabilité spéciale à l'élément glandulaire. Ainsi ces propriétés sur lesquelles on fondait la distinction des plantes et des animaux ne touchent pas à leur vie même, mais seulement aux mécanismes par lesquels cette vie s'exerce. Au fond, tous ces mécanismes sont soumis à une condition générale et commune, l'*Irritabilité*.

VI° L'IDENTITÉ DE LA SENSIBILITÉ CHEZ LES ANIMAUX ET CHEZ LES VÉGÉTAUX EST PROUVÉE EXPÉRIMENTALEMENT PAR L'ACTION DES ANESTHÉSIQUES.

L'expérimentation confirme et établit solidement les vues précédentes. En effet, l'expérience des anesthésiques prouve que le même agent détruit et suspend d'abord la sensibilité *consciente*, puis la sensibilité *inconsciente*, et en dernier lieu, la sensibilité simple ou *irritabilité*. Ces suppressions sont des degrés différents de l'action du *même* agent, et par conséquent les phénomènes eux-mêmes sont des degrés différents d'un *même* phénomène élémentaire. La manière identique dont ils sont influencés par un même réactif prouve leur identité, laquelle devient tout à fait évidente si l'on considère surtout les conditions simples et claires de l'expérience.

Les agents qu'on emploie en chirurgie pour rendre insensibles l'homme et les animaux sont l'éther et le chloroforme. Comme les animaux, les plantes peuvent être anesthésiées, et tous les phénomènes s'observent absolument de la même manière.

Les anesthésiques, éther et chloroforme, jouissent de la faculté de suspendre l'activité du protoplasma, de quelque nature qu'elle soit, et de quelque manière qu'elle se manifeste. Tous les phénomènes qui sont véritablement sous la dépendance de l'irritabilité vitale (phénomènes de création organique) sont suspendus ou supprimés. Les autres phénomènes de nature purement chimique (phénomènes de destruction organique), qui s'accomplissent dans l'être vivant sans le concours de l'irritabilité, sont au contraire respectés. De là un moyen extrêmement précieux de discerner dans les manifestations de l'être vivant ce qui est vital de ce qui ne l'est pas. Les anesthésiques, éther et choroforme, peuvent être justement considérés comme les *réactifs naturels de toute substance vivante*.

L'action des anesthésiques se porte d'abord sur le protoplasma le plus délicat, celui des centres nerveux : le cerveau est d'abord atteint, la conscience et les perceptions sensorielles disparaissent les premières; puis sont atteints successivement les nerfs, les muscles, les glandes et les autres éléments anatomiques. Cela nous explique pourquoi, dans les éthérisations faites avec mesure, les fonctions vitales peuvent continuer à s'exercer, et pourquoi l'anesthésie est alors sans péril pour la vie; car si les protoplasmas de tous les éléments anatomiques dans tous les tissus étaient frappés à la fois d'anesthésie, toutes les fonctions cesseraient à la fois; la mort serait instantanée.

1° *Anesthésie de la sensibilité et de sa réaction motrice.*

Sous différentes cloches on place séparément un moineau, une souris, une grenouille et une sensitive. On introduit au-dessus de chacune de ces cloches une éponge imbibée d'éther. L'influence anesthésique ne tarde pas à se faire sentir : elle suit la gradation des êtres, d'après la fonction respiratoire; c'est l'oiseau, dont la respiration est double, qui est le premier atteint; il chancelle et il tombe insensible au bout de quatre à cinq minutes. C'est ensuite le tour de la souris; après dix minutes, on l'excite, on pince la patte ou la queue; pas de mouvement : elle est complètement insensible et ne réagit plus. La grenouille est paralysée plus tard; enfin, la sensitive reste la dernière; ce n'est qu'au bout de 20 à 25 minutes que l'insensibilité commence à se manifester. Après une demi-heure environ, la sensitive est anesthésiée; l'attouchement des folioles ne détermine plus leur abaissement, tandis que la même excitation produit une contraction immédiate des folioles sur une sensitive à l'état ordinaire. On observe enfin ce fait, c'est que l'anesthésie atteint en premier lieu les bourrelets des folioles, et ensuite le bourrelet placé à la base du pétiole commun de la feuille entière.

Au bout de quelque temps, lorsque l'éponge éthérée a été enlevée, le moineau, la souris et la grenouille retrouvent leur sensibilité et leurs réactions motrices; ce n'est que postérieurement que la sensitive, à son tour, reprend la sensibilité première; ses folioles s'abaissent de nouveau, comme auparavant, à un simple attouchement. Le résultat de l'anesthésie est donc le même chez les animaux et les végétaux au point de vue de la sensibilité et de sa réaction motrice.

Les différences de temps dans l'anesthésie successive de l'oiseau, de la souris, de la grenouille et de la sensitive s'expliquent : 1° par la rapidité plus ou moins grande avec laquelle l'éther est respiré et porté dans les tissus; 2° par le classement des tissus que l'anesthésie atteint successivement : l'élément nerveux est atteint le premier, puis l'élément moteur, et enfin tous les éléments vivants du corps.

II° *Anesthésie du mouvement musculaire.*

La preuve expérimentale est facile à faire.

1re Expérience. Le cœur d'une grenouille est détaché du corps; il continue à battre en raison même de son irritabilité qui persiste. On le place dans une atmosphère éthérisée. Bientôt les battements s'arrêtent, pour reprendre de nouveau lorsqu'on fait cesser l'influence de l'éther.

2ᵉ Expérience. Même expérience sur les cils vibratiles qui tapissent l'œsophage de la grenouille; soumis à l'action de l'éther, les cils ne se remuent plus; soustraits à l'action de l'éther, ils reprennent leur mouvement vibratoire.

3ᵉ Expérience. Lorsqu'on injecte de l'eau éthérée dans un muscle, celui-ci perd la faculté de se contracter. Une fois l'éther évacué, le muscle reprend sa contractilité.

III° *Anesthésie de la nutrition et du développement vital.*

1° Anesthésie de la germination. — Dans une éprouvette on place du cresson alénois en pleine germination; si l'on remplit l'éprouvette d'air éthéré, la germination est suspendue. Lorsqu'on remplace l'air éthéré par l'air ordinaire, la germination du cresson reprend son cours.

2° Anesthésie des ferments figurés. — Dans un tube qu'on remplit d'eau sucrée éthérée, on introduit de la levure de bière. Dans un autre tube qu'on remplit d'eau sucrée simple, on met également de la levure de bière. Voici ce qui se passe :

A. Dans l'eau sucrée ordinaire, la levure de bière s'accroît et se multiplie; il y a fermentation, c'est-à-dire production d'alcool et d'acide carbonique.

B. Dans l'eau sucrée éthérée, aucun signe de fermentation n'a lieu; la levure de bière est restée telle quelle, sans accroissement ni changement. Mais le sucre de canne ou saccharose a été converti en glycose. Le phénomène vital a été suspendu; le phénomène chimique, c'est-à-dire l'action du ferment inversif sécrété par la levure a continué.

C. Si l'on jette le contenu du tube éthéré sur un filtre et qu'on lave la levure de bière au moyen d'un courant d'eau; si l'on replace cette levure ainsi lavée dans l'eau sucrée ordinaire, on voit au bout d'un certain temps la fermentation reprendre.

IV° *Anesthésie des animaux à vie latente.*

Les expériences d'éthérisation sur les animaux inférieurs sont très difficiles à exécuter, parce que les anesthésiques tuent les animaux très rapidement. Cependant, à force de précaution, Claude Bernard est parvenu à expérimenter avec succès sur les anguillules du blé niellé. On sait que, plongées dans l'eau ordinaire, les anguillules revivent sur-le-champ. Mises dans l'eau légèrement éthérée, les anguillules restent immobiles; replacées dans l'eau ordinaire, elles revivent.

De toutes ces expériences il résulte que les agents anesthésiques suspendent l'irritabilité de toutes les parties vivantes en agissant sur leur protoplasma. On conçoit dès lors facilement comment la fonction vitale de la partie anesthésiée est suspendue lorsque sa propriété fondamentale de réaction, l'*irritabilité*, est engourdie.

V° En résumé, la sensibilité est une des fonctions de la propriété fondamentale du protoplasma, l'irritabilité.

En résumé, au point de vue physiologique, nous

sommes nécessairement conduits à admettre l'identité de la sensibilité et de l'irritabilité à cause de l'identité d'action des anesthésiques sur les manifestations vitales. L'agent anesthésique n'atteint pas, à proprement parler, la sensibilité ; il agit en définitive toujours sur l'irritabilité et jamais sur autre chose, malgré les apparences. L'irritabilité du protoplasma des cellules cérébrales est atteinte par l'éther, et dès lors la fonction sensorielle consciente est abolie. De même, le protoplasma des cellules de la moelle épinière ou des ganglions nerveux étant altéré, les fonctions de sensibilité inconsciente sont abolies dans les mécanismes nerveux correspondants. En un mot, la sensibilité est une *fonction* ; l'irritabilité est une *propriété*, la propriété fondamentale du protoplasma ; c'est la propriété seule que nous atteignons avec l'éther.

CHAPITRE VI

L'EMBOITEMENT DES GERMES ET L'ÉPIGÉNÈSE

I. — Théorie de l'emboitement des germes.

Pour expliquer la naissance des êtres vivants et leur continuité par descendance, deux théories principales ont régné parmi les naturalistes et les philosophes, celle de la Préexistence des germes et celle de l'Épigénèse.

La théorie de l'Épigénèse, imaginée par Harvey, l'immortel auteur de la découverte de la circulation du sang, n'a remporté la victoire que dans la première moitié du xix⁰ siècle. A l'aide de puissants microscopes, les embryogénistes contemporains ont vu les faits se produire sous leurs yeux ; ils les ont suivis dans toutes les phases de leur développement.

La théorie de la Préexistence des germes, également appelée théorie de l'emboîtement ou de l'involution des germes, a été imaginée par Leibniz à la suite des études du naturaliste hollandais Swammerdam sur la chenille et le papillon. Du reste, cette théorie était le corollaire naturel de la théorie de Leibniz sur la création divine. D'après Leibniz, Dieu a créé d'un seul coup le monde ; une seule fois pour toutes, il a réglé les rapports des âmes avec les corps (*Harmonie préétablie*) ; puis il est rentré dans le repos. Que résulte-t-il de cette théorie ? C'est que le premier homme créé a dû contenir les germes de tous les hommes futurs ; car s'il ne les avait pas contenus, ces descendants n'auraient pu ou ne pourraient pas apparaître, puisque Dieu a cessé de créer. Donc les germes de tous les hommes passés, présents et futurs préexistaient dans le premier homme.

D'autre part, comme Swammerdam avait démontré que le papillon était contenu dans la chrysalide, et la chrysalide dans la chenille, Leibniz en conclut, par analogie, que les germes préexistants étaient emboîtés les uns dans les autres. De là le nom de théorie de *l'emboîtement des germes*.

Au xviii⁰ siècle, le naturaliste philosophe, Charles Bonnet, de Genève, ajouta à l'emboîtement des germes de l'être total celui des germes de chaque membre de cet être total. L'Italien Spallanzani d'abord, puis Charles Bonnet, avaient coupé les pattes et la queue à des salamandres; les pattes et la queue s'étaient reproduites. Bonnet en avait conclu que, de même que l'être total a son germe, de même chaque partie du corps a aussi le sien. Il existe, par exemple, une infinité de pattes dans la patte d'une salamandre. On coupe cette patte; aussitôt l'un des germes qu'on a mis à nu, trouvant la place vacante, donne une nouvelle patte. Telle est l'hypothèse des germes réparateurs ou accumulés, qui est la conséquence et le complément de la théorie de l'emboîtement des germes.

Cela étant admis, une nouvelle question se pose : Qui est le dépositaire des germes ? Est-ce le mâle ou la femelle ?

Après la découverte des spermatozoïdes que les deux Hollandais Hartzœcker et Leuwenhœck avaient faite dans le fluide masculin, Leibniz enseigna que le mâle seul contenait les germes des générations futures.

Au xviiie siècle, le grand physiologiste suisse Haller déduisit de ses études sur le développement du poulet dans l'œuf que le dépositaire des germes était la femelle.

En résumé, la théorie de l'Emboîtement des germes aboutissait à ces trois propositions:

1° Les animaux ne sont pas créés successivement; leurs germes préexistent.

2° Les germes ont déjà toute la forme qu'aura l'adulte; ils ne font que se développer; le développement se fait du centre à la circonférence.

3° Le dépositaire des germes emboîtés est exclusivement, soit le mâle, soit la femelle, mais nullement les deux à la fois.

La théorie de l'Emboîtement des germes s'appuyait sur des faits insuffisants, inexacts et mal interprétés. Elle a succombé :

1° devant les expériences de croisements;

2° devant la découverte de la formation des os;

3° devant la connaissance directe, précise et complète des faits embryogéniques.

I° Expériences de croisements.

A. Soient un chacal et une chienne que l'on croise. Si le mâle est dépositaire des germes, il ne pourra sortir de sa descendance que des chacals. Or en croisant le chacal et la chienne, on a d'abord un métis demi-chacal et demi-chien. En croisant le métis à une chienne, on a un animal quart-chacal et trois-quarts chien. En croisant le nouveau métis à une chienne; puis l'animal engendré, encore à une chienne, on obtient comme produit *un chien pur*. Voilà donc un chacal qui au bout de cinq à six générations donne naissance à un chien; donc le mâle n'est pas dépositaire des germes.

B. Soient un chacal et une chienne qu'on croise. Si la femelle est dépositaire des germes, il ne pourra sortir de sa descendance que des chiens. Or, lorsqu'on croise continûment avec un chacal le métis issu de l'union du chacal avec la chienne, les métis engendrés successivement se rapprochent peu à peu de l'espèce chacal, si bien qu'au bout de cinq à six générations, l'animal engendré est un *chacal pur*. Voilà donc une chienne qui, dans sa descendance, donne naissance à un chacal; la femelle n'est donc pas dépositaire des germes.

Conclusions à déduire de ces deux expériences :

1° Ni le mâle ni la femelle ne sont exclusivement dépositaires des germes;

2° L'animal se forme sur place;

3° Donc le germe ne préexiste pas.

II° Expériences sur la formation des os.

On soumet un animal à un régime mêlé de garance. La couche d'os qui se forme pendant ce régime est rouge. On suspend le régime de la garance et l'on rend l'animal au régime ordinaire. Les nouvelles couches qui se forment sont blanches, et elles recouvrent la couche rouge. Cette couche rouge peu à peu devient tout à fait interne : les couches blanches qu'elle recouvrait ont disparu; puis elle disparaît à son tour. A mesure donc que l'os se recouvre de couches par sa face externe, il en perd d'autres par sa face interne; c'est dans ce double travail de *suraddition externe* et de *résorption interne* que consiste le mécanisme de l'accroissement des os en grosseur.

De même que les os croissent en grosseur par couches qui se superposent, de même ils croissent aussi en longueur par couches qui se juxtaposent.

L'organe qui régénère l'os est une membrane résistante qui forme une enveloppe aux os et les revêt de toutes parts : on l'appelle le *périoste*.

Lorsque le périoste est détruit, l'os ne se régénère plus, il meurt.

D'après le système de l'emboîtement des germes, l'os de l'animal préexistait de toute éternité; au fur et à mesure que l'animal se développe et grandit, l'os grossit et s'allonge, mais c'est toujours le *même os*, l'os préexistant. Or les expériences de Flourens démontrent que l'os de l'animal n'est en réalité qu'une *succession d'os* continûment absorbés et régénérés. A quelque moment de la vie de l'animal qu'on l'examine, il n'est plus l'os d'hier, il ne sera pas l'os de demain; ce n'est plus le même os, ce n'est pas un os préexistant.

Nota. — Dans l'expérience de Bonnet sur la patte de la salamandre, Bonnet n'avait pas détaché la patte entière; il avait laissé la portion basilaire, c'est-à-dire qu'il avait laissé *une partie du périoste;* cette partie laissée suffit pour amener la régénération de l'os. Si Bonnet avait désarticulé la patte, c'est-à-dire supprimé *tout le périoste*, la patte n'eût pas repoussé. Il s'ensuit que l'expérience de Bonnet, mal interprétée par ce naturaliste, a son explication vraie dans la théorie de la formation des os par le périoste.

II. — Théorie de l'épigénèse.

Les travaux contemporains ont établi les faits suivants qui résument la théorie de l'Épigénèse :

1° L'embryon est formé sur place; il est dû au concours nécessaire et simultané du mâle et de la femelle.

2° L'embryon se forme par additions successives des parties.

3° L'addition des parties se fait de la circonférence au centre.

Ces trois faits sont l'opposé des trois conclusions que déduisait la théorie de l'emboîtement des germes.

EMBOITEMENT DES GERMES	ÉPIGÉNÈSE
1° Les germes des animaux préexistent de toute éternité; le dépositaire des germes est exclusivement, soit le mâle, soit la femelle, mais nullement les deux à la fois.	1° L'embryon est formé sur place; il est dû au concours nécessaire et simultané du mâle et de la femelle.
2° Le germe a déjà toutes les formes qu'aura l'adulte; il ne fait que se développer.	2° L'embryon se forme par additions successives des parties.
3° Le développement se fait du centre à la circonférence.	3° L'addition des parties se fait de la circonférence au centre.

CONCLUSION

I. — Phénomènes généraux communs aux animaux et aux végétaux.

I° LE PROTOPLASMA. — Le protoplasma est la base physique de la vie, dans le règne végétal et dans le règne animal.

II° LA CELLULE. — La cellule est la première forme que prend le protoplasma; c'est de l'agrégation des cellules que se forment tous les tissus.

III° Les propriétés du Protoplasma. — Les propriétés du protoplasma sont l'irritabilité, la motilité, la nutrition, la reproduction.

IV° La destruction organique et la création organique. — La vie, dans les deux règnes, est également un conflit harmonique entre la destruction organique et la synthèse organique.

V° La Digestion. — La digestion, dans son essence, est la même chez les animaux et les végétaux ; elle consiste dans la propriété qu'a l'être vivant de s'assimiler les matériaux propres à la nutrition.

VI° La Respiration. — La respiration, dans son essence, est la même dans les deux règnes ; elle consiste dans l'absorption de l'oxygène et une exhalation d'acide carbonique.

La fonction chlorophyllienne, longtemps prise à tort pour une respiration, c'est-à-dire pour une fonction de destruction organique, est une fonction de création organique.

VII° Le Sommeil. — Chez les animaux, ce qui dort, c'est la motilité, l'exercice des sens et de la direction de l'intelligence, et par conséquent les organes qui accomplissent ces fonctions.

Chez les plantes, ce qui dort, ce sont les organes mobiles, les feuilles et les fleurs ; après le mouvement et l'activité de la vie diurne, sous l'action de la lumière solaire, les plantes ont besoin de dormir.

Pendant le sommeil, chez l'animal, la respiration, la circulation, l'assimilation, continuent.

Pendant le sommeil, chez la plante, la respiration,

la circulation, l'assimilation, l'ovulation, s'accomplissent sans interruption. Il est clair que dans la comparaison de la plante avec l'animal, il faut se garder de l'identification à outrance; pour le philosophe, l'évidence de l'unité de plan dans le phénomène du sommeil ne perd rien de sa haute valeur parce que les mécanismes sont variés et différents.

VIII° LES TROIS FORMES DE LA VIE. — On sait que, chez les animaux, on trouve trois formes de vie, à savoir, la vie latente, la vie oscillante et la vie constante. Il en est de même chez les végétaux :

1° Les végétaux ont la vie latente, dans la graine;

2° Ils ont la vie oscillante, durant l'hiver, dans les régions du nord; ils entrent dans la léthargie hibernale; ce n'est qu'au printemps qu'ils sortent de leur engourdissement;

3° Ils ont la vie constante sous les tropiques; vu l'égalité et la constance du climat, ils ne subissent aucun engourdissement; ils dorment seulement pendant la nuit; les fonctions de la vie continuent.

IX° LE SEXE ET LE MARIAGE. — 1° Comme les animaux, les plantes ont les deux sexes, masculin et féminin;

2° Comme les animaux, les plantes se marient;

3° Pour la production d'un nouvel être, il faut également la coopération des deux sexes.

Les étamines sont les organes masculins; le pistil est l'organe féminin; l'ovaire est l'organe où se forment les graines.

X° ACTION DES ANESTHÉSIQUES. — Comme les animaux,

les végétaux subissent l'action des anesthésiques. Ils sont chloroformés ou éthérisés, ce qui prouve chez eux l'existence de l'irritabilité ou sensibilité simple.

II. — Conclusion.

De l'ensemble de ces faits, lesquels embrassent toutes les grandes et essentielles manifestations de la vie, il résulte clairement qu'il n'y a pas deux plans de vie, l'un qui serait propre aux animaux, l'autre différent et opposé, qui serait propre aux végétaux; il n'y a qu'un plan unique pour les uns et pour les autres. La conclusion, expression exacte et rigoureuse des faits, est la suivante : *Unité de la vie chez les animaux et chez les végétaux.*

DEUXIÈME PARTIE

L'AME

NOTIONS PRÉLIMINAIRES

1° ANATOMIE. — Les centres nerveux sont contenus dans la cavité du crâne et dans la cavité de la colonne vertébrale, laquelle porte le nom de *rachis;* le mot *rachis* vient du grec : il signifie l'épine du dos.

On donne le nom de *encéphale* aux centres nerveux qui occupent le crâne, et celui de *moelle épinière* aux centres nerveux qui sont situés dans le canal rachidien.

La substance qui compose les centres nerveux diffère essentiellement de celle qui constitue les nerfs.

Les nerfs ne sont pas les prolongements des fibres des centres nerveux; les nerfs pénètrent dans la substance nerveuse pour aboutir aux cellules nerveuses.

La substance nerveuse se compose de deux parties, à savoir, une substance blanche et une substance grise.

A. LA SUBSTANCE GRISE est formée principalement de *cellules* nerveuses;

B. La substance blanche est formée de *fibres* nerveuses.

Les fibres blanches établissent une communication entre les cellules. Toutes les cellules sont unies entre elles par des fibres.

L'Encéphale comprend toutes les parties des centres nerveux contenus dans la cavité crânienne; ces parties sont au nombre de quatre : 1° le cerveau; 2° le cervelet; 3° la Protubérance annulaire; 4° le Bulbe rachidien.

Le cerveau est un organe formé de deux moitiés à peu près symétriques, séparées à la partie supérieure, mais réunies à la partie inférieure par une cloison blanche qu'on appelle le *corps calleux*. Les deux moitiés du cerveau s'appellent les *hémisphères cérébraux*.

Les hémisphères sont sillonnés de replis qu'on appelle les *circonvolutions;* ils se subdivisent chacun en quatre lobes, à savoir : le lobe frontal, le lobe pariétal, le lobe occipital, le lobe temporal; en tout, huit lobes pour les deux hémisphères.

La face externe du cerveau est séparée du crâne par trois membranes qu'on appelle les *méninges*.

Les méninges enveloppent l'encéphale et la moelle épinière; ce sont :

1° La *dure-mère*, qui tapisse plus ou moins le crâne;

2° L'*arachnoïde*, membrane séreuse, qui s'étend entre la dure-mère et la pie-mère;

3° La *pie-mère*, membrane fine, demi-transparente, qui tapisse toutes les circonvolutions des deux hémisphères.

Une *méningite* est l'inflammation de l'une quelconque des trois membranes; l'arachnoïde et surtout la pie-mère sont le plus souvent atteintes.

La surface des circonvolutions cérébrales est composée de substance grise; la substance grise de l'écorce cérébrale est composée de cellules de forme pyramidale; les cellules pyramidales se divisent en cellules petites et en cellules géantes.

Tous les éléments nerveux, cellules et fibres, sont unis par une substance intermédiaire qu'on appelle la névroglie.

II° Physiologie. — 1° *Fonctions du cerveau*. — Il y a à peine quelques années, les physiologistes considéraient la substance grise de l'écorce cérébrale comme un tout homogène, présidant uniquement aux fonctions intellectuelles; on ne distinguait dans cette écorce aucun département spécial. Aujourd'hui des travaux fort remarquables, confirmés par une multitude de faits pathologiques, ont établi que :

1° Certaines parties de la substance grise tiennent sous leur dépendance les *mouvements volontaires;*

2° Certaines autres parties sont en rapport avec la *sensibilité.*

Les cellules géantes paraissent être affectées spécialement à la *motricité*.

II° Fonctions de la moelle épinière. — La moelle a trois fonctions :

1° Elle conduit les impressions sensitives venues du dehors et se dirigeant vers le cerveau;

2° Elle conduit les incitations volontaires venant du

cerveau et déterminant les mouvements des organes sur le monde extérieur;

3° Elle est un centre d'actions réflexes.

III° Fonctions du bulbe rachidien. — La moelle épinière, en pénétrant dans le crâne, prend le nom de moelle allongée; la moelle allongée se termine par un renflement appelé le Bulbe. Le Bulbe, continuation de la moelle, en a les trois fonctions.

IV° Fonctions de la protubérance. — La protubérance agit comme centre de la locomotion et de la station. Enlevez le cerveau à un pigeon, mais laissez la protubérance intacte, le pigeon se tient debout; jetez-le en l'air, il ouvre les ailes et il exécute les mouvements du vol jusqu'à ce qu'il tombe à terre.

Détruisez la protubérance sur un animal, l'animal sera incapable de se tenir debout et de faire un mouvement.

V° Fonctions du cervelet. — Le cervelet est un organe coordinateur des mouvements de locomotion. « Si on enlève le cervelet à un animal, dit Flourens, celui-ci perd toute faculté de se tenir debout, de marcher, de courir, de voler régulièrement. Cependant tous les mouvements partiels subsistent, et l'animal peut même les exécuter quand il veut; car la production de chaque mouvement est dans la moelle épinière et ses nerfs, et la volition est dans le cerveau; une seule chose est perdue, parce qu'une seule chose est dans le cervelet, à savoir, l'équilibration, la coordination de tous les mouvements partiels en mouvements d'ensemble réguliers et déterminés. »

CHAPITRE PREMIER

LES CONDITIONS VITALES DE L'ORGANE CERVEAU ET DE SA FONCTION SONT LES MÊMES QUE LES CONDITIONS VITALES DES AUTRES ORGANES CORPORELS ET DE LEURS FONCTIONS.

Première Section : Conditions vitales des organes corporels et de leurs fonctions.

I. — Le sang oxygéné et l'activité vitale.

I° IL N'Y A PAS DE VIE POSSIBLE SANS OXYGÈNE CHEZ LES ANIMAUX A SANG CHAUD. — Il est absolument nécessaire :

1° Que l'oxygène du sang soit renouvelé au fur et à mesure qu'ont lieu les oxydations dans les tissus organiques ;

2° Que l'acide carbonique, produit de ces oxydations, soit éliminé.

L'expérience démontre que, chez tous les animaux, les centres nerveux et les muscles perdent toute excitabilité du moment où ils cessent de recevoir le sang oxygéné (sang artériel).

Inversement, lorsque l'afflux du sang artériel recommence, les centres nerveux et les muscles reprennent toutes leurs propriétés.

II° LORSQUE L'OXYGÈNE CONTENU DANS LE SANG DÉPASSE UNE CERTAINE QUANTITÉ MAXIMUM, IL AGIT COMME UN POISON VIOLENT. — Si la vie n'est pas possible sans une certaine quantité d'oxygène dans le sang, en revanche, la vie est détruite lorsque le sang contient une quantité d'oxygène supérieure à un certain maximum; dans cette condition, l'oxygène agit comme un poison des plus violents.

Le sang artériel contient, en moyenne, 20 centimètres cubes de gaz oxygène pour 100 centimètres cubes de sang. Or lorsqu'on arrive à porter cette dose à 30 centimètres cubes environ, les accidents toxiques se manifestent avec énergie, et la mort survient lorsque la quantité de ce gaz atteint 35 centimètres cubes; c'est-à-dire que la dose mortelle n'est pas même le double de celle qui existe nécessairement dans le sang.

On voit par ces faits que les conditions de la vie, sous le rapport de l'oxygène, oscillent entre deux limites, un minimum et un maximum.

II. — Le travail de l'organe et la production de la chaleur.

Tous les organes, muscles, nerfs, glandes, etc., quels que soient les tissus qui les constituent, dégagent du calorique au moment où ils travaillent, c'est-à-dire au moment où leurs fonctions s'accomplissent. A l'état de repos, ils n'en dégagent pas sensiblement. Tout le monde sait, par exemple, que pendant le sommeil la température du corps baisse, tandis que pendant la marche ou tout autre mouvement actif la température corporelle s'élève.

III. — Influence de la fonction sur l'état de l'organe.

C'est un fait d'expérience universelle que l'exercice bien réglé de la fonction, non seulement maintient la santé de l'organe, mais encore accroît l'organe et le fortifie.

C'est un fait d'expérience universelle que le non-exercice de la fonction amène l'atrophie de l'organe. Telle est généralement la cause productrice des organes rudimentaires chez un grand nombre d'animaux. Un des faits les plus saisissants est l'atrophie de l'œil chez certains poissons et chez certains crabes qui vivent constamment dans l'obscurité. Dans ses dragages sous-marins effectués de 1 à 5 kilomètres de profondeur, M. Alphonse Milne-Edwards a trouvé des crustacés, des mollusques et des poissons aveugles. Si tous les animaux qui vivent dans les abîmes de la mer ne sont pas aveugles, c'est qu'un grand nombre de ces animaux portent avec eux des appareils d'éclairage phosphorescent, à la façon des vers luisants terrestres, de sorte que le fond de la mer, tout privé qu'il est de la lumière solaire, ne laisse pas cependant de jouir d'une certaine illumination.

Voici un fait qui met bien en relief la loi de la perte de la fonction à la suite du non-exercice de l'organe : une espèce de crustacés, les *Bathyplax*, a des individus qui vivent dans les abîmes de la mer : ceux-là sont aveugles; elle en a d'autres qui vivent dans les eaux peu profondes : ceux-ci ont des yeux normaux [1].

IV. — Influence de l'état de l'organe sur la fonction.

C'est un fait d'expérience universelle que plus un organe est sain et vigoureux, mieux la fonction s'accomplit.

C'est un fait d'expérience universelle que les perturbations de l'organe, œuvres de lésions ou de maladies, produisent des perturbations dans la fonction ; enfin que la destruction de l'organe entraîne fatalement la destruction de la fonction.

V. — Action de la température sur l'organe et sa fonction.

1° EFFETS DU FROID SUR LES ORGANES ET LEURS FONCTIONS. — Le froid engourdit les animaux à sang froid; si pendant l'hiver ils ne peuvent être soustraits à son influence, la vie s'atténue, la respiration se ralentit, la digestion se suspend, les mouvements deviennent faibles ou nuls. Chez les mammifères, cet état est appelé l'état d'hibernation; la marmotte, le loir, nous en fournissent des exemples.

Un exemple frappant de l'action du froid sur les organes et leurs fonctions nous est donné par le foie et sa fonction glycogénique : « Quand on expose un animal au froid, le sucre disparaît dans le foie. A

---

1. E. PERRIER, *Les Explorations sous-marines*, page 325.

mesure que la température s'abaisse, le sucre diminue dans le foie; quand le thermomètre n'indique plus que 18 à 20 degrés, on n'en trouve plus du tout. La production de la matière sucrée ne recommence que quand l'animal a repris sa température initiale de 38° [1]. »

II° Effets de la chaleur sur les organes et leurs fonctions. — La chaleur est un agent indispensable à l'activité de la vie; mais il vient un moment où l'excès de la chaleur agit sur l'organisme comme un agent toxique. La mort arrive :

1° Vers 37° à 39°, chez les animaux à sang froid;
2° Vers 43° à 44°, chez les mammifères;
3° Vers 48° à 50°, chez les oiseaux;

c'est-à-dire, en général, à une température de 4 à 5 degrés plus élevée que la température normale de l'animal.

Si l'on soumet un animal à sang chaud à une température *un peu* supérieure à la température normale du sang, les fonctions du foie paraissent exaltées et en particulier la formation de la bile; celle du sucre ne semble pas augmentée. Mais cette surexcitation a des limites, car si on élève l'étuve de 10 à 15 degrés, l'excitation générale fait place à un effet opposé; le sucre disparaît, et l'animal meurt au bout d'une heure à une heure et demie sans présenter la moindre trace de sucre dans le tissu hépatique.

1. Cl. Bernard, *Physiologie expérimentale*, tome Ier, page 190.

VI. — Action des poisons sur les organes et leurs fonctions.

Tous les poisons finissent par amener la mort; c'est là leur caractère propre. Mais si le but atteint est le même, il s'en faut beaucoup qu'il en soit ainsi de la marche suivie; bref, les poisons ont un lieu d'élection. Chaque système d'organes a le sien qui, agissant sur les éléments anatomiques composants, abolit la fonction tout en respectant, à l'origine, du moins, les autres organes et leurs fonctions. Par exemple, lorsque le gaz oxyde de carbone pénètre dans le corps, il ne va pas porter son action sur tous les tissus, mais seulement sur un certain tissu, sur les globules rouges du sang; et cela, par suite d'une sorte d'affinité élective, d'ordre chimique. Cette affinité détermine la combinaison de l'oxyde de carbone avec l'hémoglobine, qui est la partie fondamentale du globule sanguin.

Il y a donc une action élective qui fait que chaque poison a un tissu de prédilection qu'il va pervertir alors qu'il respectera les autres. Or de tous les tissus, c'est la cellule nerveuse qui a l'existence la plus fragile et qu'il est le plus facile de pervertir. On peut donc dire ceci : La cellule nerveuse est l'organe de prédilection des poisons. Voici sur quelles cellules nerveuses agissent électivement certains poisons pris pour types.

1. La *strychnine* agit électivement sur les cellules nerveuses de la moelle épinière qui président aux

mouvements de la vie animale ou vie de relation (mouvements des membres, etc.). La strychnine est le type des *poisons médullaires*, type auquel se rattachent la brucine, la thébaïne, etc.

2° *L'aconitine* agit électivement sur les cellules nerveuses centrales du bulbe qui président aux mouvements de la vie organique (contractions du cœur, mouvements respiratoires, etc.). L'aconitine est le type des *poisons bulbaires*, type auquel se rattachent la vératrine, la colchicine, la digitaline, etc.

3° Le *curare* agit électivement sur les cellules nerveuses terminales des nerfs moteurs de la périphérie. Le curare est le type des *poisons paralyseurs* des nerfs moteurs qui président à la vie animale.

4° *L'atropine* agit électivement sur les cellules nerveuses terminales des nerfs des organes de la vie organique (cœur, estomac, intestins, glandes salivaires, iris, etc.). L'atropine est le type des *poisons paralyseurs* des nerfs qui président à la vie organique. A ce type se rattachent la solanine, l'hyoscyamine, la conicine.

Le mécanisme selon lequel agissent tous ces poisons est le suivant : En se fixant sur le tissu électif de l'organisme, les poisons commencent par l'exciter, puis ils le paralysent. De là dans chaque action toxique deux phases, à savoir, une phase de stimulation et une phase de paralysie.

Lorsqu'à une dose modérée on fait succéder des doses de plus en plus fortes, tous les poisons finissent par produire successivement le cycle complet des phénomènes, à savoir, phénomènes bulbaires, phénomènes médullaires, curariformes, atropinisants, à la condition toutefois que la vie de l'individu empoisonné puisse être entretenue par la respiration artificielle ou autrement. Seulement, le phénomène du cycle qui se produit en premier lieu est toujours le phénomène qui appartient au tissu électif du poison en expérience. Par exemple, le cycle des phénomènes produits par la strychnine commence toujours par le phénomène médullaire; le cycle des phénomènes produits par l'atropine commence toujours par la paralysie des plaques terminales motrices des nerfs de la vie organique, et ainsi de suite [1].

VII. — Différence des phénomènes de circulation dans les organes selon qu'ils sont en état d'activité ou en repos.

Tous les organes du corps nous offrent alternativement un état de repos et un état d'activité dans lesquels les phénomènes circulatoires sont essentiellement différents. Des observations nombreuses prises dans les appareils organiques les plus divers ont mis ces faits hors de doute.

Lorsqu'on examine le canal alimentaire d'un animal à jeun, on trouve la membrane muqueuse qui revêt la face interne de l'estomac et des intestins pâle et peu vascularisée; pendant les digestions, au contraire, on constate que la même membrane est très colorée et gonflée par le sang, qui y afflue avec force.

1. Ch. Richet, *Les Poisons et la température*, *Revue scientifique* 2, 9, 16 janvier 1886.

Le même phénomène s'observe pour tout l'intestin et pour tous les organes glandulaires annexés à l'appareil digestif, à savoir, glandes salivaires, pancréas, etc.

Le système musculaire, qui ne produit qu'un travail mécanique, est dans le même cas que les glandes, lesquelles agissent chimiquement. Au moment de la fonction du muscle, le sang circule avec une plus grande activité, laquelle se modère quand le muscle est au repos.

VIII. — Méthode de détermination de la fonction d'un organe.

1° LE PRINCIPE DU DÉTERMINISME. — Le principe directeur de l'esprit, sur lequel est fondée la science tout entière, est le Déterminisme; voici en quoi il consiste :

1° Dès que la condition d'un phénomène est connue et remplie, ce phénomène doit se reproduire toujours et nécessairement.

2° Dans des conditions identiques, tout phénomène se produit identique. Aussitôt que les conditions ne sont plus les mêmes, le phénomène doit cesser d'être identique.

Le principe du Déterminisme est fondé sur ces deux croyances :

1° Il y a des conditions matérielles déterminées qui règlent l'apparition des phénomènes.

2° Il y a des lois préétablies qui en règlent l'ordre et la forme.

II° Les Règles de la Méthode. — Les règles de la méthode sont au nombre de trois :

1ʳᵉ *Règle : Positâ causâ, ponitur effectus.* La cause étant posée, l'effet est posé.

Sous une autre forme, cette règle peut s'énoncer ainsi :

Redintegratâ causâ, redintegratur effectus. La cause étant rétablie, l'effet est rétabli.

2ᵉ *Règle : Sublatâ causâ, tollitur effectus.* La cause étant supprimée, l'effet est supprimé.

3ᵉ *Règle : Variante causâ, variatur effectus.* La cause variant, l'effet varie.

III° Les Procédés opératoires. — Les procédés opératoires sont les suivants :

1° *Méthode de vivisection.* A. Ablation ou section d'un organe : *sublatâ causâ.*

On observe quelle est la fonction supprimée.

B. Lésion d'un organe : *variante causâ.*

On observe quelles perturbations sont produites dans les fonctions.

Lorsque la guérison de la lésion se fait, au *variante causâ* s'ajoute le *redintegratâ causâ* ou rétablissement de la fonction : c'est une contre-épreuve.

Lorsque la mort suit la lésion, au *variante causâ* s'ajoute le *sublatâ causâ* ou suppression de la cause et de la fonction : c'est une autre contre-épreuve.

2° *Méthode des poisons.* — Les poisons opèrent la séparation des fonctions avec une précision à laquelle n'atteindraient ni les sections ni les lésions.

Bien entendu, les expériences de séparation faites

avec les poisons sont astreintes rigoureusement aux trois règles de la méthode expérimentale.

3° *Méthode électrique*. — Claude Bernard a su employer l'électricité au même usage que les poisons. Il a reconnu qu'il faut une quantité d'électricité plus considérable :

A. Pour faire contracter directement un muscle que pour l'exciter par l'intermédiaire d'un nerf. L'irritabilité musculaire est donc distincte de l'irritabilité nerveuse.

B. Pour exciter un nerf sensitif que pour exciter un nerf moteur.

C. Pour exciter un nerf moteur de la vie animale que pour exciter un nerf moteur de la vie végétative.

4° *Pathologie naturelle*. — Les maladies sont des expériences précieuses qui, loin d'être inférieures en valeur physiologique aux expériences faites intentionnellement par la main de l'homme, leur sont souvent très supérieures.

Les lésions accidentelles, chutes, blessures si fréquentes dans les batailles, sont pour le physiologiste un champ d'expériences toutes faites, aussi variées que l'imagination peut le désirer.

Il est permis de dire que la Pathologie, maladies et lésions accidentelles, constitue une quatrième méthode opératoire égale, sinon supérieure, aux trois autres.

C'est à l'aide de ces quatre genres de procédés opératoires qu'en appliquant avec rigueur les règles de la méthode expérimentale, le physiologiste est parvenu à discerner les fonctions de chaque organe. Il s'en faut beaucoup que l'édifice scientifique soit achevé; mais ce que l'on sait, on le doit aux règles et aux procédés opératoires de la Méthode expérimentale.

Seconde Section : Conditions vitales du cerveau et de sa fonction.

I. — Le sang oxygéné et l'activité du cerveau.

L'oxygène, indispensable aux organes corporels et à leurs fonctions, ne l'est pas moins au cerveau et à son activité fonctionnelle.

1° *Anémie cérébrale*. — Quand l'anémie est totale, la perte des fonctions cérébrales est instantanée. Dès que le sang ne circule plus dans le cerveau, la conscience, la sensibilité, la motilité, disparaissent aussitôt. On a un exemple très net d'anémie cérébrale dans la syncope : dès que le cœur s'arrête, la conscience disparaît aussitôt, et l'insensibilité est complète.

Souvent chez les vieillards on voit survenir des troubles cérébraux plus ou moins passagers : la perte de la connaissance, l'étourdissement, le coma (assoupissement profond dans lequel tombe le malade dès qu'il cesse d'être excité). C'est à tort qu'on les attribue à la congestion cérébrale; il faut bien plutôt, avec M. Vulpian, les regarder comme dus à l'anémie. Ces coups de sang, comme on les appelle vulgairement, sont, selon toute vraisemblance, des coups d'anémie.

On sait que la mort ne détruit pas instantanément la vie dans les muscles; les muscles survivent quelques minutes à la mort; le foie continue à convertir le glycogène en sucre, etc. Il en est de même du cerveau. Si après la décapitation d'un animal supérieur l'on n'attend que quelques minutes, le tissu cérébral n'est pas mort quoiqu'il ait tout à fait l'apparence de la mort; il est en état de vie latente, et la fonction reparaît dès qu'on a rendu le sang au tissu. Aussi l'injection de sang oxygéné suffit à rétablir la sensibilité, l'intelligence et l'excito-motricité qui avaient disparu.

L'expérience suivante, due à M. Brown-Séquard, est devenue célèbre. A un chien familier, élevé dans son laboratoire, M. Brown-Séquard tranche la tête; puis dans les vaisseaux vidés de cette tête, il injecte du sang défibriné, saturé d'oxygène. Au moment où le sang oxygéné avait ramené les manifestations de la vie, M. Brown-Séquard appela le chien par son nom. Les yeux de cette tête séparée du tronc se tournèrent vers lui, comme si la voix du maître avait été entendue et reconnue.

MM. Hayem et Barrier ont repris tout récemment[1] les expériences de transfusion de sang oxygéné à la tête de chiens décapités. Ils ont fait communiquer préalablement les deux artères carotides du chien mis en expérience à l'artère carotide d'un cheval, puis ils ont tranché la tête du chien sans que le sang du cheval cessât de passer dans la tête décollée. Dans ces conditions, les *manifestations volontaires de la vie con-*

---

1. HAYEM et BARRIER, *Comptes rendus*, 31 janvier, 14 mars 1887.

sciente ont persisté pendant une demi-heure environ.

2° *Hyperémie cérébrale.* — L'hyperémie (surabondance de sang) cérébrale est, au dire de tous les médecins, accompagnée de vertiges, d'étourdissements, d'obnubilation (perception des objets comme à travers un nuage) ; et, à un degré plus avancé, de coma et de stupeur.

Il est facile de comprendre pourquoi l'anémie et l'hyperémie ont les mêmes symptômes ; c'est que le résultat de ces états tout à fait opposés est, au point de vue de l'irrigation cérébrale, tout à fait le même. Supposons que le cours d'un fleuve soit arrêté par suite d'un barrage qui empêche l'écoulement des eaux de manière que le débit soit presque nul ; ce barrage, au point de vue de la circulation liquide, aura les mêmes effets que si la source est tarie. C'est ce qui se passe pour la congestion ou hyperémie. En effet, par suite de l'impossibilité du retour du sang veineux, le sang stagne dans le cerveau ; l'échange gazeux interstitiel est altéré par cette accumulation de sang qui ne peut circuler, tout autant que si la quantité de sang arrivant au cerveau était minime. Dans l'un et dans l'autre cas, il y a une circulation défectueuse, et c'est précisément le trouble circulatoire qui est la cause des phénomènes d'excitation, puis de stupeur, dont on a parlé ci-dessus.

Le chirurgien Richet a donné une preuve remarquable de ce mécanisme de l'hyperémie. Une congestion au cerveau avait déterminé chez un malade une somnolence invincible. Une saignée, en faisant disparaître cet état congestif, amena la cessation du coma.

La véritable raison de tous les phénomènes d'anémie et d'hyperémie est, en somme, la *privation d'oxygène*.

En résumé, sous le rapport du sang oxygéné, les conditions vitales du cerveau sont les mêmes que celles des autres organes corporels.

II. — **Le travail du cerveau et la production de la chaleur.**

I° ÉCHAUFFEMENT DU CERVEAU A LA SUITE DU TRAVAIL INTELLECTUEL. — Au point de vue du travail et de la production corrélative de chaleur, les conditions de la vie du cerveau sont les mêmes que celles de la vie de tous les autres tissus vivants de l'organisme. Il est démontré aujourd'hui que lorsque le cerveau travaille, il développe de la chaleur, et que ce développement de la chaleur est inégalement réparti; il est plus fort dans les régions où l'animation est la plus vive.

II° L'ÉCHAUFFEMENT DE LA SUBSTANCE CÉRÉBRALE COMMENCE LA OU EST LE CENTRE NERVEUX DE L'IRRITATION. — L'éminent physiologiste Schiff, dans une série de recherches du plus haut intérêt sur l'échauffement des centres nerveux, est parvenu à démontrer que, non seulement le cerveau s'échauffait sous l'influence des incitations sensorielles en général, mais encore que cet échauffement de la substance nerveuse entrant en activité était réparti inégalement dans les régions différentes de l'écorce cérébrale. En excitant le cerveau, tantôt par des impressions sensitives, tantôt par des incitations lumineuses, et tantôt par des incitations sonores et gustatives, Schiff a constaté que des régions isolées du cerveau étaient, à tel ou tel moment, mises successivement en activité et s'échauffaient isolément. Cette chaleur était un phénomène spécial, indépendant de l'afflux du sang, et une véritable réaction vitale de certaines régions de l'écorce. Les expériences étaient faites à l'aide d'aiguilles thermo-électriques. Schiff a ainsi démontré que la transformation de l'incitation purement sensorielle en incitations psychiques s'accomplissait sur place avec dégagement de chaleur.

III° RAPPORT ENTRE LE TRAVAIL CÉRÉBRAL ET L'OXYDATION CHIMIQUE. — De même que le travail musculaire est en rapport avec l'oxydation du muscle, de même le travail cérébral est lié à une oxydation de la matière cérébrale. Les expériences de Byasson, confirmées par des expériences récentes [1], ont montré :

1° Que les cellules cérébrales en activité s'oxydaient ;

2° Que le résidu de cette oxydation passait dans les urines sous forme de sulfates et de phophates ;

3° Que la proportion de ces sulfates et de ces phosphates pouvait servir à doser l'intensité du travail accompli.

IV° CONCLUSION. — Il y a donc pour la substance

---

1. Voir MAIRET, *Comptes rendus*, 11 août et 18 août 1884. Voir LAILLER, *Comptes rendus*, 4 octobre 1884.

cérébrale, comme pour la substance musculaire, un rapport entre la dépense et la production de force. Ce qui est dépensé en énergie chimique se retrouve :

1° En partie, en énergie intellectuelle ;

2° En partie, en électricité et en chaleur.

De même qu'il y a un équivalent chimique du travail musculaire, de même il y a probablement un équivalent chimique du travail intellectuel. C'était l'opinion de Lavoisier, opinion que M. le professeur Gavarret appelle l'une des vues les plus profondes que le génie de Lavoisier ait introduites dans la science : « Ce genre d'observation, dit Lavoisier, conduit à comparer des emplois de force entre lesquels il semble n'exister aucun rapport. On peut connaître, par exemple, à combien de livres, en poids, répondent les efforts d'un homme qui récite un discours, d'un musicien qui joue d'un instrument. On pourrait même évaluer ce qu'il y a de mécanique dans le travail du philosophe qui réfléchit, de l'homme de lettres qui écrit, du musicien qui compose. Ces efforts, considérés comme purement moraux, ont quelque chose de physique et de matériel qui permet, sous ce rapport, de les comparer à ce que fait l'homme de peine. Ce n'est donc pas sans justesse que la langue française a confondu sous la dénomination commune de travail les efforts de l'esprit comme ceux du corps, le travail du cabinet et le travail du mercenaire. »

III. — Influence de la fonction du cerveau sur l'état du cerveau.

I° ACCROISSEMENT DU CERVEAU A LA SUITE DE L'EXERCICE DE LA FONCTION. — L'examen de la structure de l'écorce cérébrale, après la naissance, donne les plus utiles indications sur cette question.

M. le professeur Rouget (de Montpellier) et Otto Soltmann ont prouvé, par de nombreuses expériences sur les chiens, que les centres moteurs n'existent pas chez ces animaux au moment de leur naissance, et qu'ils se développent avec l'âge et l'exercice fonctionnel.

Arndt signale l'absence des centres moteurs dans la couche corticale des nouveau-nés. D'après Betz, les cellules pyramidales géantes seraient en très petit nombre chez les jeunes enfants, et leur accroissement ne s'effectuerait qu'avec l'âge et l'exercice fonctionnel, occasionnant plus tard la prédominance du lobe gauche sur le lobe droit chez les droitiers.

II° ATROPHIE DE CERTAINES RÉGIONS DU CERVEAU A LA SUITE DE LA PERTE DE LA FONCTION. — C'est une loi physiologique que l'abolition d'une fonction détermine l'atrophie de l'organe qui préside à cette fonction. Puisqu'il existe des centres moteurs à la surface corticale des hémisphères, on est fondé à supposer que la perte d'un membre ou de son usage, pendant un temps suffisamment long, amènera l'atrophie de la portion du cerveau occupée par le centre moteur qui innerve ce membre.

En voici trois cas :

Premier cas. — A l'âge de neuf ans et demi, une femme avait, à la suite d'une chute, perdu l'usage du membre inférieur droit ; sa jambe s'était ployée à angle droit sur la cuisse. Cette femme resta dans cet état jusqu'à sa mort, qui eut lieu à l'hospice d'Ivry, en juillet 1876 ; elle était âgée de 76 ans. A l'autopsie, on constata l'atrophie des circonvolutions qui sont en relation avec la jambe droite.

Deuxième cas. — Un homme, mort âgé de 45 ans, dans le service de M. Hardy, avait perdu, à l'âge d'un an et demi, à la suite d'une blessure, l'usage de la jambe droite. A l'autopsie, on constata que l'hémisphère gauche pesait moins que l'hémisphère droit ; il y avait une atrophie de la circonvolution pariétale ascendante, une atrophie de la protubérance et du bulbe du même côté. Frappés d'inertie à une époque où ils étaient en évolution, les centres moteurs avaient subi un arrêt de développement.

Troisième cas. — Une femme morte à la Salpêtrière en 1875, âgée de 75 ans, avait été amputée à la jambe depuis plus de trente-cinq ans. A l'autopsie, on constata une atrophie du tiers supérieur de la circonvolution frontale ascendante.

Il en est donc du cerveau comme des autres organes corporels.

IV. — Influence de l'état du cerveau sur la fonction.

1° SANTÉ DU CERVEAU DONNANT L'EXCELLENCE DE LA

FONCTION. — Lorsque le cerveau est sain, l'âme est saine; cette vérité universellement reconnue n'a pas besoin d'être démontrée.

II° PERTURBATIONS ET DESTRUCTION DU CERVEAU AMENANT LES PERTURBATIONS ET LA DESTRUCTION DE SA FONCTION. — Les faits seront donnés dans le chapitre consacré à la pathologie cérébrale. Les deux mécanismes généraux qui engendrent les perturbations et même la destruction de la fonction cérébrale sont l'anémie ou ischémie (arrêt du sang, du grec ἴσχειν arrêter, αἷμα sang) et l'hyperémie.

V. — Action de la température sur le cerveau et sa fonction.

I° LE FROID SUPPRIME LA FACULTÉ DE PENSER. — Quand le froid extérieur est extrêmement vif, il y a certainement abaissement de quelques dixièmes de degré dans la température de nos organes. Il en résulte presque toujours une profonde dépression de l'énergie. Quiconque a ressenti les effets prolongés d'un froid intense reconnaît qu'il est alors impossible de penser; l'intelligence est comme supprimée, anéantie.

II° LA CHALEUR SUPPRIME LA FACULTÉ DE PENSER. — La chaleur extérieure, lorsqu'elle dépasse la moyenne à laquelle le corps est acclimaté, produit un affaiblissement général des facultés intellectuelles. La température torride qui a sévi en juillet 1881, à Paris, a déterminé chez un grand nombre de personnes une perte passagère de la mémoire.

On sait que les insolations dans les régions chaudes de l'Afrique et de l'Asie déterminent le délire et quelquefois une folie persistante. Enfin le délire et souvent la mort suivent l'élévation de la température du sang dans les fièvres violentes.

VI. — Action des poisons sur le cerveau et sa fonction.

Les poisons qui agissent le plus énergiquement sur la fonction du cerveau, et qui pour ce motif sont appelés poisons de l'intelligence ou poisons psychiques, se divisent en deux classes.

La première classe a pour type la *morphine;* à ce type se rattachent la quinine, la cinchonine, la cocaïne, auxquelles on adjoint l'alcool, le haschisch.

La seconde classe comprend les *anesthésiques,* éther, chloroforme.

Toutes ces substances, à dose modérée, agissent électivement sur les cellules grises de l'écorce cérébrale.

Le mécanisme de leur action se manifeste, comme celui des poisons bulbaires et autres, en deux périodes :

1º D'abord une *stimulation* de l'organe (ivresse morphinique, quinique, alcoolique, etc.).

2º Puis une *paralysie* de l'organe (sommeil amenant l'abolition de la fonction psychique, à partir du moi conscient jusqu'à la sensibilité inclusivement).

La période de stimulation correspond à une hyperémie cérébrale provoquée par l'action du poison.

La période de dépression correspond à une profonde anémie cérébrale qui succède à l'hyperémie primitive.

Lorsque la dose du poison du type morphine va croissant, le cycle des phénomènes des divers types d'empoisonnement se produit; aux phénomènes psychiques succèdent les phénomènes bulbaires, médullaires, etc.[1].

On le voit donc : le cerveau et sa fonction ont leurs poisons comme ont les leurs le bulbe, la moelle, les nerfs sensitifs, les nerfs moteurs, les globules rouges du sang.

VII. — Différences des phénomènes de circulation dans le cerveau, selon qu'il est en état d'activité ou en état de repos.

« C'est une loi physiologique que tous les organes du corps aient alternativement un état d'activité et un état de repos dans lesquels les phénomènes circulatoires sont opposés. Il en est de même du cerveau : lorsqu'il fonctionne, le sang afflue et donne aux réseaux vasculaires un aspect rosé; lorsqu'il est en repos, la surface est pâle et exsangue, c'est l'anémie. Le repos du cerveau est le sommeil[2]. »

Pour observer le cerveau pendant le sommeil naturel, on a pratiqué sur les chiens des couronnes de

---

1. Charles RICHET, *Les Poisons et la température*, *Revue scientifique*, janvier 1886, 186, page 78.
2. BERNARD, *La Science expérimentale*, page 378.

trépan en remplaçant la pièce osseuse par un verre de montre. En observant le cerveau par cette sorte de fenêtre, pendant la veille et pendant le sommeil, on constate que lorsque le chien dort, le cerveau est toujours plus pâle, et qu'un nouvel afflux sanguin se manifeste constamment au réveil lorsque les fonctions cérébrales reprennent leur activité.

VIII. — Méthode de détermination de la fonction du cerveau.

Les fonctions de chaque partie de l'encéphale se déterminent de la même manière que les fonctions des autres organes du corps, c'est-à-dire selon les règles et selon les procédés opératoires de la méthode expérimentale.

I° MÉTHODE DE VIVISECTION. — On a appliqué à l'encéphale les deux procédés de la vivisection, à savoir, l'ablation et la lésion. Les expériences sur les hémisphères cérébraux ont été faites principalement sur les oiseaux et les jeunes mammifères, parce que chez ces animaux le sang se coagule facilement; cette propriété les préserve de la mort par hémorragie. Flourens a opéré sur des poules, des pigeons, des souris, des lapins, des cochons d'Inde, des chiens, des chats, etc. Il a conservé vivantes pendant plus de quinze mois des poules à qui il avait retranché les lobes cérébraux.

A. *Ablation des hémisphères cérébraux.* — Les expériences suivantes sont extraites du célèbre ouvrage de

Flourens, *Recherches expérimentales sur les propriétés et les fonctions du système nerveux dans les animaux vertébrés*, 2ᵉ édition, 1842.

1ʳᵉ Expérience. — Flourens enlève les deux lobes cérébraux à un pigeon. Dès lors tous les mouvements volontaires furent abolis sans retour; la vue fut perdue des deux yeux, quoique les deux iris restassent pourtant mobiles. L'animal était calme et comme assoupi; il se tenait parfaitement d'aplomb sur ses pattes. Si on le jetait en l'air, il volait; si on pinçait avec force ses narines que, comme tous les animaux de son espèce, il avait fort délicates, il se remuait et faisait quelques pas sans but ni détermination, mais avec un parfait équilibre, et s'arrêtait dès qu'on ne l'irritait plus. On avait beau le piquer, le pincer, le brûler, il remuait, s'agitait, marchait, mais toujours sur la même place; il ne savait plus fuir. S'il rencontrait un obstacle, il le heurtait et revenait le heurter sans cesse, sans jamais songer à l'éviter; or il n'est pas de pigeon qui, dans l'état naturel, bien qu'on lui ait bandé les yeux, ne finisse, d'un ou d'autre biais, par échapper à l'obstacle qu'on lui oppose.

On sait que les animaux, surtout les carnassiers, ont l'habitude, en courant de côté et d'autre, de flairer partout; dès qu'ils ont perdu leurs lobes, ils ne flairent plus.

On sait que les oiseaux essaient presque toujours leur nourriture par le bout du bec avant de la porter dans l'arrière-bouche; non seulement les oiseaux privés de leurs lobes cérébraux ne font plus de pareils essais, mais ils ne la mangent plus, ils ne becquètent même plus.

On juge qu'un animal ne jouit plus d'un sens quand il n'use plus de ce sens :

1° Un animal ne voit plus, quand il va se heurter contre tout ce qu'il rencontre ;

2° Il n'entend plus, quand aucun bruit ne l'émeut ;

3° Il n'odore plus, quand aucune odeur ne l'attire ou le repousse.

4° Il ne goûte plus, quand aucune saveur ne le flatte ou ne le chagrine ;

5° Il ne tâte, il ne palpe, il ne touche plus enfin, quand il ne distingue plus aucun corps, se heurte obstinément contre tous, et marche ou s'avance sur tous indifféremment. Un animal qui touche réellement un obstacle, le juge ; un animal qui ne juge plus, ne touche donc plus.

Les animaux privés de leurs lobes cérébraux n'ont donc plus ni perceptions, ni jugement, ni souvenir, ni volonté ; car il n'y a volonté qu'autant qu'il y a jugement ; jugement, qu'autant qu'il y a souvenir, souvenir, qu'autant qu'il y a eu perception. Les lobes cérébraux sont donc le siège exclusif de toutes les perceptions et de toutes les facultés intellectuelles.

2ᵉ Expérience. — Comme exemple de la finesse du goût et de l'odorat chez les oiseaux, Flourens cite une de ses poules qui aimait beaucoup le café au lait :
« Aussi dès que l'odeur du café commençait à se répandre dans l'appartement, la poule accourait-elle aussitôt. Elle accourait à l'odeur du café, elle odorait

donc. Elle aimait aussi beaucoup le beurre, mais seulement le beurre frais. Dès qu'on lui jetait un morceau de beurre, elle l'avalait brusquement s'il était frais; mais s'il n'était pas frais, au lieu de l'avaler, elle secouait le bec et le rejetait. Elle distinguait donc, par le goût, le beurre frais du beurre qui ne l'était pas; elle goûtait donc. » C'est cette poule qui a fait le sujet de la deuxième expérience. Flourens lui enlève les deux lobes cérébraux; voici ce qu'il relate cinq mois après l'opération : « Je n'ai jamais vu de poule plus grasse ni plus fraîche que celle-ci. Je l'ai laissée jeûner à plusieurs reprises jusqu'à trois jours entiers. Puis j'ai porté de la nourriture sous ses narines, j'a enfoncé son bec dans le grain, je lui ai mis du grain dans le bout du bec; j'ai plongé son bec dans l'eau, je l'ai placée sur un tas de blé. Elle n'a point odoré, elle n'a point avalé, elle n'a point bu; elle est restée immobile sur ce tas de blé et y serait assurément morte de faim si je n'eusse pris le parti de revenir à la faire manger moi-même.

Vingt fois, au lieu de grain, j'ai mis des cailloux dans le fond de son bec; elle a avalé ces cailloux comme elle eût avalé du grain.

Enfin, quand cette poule rencontre un obstacle sur ses pas, elle le heurte, et ce choc l'arrête et l'ébranle; mais heurter un corps n'est pas le toucher. Jamais la poule ne palpe, ne tâtonne, n'hésite dans sa marche; elle est heurtée et heurte, mais ne touche pas.

Ainsi donc, la poule sans lobes a réellement perdu, avec la vue et l'ouïe, l'odorat, le goût, le tact. Cependant nul de ces sens ou, pour mieux dire, nul organe de ces sens n'a été directement atteint. L'œil est parfaitement clair, net, et son iris est mobile. Il n'a été touché ni à l'organe de l'ouïe, ni à celui du goût, ni à celui du tact. Chose admirable ! tous les organes des sens subsistent, et toutes les perceptions sont perdues. Ce n'est donc pas dans ces organes que résident les perceptions.

Finalement, la poule sans lobes a perdu tous ses sens, car elle ne voit, ni n'entend, ni n'odore, ni ne goûte, ni ne touche absolument rien.

Elle a perdu tous ses instincts, car elle ne mange plus d'elle-même, à quelque jeûne qu'on la soumette ; elle ne se remise plus, à quelque intempérie qu'on l'expose ; jamais elle ne se défend contre les autres poules, elle ne sait plus ni fuir ni combattre ; il n'y a plus d'attrait pour la génération, les caresses du mâle sont indifférentes ou inaperçues.

Elle a perdu toute intelligence, car elle ne veut, ni se souvient, ni ne juge plus.

Les lobes cérébraux sont donc le réceptacle unique des *perceptions*, des *instincts*, de l'*intelligence*...

J'ai dit ci-devant que l'animal privé de ses lobes cérébraux ne mange plus, même lorsqu'on lui met la nourriture sur la langue ou sur le bout du bec ; et d'un autre côté, j'ai dit qu'il avale parfaitement la nourriture qu'on lui enfonce dans la bouche ; cela demande une explication.

Lorsqu'on met un grain de blé dans le bout du bec d'une poule, comme lorsqu'on lui met le bec dans l'eau, si elle happait le grain ou humait l'eau, ce serait une preuve qu'elle a *perçu* et qu'elle a *voulu* ; aussi ne boit-elle ni ne mange-t-elle alors. Mais, au contraire, quand on lui verse de l'eau ou qu'on lui enfonce l'aliment dans le fond de la bouche, elle avale, parce que l'action d'avaler, en soi, ne dépend ni de la volonté ni d'un sentiment raisonné; il suffit qu'un corps touche le pharynx pour qu'aussitôt la déglutition s'opère. Ce n'est donc qu'un mouvement commencé qui s'achève; il a commencé sans la volonté de l'animal, puisque c'est une main étrangère qui a porté l'aliment dans sa bouche ; il s'achève sans sa volonté, puisque, en soi, le phénomène de déglutition ne dépend pas de la volonté. »

Les mouvements qu'exécute un animal privé de ses lobes cérébraux sont des mouvements réflexes. La moelle épinière est le centre des mouvements réflexes. Dans la moelle allongée le bulbe est le centre réflexe, à savoir :

1° Des mouvements de la respiration, par le nerf pneumo-gastrique;

2° Des mouvements du cœur, par le pneumo-gastrique.

3° Des mouvements de déglutition ; l'excitation produite dans l'isthme du gosier par le bol alimentaire est portée au bulbe par les filets sensitifs du nerf glosso-pharyngien et du nerf pneumo-gastrique. Elle se réfléchit dans les parties grises du bulbe et produit des mouvements du pharynx par l'intermédiaire des filets moteurs des nerfs qui naissent du sillon latéral du bulbe.

B. *Rédintégration des hémisphères cérébraux.* —
« Lorsqu'on enlève le cerveau chez les animaux inférieurs, dit Claude Bernard, la fonction de l'organe est nécessairement supprimée; mais la persistance de la vie chez ces êtres permet au cerveau de se reformer; à mesure que l'organe se régénère, on voit ses fonctions reparaître.

Cette même expérience peut également réussir chez des animaux supérieurs tels que les oiseaux, chez lesquels l'intelligence est beaucoup plus développée. Les lobes cérébraux ayant été enlevés chez un pigeon, par exemple, l'animal perd immédiatement l'usage de ses sens et la faculté de chercher sa nourriture. Toutefois si on ingurgite la nourriture à l'animal, il survivra parce que les fonctions nutritives sont restées intactes tant que leurs centres nerveux spéciaux ont été respectés. Peu à peu le cerveau se régénère avec ses éléments spéciaux; à mesure que cette régénération s'opère, on voit les usages des sens, les instincts et l'intelligence de l'animal revenir. Ici l'expérience a été complète; il y a eu, en quelque sorte, analyse et synthèse de la fonction vitale, puisque la destruction successive des diverses parties du cerveau a supprimé successivement ses diverses manifestations fonctionnelles, et que la reproduction successive de ces mêmes parties a fait reparaître ces mêmes manifestations. Il est inutile d'ajouter que la même chose arrive pour toutes les autres parties du corps susceptibles de rédintégration [1]. »

---

[1]. Cl. Bernard, *La Science expérimentale*, page 397.

C. *Lésions des hémisphères cérébraux.* — « Je mis à nu, dit Flourens, les deux lobes cérébraux à la fois sur une forte poule. Je fendis ensuite le droit en travers et le gauche en long ; mais tous deux également dans toute leur étendue, dans toute leur profondeur, et tous deux également dans la région moyenne.

L'animal éprouva sur-le-champ les mêmes phénomènes que s'il eût été totalement privé de ses deux lobes, c'est-à-dire qu'il perdit aussitôt toute perception et toute faculté intellectuelle.

Durant les six premiers jours, il n'entendait, ni ne voyait, ni ne donnait aucun signe de volition. Presque toujours endormi ou assoupi, il ne bougeait qu'autant qu'on l'irritait. Les deux lobes étaient très tuméfiés.

Le septième jour, l'animal commençait à aller et venir de lui-même ; il entendait déjà, quoique faiblement ; il voyait un peu de l'œil droit, c'est-à-dire de l'œil opposé au lobe fendu longitudinalement, mais il ne voyait point du gauche. La tuméfaction des lobes avait diminué beaucoup.

Le huitième jour, la poule reprend l'usage de ses sens et de ses facultés, avec une rapidité étonnante ; elle entend déjà très bien ; elle voit très bien de l'œil droit, mais non du gauche ; elle marche beaucoup, est moins souvent et moins longtemps endormie. Jusqu'ici il avait fallu la nourrir ; maintenant elle commence à chercher sa vie, elle becquète et boit. La tuméfaction des lobes est dissipée.

Le douzième jour, la poule a repris tous ses sens et toutes ses facultés, hors la vue de l'œil gauche.

Le cinquantième jour, la poule ne diffère en rien d'une poule qui n'aurait subi aucune opération. Une seule chose lui manque toujours, c'est la vue de l'œil gauche, vue qu'elle n'a jamais recouvrée, bien qu'elle ait survécu plus de six mois à l'opération. »

Il est impossible d'imaginer une application plus nette et plus décisive de la troisième règle de la méthode expérimentale : *Variante causâ, variatur effectus,* avec la contre-épreuve : *Redintegratâ causâ, redintegratur effectus.*

Nous trouverons au chapitre consacré à la Pathalogie cérébrale les mêmes effets produits chez l'homme par les maladies ou par les lésions accidentelles.

II° MÉTHODE DES POISONS. — On a vu précédemment quels poisons déterminent la fonction de tel ou tel organe, de tel ou tel élément ; ces poisons agissent comme le scalpel du vivisecteur ; ils paralysent momentanément l'organe, et consécutivement ils suppriment ou paralysent momentanément la fonction. C'est ainsi qu'à l'aide de la strychnine on détermine la fonction de la moelle ; qu'à l'aide du curare on détermine celle des nerfs moteurs de la vie animale, etc.

Nous avons vu également que l'éther et le chloroforme abolissent le moi conscient et la sensibilité consciente, tout en laissant intactes la motricité, la sensibilité réflexe, la contractilité. La perception consciente et la sensibilité consciente sont donc la fonction du cerveau ; or la conscience et la sensibilité consciente sont le produit de ce qu'on appelle en un seul mot, l'Ame.

III° Méthode électrique. — La méthode électrique est celle qu'emploient les expérimentateurs contemporains (Hitzig, David Ferrier, etc.), non pour déterminer la fonction totale du cerveau, laquelle pour les physiologistes modernes n'a plus besoin de démonstration supplémentaire, mais pour déterminer la localisation des facultés particulières (mémoire, perception des sons, des images, etc.) qui composent la fonction totale.

IV° Pathologie naturelle. — Un chapitre particulier est consacré à la Pathologie cérébrale. « Le cerveau, dit Claude Bernard, a son anatomie pathologique au même titre que les organes de l'économie ; et la pathologie cérébrale a sa symptomatologie spéciale comme celle des autres organes. Dans l'aliénation mentale, nous voyons les troubles les plus extraordinaires de la raison, dont l'étude est une mine féconde où peuvent puiser le physiologiste et le philosophe ; mais les diverses formes de la folie et du délire ne sont que des dérangements de la fonction normale du cerveau, et ces altérations de fonction sont, dans l'organe cérébral comme dans les autres, liées à des altérations anatomiques constantes. Si, dans beaucoup de circonstances, elles ne sont point encore connues, il faut en accuser l'imperfection seule de nos moyens d'investigation. D'ailleurs, ne voyons-nous pas certains poisons tels que l'opium, le curare, paralyser les nerfs et le cerveau sans qu'on puisse découvrir dans la substance nerveuse aucune altération visible ? Cependant nous sommes certains que ces altérations existent, car admettre le contraire serait admettre un effet sans cause. Quand le poison a cessé d'agir, nous voyons les troubles intellectuels disparaître et l'état normal revenir. Il en est de même quand les lésions pathologiques guérissent; les troubles de l'intelligence cessent, et la raison revient. La pathologie nous fournit donc encore ici une sorte d'analyse et de synthèse fonctionnelle, comme cela se voit dans les expériences de rédintégration. La maladie, en effet, supprime plus ou moins complètement la texture de l'organe, et la guérison restitue la fonction en rétablissant l'état organique normal [1]. »

CHAPITRE II

LA PATHOLOGIE CÉRÉBRALE ET L'AME

Première section. — Altérations générales de la Fonction du cerveau.

I. — Aliénation mentale.

1° DÉFINITIONS. — Préalablement nous définirons les termes employés par les médecins, car il s'en faut beaucoup que le public attache aux mots folie, manie, démence, le sens que leur donnent les pathologistes.

L'aliénation mentale ou folie est le nom général donné aux différentes espèces de troubles qui affectent le cerveau.

La folie est ordinairement chronique, sans fièvre,

---

1. CLAUDE BERNARD, *La Science expérimentale*, page 399.

caractérisée par les désordres de la sensibilité, de l'intelligence et de la volonté; en outre, le malade n'a pas conscience de son état.

Parmi les symptômes généraux de la folie se rangent l'hallucination et l'illusion.

L'hallucination est la perception fictive d'un objet sans qu'aucun agent extérieur n'ait agi matériellement sur les sens de l'halluciné. Par exemple, voir courir des rats sur un mur, lorsqu'il n'y a pas de rats sur le mur, est une hallucination de la vue; elle est fréquente chez les ivrognes.

L'illusion diffère de l'hallucination en ce qu'elle nécessite toujours une impression réelle, modifiée ensuite par la réaction d'un cerveau en délire. C'est une impression vraie perçue d'une manière vicieuse. Par exemple, Théodoric, roi des Visigoths, poursuivi par ses remords, prit pour la tête du sénateur Symmaque qu'il avait fait égorger la tête d'un poisson servi sur sa table. Autre exemple : vous traversez un bois mal famé durant la nuit; la peur vous fait prendre un tronc d'arbre pour un brigand aposté : c'est une illusion.

L'aliénation mentale ou folie se manifeste sous différents types, dont les principaux sont les suivants : la manie, la mélancolie ou lypémanie, la paralysie générale, la démence.

1º La *Manie*. — La manie est un délire général caractérisé par l'excitation. Lorsque le délire, au lieu d'être général, porte sur un seul point, il prend le nom de monomanie.

Lorsque la monomanie consiste en une impulsion violente, soit au meurtre, soit à l'incendie, soit au suicide, on lui donne aussi le nom de folie impulsive.

2° La *Lypémanie*. — La lypémanie ou mélancolie des anciens est un délire partiel s'étendant sur un petit nombre d'objets; il est de nature triste (λύπη tristesse, μανία manie); il est caractérisé par la dépression.

On donne le nom de *lypémanie anxieuse* à la lypémanie dans laquelle à la dépression morale s'ajoutent les angoisses, les inquiétudes vagues, les terreurs.

3° La *Paralysie générale des aliénés*. — Sous le nom de paralysie générale des aliénés, on désigne une affection qui a pour caractère l'affaiblissement du mouvement, l'embarras de la parole, un délire plus ou moins accentué, et la diminution progressive des facultés intellectuelles.

4° La *Démence*. — La démence est une affection cérébrale caractérisée par l'affaiblissement plus ou moins considérable des facultés morales et intellectuelles; on peut la considérer comme un abaissement de la vie dans l'ordre moral, intellectuel et physique.

« La démence, dit Guislain, suit une marche croissante pendant laquelle on voit la dégradation des facultés intellectuelles s'opérer insensiblement jusqu'à ce qu'enfin le malade tombe dans un anéantissement moral plus ou moins complet; l'intelligence s'use d'abord, puis l'instinct; l'homme ainsi réduit finit par n'être plus qu'un estomac. »

II° MÉCANISMES DE L'ALIÉNATION MENTALE. — Les désordres de l'encéphale peuvent être rattachés à trois mécanismes principaux :

1º Un afflux anormal de sang ou *hyperémie* (ὑπερ en excès, αἷμα sang);

2º Un arrêt de sang ou *ischémie* (ἴσχειν arrêter, αἷμα sang);

3º Une hyperémie et une ischémie simultanées, celle-ci affectant une partie de l'encéphale, celle-là une autre partie.

Les arrêts du sang ou ischémies sont dus :

1º Soit à des caillots de sang qui voyagent : on les appelle *embolies;*

2º Soit à des caillots qui adhèrent aux parois des vaisseaux : on les appelle *thromboses;*

3º Soit à des granulations graisseuses qui se déposent sur les parois des vaisseaux.

Ce qui domine toute la pathologie du cerveau, c'est le trouble de la circulation cérébrale.

A. L'ISCHÉMIE et l'HYPERÉMIE, isolées ou simultanées, donnent naissance :

1º A des exsudats séreux ;

2º A des hémorragies.

B. LES EXSUDATS SÉREUX ET LES HÉMORRAGIES produisent :

1º Les *altérations des méninges,* à savoir, épaississements, opacité, granulations, ossifications, fausses membranes, adhérences.

2º Les *altérations de la substance cérébrale,* à savoir, scléroses ou endurcissements, ramollissements, atrophies,

C. Les altérations des méninges et les altérations de la substance cérébrale déterminent :

1° Le *trouble de la motricité*, et même sa destruction totale;

2° Le *trouble de l'intelligence et de la moralité*, et même leur destruction totale.

Tel est, à grands traits, le tableau général des mécanismes et des effets de l'aliénation mentale.

III° Causes générales de l'aliénation mentale. — Les causes de l'aliénation mentale se divisent en deux classes :

1° *Causes morales* : Passions tristes; passions religieuses et politiques; abus des travaux intellectuels.

2° *Causes physiques* : Mauvaise hygiène, maladies; accidents, blessures, lésions, etc.; empoisonnements, alcool, opium, etc.

Quel que soit le point de départ, causes morales ou causes physiques, c'est toujours et invariablement un mécanisme physique qui désorganise la substance cérébrale et par suite la fonction psychique. Pour une cause physique, la chose est évidente; pour une cause morale, le fait n'en est pas moins certain. En effet, toute cause morale, peine, chagrin, passion, travail intellectuel, amène une hyperémie; la persistance de la cause morale rend persistante l'hyperémie; avec celle-ci apparaissent les exsudats séreux, les hémorragies et leur inévitable cortège de désordres; les désordres de la substance cérébrale entraînent fatalement les désordres de la fonction psychique, amnésies, hallucinations, délire, manie, démence. Il est certain que l'altération de l'âme a, dans ce cas, pour point de départ une cause morale; mais il n'est pas moins sûr que les altérations psychiques apparaissent uniquement alors qu'il y a désorganisation matérielle de la substance cérébrale, c'est-à-dire qu'elles sont l'œuvre d'un mécanisme physique. Si les causes morales, chagrin, passion, abus de travail intellectuel, n'amenaient pas une fluxion sanguine persistante; ou bien encore, si la fluxion persistante ou soudaine n'était pas assez forte pour user, rompre ou enflammer les parois vasculaires; en un mot, si la substance cérébrale n'est pas lésée par un mécanisme physique, les fonctions psychiques resteront inaltérées : il n'y aura ni amnésies, ni hallucinations, ni manie, ni démence.

IV° ANATOMIE PATHOLOGIQUE ET THÉRAPEUTIQUE. — 1° *Hallucinations et Illusions*. Nicolaï, membre de l'Académie de Berlin, qui était sujet aux congestions sanguines, négligea de se faire saigner : il se vit assailli de fantômes. Une application de sangsues au mollet fit disparaître les hallucinations.

Guislain rapporte l'histoire d'une personne qui, chaque fois qu'elle était constipée, avait des hallucinations de l'ouïe. Un purgatif, en faisant cesser la constipation, supprimait les hallucinations.

Il est rare que l'hallucination simple ou l'illusion simple soient suivies de mort; mais lorsqu'elles accompagnent une autre affection et que la mort s'ensuit, on trouve dans certaines parties de l'encéphale des traces de foyers hémorragiques ainsi que de dégénérescence granulo-graisseuse des cellules cérébrales.

Les deux grandes hypothèses qui essayent d'interpréter les manifestations psychiques ou, en un seul mot, l'âme, sont l'hypothèse spiritualiste et l'hypothèse physiologique.

D'après l'hypothèse spiritualiste, le cerveau est le simple substratum de l'âme, son logement, et même sa prison ; l'âme est une substance spirituelle, simple, c'est-à-dire sans parties, distincte du cerveau, unie à lui à un moment donné, et devant le quitter au bout d'un certain laps de temps [1].

D'après l'hypothèse physiologique, le cerveau est un organe corporel, soumis aux mêmes conditions vitales que les autres organes corporels ; l'âme en est la fonction.

Avant de commencer la discussion des faits, rappelons l'invincible objection contre laquelle se brise, de prime abord, toute théorie spiritualiste : Jamais les spiritualistes n'ont fait la preuve expérimentale qu'un esprit existât indépendamment et en dehors de toute matière.

A priori, si la raison ne répugne pas à admettre, comme hypothèse possible, une substance spirituelle existant en dehors de toute matière, mais toutefois à la condition que l'hypothèse subira la vérification expérimentale, en revanche la raison ne peut imagi-

---

1. J'expose ici la théorie la plus logique et la plus sensée des théories spiritualistes, à savoir, celle de Platon. Quant à la moins logique et à la moins sensée, celle de Bossuet, « l'âme et le corps font un tout naturel », elle est exposée et discutée dans un chapitre ultérieur intitulé : L'âme et le cerveau font un Tout naturel.

ner ni comprendre comment une substance spirituelle peut être unie ou juxtaposée à une substance corporelle.

Cette objection insoluble étant écartée, passons à l'examen des cas morbides cités ci-dessus, et voyons quelle est celle des deux hypothèses qui les interprétera le mieux.

A. *L'interprétation des faits et l'hypothèse spiritualiste.* — Voici un homme qui, étant constipé, a des hallucinations ; comment expliquer ou même comprendre que l'âme, substance spirituelle logée dans le cerveau, ait le délire et voie des fantômes, en un mot, qu'elle perde son essence, à savoir, la raison, parce que certains résidus de la digestion séjournent dans le tube intestinal ? Cela est absolument incompréhensible ; c'est le comble de l'absurdité.

Cinquante grammes de sulfate de magnésie sont introduits dans l'intestin ; et voilà la substance spirituelle, logée dans le cerveau, qui recouvre ses perceptions exactes, ses idées raisonnables, en un seul mot, son essence. Nouveau phénomène non moins étrange que le premier ; aussi incompréhensible et aussi absurde.

B. *L'interprétation des faits et l'hypothèse physiologique.* — Il en est tout autrement dans la théorie de l'âme, fonction du cerveau.

Le séjour des matières fécales dans l'intestin amène un trouble dans la circulation du sang ; ce trouble se propage dans l'organe le plus sensible, à savoir, le cerveau. Le cerveau étant troublé matériellement par une hyperémie, sa fonction est nécessairement troublée; dans le cas particulier, ce trouble fonctionnel consiste en hallucinations.

Le sulfate de magnésie, en débarrassant l'intestin, rétablit le cours normal du sang. L'organe cerveau étant revenu à son état normal, sa fonction revient nécessairement à l'état normal; les hallucinations sont supprimées [1].

Le cas de l'académicien berlinois Nicolaï qui, en s'appliquant des sangsues au mollet, débarrasse son âme d'hallucinations, se discute de la même manière; les conclusions sont identiques à celles du cas précédent.

La même méthode d'examen critique est applicable à tous les cas sans exception.

Dans les deux cas précédents, les hallucinations n'étant que passagères, il est infiniment probable que les traces de l'hyperémie se sont promptement effacées. Il n'en est pas de même lorsque les hallucinations ont duré jusqu'au décès du malade, car la continuité du trouble fonctionnel jusqu'à la mort indique la continuité du désordre matériel de l'organe; or c'est précisément ce que l'autopsie des personnes décédées en état chronique d'hallucination a montré avec éclat ; le

---

[1]. Autre exemple : Un œuf de ténia se développe dans l'intestin d'un malade soigné par le docteur Ferrus; voilà l'âme du malade atteinte d'aliénation mentale.

Une décoction de racine de grenadier expulse le ténia de l'intestin; voilà l'âme qui recouvre le jugement, la raison, les qualités morales! (DAGONET, *Nouveau traité des Maladies mentales*, page 491.)

cerveau offre ici des traces d'hyperémie violente, là une dégénérescence granulo-graisseuse. Voilà une contre-épreuve nette et claire en faveur de la théorie de l'âme, fonction du cerveau.

II° Manie. — Dagonet résume ainsi les symptômes de la manie aiguë : « Tout indique chez le malade le trouble et le désordre; tout présente chez lui les caractères d'une surexcitation plus ou moins violente. La figure animée, les yeux étincelants, les cheveux en désordre, une insomnie opiniâtre; des idées incohérentes se déroulant automatiquement sans ordre et sans but; une loquacité intarissable, des impulsions violentes, de fausses sensations, des illusions et des hallucinations qui se jouent du malade et viennent augmenter ses souffrances; une irritabilité excessive qui peut aller jusqu'à la colère et à la frayeur; un besoin incessant de mouvement; l'instinct de la destruction, le mépris de toutes convenances et des règles les plus élémentaires de la décence; l'audace, l'effronterie, la grossièreté des manières et des habitudes; le désordre et la malpropreté dans la tenue extérieure; des cris, des chants, des hurlements; tels sont les symptômes habituels de la manie aiguë; ces caractères font du maniaque le type classique de l'aliéné. »

Le traitement hygiénique et pharmaceutique se compose de bains tièdes, de réfrigérants sur la tête, de purgatifs, d'opium, de quinquina et de fer.

Les guérisons de la manie aiguë s'élèvent aux deux tiers des malades.

Voici, comme exemple général, la description anatomique du cerveau d'une femme qui, après avoir eu plusieurs accès de manie, fut emportée à l'âge de 58 ans par des phénomènes de congestion encéphalique de manie aiguë : « Toutes les régions du cerveau sont plus ou moins le siège d'une violente hyperémie ; le corps strié est parcouru par des vaisseaux très dilatés ; l'écorce présente des dilatations vasculaires très significatives. Du côté de l'insula, l'écorce a pris une coloration jaunâtre qui annonce la dégénérescence de tous les éléments nerveux de cette région. La substance blanche est pareillement associée au mouvement fluxionnaire général et présente des stries vasculaires très accentuées [1]. »

A. *L'interprétation des faits et l'hypothèse spiritualiste.* — Il est inexplicable et incompréhensible que l'âme, substance spirituelle logée dans le cerveau, soit frappée de manie aiguë par un afflux de sang ; puis, que cette même substance immatérielle et sans parties soit nettoyée de sa manie aiguë par des purgatifs, par de l'opium, du quinquina et du fer, introduits dans l'estomac et dans l'intestin ; enfin, par des bains tièdes où le corps, sauf la tête, est plongé tout entier.

B. *L'interprétation des faits et l'hypothèse physiologique.* — Au contraire, dans la théorie de l'âme, fonction du cerveau, on comprend et on explique très bien comment une congestion troublant matériellement

---

[1]. Luys, *Traité des maladies mentales,* planche V.

la substance cérébrale amène consécutivement le trouble de la fonction ; comment les bains tièdes et l'opium en calmant l'agitation nerveuse ; comment les purgatifs en supprimant la constipation ; comment le quinquina et le fer en aidant à la réparation du système musculaire affaibli, suppriment l'hyperémie et rendent au sang son cours ordinaire. Le cerveau étant revenu à son état normal, sa fonction psychique reprend naturellement son état normal.

III° Lypémanie. — Les passions dépressives jouent dans la lypémanie un rôle important. La crainte avec tous ses degrés et toutes ses nuances, le soupçon, la haine, la méfiance poussée à ses dernières limites, tels sont les sentiments pénibles dans lesquels ne cessent de s'entretenir les lypémaniaques.

Le traitement de la lypémanie est le même que celui de la manie ; on y ajoute parfois les révulsifs cutanés, les bains sinapisés, les courants électriques, surtout dans les cas de dépression profonde.

La lypémanie se termine par la guérison chez le tiers environ des malades. A l'autopsie, on trouve souvent les deux hémisphères cérébraux complètement exsangues. Lorsque la lypémanie a eu le caractère anxieux, on trouve, en outre, des traces d'hyperémie dans d'autres parties du cerveau, entre autres, sur la surface interne des couches optiques et du troisième ventricule. Cette ischémie et cette hyperémie simultanées sont en concordance complète avec le double caractère de la lypémanie dite anxieuse.

La discussion des faits concernant la lypémanie

se conduit avec la même méthode et aboutit aux mêmes conclusions que la discussion relative aux hallucinations et à la manie aiguë. Rien n'est compréhensible ni explicable avec l'hypothèse de l'âme, substance spirituelle logée dans le cerveau; tout se comprend et s'explique avec la théorie de l'âme, fonction du cerveau.

IV° PARALYSIE GÉNÉRALE DES ALIÉNÉS. — La perturbation mentale qui caractérise la paralysie générale des aliénés est le délire ambitieux, délire des grandeurs et des richesses. Précurseur de la paralysie générale, le délire ambitieux se manifeste le plus souvent à la suite des congestions cérébrales.

La paralysie générale est incurable.

L'état anatomique du cerveau présente toutes les altérations dont nous avons donné l'énumération à la page 210.

« L'atrophie du cerveau, dit Dagonet, est proportionnelle à la dégradation de l'intelligence. Elle se révèle non seulement par des pesées de l'organe, mais encore par l'aspect même des circonvolutions, qui sont minces, amaigries; les anfractuosités sont moins profondes et réduites à l'état de sillons remplis de sérosité. »

La désorganisation progressive de la substance cérébrale produit la dissolution graduelle des facultés intellectuelles et morales; avec la désorganisation finale de l'organe s'éteint radicalement la fonction psychique. Tous ces faits sont conformes à la théorie de l'âme, fonction du cerveau.

V° DÉMENCE. — La démence est incurable. Dans le cerveau des déments, on trouve tous les désordres que peut présenter l'aliénation. Mais ce qui caractérise anatomiquement la démence, c'est l'atrophie considérable du cerveau. Cette atrophie affecte d'abord la substance corticale des circonvolutions et s'étend ensuite à la substance blanche. La cause histologique est la dégénérescence graisseuse des cellules, des tubes, des capillaires et de la substance nerveuse. D'une manière générale, le degré de la démence est proportionnel au degré de l'atrophie du cerveau.

La netteté et la clarté de ces faits, qui montrent d'une manière saisissante la dégradation croissante de l'âme accompagnant constamment la dégradation croissante du cerveau, rendent inutile toute discussion.

II. — L'alcoolisme.

I° ACTION PHYSIOLOGIQUE DE L'ALCOOL. — Ingéré dans l'estomac, l'alcool se retrouve en nature dans le sang et dans les tissus, mais en proportions inégales ; si l'on représente par 1 la quantité d'alcool contenue dans le sang, le foie en contiendra 1,5, et le cerveau, près de 2. Cette aptitude singulière du tissu nerveux explique pleinement les désordres profonds des fonctions de l'encéphale chez les sujets qui abusent des boissons fermentées.

II° MÉCANISME DE L'ACTION DE L'ALCOOL. — L'alcool agit sur le système nerveux :

1° Par les modifications particulières qu'il apporte

à la circulation cérébrale, hyperémie d'abord, puis ischémie ;

2° Par une action directe sur les éléments nerveux eux-mêmes ; car l'alcool s'emmagasine dans la substance cérébrale et l'imprègne.

L'hyperémie correspond à la période d'excitation chez les alcooliques ; et l'ischémie, à la période d'insensibilité et de résolution.

Les phénomènes initiaux de l'intoxication alcoolique sont les troubles de l'intelligence et l'incertitude du mouvement, ce qui indique que le cerveau et le cervelet sont atteints tout d'abord ; les mouvements respiratoires s'affectent en dernier lieu.

III° ALTÉRATIONS DE LA FONCTION DU CERVEAU. — Les altérations de l'organe cérébral amènent les altérations suivantes des fonctions : troubles de la sensibilité, troubles de la motilité, troubles intellectuels et moraux.

1° *Troubles de la sensibilité.* — Chez les alcooliques, on trouve les fourmillements, les douleurs fulgurantes, une sensation de vermine ou de poux répandus à la surface du corps, qui porte les malades à retirer sans cesse leurs vêtements pour les secouer.

Dans les accès d'alcoolisme aigu, le malade voit tout à coup apparaître devant lui des animaux qui cherchent à le mordre, ou bien des rats et des souris qui grimpent à ses jambes, etc.

Il a également des hallucinations de l'ouïe, du goût et de l'odorat.

2° *Troubles de la motilité.* — Le tremblement est le

premier trouble qui se manifeste au début de l'intoxication alcoolique; il est également un de ceux qui persistent le plus longtemps. Il a pour siège les mains, les doigts surtout, la langue, les lèvres, etc.

3º *Troubles intellectuels et moraux*. — C'est au point de vue moral surtout que l'alcoolisme frappe l'homme d'une dégradation caractéristique. L'individu devient méchant, irritable, violent : il frappe ceux qui l'entourent, sa femme, ses enfants, etc.

Les excès alcooliques conduisent à l'aliénation mentale et à toutes les formes de l'aliénation : manie, folie impulsive, lypémanie, paralysie générale, démence.

Le délire impulsif est l'une des manifestations prédominantes de l'accès d'alcoolisme aigu; on voit alors le malade dominé par des idées de suicide qui peuvent le rendre extrêmement dangereux. C'est un délire transitoire dont la cause spéciale est l'irritation déterminée par la présence de l'alcool sur la substance cérébrale. Voici un exemple typique de folie impulsive : Une femme éprouvait, dès qu'elle avait bu, un désir irrésistible de mettre le feu à quelque maison. Une fois l'ivresse passée, elle avait horreur d'elle-même. Nonobstant, elle n'avait pas commis ainsi moins de quatorze incendies.

L'ivresse se termine habituellement par un sommeil profond, pendant lequel se manifeste une transpiration abondante. Ce sommeil peut se prolonger 16, 24, et même 48 heures dans les cas graves. Au réveil, le malade est guéri.

Les faits que fournit l'alcoolisme peuvent être

comptés parmi les plus nets et les plus décisifs relativement au problème de l'âme, fonction du cerveau. Voici un homme possédant dans leur plénitude toutes ses facultés intellectuelles et morales. Il introduit dans son estomac quelques centaines de grammes d'alcool; l'alcool congestionne d'abord le cerveau, puis imprègne la substance cérébrale elle-même. Au fur et à mesure que les perturbations envahissent l'organe, les fonctions psychiques se troublent; la mémoire diminue et s'éteint, la raison s'éclipse, les sens perçoivent des choses qui n'existent pas; le caractère moral change; sensibilité, intelligence, volonté, moralité, en un seul mot, l'Ame est troublée.

Au fur et à mesure que l'alcool s'élimine et laisse le cerveau revenir à son état normal, les hallucinations disparaissent, la mémoire et la conscience reviennent, les qualités morales et la raison sont recouvrées, en un seul mot, l'Ame a repris son état normal.

L'exemple de la femme poussée fatalement à l'incendie tant que l'alcool imbibe son cerveau ; puis, qui reprend sa conscience, sa raison et sa moralité aussitôt que l'alcool a évacué la substance cérébrale, donne à la démonstration une forme particulièrement saisissante.

III. — L'idiotie et le crétinisme.

1º L'IDIOTIE. — On sait avec une certitude absolue qu'au dessous de 900 grammes (d'après Gratiolet) le cerveau a une fonction à peu près nulle : l'homme est idiot.

D'après Broca, la limite minimum serait de 1,049 grammes pour les hommes, et de 907 grammes pour les femmes.

On sait avec une quasi-certitude que le développement des circonvolutions et la profondeur de leurs anfractuosités se lient étroitement au développement de l'intelligence.

Le mécanisme principal de l'idiotie est l'ossification prématurée des sutures du crâne chez les enfants nouveau-nés. En général, chez l'homme doué d'intelligence, la réunion des sutures est tardive, et le cerveau est susceptible d'un accroissement lent et continu. Chez l'idiot, les sutures se réunissent trop vite et d'une manière tellement intime que le plus souvent la trace de leur existence n'est décelée que par une ligne flexueuse. Par suite de l'ossification prématurée, le crâne s'est trouvé fortement entravé dans son développement ou a cessé de s'accroître dans ses parties. Consécutivement les centres nerveux renfermés dans la cavité crânienne se trouvent aussi entravés dans leur développement; la circulation s'y fait difficilement; la stupidité et l'idiotie se prononcent de plus en plus irrémédiablement.

Parmi les autres causes physiques ou physiologiques, il faut compter les coups sur la tête, d'où l'inflammation et ses suites funestes; la procréation des enfants par des parents alcooliques ou en simple état d'ivresse. Ce fait explique comment dans certaines familles on trouve, issus des mêmes auteurs, à la fois des enfants intelligents et des enfants idiots, épileptiques, aliénés, etc. Cette anomalie provient de l'état physiologique où se trouvaient les parents au moment de la procréation.

L'idiotie, provenant d'un état congénital, est une infirmité incurable.

II° LE CRÉTINISME. — Les facultés physiques, intellectuelles et morales présentent des différences prononcées selon le degré de crétinisme. De même que la dégradation physique peut descendre jusqu'à l'abrutissement, de même la faiblesse intellectuelle peut aller de l'imbécillité à l'idiotie absolue. La portée de l'intelligence des crétins complets est à peine comparable à celle d'un enfant de quelques mois.

Les causes générales du crétinisme sont les suivantes : l'insalubrité de l'habitat, l'insalubrité des eaux potables, l'insalubrité des parents ; car le crétinisme, comme l'idiotie, est dû souvent à ce fait que les enfants ont été procréés par des parents alcooliques, scrofuleux, etc.

Les moyens de préserver les hommes du crétinisme sont indiqués par le genre même des causes qui l'engendrent. Ce sont :

1° *Assainissement de l'habitat*. — Habitations aérées, exposées au soleil ; drainage des eaux stagnantes, etc. Depuis qu'on a établi des routes dans la Tarentaise et dans la Maurienne, le crétinisme ne s'y observe plus que dans les localités écartées.

2° *Assainissement des eaux potables*. — Il faut débarrasser les eaux du sulfate de chaux ou de magnésie et des principes organiques qu'elles contiennent en dissolution. L'iode est le correctif des eaux sulfatées.

3° *Assainissement des parents.* — Inutile d'insister sur ce point. On peut ajouter toutefois que marier deux jeunes gens dont l'organisme est atteint de quelque vice constitutionnel, c'est commettre un véritable crime contre l'Humanité.

Les faits qui engendrent l'idiotie et le crétinisme et les moyens qui guérissent ces affections sont incompréhensibles et inexplicables dans l'hypothèse spiritualiste. En effet :

1° Si l'âme est une substance spirituelle logée dans le cerveau, en quoi doit-elle se soucier, elle qui n'est pas étendue, que le cerveau, son logement, soit plus ou moins étendu ; que les circonvolutions en soient plus riches en profondeur ? Il est impossible de comprendre pourquoi une substance immatérielle, absolument dénuée de parties, ne siégerait pas aussi bien dans 1 gramme que dans 1,300 grammes de matière.

Dans la théorie de l'âme, fonction du cerveau, les faits se comprennent et s'expliquent aisément. La loi qui régit le rapport du cerveau et de sa fonction est celle même qui régit le rapport des autres organes et de leurs fonctions ; il existe pour tous les organes une limite minimum de croissance et de santé au-dessous de laquelle la fonction ne peut s'accomplir.

2° Comment comprendre et expliquer dans l'hypothèse spiritualiste les faits relatifs à la guérison du crétinisme ? Voici dans un village nombre d'âmes atteintes de crétinisme ; ces substances spirituelles ont perdu intelligence, conscience, moralité. Survient un ingénieur qui établit des routes, creuse des rigoles d'écoulement, perce des fenêtres aux maisons ; et voilà les substances spirituelles assurées de conserver désormais l'intelligence, la conscience, la moralité !

Dans la théorie de l'âme, fonction du cerveau, tout se comprend et s'explique. Les mauvaises conditions hygiéniques altèrent la santé du corps entier et surtout celle de la substance cérébrale ; l'altération de la substance cérébrale entraîne nécessairement l'altération de sa fonction. Une fois les mauvaises conditions hygiéniques supprimées, la substance cérébrale, comme le corps entier, reprend la santé ; la santé de l'organe est suivie naturellement de la santé de la fonction. Là, ainsi que dans tous les cas possibles, le cerveau et sa fonction obéissent à la même loi que les autres organes corporels et leurs fonctions respectives.

IV. — Conclusion de la première Section.

De l'examen des faits qui concernent l'aliénation mentale, l'alcoolisme, l'idiotie et le crétinisme, il résulte :

1° Que l'hypothèse de l'âme, substance spirituelle siégeant dans le cerveau, est absolument impuissante à rien faire comprendre et à rien expliquer ;

2° Que l'hypothèse de l'âme, fonction du cerveau, explique tout et fait tout comprendre.

L'irréfragable conclusion est la suivante : L'âme est la fonction générale du cerveau.

Seconde Section. — Localisations cérébrales.

Pour tous les physiologistes, le problème de l'âme, fonction du cerveau, est résolu. Un autre problème s'est posé : L'âme pense, se souvient, veut et fait mouvoir les organes de la vie de relation ; ces diverses facultés constituent-elles une fonction indivisible du cerveau tout entier, ou bien sont-elles localisées chacune dans un centre particulier ?

D'abord on crut, d'après certaines expériences, reconnaître que les facultés de l'âme appartenaient indivisiblement à la substance cérébrale entière. Aujourd'hui il n'est plus possible de soutenir cette thèse.

En 1870, deux physiologistes allemands, Fritsch et Hitzig, remarquèrent qu'un courant électrique promené sur certaines zones de l'écorce grise cérébrale provoquait des mouvements. Ces premiers résultats devinrent le point de départ de recherches nouvelles en France, en Angleterre et en Allemagne. Le principe des localisations cérébrales fut mis hors de doute.

Quel est le mode de la localisation ? La localisation des opérations cérébrales correspond-elle à des îlots corticaux topographiquement séparés ? Ou bien correspond-elle à des mécanismes distincts de cellules et de fibres, lesquels mécanismes existeraient d'une manière plus ou moins diffuse et entremêlée ? Il semble que ce soit le second mode d'arrangement qui soit le vrai mode de localisation [1].

1. Il n'est pas étonnant qu'en une matière aussi difficile il y

Les recherches les plus remarquables sont dues au docteur anglais Ferrier. C'est en 1875 qu'il fit sa première communication touchant les centres perceptifs à la Société royale de Londres. Dans ses expériences, Ferrier plaçait à côté du singe lésé un autre singe intact, qui servait de terme de comparaison. C'est en suivant cette méthode expérimentale que Ferrier détermina un centre perceptif de la vue, un centre perceptif de l'ouïe, un centre de l'odorat, du goût, enfin, un centre perceptif du toucher.

Quant au centre moteur du langage articulé, il avait été déterminé avec précision par Broca dès 1861. Broca, en effet, avait observé que tous les aphasiques présentaient une lésion de la partie postérieure de la troisième circonvolution frontale, et, pour mieux préciser encore, dans le pli sourcilier.

Aujourd'hui le mot *Aphasie*[1] est devenu un nom général qui embrasse les quatre faits suivants :

1° Perte de la mémoire auditive des mots parlés; cette perte a reçu le nom de *Surdité verbale;*

2° Perte de la mémoire visuelle des mots écrits; cette perte a reçu le nom de *Cécité verbale;*

3° Perte de la mémoire motrice des mots parlés;

---

ait des dissentiments sur les limites des centres moteurs; ce sera l'œuvre de l'avenir de dissiper ces obscurités. Mais, au point de vue du problème philosophique, à savoir, la détermination de la nature de l'âme, il importe peu de connaître les confins exacts des centres; il suffit qu'il y ait des îlots affectés aux fonctions particulières qui composent la fonction générale du cerveau.

1. *Aphasie* vient du grec ἀ privatif et φάσις *mot*, perte de l'usage des mots écrits ou parlés.

cette perte reçoit aujourd'hui le nom d'*Aphémie*[1], que Broca lui avait primitivement donné.

4° Perte de la mémoire motrice des mots écrits; cette perte a reçu le nom d'*Agraphie*[2].

Pour perdre la mémoire auditive des mots parlés et la mémoire visuelle des mots écrits, il est nécessaire que les perceptions auditives et les perceptions visuelles se soient emmagasinées respectivement dans un centre perceptif. Il y a donc un centre général pour les perceptions auditives, et un centre général pour les perceptions visuelles.

Pour perdre la mémoire motrice des mots parlés et celle des mots écrits autrement dit du langage articulé et de l'écriture, il est nécessaire que la science acquise des mouvements coordonnés qu'exige la prononciation des mots d'une part, et l'écriture d'autre part, soit inscrite et emmagasinée dans deux centres distincts. Il y a donc un centre général pour la coordination des mouvements qu'exige le langage articulé, et un centre général pour la coordination des mouvements qu'exige l'écriture [3].

I. — Faits pathologiques attestant l'existence d'un centre général pour les perceptions auditives et d'un centre général pour les perceptions visuelles.

Premier type d'Aphasie : Perte de la mémoire

---

1. *Aphémie* vient du grec ἀ privatif et φήμη *parole*, perte de l'usage du langage articulé.
2. *Agraphie* vient du grec ἀ privatif et γραφή *écriture*, perte de l'usage de l'écriture.
3. La description qui va suivre des quatre types d'aphasie

AUDITIVE DES MOTS PARLÉS OU SURDITÉ VERBALE. — Le malade, frappé le plus souvent d'une attaque d'apoplexie, s'est relativement bien rétabli, quant à la paralysie; mais d'après l'appréciation de ceux qui l'entourent, il semble resté sourd et idiot, car il répond de travers aux questions qu'on lui pose, il ne comprend pas la conversation. Cependant un examen attentif et méthodique montre qu'il n'est ni sourd ni idiot. Il n'est pas sourd, car il se retourne au bruit d'une porte qu'on ouvre, d'une fenêtre que fait battre le vent, et même au bruit léger d'une épingle qu'on laisse tomber sur le parquet. Après avoir répondu de travers à diverses questions, il voit très bien que ses réponses ne sont pas satisfaisantes; il s'impatiente : « Je ne sais pas ce que vous me dites, s'écrie-t-il; que dites-vous? Je ne vous comprends pas; guérissez-moi. » Il n'est donc pas idiot. Et, en effet, s'il répond de travers à une question, c'est fort correctement qu'il s'exprime lorsqu'il parle spontanément, lorsqu'il exprime ses propres idées. De plus, il lit l'écriture et répond d'une manière toute normale aux questions qu'on lui pose par écrit; il lit les journaux, les romans; il joue aux échecs et gagne son adversaire. Donc ce sujet n'est ni sourd ni idiot. Il parle, il lit, il écrit. Que lui manque-t-il donc?

Il lui manque de comprendre le langage parlé.

est empruntée à une remarquable conférence faite à la Société d'Anthropologie par M. Mathias Duval. Le savant professeur a, sous forme de portraits, résumé tous les cas pathologiques qui se rattachent respectivement à chacun des types.

Quand il entend parler sa langue maternelle, c'est comme s'il entendait une langue étrangère complètement inconnue de lui. Cette langue maternelle, il l'avait apprise peu à peu, comme nous tous, par une éducation lente, c'est-à-dire qu'il avait peu à peu appris à retenir et à reconnaître la valeur conventionnelle des sons de la parole. Les images auditives, les résidus des impressions auditives verbales s'étaient peu à peu emmagasinés dans son cerveau. Ce qui lui manque aujourd'hui, c'est tout ce qu'il avait acquis à cet égard : il a perdu la mémoire auditive verbale. Il n'est pas sourd, à proprement parler; mais il est sourd pour le sens des articulations de la parole : il est frappé de *surdité verbale*.

Il y a donc une faculté qui consiste dans la mémoire des sons du langage, dans la mémoire auditive verbale. Cette faculté peut être lésée, supprimée par une affection cérébrale, alors que toutes les autres sont conservées. Elle a donc probablement un organe cérébral bien distinct, c'est-à-dire une localisation bien précise, dans une circonvolution particulière. En effet, l'autopsie d'un semblable malade montre toujours la même lésion; c'est la *première circonvolution temporale* de l'hémisphère gauche qui est atteinte. Cette circonvolution est donc l'organe de la mémoire auditive verbale.

Deuxième type d'Aphasie : PERTE DE LA MÉMOIRE DES MOTS ÉCRITS OU CÉCITÉ VERBALE. — Un sujet est frappé d'apoplexie dans le cerveau gauche, d'où paralysie des membres droits. Mais la paralysie a rapidement disparu ; le malade se rétablit ; il se lève au bout de trois semaines, ne présentant aucun trouble de la parole ni de l'audition ; il paraît complètement normal. C'est un commerçant, il songe à ses affaires interrompues et, ne sortant pas encore, il veut envoyer un ordre par écrit relatif à ses affaires. Il prend la plume, la tient bien, écrit lisiblement. Croyant avoir oublié quelque chose dans sa lettre, il la reprend ; et alors se révèle dans son originalité presque fantastique le phénomène suivant : il avait pu écrire, mais il lui est impossible de relire son écriture. Impatienté, désireux de multiplier l'épreuve, il ouvre ses registres : il ne peut lire, il ne peut comprendre ce qui est écrit ; il prend un journal, mais l'imprimé est pour lui sans signification, aussi bien que l'écriture.

Ce malade entend et comprend le langage parlé : il n'a donc pas de surdité verbale. Il parle bien, ce n'est donc pas un aphémique. Chose remarquable, il écrit ; mais il écrit comme le fait chacun de nous dans l'obscurité, c'est-à-dire qu'il a conservé la mémoire des mouvements de la main dans l'écriture. Il peut ainsi signer correctement son nom ; mais quand il regarde sa signature, il ne la reconnaît pas ; il sait que c'est son nom qu'il vient de tracer lui-même, mais il est incapable de le distinguer visuellement d'un autre nom ; les lettres qui composent ce nom sont, dans leur forme visuelle et leur association visuelle, des signes aussi indéchiffrables que le serait une écriture chinoise ou toute autre dont il n'aurait jamais eu connaissance; et de même pour les caractères imprimés.

Qu'a donc perdu ce malade? Ce n'est ni la parole, ni l'audition des mots, ni les mouvements de l'écriture; il a perdu la connaissance visuelle des signes écrits ou imprimés du langage. Cette connaissance, il l'avait acquise peu à peu en apprenant à lire et à écrire. Il avait emmagasiné dans son cerveau le souvenir, les images visuelles des lettres, de façon à les retenir et à les reconnaître, en même temps qu'il emmagasinait le souvenir des mouvements de l'écriture. Or, s'il a conservé la mémoire des mouvements de l'écriture, il a perdu ce qu'il avait acquis comme éducation par les yeux. Il ne sait plus lire, et cependant il voit les lettres. D'autre part, s'il peut écrire, c'est uniquement par la sensation des mouvements de la main, ainsi que nous le faisons dans l'obscurité; mais il est impuissant à copier de l'écriture, car pour copier il faut d'abord lire, or il ne peut plus lire; c'est exactement ce qui nous arrive lorsque, étant dans les ténèbres, nous voulons écrire. Il a donc perdu la mémoire visuelle des signes figurés de l'expression, la mémoire visuelle verbale. Il n'est pas aveugle, quoique nous le comparions, à certains égards, à l'état où nous nous trouvons quand nous sommes plongés dans l'obscurité; mais il est aveugle pour la valeur des signes figurés de l'expression verbale : il est frappé de *cécité verbale*. Ce mot résume tout son état, comme celui de « surdité verbale » résumait les troubles caractéristiques du type précédent.

Il y a donc une faculté qui consiste dans la mémoire des formes des lettres et des mots écrits ou imprimés. Cette faculté peut être lésée, supprimée par une affection cérébrale, alors que toutes les autres sont conservées. Elle a donc probablement un organe cérébral bien distinct, c'est-à-dire une localisation précise, dans une circonvolution particulière. C'est en effet ce que démontre l'autopsie [1]. Le siège de la mémoire visuelle des mots écrits est la *seconde circonvolution pariétale* de l'hémisphère gauche. Lorsque la seconde pariétale est lésée, le sujet perd la mémoire visuelle des signes de l'écriture : il y a *cécité verbale*.

II. — **Faits pathologiques attestant l'existence d'un centre moteur général pour le langage articulé et celle d'un centre moteur général pour les mouvements de l'écriture.**

Troisième type d'Aphasie : PERTE DE LA MÉMOIRE MOTRICE DES MOTS PARLÉS OU APHÉMIE. — Les malades aphasiques de ce type, le premier en date, qui fut observé et défini en 1861 par Broca, reçoivent aujourd'hui le nom d'aphémiques. Les aphémiques purs comprennent le langage parlé ; ils écrivent, lisent ; ils ont une mimique expressive, mais ils ne savent plus émettre les sons réguliers de la parole. Quelques mots, le plus souvent monosyllabiques, ou bien un juron familier, sont restés seuls à leur disposition ; ils s'en servent à tout propos, comme le fait un enfant qui n'a encore que quelques mots à sa dis-

1. Aujourd'hui on compte huit cas d'autopsie.

position. Le poète Baudelaire, devenu aphasique, ne pouvait dire que « cré nom ! »

Qu'ont donc perdu ces malades ? Ils ont perdu ce qu'ils avaient acquis dès la première éducation de leur enfance, à savoir, la mémoire des mouvements compliqués du larynx et de la langue dans l'expression verbale. Ils n'ont perdu ni la mémoire visuelle verbale, ni la mémoire auditive verbale ; ils ont perdu uniquement la mémoire motrice des mots parlés.

Il y a donc une faculté qui consiste dans la mémoire des mouvements du langage parlé, des mouvements verbaux ; cette faculté peut être lésée, supprimée par une affection cérébrale, alors que toutes les autres sont conservées. Cette faculté a un organe cérébral bien distinct, une localisation précise, dans une circonvolution particulière. Cet organe, découvert par Broca en 1861, est la *troisième circonvolution frontale* de l'hémisphère gauche (à l'endroit appelé le pli sourcilier). Cette circonvolution est donc le siège de la mémoire motrice des mots parlés ; sa lésion produit ce qu'on appela d'abord l'aphasie motrice et qu'aujourd'hui on nomme l'*Aphémie*.

Quatrième type d'Aphasie : Perte de la mémoire motrice des mots écrits ou Agraphie. — Un malade est frappé d'une hémiplégie droite, à la suite d'une lésion de l'hémisphère gauche. En peu de mois, il s'est remis. La parole est facile ; il peut lire aussi bien l'écriture que l'imprimé. Un seul trouble le préoccupe ; bien qu'il remue facilement sa main droite et s'en serve d'une manière normale pour s'habiller, manger, etc., cette main droite se refuse absolument à exécuter les mouvements de l'écriture. Quand on invite le malade à écrire, il prend plume ou crayon, les tient bien comme s'il allait pouvoir s'en servir; puis, quand on lui dicte un mot, il lui est impossible de tracer même une seule lettre. On lui a dit, par exemple, d'écrire « Bordeaux »; il déclare se rendre parfaitement compte mentalement des caractères qu'il faudrait tracer, et il épèle les lettres du mot. Il montre sans erreur ces lettres dans un journal; mais il lui est impossible de les écrire. Ainsi ce malade n'est pas aphémique, puisqu'il parle; il n'a ni la surdité verbale ni la cécité verbale, puisqu'il comprend les mots entendus et qu'il reconnaît les lettres écrites; c'est un autre élément de l'expression qui lui manque. Il avait autrefois appris à écrire; il avait emmagasiné dans sa mémoire le souvenir des mouvements de la main droite dans l'écriture; le souvenir de ces mouvements est précisément ce que notre malade a perdu. Il a oublié les mouvements de l'écriture; il est comme une personne qui n'aurait jamais appris à écrire.

L'étude attentive du malade révèle des détails qui précisent bien la nature de ce qu'il a perdu. Ainsi il peut tenir plume et crayon et tracer des traits, de sorte qu'il peut plus ou moins dessiner, copier des traits. Aussi quand on lui présente un mot écrit, peut-il le copier; mais il le copie lentement, laborieusement, comme nous copierions un mot écrit en chinois ou en une langue dont nous ne saurions pas l'écriture. Quand on lui enlève le modèle et qu'on le prie de nouveau d'écrire le mot, il ne peut plus. Il ne sait que copier l'écriture, parce qu'alors il copie un dessin.

Fait plus net encore, quand on lui donne un modèle en caractères d'imprimerie, il ne le peut copier qu'en imitant le dessin des lettres imprimées ; il est impuissant à traduire en écriture cursive ce qu'il lit en texte d'impression.

Ce malade a donc perdu la mémoire coordinative des mouvements de l'écriture, la mémoire motrice des mots écrits ou mémoire motrice graphique ; il a conservé toutes les autres mémoires spéciales ; il est atteint d'aphasie de la main ; en un seul mot, d'*Agraphie*.

Il existe donc une faculté qui consiste dans la mémoire des mouvements coordonnés de la main et du membre supérieur droit pour l'écriture. Cette faculté peut être lésée, supprimée par une affection cérébrale, alors que toutes les autres sont conservées. Elle a donc probablement un organe cérébral bien distinct, c'est-à-dire une localisation particulière, dans une circonvolution particulière. Cette circonvolution est la *seconde circonvolution frontale* de l'hémisphère gauche ; la lésion de son pied produit l'agraphie [1].

Fait remarquable, un droitier frappé d'agraphie ne

---

[1]. Il n'y a pas encore eu d'autopsie pour un cas d'agraphie pure ; c'est par l'élimination des lésions se rapportant aux autres faits aphasiques qui accompagnaient l'agraphie, c'est par cette méthode qu'on est arrivé à la détermination ci-dessus indiquée.

peut plus désormais écrire de la main droite parce que la 2ᵉ frontale gauche est lésée ; mais il peut apprendre à écrire de la main gauche parce que le souvenir des mouvements coordonnés de l'écriture de la main gauche s'inscrit et s'emmagasine dans la 2ᵉ frontale droite, laquelle est saine ; c'est alors la 2ᵉ frontale droite qui devient le siège de la mémoire motrice des mots écrits.

En comparant les quatre types d'aphasie ainsi que les circonvolutions qui en sont le siège, on note ce fait intéressant :

1° La mémoire auditive des mots parlés et la mémoire visuelle des mots écrits sont des mémoires de perceptions ; elles ont leur siège chacune dans une circonvolution située à la partie postérieure du cerveau, c'est-à-dire à celle qui est en arrière du sillon de Rolando ; la partie postérieure semble donc se composer de centres perceptifs.

2° La mémoire motrice des mots parlés et la mémoire motrice des mots écrits ont leur siège chacune dans une circonvolution située à la partie antérieure du cerveau, c'est-à-dire à celle qui est en avant du sillon de Rolando ; la partie antérieure du cerveau semble donc se composer de centres moteurs.

III. — **Faits pathologiques attestant que les centres perceptifs généraux se subdivisent en centres perceptifs partiels.**

1° *Perte de la mémoire des figures.* — Un savant remarquable, dit Carpenter, que je connaissais très intimement, perdit la mémoire des figures : il avait 70 ans. Je le rencontrai un jour chez l'un de nos plus anciens amis. Il ne me reconnut pas, et il ne le fit pas davantage quand nous fûmes hors de la maison. Sa mémoire alla toujours en diminuant ; il mourut d'une attaque d'apoplexie.

2° *Perte de la musique.* — Un enfant, après s'être violemment heurté la tête, resta trois jours inconscient. En revenant à lui, dit Carpenter, il avait oublié tout ce qu'il savait de musique. Rien autre n'avait été perdu.

3° *Perte de tous les nombres.* — Les cas de perte de tous les nombres à la suite de lésions cérébrales se sont fréquemment présentés. Un froid excessif peut produire le même effet. Un voyageur longtemps exposé au froid éprouva un grand affaiblissement de la mémoire. Il ne pouvait plus calculer de lui-même, ni retenir pendant une minute le moindre calcul.

4° *Perte de deux nombres seulement.* — Forbes Winslow raconte le fait suivant : Un soldat ayant subi l'opération du trépan perdit quelques portions de sa substance cérébrale. On s'aperçut quelque temps après qu'il avait oublié les nombres 5 et 7 ; et cela seulement. Au bout de quelque temps, il recouvra la mémoire de ces deux nombres.

5° *Perte d'une langue étrangère.* — Un des amis du docteur Beattie ayant reçu un coup sur la tête perdit tout ce qu'il savait de grec. Sa mémoire n'avait souffert en aucune façon sur les autres connaissances.

6° *Perte de tous les substantifs.* — Une malade,

dans le service de M. Dagonet, avait perdu le nom des objets qu'elle désignait tous par le mot chose.

7° *Perte de plusieurs lettres de l'alphabet.* — Un étudiant de Dublin, très instruit, à la suite d'une attaque d'apoplexie, devint incapable de prononcer les lettres suivantes de l'alphabet : k, q, u, v, w, x, z. L'étudiant plus tard a guéri.

8° *Perte d'une seule lettre.* — Un homme très instruit, dit Winslow, après une attaque de fièvre aiguë, perdit absolument la connaissance de la lettre f.

Madame C..., à la suite d'attaques épileptiformes, fut atteinte d'une hémiplégie. Le docteur Ch. Bastian, qui l'a soignée, constata qu'elle avait perdu la connaissance de la lettre m.

IV. — Thérapeutique fondée sur la connaissance des localisations cérébrales.

En éclairant le diagnostic des médecins, la connaissance des localisations cérébrales contribue aux progrès de l'art de guérir. C'est, fondée sur elle, que la trépanation a déjà pu être appliquée de la manière la plus heureuse dans certains cas où le malade semblait voué à une mort certaine. En voici un exemple pris pour type :

Berchon, âgé de dix-huit ans, entre à l'hôpital de Mascara (Algérie) le 18 juillet 1875 ; il avait une plaie du crâne provenant d'un coup de feu reçu quatorze jours auparavant. « L'état du blessé présente les désordres les plus graves : à gauche, prolapsus de la paupière supérieure, dilatation de la pupille avec strabisme interne ; à droite, paralysie du côté droit de la face. La déglutition se fait avec peine ; le malade ne peut tirer la langue hors de sa bouche ; hémiplégie complète du côté droit, sensibilité abolie. Quand on demande au malade quel est son âge, il répond : Dix-huit jours. Quand on l'interroge sur sa famille, sur le nombre de ses frères, il répond qu'il en a sept, et il continue de répondre « sept » à toutes les autres questions. Pas de fièvre. L'opération du trépan est décidée et faite le lendemain par le docteur Marvaud. La dure-mère est mise à nu, et trois esquilles sont retirées. Quelques instants après, le malade ouvrait l'œil gauche ; la main droite paralysée exécute des mouvements, l'élocution devient plus facile. Le 10 août, la plaie est fermée ; la physionomie a repris l'expression normale ; les réponses sont lentes, mais justes. La sensibilité et la motilité ont reparu dans le bras droit. Dans le courant de novembre, la guérison est complète [1]. »

Ainsi, la fonction psychique du cerveau se rétablit au fur et à mesure que la substance cérébrale se débarrasse des esquilles ou des exsudats séreux qui la compriment et l'irritent ; la démonstration est nette et saisissante.

Dans l'hypothèse d'une substance spirituelle qui, étant une et indivisible, n'a pas de parties, l'interprétation des localisations cérébrales est absolument impossible.

1. Gavoy, Atlas des localisations cérébrales, page 160.

Au point de vue de l'âme, fonction du cerveau, les faits pathologiques ci-dessus énoncés nous fournissent deux données d'une importance capitale :

1° Il existe dans le cerveau des centres perceptifs et des centres moteurs généraux à la fois autonomes et solidaires;

2ª Ces centres généraux se subdivisent eux-mêmes en centres partiels dont la science n'a pas encore déterminé la topographie, mais dont l'existence jaillit incontestablement de l'examen des faits pathologiques.

V. — Conclusion de la seconde Section.

Des deux faits constatés et acquis à la science, à savoir :

1° Existence de centres moteurs et de centres perceptifs généraux ;

2° Subdivision des centres généraux en centres partiels.

Il résulte que :

1° La fonction générale du cerveau n'a pas pour caractère essentiel l'unité simple ;

2° L'unité de la fonction générale du cerveau provient de l'association, du conflit et de la combinaison d'un certain nombre de fonctions particulières, qui sont les unités composantes de la fonction générale ; par conséquent cette unité est une résultante.

La conclusion définitive est donc la suivante :

La fonction générale du cerveau ou, en langage philosophique, l'*Ame est une résultante*.

CHAPITRE III.

LA MÉMOIRE.

I. — La Mémoire organique.

1° TOUTE IMPRESSION SUR UN CENTRE NERVEUX Y LAISSE UNE TRACE; CETTE TRACE EST FIXÉE PAR L'EXERCICE.

La Mémoire est une fonction du système nerveux :

1° Elle conserve les souvenirs; voilà son rôle passif;

2° Elle reproduit les souvenirs; voilà son rôle actif.

Le nombre approximatif des cellules nerveuses est de 600 milliers, d'après Meynert; de 1,200 millions, d'après Lionel Beale; le nombre des fibres est de 4 ou 5 milliards. Il est aisé de comprendre que, chaque cellule nerveuse dût-elle ne recevoir qu'une impression, le nombre en est assez grand pour suffire aux exigences de la vie entière d'un homme.

Toute impression sur un centre nerveux y laisse une trace; toute impression renouvelée occupe exactement les mêmes parties que l'impression primitive et de la même manière.

En quoi consiste cette modification nerveuse, il est impossible de le dire. Ni le microscope ni les réactifs dont nous disposons actuellement n'ont pu nous l'apprendre. Mais les faits nous démontrent que cette modification a lieu.

1° Un clairvoyant qui devient aveugle peut avoir

des hallucinations de la vue, parce que les centres nerveux optiques ont été modifiés antérieurement à la cécité survenue.

Un aveugle-né n'a jamais d'hallucinations de la vue, parce que ses centres optiques n'ont jamais subi de modifications visuelles.

2° Un homme devenu sourd, après avoir joui de l'audition, peut avoir des hallucinations de l'ouïe.

Un sourd-muet de naissance n'a jamais d'hallucinations de l'ouïe, parce que ses centres acoustiques n'ont jamais subi aucune modification.

Et ainsi pour les autres sens.

Les modifications nerveuses acquises sont fixées par l'exercice. C'est un fait d'expérience que par l'exercice répété nos membres acquièrent une grande facilité à exécuter un mouvement. Cette facilité, qu'on appelle vulgairement une habitude, est une véritable mémoire mécanique.

C'est un fait d'expérience que l'enfant qui veut marcher apprend à coordonner ses mouvements; il y parvient par l'exercice répété.

II° UNE MODIFICATION ACQUISE ET FIXÉE PAR L'EXERCICE EST DIFFICILEMENT REMPLACÉE PAR UNE AUTRE.

De même qu'un mouvement acquis et devenu automatique par l'habitude est difficilement remplacé par un autre, de même une modification nerveuse acquise et fixée par l'exercice est difficilement remplacée par une autre. Cela explique la difficulté qu'il y a à déraciner les jugements erronés qu'une longue pratique a fixés dans la mémoire.

III° LA MÉMOIRE N'EST PAS UNE FACULTÉ UNE ET INDÉPENDANTE; ELLE EST UNE COLLECTION DE MÉMOIRES LOCALES.

Le mot « la Mémoire » ne désigne pas une faculté une et simple; il est le nom collectif qui résume une multitude de mémoires particulières.

Les mémoires particulières ont chacune leur siège dans le système de cellules ou dans les centres nerveux qui ont reçu les impressions sensorielles.

Même ces mémoires particulières, soit de l'appareil optique, soit de l'appareil auditif, soit de tout autre appareil sensoriel, sont une collection de mémoires encore plus localisées.

Nous savons tous, par une expérience journalière, que dans la mémoire visuelle, par exemple, celui-ci se rappelle mieux les formes, celui-là les couleurs, un autre le modelé, et ainsi de suite; ce qui signifie que chez ces diverses personnes la supériorité de structure dans un des éléments anatomiques de l'appareil optique assure la prédominance de tel souvenir particulier.

Ce qui vient d'être dit de l'appareil optique peut l'être également des autres appareils sensoriaux, de sorte qu'au fond les genres de mémoires qui composent la Mémoire totale sont eux-mêmes la collection d'autres mémoires particulières; leur unité est elle-même une unité de collection; elle n'est pas plus simple que celle de la Mémoire totale.

IV° LES INÉGALITÉS DES MÉMOIRES LOCALES PROVIENNENT, SOIT D'UNE INÉGALITÉ CONSTITUTIONNELLE DES CENTRES

NERVEUX RESPECTIFS, SOIT DE L'EXERCICE OU ÉDUCATION
DONNÉE AUX SENS.

1° Une bonne mémoire sensorielle est en rapport connexe avec une bonne structure de l'appareil nerveux. Prenons pour exemple une bonne mémoire visuelle. Celle-ci a pour condition une bonne structure de l'œil, du nerf optique et des parties de l'encéphale qui concourent à l'acte de la vision, c'est-à-dire de certaines portions de la protubérance, des pédoncules, de la couche optique, des hémisphères cérébraux. Ces structures, par cela que nous les supposons supérieures à la moyenne, sont parfaitement adaptées à recevoir et à transmettre les impressions. Par suite, les modifications nerveuses doivent être plus stables, plus nettes, plus faciles à raviver que dans un autre cerveau. Par conséquent, dire qu'un organe visuel a une bonne constitution anatomique et physiologique, c'est dire qu'il présente les conditions d'une bonne mémoire visuelle.

Il en est de même du rapport entre les mémoires des autres sens et la structure des appareils nerveux : ce rapport est corrélatif de l'état de vigueur et de perfection de chacun des appareils.

2° Tout le monde sait que l'exercice développe et fortifie l'organe exercé. Le perfectionnement des sens par l'éducation est un fait tellement connu et admis qu'il est inutile d'insister sur ce point. Seulement il est bon de noter que l'éducation peut accroître la vigueur d'un organe, mais non le créer ; créer un bon organe est l'œuvre de la nature.

Il est aisé maintenant de comprendre que si telle personne a reçu de la nature un appareil meilleur, et si elle a fortifié et accru par l'exercice ce don naturel, cette personne l'emportera sur les autres dans les productions propres à cet appareil. Réciproquement; toute infériorité dans la structure et la condition d'un appareil produira une infériorité dans les fonctions correspondantes. Enfin on s'explique aisément comment, chez une même personne l'inégalité dans la constitution des divers centres nerveux produit l'inégalité dans les aptitudes ou les facultés de cette personne.

II. — La Mémoire psychique ou Mémoire consciente.

I° POUR QU'UNE ACTIVITÉ NERVEUSE PUISSE ÊTRE PERÇUE PAR L'AME, C'EST-A-DIRE ARRIVER A L'ÉTAT DE CONSCIENCE, IL FAUT QU'ELLE RÉALISE DEUX CONDITIONS, A SAVOIR, L'INTENSITÉ ET LA DURÉE.

1° *Intensité*. — Une activité nerveuse trop faible échappe à notre conscience. Nous ne percevons pas les sons trop faibles, les saveurs faibles, etc. Pour qu'une sensation soit perçue, il faut donc un certain degré d'intensité, qui du reste varie de personne à personne. On sait combien l'invention d'instruments perfectionnés diminue en faveur de nos sens le degré d'intensité nécessaire pour que les impressions soient perçues par l'âme. Exemples : Les télescopes pour la vue, le téléphone pour l'audition.

2° *Durée*. — Le minimum de durée des activités

nerveuses qui est nécessaire pour que les sensations soient perçues par l'âme et arrivent ainsi à l'état de conscience a été déterminé par les travaux des physiciens contemporains. Voici les chiffres approximatifs qu'ils ont trouvés :

A. Pour le son, un dixième et demi de seconde;

B. Pour le tact, deux dixièmes de seconde;

C. Pour la lumière, deux dixièmes de seconde.

Toute action nerveuse de chacun des sens qui n'a pas le minimum de durée n'éveille pas la conscience.

En résumé, les actions nerveuses qui n'atteignent pas le minimum d'intensité et le minimum de durée ne sont pas perçues par l'âme; elles forment le domaine de l'inconscient.

II° Lorsqu'une action nerveuse n'atteint pas le minimum d'intensité et le minimum de durée nécessaires pour qu'il y ait conscience, cette action nerveuse n'en existe pas moins; la modification imprimée aux centres nerveux est acquise.

Si le minimum d'intensité et de durée n'est pas atteint, il n'y a pas conscience, mais la modification survenue est acquise.

La phase psychique ou consciente ne vient pas à l'existence, mais la phase physiologique, qui est fondamentale, subsiste. Il n'est donc pas étonnant si plus tard on retrouve parfois les résultats de ce travail cérébral non parvenu primordialement à la conscience; c'est qu'en effet le travail cérébral s'accomplit, quoique rien ne l'ait constaté.

La cérébration inconsciente fait son œuvre sans

bruit jusqu'à ce que le travail achevé arrive à l'état de conscience, comme un mineur souterrain amène enfin sa galerie au jour. C'est ainsi que s'expliquent naturellement les faits suivants, lesquels sont inexplicables dans la vieille théorie psychologique :

1° *Les irruptions soudaines de souvenirs*, qui ne paraissent pas suscités par aucune association d'idées et qui nous surviennent à chaque instant dans la journée;

2° *Les leçons d'écoliers*, lues la veille et sues le lendemain, au réveil;

3° *Les problèmes*, longtemps ruminés, dont la solution jaillit brusquement dans la conscience;

4° *Les inventions* poétiques, scientifiques, mécaniques;

5° *Les sympathies* et *les antipathies* secrètes, dont le point de départ est une multitude de petites impressions nerveuses.

III° LE CARACTÈRE PROPRE DE LA MÉMOIRE PSYCHIQUE EST LA LOCALISATION DANS LE PASSÉ.

La localisation dans le temps peut avoir lieu d'abord de la manière suivante : Nous remontons d'une circonstance à une circonstance antérieure, de celle-ci à la précédente, et ainsi de suite jusqu'à ce que nous déterminions à quelle date précise a eu lieu le fait de mémoire.

Cette marche régressive qui passe par tous les intermédiaires ne peut se faire que pour les souvenirs peu éloignés. Lorsque le souvenir est dans le lointain, il est clair que l'esprit a besoin d'un procédé plus simple et plus expéditif pour localiser le souvenir dans le temps; ce procédé est le point de repère.

Le point de repère est un événement, un état de conscience, dont nous connaissons bien la position dans le temps; son éloignement, par rapport au moment actuel, nous sert à mesurer les autres éloignements.

Les points de repère ne sont pas choisis arbitrairement : ils s'imposent à nous; ils ont une valeur toute relative. Ils sont tels pour une heure, tels pour un jour, pour une semaine, pour un mois (par exemple, j'ai écrit une lettre à telle heure; je suis allé au théâtre tel jour; j'ai passé tel mois à la campagne); puis, mis hors d'usage, ils tombent dans l'oubli.

Ils ont en général un caractère purement individuel; quelques-uns cependant sont communs :

1° *A une famille :* par exemple, la naissance d'un enfant, le décès d'une personne, une fête anniversaire, etc.

2° *A une petite société :* par exemple, un banquet mensuel, etc.

3° *A une nation :* par exemple, la défaite de Sedan, la Commune de 1871, pour la nation française.

Les points de repère permettent de simplifier le mécanisme de la localisation. L'usage fréquent de ce point de repère fait que la localisation devient instantanée, automatique; c'est un cas analogue à la formation d'une habitude; les intermédiaires disparaissent, puisqu'ils sont inutiles. Il ne reste plus que deux termes, à savoir, le point de repère et le souvenir dont l'éloignement est mesuré d'après le point de repère. Sans ce procédé abréviatif, sans la disparition d'un nombre prodigieux de termes, la localisation dans le temps serait très longue, très pénible, restreinte à d'étroites limites.

Le mécanisme de la localisation dans le temps ressemble à celui par lequel nous localisons dans l'espace. Là, en effet, nous avons aussi des points de repère, des procédés abréviatifs, des distances parfaitement connues que nous employons comme unités de mesure.

En résumé, dans la plus haute forme de la mémoire, c'est-à-dire dans la mémoire consciente, il n'y a qu'une opération nouvelle, la localisation dans le temps.

IV° Vu LA FAIBLESSE DE LA NATURE HUMAINE, UNE DES CONDITIONS D'UNE BONNE MÉMOIRE PSYCHIQUE EST LA RENTRÉE A L'ÉTAT LATENT D'UN GRAND NOMBRE D'ÉTATS DE CONSCIENCE.

Si pour atteindre un souvenir lointain il nous fallait remonter la série entière des termes qui nous en séparent, la mémoire serait impossible à cause de la longueur de l'opération. Sans la rentrée à l'état latent d'un nombre prodigieux d'états de conscience, nous ne pourrions nous en souvenir. Au point de vue général, c'est-à-dire au point de vue de la faiblesse humaine, la rentrée dans l'état latent n'est pas une maladie de la mémoire, mais une condition de sa santé et de sa vie [1].

---

1. La rentrée dans l'état latent est ce que, dans l'ancienne théorie, on appelle l'oubli. L'oubli suppose à tort l'effacement

V° A LA SUITE D'EXERCICES RÉPÉTÉS ET CONTINUS, LA MÉMOIRE CONSCIENTE ÉVOLUE VERS LA MÉMOIRE INCONSCIENTE OU ORGANIQUE ET FINIT PAR SE PERDRE EN CELLE-CI.

C'est un fait que lorsque nous apprenons une langue, nous avons conscience des acquisitions que nous faisons; nous les localisons dans le temps (tel jour, à telle heure, j'ai étudié et appris ces déclinaisons, ces règles, etc.).

C'est un autre fait que par la répétition continue des mots et des phrases, notre esprit finit par agir automatiquement; il ne cherche plus les mots ni les phrases; les phrases et les mots viennent d'eux-mêmes; cela est vrai surtout de la langue maternelle. La mémoire consciente de nos acquisitions s'est évanouie et s'est perdue dans la mémoire organique. La localisation dans le temps a disparu parce qu'elle est inutile.

Ce qui est vrai des langues l'est également pour toute autre acquisition intellectuelle, soit mathématique, ou physique, etc. Par exemple, chez nous tous sans exception, la mémoire de la table de multiplication est devenue automatique; et cependant il est certain que cette mémoire a commencé par être consciente.

Il en est de même de la partie manuelle d'un art

---

absolu du souvenir; on sait par expérience qu'il est loin d'en être toujours ainsi. Il suffit qu'une personne étrangère vous dépeigne avec précision les détails et les circonstances du fait cru effacé, pour que celui-ci revive dans la mémoire : « C'est vrai, s'écrie-t-on, je l'avais oublié! » Le fait était donc simplement rentré dans l'état latent.

quelconque. L'habile musicien ne s'occupe pas de son doigté; le doigté est devenu automatique. Et cependant, au début, le musicien a eu conscience des places où il devait poser ses doigts. Et ainsi pour tout ouvrier rompu à son métier.

Il en est de même pour tous nos mouvements, ainsi que pour une multitude de jugements qui aujourd'hui sont automatiques. Au début de notre vie, mouvements et jugements ont été acquis et fixés peu à peu; ils étaient du domaine de la mémoire consciente. Ce qu'on appelle vulgairement *le sens commun* n'est pas autre chose qu'un groupe de jugements qui, par la répétition continue, sont tombés dans la mémoire purement organique.

Ce qu'on appelle un esprit borné, *un routinier*, est un homme qui, s'étant cantonné dans un champ intellectuel étroit, a répété si longtemps les mêmes actes mentaux que ces actes sont devenus automatiques. Chez le routinier, la mémoire psychique a presque entièrement disparu; il ne reste que la mémoire organique.

III. — Maladies temporaires de la Mémoire.

1º AMNÉSIE PASSAGÈRE ACCOMPAGNÉE D'AUTOMATISME CÉRÉBRAL. — Tous les cas suivants sont explicables par la théorie physiologique de la mémoire; pas un seul ne l'est par la théorie spiritualiste.

Un employé de bureau, sujet aux vertiges épileptiques, se retrouve à son pupitre, les idées un peu confuses, sans autre malaise. Il se souvient d'avoir commandé son dîner au restaurant; à partir de ce moment, tout souvenir lui fait défaut. Il revient au restaurant; il apprend qu'il a mangé, qu'il a payé, qu'il n'a pas paru indisposé, et qu'il s'est remis en marche vers son bureau. Cette absence avait duré trois quarts d'heure. Pendant ces trois quarts d'heure, l'accès de vertige épileptique avait enlevé à l'employé la conscience de ses actions, mais lui avait laissé l'automatisme cérébral.

II° AMNÉSIE DES ÉVÉNEMENTS D'UNE CERTAINE PÉRIODE DE TEMPS. — Une jeune femme mariée à un homme qu'elle aimait passionnément fut prise, en couches, d'une longue syncope. A son réveil, elle avait perdu la mémoire du temps qui s'était écoulé à partir de son mariage inclusivement. Elle se rappelait très exactement tout le reste de sa vie jusque-là. Elle repoussa avec effroi, dans les premiers instants, son mari et son enfant qu'on lui présentait. Depuis, elle n'a jamais pu recouvrer la mémoire de cette période de sa vie ni des événements qui l'ont accompagnée. Ses parents et ses amis sont parvenus, par raison et par l'autorité de leur témoignage, à lui persuader qu'elle est mariée et qu'elle a un fils. Elle les croit, parce qu'elle aime mieux penser qu'elle a perdu le souvenir d'une année que de les croire tous des imposteurs. Mais sa conviction, sa conscience intime n'y est pour rien. Elle voit là son mari et son enfant sans pouvoir s'imaginer par quelle magie elle a épousé l'un et donné le jour à l'autre [1].

1. Lettre de Charles Villiers à Cuvier, citée par RIBOT, *Maladies de la Mémoire*, page 62.

Ce cas s'explique de la manière suivante : Tous les faits à partir du mariage étaient localisés dans un certain nombre de cellules déterminées; le mal qui s'est traduit au dehors par une syncope a détruit ou endurci (peu importe le mot, la chose se comprend) pour jamais ces cellules déterminées. Toutes les autres cellules étant restées intactes, la mémoire de la jeune femme s'est retrouvée tout entière, sauf cette lacune d'une année, celle qui allait de son mariage à l'accouchement.

III° PERTE DE TOUTE LA MÉMOIRE PSYCHIQUE ET RÉÉDUCATION. — A la suite d'une commotion causée par une chute, un clergyman avait tout oublié. Quoique d'un âge mûr, il recommença sous des maîtres ses études anglaises et classiques. Au bout de quelques mois, sa mémoire revint graduellement, si bien que son esprit recouvra sa vigueur et sa culture ancienne.

IV° AMNÉSIE DES SIGNES. — Tout signe, soit parlé, soit écrit, par cela qu'il est devenu automatique, exige une modification acquise et fixée des fibres du mouvement, en deux mots, une mémoire motrice. D'habitude, l'amnésie des signes est de courte durée. Mais lorsqu'il survient des attaques successives d'apoplexie, l'amnésie prend une marche progressive. Voici dans quel ordre se font les extinctions :

1° *Les mots*, c'est-à-dire le langage de la raison;

2° *Les exclamations*, c'est-à-dire le langage émotionnel, selon l'expression de Max Müller;

3° En dernier lieu, mais rarement, *les gestes*.

Dans la marche progressive de l'amnésie totale,

les cas de guérison sont rares. En voici un dont l'observation est due au docteur Grasset : « Un homme fut atteint d'une impossibilité complète de traduire sa pensée, soit par la parole, soit par l'écriture, soit par les gestes. Dans les jours suivants, on vit reparaître successivement et peu à peu la faculté de se faire comprendre par gestes, puis par la parole et l'écriture.

V° Hypermnésie. — L'excitation extraordinaire de la mémoire, connue sous le nom d'hypermnésie, est due le plus souvent à des causes morbides, quelquefois à de fortes secousses morales. On a des exemples d'hypermnésie à la suite de fièvres aiguës, d'extase, d'hystérie, d'ingestion de haschisch et d'opium. Le cas d'un jeune boucher que le docteur Michéa a observé à Bicêtre est célèbre. Sous l'influence d'un accès de manie, ce jeune homme récitait des tirades entières de *Phèdre* de Racine; or il n'avait entendu qu'une seule fois cette tragédie. Durant les périodes calmes, il lui était impossible, malgré ses efforts, d'en réciter un seul vers.

Quelle que soit la cause de l'hypermnésie, le mécanisme physiologique est un accroissement d'activité dans la circulation générale. Le fait est évident dans tous les cas qui ont pour origine les fièvres ou les secousses morales; il l'est également pour les cas d'hypermnésie causée par le haschisch ou l'opium. On a constaté, en effet, qu'avant la dépression énorme qui termine la période d'influence du haschisch et de l'opium, il y a, au début, un accroissement notable de la circulation du cerveau.

Nous avons vu précédemment que pour qu'une modification nerveuse passe de l'état latent à l'état conscient, il faut deux conditions, à savoir, un minimum d'intensité et un minimum de durée. Lorsqu'un souvenir au bout d'un certain temps tombe au-dessous du minimum d'intensité, il cesse d'être conscient, mais il n'en subsiste pas moins. Survienne une cause quelconque, afflux de sang, action nerveuse, etc., qui rende momentanément aux modifications nerveuses une intensité supérieure au minimum, alors les modifications nerveuses s'élèvent de l'état latent à la conscience, quittes à retomber ensuite dans l'inconscient lorsqu'a pris fin la cause passagère de l'activité cérébrale. Tel est le cas de l'hypermnésie singulière du jeune boucher de Bicêtre.

IV. — Dissolution de la Mémoire.

1º LA DISSOLUTION PROGRESSIVE DE LA MÉMOIRE A POUR CAUSE UNE LÉSION DU CERVEAU A MARCHE ENVAHISSANTE.

Lorsqu'une lésion, telle qu'en produisent une hémorragie, une apoplexie, un ramollissement, une paralysie ou l'atrophie des vieillards, envahit progressivement le cerveau, il se produit une dissolution lente et continue de la mémoire. La marche de la maladie est peu frappante, comme tout ce qui se produit par action lente; mais elle est très instructive, parce qu'en nous montrant comment la mémoire se désorganise, elle nous apprend comment elle s'est organisée.

II° ORDRE D'EXTINCTION SUIVANT LEQUEL SE FAIT LA DISSOLUTION PROGRESSIVE DE LA MÉMOIRE.

L'étude de la marche de la démence enseigne nettement dans quel ordre s'éteignent les divers groupes de faits qui composent la mémoire.

1° *Amnésie des faits récents.* — A l'état normal, les faits les plus récents sont les plus nets. Au début de la démence, il se produit une lésion anatomique grave, à savoir, un commencement de dégénérescence des cellules nerveuses. Ces éléments en voie d'atrophie ne peuvent plus conserver les impressions nouvelles. Il en résulte qu'une modification nouvelle dans les cellules n'est pas possible ou du moins durable. Les conditions anatomiques de la stabilité et de la réviviscence manquent. Si le fait est totalement neuf, il ne s'inscrit pas dans les centres nerveux, ou bien il est aussitôt effacé. Mais les modifications fixées dans les éléments nerveux depuis de longues années et devenues organiques persistent encore ; elles ont une plus grande force de résistance contre la destruction.

2° *Amnésie des connaissances intellectuelles.* — Bientôt le fonds ancien s'entame à son tour. Les acquisitions intellectuelles se perdent peu à peu, connaissances scientifiques, artistiques, professionnelles, langues étrangères, etc, Les souvenirs personnels s'effacent en descendant vers le passé ; ceux de l'enfance disparaissent les derniers.

Cette dissolution intellectuelle a pour cause anatomique une atrophie qui envahit peu à peu l'écorce du cerveau, puis la substance blanche, en produisant une dégénérescence graisseuse des cellules et des tubes de la pulpe nerveuse.

3° *Amnésie des sentiments.* — Les facultés affectives s'éteignent bien plus lentement que les facultés intellectuelles ; c'est que les sentiments sont en nous ce qu'il y a de plus profond, de plus intime, de plus tenace. Tandis que notre savoir intellectuel est acquis et extérieur à nous, nos sentiments sont innés ; ils sont l'expression immédiate et permanente de notre organisation. Nos sentiments, c'est nous-mêmes. Il est donc logique que la dissolution de l'intelligence vienne avant celle des sentiments. L'intelligence réside exclusivement dans l'écorce cérébrale ; or c'est l'écorce cérébrale qui est la première attaquée.

4° *Amnésie des actes mécaniques.* — Les acquisitions qui résistent en dernier lieu sont les actes purement mécaniques, la routine journalière, les habitudes contractées de longue date. Beaucoup d'hommes peuvent encore se lever, s'habiller, prendre leurs repas régulièrement, se coucher, s'occuper à des travaux manuels, jouer aux cartes et à d'autres jeux, alors qu'ils n'ont plus ni jugement, ni volonté, ni affections. Cette activité automatique, qui ne suppose qu'un minimum de mémoire consciente, appartient à cette forme inférieure de la mémoire pour laquelle les ganglions cérébraux, le bulbe et la moelle suffisent.

La destruction progressive de la mémoire suit donc une marche logique, une loi. Elle descend progressivement de l'instable au stable. Elle commence par les souvenirs récents, qui, mal fixés dans les éléments nerveux, rarement répétés et par conséquent faiblesment associés avec les autres, représentent l'organiation à son degré le plus faible. Elle finit par cette mémoire sensorielle instinctive qui, fixée dans l'organisme, devenue une partie de lui-même, représente l'organisation à son degré le plus fort.

5° *Dans les cas de guérison, la restauration de la mémoire se fait inversement en remontant des faits anciens aux faits récents.* — La contre épreuve de la loi que suit la dissolution progressive de la mémoire est donnée par le cas de guérison de la lésion cérébrale, lorsque ces lésions guérissent, ce qui est extrêmement rare. « Dernièrement, dit M. Taine, on a vu en Russie un célèbre astronome oublier tour à tour les événements de la veille, puis ceux de l'année, puis ceux des dernières années, et ainsi de suite, la lacune gagnant toujours, tant qu'enfin il ne lui restait plus que le souvenir des événements de son enfance. On le croyait perdu. Mais par un arrêt soudain et un retour imprévu, la lacune se combla en sens inverse, les événements de la jeunesse redevenant visibles, puis ceux de l'âge mûr, puis les plus récents, puis ceux de la veille. La mémoire était restaurée tout entière, lorsqu'il mourut. »

V. — Fonctions physiologiques d'où dépendent les deux fonctions de la Mémoire.

La mémoire consiste en deux fonctions : elle conserve et elle reproduit.

La *conservation* dépend surtout de la nutrition; la

faculté de reproduire dépend de la circulation générale ou locale.

I⁰ LA CONSERVATION MNÉMONIQUE DÉPEND DE LA NUTRITION.

Puisque tout cerveau normalement constitué conserve les souvenirs, il ne suffit pas pour expliquer ce fait que les impressions soient reçues, il faut qu'elles soient fixées, enregistrées organiquement, incrustées; il faut qu'elles deviennent une modification permanente de l'encéphale. Ce résultat ne peut dépendre que de la nutrition.

Le cerveau reçoit une masse énorme de sang, surtout la substance grise. Il n'y a pas de partie du corps où le travail nutritif soit plus actif ni plus rapide. Jusqu'à présent on ignore le mécanisme de ce travail; mais les faits de tout ordre démontrent la connexion étroite de la nutrition et de la mémoire. En effet, l'activité de la nutrition ou son affaiblissement expliquent :

1º Pourquoi la mémoire de l'enfant est facile, et faible celle du vieillard;

2º Pourquoi ce qui est trop vite appris ne dure pas;

3º Pourquoi la fatigue nuit à la mémoire;

4º Pourquoi la dissolution de la mémoire devient totale chez certains vieillards.

A. *La mémoire de l'enfant est facile, et faible celle du vieillard.* — Il est d'observation vulgaire que les enfants apprennent avec une merveilleuse facilité; que tout ce qui ne demande que de la mémoire, comme les langues, est vite acquis par eux.

On sait aussi que les habitudes, c'est-à-dire une forme de la mémoire, sont bien plus aisément contractées dans l'enfance et la jeunesse qu'à l'âge adulte. C'est qu'à cette période de la vie, l'activité de la nutrition est tellement grande que les connexions naturelles sont rapidement établies. Chez le vieillard, au contraire, l'effacement si prompt des impressions nouvelles coïncide avec un affaiblissement considérable de cette activité.

B. *Ce qui est trop vite appris ne dure pas.* — Pour fixer les souvenirs, il faut du temps, parce que la nutrition ne fait pas son œuvre en un instant; parce que le mouvement moléculaire incessant qui la constitue doit suivre une direction constante; or la même impression périodiquement renouvelée est seule propre à maintenir cette direction.

C. *La fatigue nuit à la mémoire.* — La fatigue sous toutes ses formes est fatale à la mémoire. Les impressions reçues ne sont pas fixées; la reproduction est très pénible, souvent impossible. Or la fatigue est considérée comme un état où, par suite de la suractivité d'un organe, la nutrition souffre et languit. Avec le retour aux conditions normales, la mémoire revient. En voici un cas très remarquable : « J'étais descendu le même jour, dit Holland, dans deux mines profondes du Harz. Étant dans la seconde mine, je me trouvai si épuisé par la fatigue et l'inanition, qu'il me fut complètement impossible de causer avec l'inspecteur allemand qui m'accompagnait. Tous les mots, toutes les phrases de la langue allemande étaient sortis de ma mémoire, et je ne pus les recouvrer qu'après avoir pris un peu de nourriture et de vin, et m'être reposé quelque temps. »

D. *La dissolution de la mémoire devient totale chez certains vieillards.* — La forme la plus grave des maladies de la mémoire, l'amnésie progressive des vieillards, a pour cause une atrophie toujours croissante des éléments nerveux, ou une dégénérescence granulo-graisseuse des cellules.

II° LA REPRODUCTION MNÉMONIQUE DÉPEND DE LA CIRCULATION.

La reproduction des souvenirs semble dépendre de l'état de la circulation. L'activité plus ou moins grande de la circulation explique :

1° Pourquoi l'enfant a la reproduction mnémonique plus facile que l'a le vieillard;

2° Pourquoi les fièvres amènent l'hypermnésie;

3° Pourquoi les personnes chez qui l'action du cœur a baissé ont un affaiblissement de la mémoire;

4° Pourquoi les stimulants exaltent la mémoire; pourquoi les sédatifs la dépriment.

A. *L'enfant a la reproduction mnémonique plus facile que l'a le vieillard.* — On sait combien la reproduction mnémonique est facile et rapide chez l'enfant et le jeune homme à cette période de la vie où le sang est poussé en courants rapides et abondants; combien la reproduction devient lente et difficile quand l'âge ralentit la circulation.

B. *Les fièvres amènent l'hypermnésie.* — On sait que dans certaines périodes de la fièvre la rapidité de la circulation est excessive, la chaleur du sang énorme; de là cette suractivité cérébrale qui se traduit par les hypermnésies.

C. *Les personnes chez qui l'action du cœur a baissé ont un affaiblissement de la mémoire.* — Ce fait est fondé sur la loi suivante : Où le cœur bat plus souvent et où le sang est plus oxygéné, là le cerveau est stimulé avec plus de fréquence et d'énergie. Et inversement.

D. *Les stimulants exaltent la mémoire; les sédatifs la dépriment.* — Il y a exaltation de la mémoire quand la circulation a été modifiée par des stimulants, tels que le haschich et l'opium qui excitent le système nerveux avant d'amener un état final de dépression. Le café noir agit également avec efficacité; aussi Michelet l'appelait-il la liqueur cérébrale.

Certains agents thérapeutiques produisent un effet contraire, par exemple, le bromure de potassium, dont l'action est sédative et qui, pris à forte dose, produit un ralentissement de la circulation. Un prédicateur fut obligé d'en interrompre l'usage : il avait presque perdu la mémoire. Celle-ci revint dès qu'il cessa le traitement.

De tous ces faits résulte une conclusion générale, c'est que l'exercice normal de la Mémoire suppose une circulation active et un sang riche en matériaux nécessaires pour la synthèse organique ainsi que pour la désassimilation. Dès que cette activité s'exagère, il y a tendance vers l'excitation morbide; dès qu'elle s'abaisse, il y a tendance vers l'amnésie.

CHAPITRE IV.

L'UNITÉ DU MOI EST UNE RÉSULTANTE.

I. — Unité résultant d'une combinaison.

Pendant de longs siècles, la lumière blanche a été considérée comme étant une et simple. Avec le prisme on l'a décomposée en sept couleurs; puis, faisant passer les sept couleurs par une lentille convergente, on a recomposé la lumière blanche. Preuve et contre épreuve, la démonstration est complète. L'unité simple de la lumière était une illusion; le *moi* lumineux est une résultante.

Pendant de longs siècles, l'eau a été considérée comme une substance une et simple. Après la découverte de l'électricité voltaïque, au commencement du XIXe siècle, l'eau, placée dans un voltamètre, a été décomposée en hydrogène et en oxygène; puis, recueillant cet hydrogène et cet oxygène dans un tube de verre épais, on a fait jaillir l'étincelle électrique, l'eau a été recomposée. Preuve et contre épreuve, la démonstration est complète. L'unité simple de la substance Eau était une illusion; le *moi* de l'eau est une résultante.

Et ainsi d'une multitude d'autres substances.

Il en est du *Moi humain* ce qu'il en est de l'eau et de la lumière; son unité simple est une illusion; le moi humain est une résultante. Ce que le prisme a fait pour la lumière, et l'électricité voltaïque pour l'eau, ce sont les maladies nerveuses et les accidents qui le font pour le moi humain. Les maladies nerveuses font l'analyse du moi; la guérison le recompose. Les maladies font même plus : elles modifient les éléments du moi si profondément que le moi normal se change en un autre moi. La résultante des éléments normaux fait place à la résultante des éléments modifiés.

Quelques exemples empruntés à la chimie aideront à faire comprendre, par analogie, comment se produisent les modifications des appareils nerveux et, partant, celles de la résultante, c'est-à-dire du moi humain.

1° Le *Phosphore* ordinaire a un moi très caractérisé : il est incolore, odorant à l'air, donnant des lueurs dans l'obscurité; il fond à 44°; il est très vénéneux.

Sous l'action d'une chaleur de 240°, le Phosphore prend un second moi, qui est le contraire du premier. En effet, ce second moi est coloré en rouge; il est inodore; il ne donne pas de lueur dans l'obscurité; il ne fond pas; il n'est pas vénéneux. Cet état second du Phosphore, Berzélius l'appelle *allotropique;* et les chimistes contemporains, *isomérique.*

C'est ainsi, par analogie, que certaines maladies, l'hystérie, par exemple, transforment le moi humain en moi allotropique, comme on en verra de mémorables exemples ci-après.

2° Le *Soufre*, à la température ordinaire, cristallise en octaèdres du système rhombique. Sous l'action d'une chaleur de 100°, le soufre octaédrique perd sa transparence, diminue de densité; il se change en un soufre prismatique : c'est un second moi, radicalement différent du premier.

Mais si on laisse le soufre prismatique se refroidir, il augmente peu à peu de densité; examinés au microscope, les prismes se transforment en chapelets d'octaèdres du système rhombique. Le second moi, dû à l'action de la chaleur, s'en va avec la chaleur; le retour à la température ordinaire ramène le premier moi.

C'est ainsi que, par une frappante analogie, le moi ordinaire de l'homme se transforme sous l'action d'une maladie nerveuse et fait place à un autre moi; puis, avec la décroissance de la maladie et le retour à la santé, le second moi disparaît graduellement, laissant le premier moi reprendre ses fonctions de résultante normale dans un organisme revenu à l'état normal.

3° L'*Alcool* est la résultante d'une combinaison de carbone, d'hydrogène et d'oxygène ($C^4H^6O^2$). Sous l'action de l'acide sulfurique, l'alcool perd un équivalent d'hydrogène et d'oxygène; son moi a changé; l'état second où il entre prend le nom d'*Ether* (C^4H^5O).

Sous l'action d'un ferment, l'hydrogène diminue en quantité, mais l'oxygène s'accroît; le moi de l'alcool est changé; l'état second prend le nom d'*Acide acétique* ou vinaigre ($C^4H^4O^4$).

S'il subit l'action d'une chaleur de 600 degrés, l'alcool commence à se dissocier; si la chaleur s'élève jusqu'au rouge cerise, la dissociation est complète : le moi de l'alcool est radicalement détruit.

C'est ainsi, par analogie, que sous l'action de certaines maladies ou de lésions, le moi humain, ici perd une ou plusieurs facultés, là éprouve l'affaiblissement d'un sens et l'hyperesthésie d'un autre ; enfin, dans le cas d'une paralysie à marche croissante, la dissociation du moi devient complète ; le moi est radicalement détruit.

II. — **Constitution du Moi.**

1° Le moi comprend trois groupes de faits :

Soumis à l'analyse psychologique, le moi présente trois groupes de faits :

1° Le groupe des *faits sensibles* : il comprend les sensations, les instincts, les sentiments ;

2° Le groupe des *faits intellectuels* : il comprend les connaissances venant d'autrui et les connaissances acquises par soi-même ;

3° Le groupe des *faits moraux* : il comprend tous les faits volontaires.

II. Importance comparative de chacun des trois groupes de faits au point de vue de l'essence du moi.

1° *Groupe des faits sensibles.* — Le groupe des faits sensibles est le groupe fondamental. Il est, en effet, le produit immédiat de la structure de l'organisme. Seul élément constituant du moi lorsque l'enfant vient au jour, il est souvent le seul qui subsiste encore à l'heure de la mort ; tandis que, sous le coup des ans ou de la maladie, le savoir, l'intelligence et la moralité ont depuis longtemps succombé.

Le plus remarquable exemple de l'influence qu'exerce

l'organisme sur la nature du *moi* est peut-être celui que donne le sexe. Si le moi de la femme diffère d'une manière si notable du moi de l'homme, cela tient à la différence du sexe. C'est un fait vulgaire que la périodicité des fonctions propres à la femme produit sur son moi moral des perturbations parfois extraordinaires[1]. La relation de cause à effet qui unit l'organisme au moi apparaît ici avec une lumineuse évidence.

2° *Groupe des faits intellectuels.* — Les connaissances venant d'autrui forment la presque totalité du trésor intellectuel du moi. Sans le riche et précieux héritage légué par le passé, le moi, réduit aux connaissances qu'il est capable d'acquérir par lui-même, connaîtrait bien peu de chose. Il est clair que les connaissances héritées d'autrui ne sont pas essentielles; elles ne sont qu'une addition au fond naturel. Sur les 1,500 millions d'hommes dont se compose l'espèce humaine, il y en a au moins 1,450 millions qui sont à peu près dénués de connaissances. Et cependant on ne dira pas que ces 1,450 millions d'hommes n'ont pas de moi.

Quant aux connaissances acquises par soi-même, elles sont, en effet, subordonnées aux aptitudes naturelles de l'organisme, à sa structure, à sa manière de sentir.

3° *Groupe des faits moraux.* — On agit selon la décision prise; on veut selon la manière dont on a jugé les choses; or on juge les choses selon la manière

---

1. Voir Berthier, les *Névroses menstruelles*, chez Adrien Delahaye, 1874.

de sentir. Les actes ne sont que la traduction extérieure et tangible de la manière dont on a jugé.

III° Ce qui distingue le moi d'un homme du moi d'un autre homme, ou caractère distinctif de la personnalité.

Tous les hommes sentent, jugent et veulent; sentir, juger, vouloir, telle est la constitution du moi en général. Reste à définir en quoi le moi propre d'un homme diffère du moi d'un autre homme, ou, en d'autres termes, en quoi consiste la personnalité.

1° *Manière de sentir.* — Chaque homme voit les objets extérieurs suivant la structure de son œil et suivant la manière dont fonctionne son œil. Selon que l'œil a une structure normale ou est atteint d'un vice, tel que le daltonisme, lequel supprime la perception d'une ou de plusieurs couleurs ou même fait tout voir en gris, le monde extérieur sera perçu d'une manière différente. Il est évident que si Pierre a un œil normal et Paul un œil daltonien, ils ne pourront juger des couleurs d'une manière identique; ils auront sur les paysages, sur les étoffes, sur la peinture, des appréciations non seulement divergentes, mais tout à fait opposées.

Cette divergence dans l'appréciation des couleurs qui distingue Pierre de Paul est l'effet de la divergence dans les rapports qui lient les sensations visuelles chez l'un et chez l'autre: l'un voit constamment les objets sous les nuances les plus variées; l'autre voit constamment les mêmes objets sous une teinte uniformément grise.

Ce cas-là est un cas extrême; il a l'avantage de faire saisir nettement en quoi, pour ce qui concerne les perceptions de la vue, le moi d'un homme diffère du moi d'un autre homme. Comme la structure des appareils sensoriaux de chaque homme n'est jamais rigoureusement identique à celle des appareils sensoriaux de tout autre homme, il est facile de comprendre comment chaque homme se distingue d'un autre homme; il s'en distingue par la manière propre, originale, dont ses yeux perçoivent, dont ses oreilles entendent, dont ses narines odorent, etc. En outre, ces différences natives sont le plus souvent accrues par l'exercice, l'habitude et l'éducation. Le peintre percevra des nuances et des effets de lumière là où l'œil du cordonnier ne verra rien; le musicien distinguera dans un orchestre des dissonances où l'auditeur ignorant perçoit une harmonie parfaite. Et ainsi de suite pour chacun des cinq sens.

En quoi le moi du peintre se distingue-t-il du moi du cordonnier; celui du musicien, du moi de l'auditeur ignorant? En ce que le rapport qui lie les sensations du peintre n'est pas le même que celui qui lie les sensations du cordonnier; en ce que le rapport qui lie les sensations du musicien n'est pas le même que celui qui lie les sensations de l'auditeur ignorant. Le sens de la vue chez l'un, le sens de l'ouïe chez l'autre, sont ainsi constitués par la nature, et ce don naturel est ainsi fortifié par l'exercice et l'éducation, que les objets colorés chez l'un et les sons chez l'autre, produisent des sensations particulièrement délicates; les sensations, par la constance de la délicatesse avec laquelle elles se tiennent entre elles, méritent à celui-ci le nom d'artiste-peintre, à celui-là le nom d'artiste-musicien.

Enfin les peintres diffèrent entre eux par la manière respective dont chacun perçoit la couleur et la lumière, de la même façon que le peintre en général différait du cordonnier. Là encore, le rapport propre qui lie habituellement les perceptions visuelles chez chaque peintre constitue l'originalité du peintre.

Cette méthode d'analyse est applicable à tous les hommes. Ce qui les distingue l'un de l'autre et constitue leur originalité ou *personnalité*, c'est le rapport propre qui, chez chaque homme, lie ses sensations; rapport qui lui est évidemment *personnel*, puisqu'il résulte d'une structure corporelle qui n'appartient qu'à lui.

2° *Manière de juger*. — On juge de la manière dont on sent et selon les connaissances acquises. Le jugement qui dérive de la manière de sentir est celui qui règne presque exclusivement chez l'immense pluralité des hommes, car l'immense pluralité des hommes est à peu près dénuée de connaissances. Chaque homme se distinguera donc de tout autre par le rapport propre qui liera ses jugements. Et ce rapport propre, dans l'ordre intellectuel, sera concordant avec celui qui, dans l'ordre physique, lie les sensations entre elles.

Pour ce qui concerne les connaissances acquises[1],

---

1. « Connaissances acquises » doit être entendu dans le sens le plus large, non seulement celles qui s'acquièrent dans les

chaque homme se distingue d'un autre homme par la manière particulière dont il apprécie les choses. Par exemple, celui-ci, contemplant les faits économiques, politiques et sociaux de sa patrie, conclura de cet examen que le système de gouvernement le plus apte à résoudre les questions économiques, politiques et sociales est le système républicain. Le rapport propre qui lie les jugements de cet homme est un des éléments constituants de sa personnalité; on dit alors de lui : c'est un républicain.

Celui-là, au contraire, de l'examen des mêmes faits, tire la conclusion que le meilleur système de gouvernement est le gouvernement monarchique. Le rapport qui lie les jugements de cet homme est un des éléments constituants de sa personnalité; on dit de lui : c'est un monarchiste.

Celui-ci, considérant les vicissitudes des choses et les événements qui évoluent sous ses yeux, en conclut que tout est mal. Le rapport propre qui lie les jugements que porte cet homme sur l'issue des événements est un des éléments de sa personnalité; on dit de lui : c'est un pessimiste.

Celui-là, au contraire, déduit de l'examen de ces mêmes événements que tout finira bien. Ce rapport propre qui lie ses jugements est un des éléments de sa personnalité; on dit de lui : c'est un optimiste.

Cette méthode d'analyse est applicable à tous les jugements et à tous les hommes.

écoles et dans les livres, mais encore celles dont on s'imprègne inconsciemment dans le milieu et à l'époque où l'on vit.

La conclusion, pour ce qui concerne les jugements dérivés des connaissances acquises, est donc la même que la conclusion qui découle de l'examen des jugements dérivés de la manière de sentir. Le rapport qui lie les jugements entre eux est un des éléments constituants de la personnalité.

3° *Manière de vouloir*. — Comme les actions sont la traduction extérieure des jugements, il est clair que le rapport qui lie les actions entre elles est conforme à celui qui lie les jugements entre eux. C'est précisément sur la conformité certaine de ces deux rapports que se fonde le public pour pénétrer, connaître et apprécier le moi d'autrui. La constitution intime de chacun lui est inconnue; il ne peut pas davantage lire dans les pensées; comment pourra-t-il atteindre à la connaissance du moi d'autrui? Par les actions. Des actions, il induit les jugements; et des jugements, il induit le caractère. Or, pour que le public croie à la légitimité de cette opération logique, il est nécessaire qu'il regarde l'action comme la traduction extérieure du jugement, et le jugement comme le produit du caractère.

En résumé, ce qui distingue le moi d'un homme du moi d'un autre homme, ce sont les rapports définis et propres qui lient entre eux ses instincts, ses sensations, ses sentiments, ses connaissances, ses jugements et ses volitions. C'est l'association de ces rapports définis et propres, c'est leur pénétration réciproque et leur combinaison qui constituent la *personnalité*.

IV° LA PÉNÉTRATION RÉCIPROQUE ET LA COMBINAISON MUTUELLE DES SENSATIONS, DES SENTIMENTS, DES CONNAISSANCES, DES JUGEMENTS ET DES VOLITIONS FONT DE L'UNITÉ DU MOI, NON PAS UNE UNITÉ COLLECTIVE, MAIS UNE UNITÉ DE COMBINAISON, EN UN SEUL MOT, UNE RÉSULTANTE.

L'ensemble des sensations, des sentiments, des connaissances, des jugements et des volitions n'est pas une juxtaposition de parties, une unité collective analogue à celle des morceaux de bois qui composent un fagot. Il y a solidarité, pénétration mutuelle et combinaison entre les divers éléments; l'unité du moi est une unité de combinaison, analogue à celle de l'alcool, de l'eau; en un seul mot, c'est une résultante. Or à quiconque n'a pas su faire l'analyse d'une résultante en ses éléments composants, cette unité résultante apparaît avec les caractères de l'unité simple; ainsi l'avons-nous vu pour les résultantes chimiques telles que l'eau et l'alcool; ainsi en est-il pour l'unité du moi, laquelle apparaît simple aux yeux de la conscience lorsque l'esprit est ignorant à comprendre l'enseignement analytique des faits.

La démonstration la plus nette et la plus saisissante est assurément celle que donnent les maladies et les lésions du cerveau. Les exemples variés de dissociation partielle ou totale, temporaire ou définitive, que nous a fournis la pathologie, ne laissent place à aucun doute. Et cependant, sans avoir recours à la physiologie morbide, le problème peut être résolu sur un terrain exclusivement psychologique; il suffit d'examiner comparativement les faits physiques qui se déroulent chez l'homme à différentes périodes de sa vie, puis de les analyser rigoureusement en prenant garde de se laisser séduire par les apparences. Examinons brièvement quelle est sur le moi l'influence de l'éducation et des passions, et quelle est l'évolution du moi à partir de la naissance jusqu'au déclin de la vie.

1° *Influence de l'éducation sur le moi.* — La conviction que dans le moi toutes les qualités se pénètrent réciproquement, s'associent et se combinent entre elles, est une conviction universelle, passée à l'état instinctif ; c'est sur elle qu'est fondée la méthode d'éducation morale. Comment, en effet, procède l'éducateur ? Il essaye par des moyens appropriés, travaux, exercices, récompenses, punitions, de donner aux bonnes qualités un développement tel que dans la résultante la part d'action des mauvaises qualités soit réduite au minimum. Le chef d'œuvre et l'idéal de l'éducation consistent à éliminer peu à peu de la résultante tous les éléments mauvais ; lorsque ce cas se réalise, le naturel primitif fait place exclusivement au naturel acquis ; une résultante nouvelle s'est substituée à la résultante première.

Les exemples de ces substitutions graduelles sont fréquents ; tel est, entre autres, l'exemple classique de Polémon qui, étant ivre, entra par hasard dans l'école où professait Xénocrate. Les paroles du philosophe excitèrent en lui l'énergie d'une qualité native jusqu'alors latente ou éclipsée. Insensiblement l'éducation (leçons, conseils et amitié de Xénocrate) fortifia cette qualité, l'accrut et finit par lui donner la prépondérance; d'infâme débauché, dit l'histoire, Polémon devint un vertueux philosophe; ce qui, en analyse psychologique, signifie que l'association et la combinaison des qualités natives, bonnes et mauvaises, ayant fait place à une association et à une combinaison différentes, une résultante nouvelle, à savoir, le moi philosophe, s'est graduellement substituée à la résultante primitive, le moi débauché.

2º *Influence des passions sur le moi.* — La conclusion à laquelle aboutit l'étude de l'influence des passions sur le moi est identique à la conclusion précédente. Prenons un exemple : Le moi de Pierre est cupide, dur, égoïste; mais voilà que Pierre s'éprend d'amour pour une femme d'une grande noblesse de caractère; l'entrée en jeu du nouvel élément composant modifie d'une manière incessante les associations et les combinaisons des qualités primitives. Pierre était cupide, il incline au désintéressement; dur, il s'adoucit et devient quelque peu bienveillant; enfin l'égoïsme habituel s'émousse et laisse poindre quelque générosité. Le moi de Pierre amoureux n'est plus entièrement identique au moi du Pierre antérieur: en se modifiant, les éléments composants ont entraîné la modification de la résultante.

Inversement, une mauvaise passion introduit dans le moi un élément putride qui, par son association avec les éléments primitifs, entraîne, dans un sens funeste, la modification de la résultante. De là ces lugubres spectacles d'hommes heureusement doués de la nature qui, pour avoir laissé croître en eux une mauvaise passion, se dégradent peu à peu et, de chute en chute, finissent par échouer au bagne.

Cette action énergique qu'exerce, soit en bien, soit en mal, l'introduction d'une passion dans les éléments qui composent un caractère, un moi, est si connue de tous qu'elle est devenue l'intarissable fonds où puisent les dramaturges et les romanciers. Celui-là est renommé maître qui a su le mieux noter et décrire les modifications graduelles s'opérant dans le moi envahi par une passion. Les romanciers ne font pas autre chose que démontrer, par leur pénétrante et minutieuse analyse, que le moi est une résultante.

3° *Entrée successive d'éléments nouveaux dans la composition du moi durant le jeune âge.* — Qu'est-ce que le moi chez l'enfant qui vient de naître? Le moi est à peu près réduit aux sensations de la vie végétative. Peu à peu avec l'accroissement du cerveau et le développement du système nerveux, des éléments nouveaux entrent successivement dans la composition du moi ; d'abord, ce sont les éléments affectifs (sentiments), puis les éléments moraux (volitions raisonnées). Ces éléments, au fur et à mesure qu'ils apparaissent dans le moi de l'enfant, s'y associent l'un à l'autre. A la suite de leurs combinaisons mutuelles, le moi primitif, qui était purement végétatif, est complètement transformé. Après la crise de la puberté, à vingt ans, le moi du jeune homme n'a plus rien de commun, au point de vue mental, avec le moi de l'enfant naissant. Le moi est donc bien une résultante.

4° *Disparition successive des éléments composants*

du moi, durant la vieillesse. — Dans la vieillesse, c'est le phénomène inverse qui se produit ; chez l'enfant, le moi s'enrichissait d'éléments nouveaux au fur et à mesure que les années accroissaient la substance grise et les circonvolutions du cerveau et développaient l'organisme entier; chez le vieillard, au contraire, le moi s'appauvrit le plus souvent en perdant l'un après l'autre ses meilleurs éléments, aujourd'hui la mémoire, demain les sentiments affectueux ; pour peu que la paralysie ou un ramollissement interviennent, l'intelligence s'éteint et la moralité s'évanouit. Ainsi réduit, le vieillard, selon l'énergique expression de Guislain, finit par n'être plus qu'un simple estomac. Ce moi qui, quarante années auparavant, avait peut-être émerveillé les contemporains par son génie et ses vertus, en vient, avec le temps, à n'être plus qu'un moi végétatif; le vieillard est redevenu enfant. Le moi est donc bien une résultante.

En résumé : 1° Sous l'influence de l'éducation et des passions, le moi varie, change et même se transforme complètement;

2° A partir de l'enfance, le moi purement végétatif s'enrichit graduellement d'éléments nouveaux; il devient un moi intellectuel et moral.

3° Au déclin de la vieillesse, le moi intellectuel et moral perd l'un après l'autre ses éléments composants; il redevient purement végétatif.

Ces évolutions du moi, durant le cycle de la vie humaine, sont inexplicables et incompréhensibles dans l'hypothèse d'un moi dont l'unité serait simple.

Par cela même qu'il serait simple, le moi n'aurait point de parties composantes; comment alors concevoir qu'un tel moi puisse changer, s'accroître de parties nouvelles, et finalement les perdre l'une après l'autre? Cela est contradictoire, cela est absurde.

Au contraire, tous ces faits se comprennent et s'expliquent avec un moi dont l'unité est une résultante. Les changements, les additions et les pertes, œuvre de l'éducation, des passions et du temps, se traduisent par des modifications correspondantes dans la résultante. La conscience que le moi a de lui-même est toujours, à quelque moment donné que ce soit, la conscience qu'il est un. En effet, quelle que soit la modification intervenue dans les éléments composants, quelle que soit la perte ou l'addition d'éléments, les éléments qui entrent ou restent dans le moi sont toujours associés et combinés entre eux; par conséquent ils donnent constamment lieu à une résultante unique. C'est de cette résultante unique que le moi a conscience; son illusion et son erreur consistent à prendre pour unité simple cette unité résultante.

Telle est la puissance de ce mirage d'unité simple que l'esprit aveuglé résiste à l'enseignement que donnent les faits, cependant bien significatifs, de l'enfance et de la vieillesse. La désagrégation par le menu qu'opèrent sur le moi, d'une manière si dramatique, les maladies est seule capable de dessiller les yeux et de faire éclater dans tout son jour cette vérité : L'unité du moi est une résultante.

16.

III. — L'identité personnelle et l'identité du Moi.

I° L'HOMME N'EST JAMAIS, A AUCUN MOMENT DE SA DURÉE, IDENTIQUE A LUI-MÊME.

I° Nous savons que le corps entier est dans un état continu de rénovation; que pas une seule molécule ne sert deux fois;

Nous savons que toute molécule qui disparaît est remplacée par une molécule nouvelle; que la destruction organique et la synthèse se succèdent d'une manière inséparable;

Nous savons que les molécules remplaçantes ont l'aptitude fonctionnelle des molécules remplacées, selon la nature et la place des organes où elles entrent en composition, muscles, os, glandes, nerfs, cerveau.

Première conclusion : Par cela qu'ils sont en état d'évolution continue, les organes et les fonctions ne sont jamais absolument identiques à eux-mêmes.

II° Nous savons que les organes et les fonctions sont soumis à la triple loi de la croissance, du maximum de vigueur, puis de la décroissance: muscles, os, glandes, nerfs, cerveau, commencent par être faibles (enfance), atteignent un maximum d'énergie fonctionnelle (âge mûr), puis décroissent (vieillesse). Entre autres organes :

A. Les glandes qui caractérisent chacun des deux sexes n'entrent en fonction que douze, quinze ans et même quelquefois plus tard, après la naissance. Or, du fonctionnement de ces glandes naissent les sentiments les plus puissants qui composent le moi.

B. Le cerveau, en naissant, est de consistance molle, d'un poids inférieur à celui qu'il atteindra plus tard; ses circonvolutions sont moins riches et moins profondes. D'après les travaux de Arndt, les centres moteurs manqueraient dans la couche corticale des enfants nouveau-nés, ce qui explique pourquoi les enfants ne peuvent pas marcher; d'après Betz, les cellules motrices seraient en très petit nombre chez les très jeunes enfants : leur accroissement ne s'effectuerait qu'avec l'âge et l'exercice fonctionnel.

Deuxième conclusion : Par cela que les organes et les fonctions sont soumis à la loi générale de croissance et de décroissance; par cela qu'en particulier le cerveau manque, au début, de quelques éléments composants et n'acquiert qu'après plusieurs années son développement complet, puis décroît selon la loi générale, les organes et les fonctions ne sont jamais, à aucun moment donné, identiques à eux-mêmes.

III° L'âme, fonction du cerveau, prend en psychologie le nom de Moi, en tant qu'elle a conscience de ses perceptions, de ses sentiments, de ses jugements et de ses volitions.

Nous avons vu que les évolutions des molécules cérébrales entraînent nécessairement l'évolution des sensations, des sentiments, des jugements et des volitions ainsi que celle de leur association et de leurs combinaisons; que par conséquent la résultante actuelle ou moi fait place incessamment à une suite de résultantes modifiées;

Nous avons vu qu'à partir de la naissance le cerveau acquiert peu à peu et successivement les éléments composants qu'il a au complet lorsqu'il atteint à l'apogée de son développement; nous avons même vu que certaines glandes, à savoir, les glandes sexuelles, par leur entrée en fonction, quinze années environ après la naissance, dotaient le moi de nouveaux sentiments, les plus puissants peut-être;

Nous avons vu qu'en descendant la pente de la vieillesse, le moi perdait un à un ses éléments composants.

Troisième conclusion : A quelque moment que ce soit, le moi n'est jamais identique à lui-même.

Il résulte de là que, soit considéré dans son ensemble, organes et fonctions; soit considéré particulièrement dans l'une de ses fonctions, à savoir, l'âme ou le moi, l'homme, étant en évolution continue, n'est jamais, à aucun moment donné, rigoureusement identique à lui-même.

Qu'est-ce donc ce qu'on entend vulgairement par identité personnelle et sentiment de l'identité personnelle ?

II° DÉFINITION DE CE QU'ON APPELLE VULGAIREMENT LE SENTIMENT DE L'IDENTITÉ PERSONNELLE.

Ce qu'on appelle vulgairement le sentiment de l'identité personnelle est, chez chaque individu :

1° *Au point de vue du corps entier*, le témoignage

de la mémoire attestant que l'état présent du corps se rattache à certains états antérieurs par une suite non-interrompue d'états intermédiaires, dont elle a gardé le souvenir;

2° *Au point de vue de la fonction particulière appelée Ame*, le témoignage de la mémoire attestant que le moi présent se rattache à des états antérieurs de l'âme par une suite non interrompue d'états intermédiaires, dont elle a gardé le souvenir.

Le travail d'évolution physiologique échappe entièrement aux regards; ce n'est que par les modifications affectant l'extérieur qu'il se décèle. Or il faut un assez long intervalle pour que les modifications deviennent apparentes. Entre deux dates assez voisines, les hommes ne peuvent ni ne savent discerner les effets de ce travail intime et continu; ils croient être restés les mêmes dans leur totalité; de là naît chez eux le sentiment de l'identité personnelle.

Mais lorsque la comparaison se fait entre deux dates éloignées, trente ans d'intervalle par exemple, les modifications éprouvées par le corps et par la fonction particulière appelée Ame apparaissent avec une netteté irrécusable; il n'est plus possible de croire qu'on est resté le même dans son tout. Le sentiment de l'identité personnelle a donc besoin de s'appuyer sur autre chose que l'intégrité totale du corps et de ses fonctions, laquelle intégrité n'existe évidemment plus.

III° A TRAVERS L'ÉVOLUTION CONTINUE QUI SE FAIT DE LA NAISSANCE A LA MORT, CE QUI PERSISTE LE PLUS DANS LE

CORPS, C'EST LE TYPE FIGURÉ ; CE QUI PERSISTE LE PLUS DANS LA FONCTION PARTICULIÈRE APPELÉE AME, C'EST LE TYPE MORAL OU CARACTÈRE.

1° *Le type figuré.* — Lorsque l'on compare l'état du corps, visage, physionomie, chevelure, stature, que l'on a à cinquante ans avec celui que l'on avait à vingt ans, tel que le représente un portrait fidèle ou une photographie, on est péniblement frappé des modifications profondes qui se sont produites. Si l'on remonte jusqu'à l'heureux âge où l'on avait dix ans, les modifications apparaissent bien autrement énormes. Et cependant, en regardant de près les portraits, on démêle sans grande difficulté dans les traits de l'enfant et dans ceux de l'adolescent l'origine des traits de l'homme de cinquante ans. L'évolution qui s'est faite continuement s'est donc maintenue dans des limites définies ; ces limites sont celles qu'impose la forme, abstraction faite des molécules composantes, c'est-à-dire ce qu'en un seul mot on appelle *le type.*

Le corps actuel de cinquante ans n'a rien conservé des molécules composantes du corps de la dixième ou de la vingtième année ; ses molécules se sont renouvelées des milliers de fois ; mais il y a eu continuité dans le type. C'est sur cette continuité dans le type figuré, laquelle est perceptible extérieurement, qu'est fondée, pour autrui, l'identité personnelle de chaque individu.

Pour nous-mêmes, lorsque notre mémoire rattache en nous l'état actuel de cinquante ans à l'état de la dixième ou de la vingtième année par des points de repère qu'elle a conservés, alors nous avons le sentiment de cette continuité dans le type figuré; c'est là ce que nous appelons le sentiment de notre identité personnelle.

Lorsque la mémoire fait défaut ainsi que les témoignages dignes de foi (parents, amis, etc.), lesquels sont au fond une mémoire supplémentaire, le sentiment de la continuité disparaît en nous; le point où se fait la rupture est celui où finit le sentiment de notre identité personnelle.

2° *Le type moral.* — Lorsque l'on compare l'état du moi à cinquante ans avec celui que l'on avait à vingt ans, on est frappé des modifications qui se sont produites. Si l'on remonte jusqu'à l'âge où l'on avait dix ans, les modifications apparaissent bien autrement énormes. Et cependant, en analysant minutieusement le moi rudimentaire de la dixième année et le moi développé de la vingtième année, on démêle dans ces moi antérieurs les traits principaux du caractère moral qui appartient au moi de cinquante ans.

L'évolution qui s'est faite dans les connaissances, les opinions politiques, religieuses, littéraires, scientifiques; dans les sentiments, les jugements, et dans les volitions de toute nature, cette évolution s'est accomplie au sein d'un type qui résulte d'une certaine qualité des cellules cérébrales, qualité jusqu'à présent insaisissable à la physiologie. L'unité résultante du moi s'est défaite et refaite des milliers de fois; les connaissances, les opinions, les volitions particulières de la vingtième année ont fait place à des connaissances nouvelles, à d'autres volitions; mais le moi, dans sa manière d'agir à cinquante ans, a conservé les traits principaux dont l'ensemble abstrait forme ce qu'on appelle *le type moral* ou *caractère* [1].

Tant que la mémoire, conservant le souvenir des états intermédiaires, permet à notre moi actuel de remonter par une chaîne non interrompue à un état quelconque du moi dans le passé, nous avons le sentiment de la continuité de notre type moral. Victime, comme nous l'avons vu, d'une illusion qui lui fait prendre son unité résultante pour une unité simple, le moi appelle le sentiment de cette continuité dans le type abstrait le sentiment de son identité personnelle.

Mais lorsque la mémoire fait défaut, le sentiment de la continuité disparaît; le point où se fait la rupture est celui où finit le sentiment de ce que le moi appelle son identité personnelle. L'exactitude de ce fait nous est prouvée fréquemment par l'exemple des ivrognes et des aliénés; l'alcool et l'aliénation mentale agissent sur eux, en quelques heures, comme le fait sur l'homme sobre et sain l'action de cinquante ou

---

[1]. Comme exemple historique on peut citer saint Paul. Saint Paul, converti au christianisme, apporta dans sa foi nouvelle le fanatisme que, pharisien orthodoxe, il avait déployé contre les chrétiens.

Saint Jérôme est un autre exemple presque aussi remarquable; il se jeta dans l'ascétisme avec la fougue que, dans sa jeunesse, il avait mise à sa lubricité.

soixante années. Sous l'influence de l'alcool et de l'aliénation, la mémoire disparaît; aussi lorsqu'après dix ou vingt heures, l'accès d'alcoolisme ou de folie a disparu et laissé le cerveau revenir à l'état normal, le moi normal n'ayant pas la mémoire des heures écoulées pendant l'accès d'alcoolisme ou de manie est absolument dénué du sentiment de son identité personnelle durant cette période. Il ignore ce qu'il a perpétré pendant l'accès; si on ne lui met pas sous les yeux les faits accomplis, il les ignorera toujours. C'est qu'en réalité, ce n'est pas lui, moi normal, qui les a commis; c'est un autre moi, une autre résultante, celle qui provient des groupements et des associations tout à fait différentes sous l'action énergique de l'alcoolisme ou de la folie. Or cet autre moi disparaît avec la cessation de l'alcoolisme et de la folie.

3° *Importance supérieure du type figuré.* — Des deux genres d'identité personnelle, à savoir, la continuité du type corporel et la continuité du type moral, quel est le plus important? Le plus important est la continuité du type corporel; c'est sur lui que s'appuie la Justice pour confondre les malfaiteurs. Lorsqu'un ramollissement a éteint le moi tout entier, c'est le type corporel qui permet de retrouver dans l'individu réduit à n'être plus qu'un estomac celui qui fut un homme de bien ou un estimable savant. C'est à lui qu'on devrait consacrer exclusivement le mot d'identité personnelle et réserver à l'identité particulière du caractère moral celui d'identité du moi.

Cette conclusion, expression simple du fait d'expérience, pouvait se déduire du genre de relation qui existe entre l'âme et le corps. Puisque l'âme est la fonction du cerveau, il était impossible que la fonction d'un organe particulier, si noble qu'il fût, eût dans la constitution de l'individualité une importance supérieure à celle du corps entier; ou, en termes géométriques, que la partie fût plus importante que le tout. Le type du corps devait donc être le fondement de ce qu'on appelle vulgairement l'identité personnelle.

IV° DE L'ANALYSE DU MOI AINSI QUE DES DÉFINITIONS DE L'IDENTITÉ PERSONNELLE ET DE L'IDENTITÉ DU MOI, IL RÉSULTE QU'UN MÊME INDIVIDU PEUT AVOIR CONSCIENCE DE SON IDENTITÉ PERSONNELLE (un seul type corporel) ET CONSCIENCE DE L'ALTERNANCE EN LUI DE DEUX MOI DISTINCTS (deux types moraux). — Rappelons les trois faits suivants :

1° Nous savons que le sentiment de l'identité personnelle repose fondamentalement sur le sentiment de la continuité du type corporel ;

2° Nous savons que l'identité du moi repose sur le sentiment de la continuité du type moral ;

3° Nous savons que le moi est la résultante psychique d'un certain état des cellules cérébrales, état qui dépend, soit de leur qualité intrinsèque, soit de l'influence qu'exercent sur elles, par l'intermédiaire du grand sympathique, les viscères et les glandes, surtout le foie et l'appareil sexuel.

Qu'arrivera-t-il si l'état habituel des cellules cérébrales vient à être brusquement changé en un état différent ou même tout à fait opposé, soit par une cause extérieure (alcool, par exemple) ou intérieure (hyperémie de l'aliénation) influant directement sur elles, soit par la morbidité d'un viscère ou de l'appareil sexuel influant sympathiquement sur elles?

Il arrivera que les cellules ayant pris brusquement un état tout à fait contraire, la résultante psychique nouvelle sera tout à fait contraire à la résultante précédente ; un second moi, tout autre, succèdera brusquement au moi premier.

Cela posé, les trois cas suivants pourront se produire :

Premier cas : Si la cause morbide agissante est telle que la mémoire soit abolie complètement, les deux moi s'ignoreront l'un l'autre ; ils ne pourront se connaître que par le témoignage d'autrui. Ce cas est précisément celui qui se réalise dans les accès d'alcoolisme aigu et d'aliénation mentale : le moi normal ne peut connaître le moi alcoolique ou maniaque que par le témoignage d'autrui.

Deuxième cas : Si la mémoire subsiste dans l'un et dans l'autre moi, ils se connaîtront tous deux, et ils se connaîtront comme distincts, car chacun d'eux aura le sentiment de son identité propre, sentiment fondé sur la continuité de chacun des deux types omraux alternants et distincts.

Troisième cas : Si la mémoire subsiste sous l'un des deux états cérébraux seulement, un seul moi connaîtra l'autre.

Enfin, et c'est là un point capital, l'existence alternante de deux moi distincts dans le même corps n'enlèvera pas à l'individu le sentiment de son identité personnelle, car l'identité personnelle est fondée sur la continuité du type corporel. Il importe peu au tout corporel qu'un de ses organes particuliers, passant par deux états physiologiques différents, ait deux fonctions alternantes, qui correspondent aux deux états physiologiques ; le tout corporel, en effet, reste le même dans son type figuré. Personne ne s'avisera de soutenir que depuis la découverte de la fonction glycogénique du foie le sentiment de l'identité personnelle a changé. Et cependant les deux fonctions simultanées (glycogénie et sécrétion de la bile) de l'organe particulier appelé foie sont bien autrement extraordinaires que deux fonctions alternantes, jamais simultanées, de l'organe particulier appelé cerveau.

Au demeurant, dans l'hypothèse que nous venons de faire, le même individu pourra avoir à la fois :

1° Conscience de son identité personnelle, laquelle est fondée sur la persistance du type corporel ;

2° Conscience de l'alternance en lui de deux moi distincts ; les deux moi, en effet, ne sont que l'expression psychique de l'alternance de deux états différents dans les molécules composantes d'un organe particulier, le cerveau.

Déduite théoriquement de l'analyse du moi ainsi que des définitions de l'identité personnelle et de l'identité du moi, cette hypothèse s'est réalisée dans les faits. Les deux cas les plus remarquables sont ceux que nous ont fait connaître le docteur Dufay et le docteur Azam.

IV. — Vérification expérimentale des deux hypothèses sur l'âme.

Histoire de Mlle R. L... — Le docteur Dufay a commencé à donner ses soins à Mlle R. L. vers 1845. Il l'a observée presque quotidiennement durant une douzaine d'années [1].

Mlle R. L... pouvait avoir alors vingt-huit ans. Grande, maigre, cheveux châtains, d'une bonne santé habituelle, d'une susceptibilité nerveuse excessive, elle était somnambule depuis son enfance. Ses premières années se passèrent chez ses parents à la campagne ; plus tard elle entra successivement en qualité de lectrice ou de demoiselle de compagnie dans plusieurs familles riches, avec lesquelles elle voyagea beaucoup ; puis enfin elle choisit un état sédentaire et se livra au travail d'aiguille.

1° *Description de la première forme de l'accès hystérique.* — Mlle R. L... voit durant la nuit sa mère en rêve ; sur-le-champ elle veut partir pour son pays. Elle fait ses paquets en grande hâte « car la voiture l'attend » ; elle court faire ses adieux aux personnes de la maison, non sans verser d'abondantes larmes ; elle s'étonne de les trouver au lit, descend rapidement l'escalier et ne s'arrête qu'à la porte de la rue, dont on a soin de cacher la clé, et près de laquelle elle s'affaisse, désolée, résistant longtemps à la personne qui l'engage à remonter se coucher, et se plaignant amèrement « de

---

[1]. Voir, *Revue scientifique* du 5 juillet 1876, page 69.

la tyrannie dont elle est victime ». Elle finit, mais pas toujours, par rentrer dans son lit, le plus souvent sans s'être complètement déshabillée ; et c'est ce qui lui indique, au réveil, qu'elle n'a pas dormi tranquille, car elle ne se rappelle rien de ce qui s'est passé durant l'accès.

Réflexion : Ainsi le moi normal ignore complètement les actes du moi hystérique.

2° *Description de la deuxième forme de l'accès hystérique.* — Il est huit heures du soir environ ; plusieurs ouvrières travaillent autour d'une table sur laquelle est posée une lampe. Mlle R. L. dirige les travaux et y prend elle-même une part active, non sans causer avec gaieté le plus souvent. Tout à coup un bruit se fait entendre ; c'est son front qui vient de tomber brusquement sur le bout de la table, le buste s'étant ployé en avant : voilà le début de l'accès. Ce coup, qui a effrayé l'assistance, ne lui a causé aucune douleur ; elle se redresse au bout de quelques secondes, arrache avec dépit ses lunettes et continue le travail qu'elle avait commencé, n'ayant plus besoin des verres concaves qu'une myopie considérable lui rend nécessaires dans l'état normal ; elle se place même de manière à ce que son ouvrage soit le moins exposé à la lampe.

A-t-elle besoin d'enfiler son aiguille, elle plonge ses deux mains sous la table, cherchant l'ombre, et réussit en moins d'une seconde à introduire la soie dans le chas, ce qu'elle ne fait qu'avec difficulté et après bien des tentatives, lorsqu'elle est à l'état normal, aidée de ses lunettes et d'une vive lumière.

Lui manque-t-il une étoffe, un ruban, une fleur de telle ou telle nuance, elle se lève, part sans lumière, va chercher dans le magasin, dans le meuble, dans le tiroir où elle sait que l'objet se trouve, le découvre ailleurs s'il n'est pas à sa place, choisit, toujours sans lumière, ce qui lui convient le mieux, assortit la nuance et revient continuer sa besogne sans se tromper et sans qu'aucun accident lui arrive.

Elle cause en travaillant; une personne qui n'a pas été témoin du commencement de l'accès pourrait ne s'apercevoir de rien si Mlle R. L. ne changeait de façon de parler dès qu'elle est dans l'état second. Alors, en effet, elle parle *nègre*, remplaçant je par moi, comme les enfants, et usant de la troisième personne du verbe à la place de la première. « Quand moi est bête » signifie : Quand je suis à l'état normal.

Il est certain que l'intelligence, déjà plus qu'ordinaire dans l'état normal, acquiert pendant l'accès hystérique un développement remarquable ; une augmentation considérable de la mémoire permet à Mlle R. L. de raconter les moindres événements dont elle a eu connaissance à une époque quelconque ; que les faits aient eu lieu, soit pendant l'état normal, soit pendant un accès d'hystérie.

Mais de ces souvenirs, tous ceux relatifs aux périodes hystériques se voilent complètement *dès que l'accès a cessé;* il m'est arrivé souvent, dit le docteur Dufay, d'exciter un étonnement allant jusqu'à la stupéfaction en lui rappelant des faits entièrement oubliés « de la fille bête », suivant son expression, mais que la fille hystérique m'avait fait connaître.

Réflexion : Ainsi le moi hystérique connaît tous les faits et gestes du moi normal aussi bien que les siens propres ; mais le moi normal ignore les faits et gestes du moi hystérique.

3° *Suite du récit.* — Il est certains sujets dont Mlle R. L. cause le plus naturellement du monde pendant l'état hystérique et dont elle supplie qu'on ne parle pas « à l'autre », parce que « Moi sais qu'elle ne veut pas confier cela à vous ; elle en serait trop malheureuse ».

Les personnes qui l'entourent ont soin, bien entendu, de lui éviter le chagrin d'avoir commis une indiscrétion ou fait une confidence qu'elle annonçait elle-même devoir regretter profondément.

Mlle R. L... a parfaitement conscience de la supériorité intellectuelle de l'une de ses personnalités, et de l'acuité remarquable que ses sens acquièrent durant l'état second. Myope dans l'état normal, elle a une vue merveilleuse pendant l'état hystérique ; non seulement elle voit excellemment durant le jour, mais elle voit très bien dans les ténèbres. L'ouïe acquiert aussi une grande sensibilité ; le goût, l'odorat et le toucher ne semblent pas modifiés.

Réflexion : Il n'est pas possible d'avoir une preuve plus nette de l'existence de deux moi dans le même individu.

Non seulement le moi hystérique de Mlle R. L. connaît les faits et gestes du moi normal, mais encore il connaît ses pensées intimes.

L'UNITÉ DU MOI EST UNE RÉSULTANTE.

Non seulement il a conscience de lui, moi hystérique, mais il se connaît comme étant radicalement distinct du moi normal ; le moi normal pour lui est « l'autre », un moi étranger. Bien plus ! il le méprise ; ce moi étranger est un moi « bête. »

4e Suite du récit. — Il y a pendant l'accès anesthésie générale du tégument cutané, même pour l'électricité ; la sensibilité ne persiste qu'en deux points : à la région latérale moyenne du cou, de chaque côté et au même niveau dans la gorge, c'est-à-dire sur le trajet de nerfs importants. Le contact sur une de ces régions avec le doigt provoque le retour à l'état normal avec une sensation douloureuse aggravée par le dépit d'être ramenée « à l'état bête ». On ne peut atteindre ces points que par ruse, car Mlle R. L. se défend tant qu'elle peut contre ces attouchements, non seulement à cause de l'ébranlement nerveux qui en résulte, mais parce qu'elle voudrait rester toujours dans l'état hystérique.

Réflexion : Ainsi Mlle R. L... a tellement la conscience de l'existence distincte des deux moi ainsi que de la supériorité du moi accidentel sur le moi normal, qu'elle se chagrine et s'irrite à la seule perspective que le moi normal remplacera le moi accidentel.

Fin du récit. — « J'ai pensé, dit le docteur Dufay, que cette affection hystérique diminuerait à mesure que l'âge avancerait, et qu'elle finirait par disparaître. On m'affirme qu'elle a cessé depuis une dizaine d'années. »

Mlle R. L. a donc guéri vers sa cinquantième année,

c'est-à-dire très probablement à l'âge critique ou ménopause.

Résumé. L'histoire de Mlle R. L. contient les faits suivants :

1º Mlle R. L. a conscience de son identité personnelle, car elle a conscience de n'avoir, soit à l'état normal, soit à l'état hystérique, qu'un seul et même corps.

2º Elle a conscience d'avoir deux moi, parfaitement distincts, alternant l'un avec l'autre au sein de l'identité personnelle.

3º Le moi normal ignore le moi hystérique, ses actes et ses pensées.

Quoique d'une intelligence au-dessus de la moyenne, il est inférieur au moi hystérique ; il lui est inférieur aussi au point de vue du fonctionnement des cinq sens.

4º Le moi hystérique connaît très nettement le moi normal ; il en connaît les actes et même, chose merveilleuse, les pensées intimes.

Le moi hystérique, au point de vue de l'intelligence et du fonctionnement des cinq sens, est supérieur au moi normal ; il a si bien conscience de sa supériorité qu'il parle du moi normal avec dédain ; il l'appelle « l'autre » ou « la bête ».

5º Lorsque Mlle R. L. voit qu'on veut, au moyen d'attouchements, chasser le moi hystérique pour qu'il cède sa place au moi bête, elle s'en afflige et s'en irrite.

Examinons maintenant laquelle des deux hypothèses, spiritualiste ou physiologique, interprètera le plus exactement les faits.

I° DANS L'HYPOTHÈSE D'UN MOI, SUBSTANCE SPIRITUELLE, UNE ET SIMPLE, LOGÉE DANS LE CERVEAU, LES FAITS CONCERNANT Mlle R. L. SONT INEXPLICABLES ET INCOMPRÉHENSIBLES.

Si le moi est une substance spirituelle, une et simple, logée dans le cerveau, les faits qui concernent Mlle R. L. sont inexplicables et incompréhensibles.

1° Mlle R. L. a conscience d'avoir deux moi distincts; ils sont autres et se sentent autres. Or le grand argument de l'école spiritualiste en faveur de l'unité simple du moi est que le moi se sent identique à lui-même à travers les phénomènes successifs d'activité.

2° Lorsqu'on objectait à l'école spiritualiste les métamorphoses du moi sous l'action de l'alcoolisme aigu ou de l'aliénation mentale, elle répondait que le moi, substance spirituelle, délirait parce qu'il était opprimé par les perturbations du corps auquel il est uni; mais qu'une fois la tempête corporelle calmée, le moi reprenait son intelligence, sa moralité, bref toute sa valeur native.

Il était déjà impossible à l'école spiritualiste d'expliquer comment les troubles d'une substance matérielle et étendue pouvaient introduire le délire dans une substance immatérielle et inétendue. Dans le cas de Mlle R. L. c'est bien pis; précisément, en effet, la perturbation de la substance matérielle et étendue donne à la substance immatérielle et inétendue sa supériorité d'intelligence et de moralité. Souillée par la guenille d'un corps malade, l'âme acquiert une haute valeur ; dans un corps sain, elle déchoit ; elle déchoit à un tel point que le moi du corps malade traite celui du corps sain de moi imbécile !

En résumé, dans l'hypothèse d'une âme, substance spirituelle, une et simple, il est impossible de comprendre et d'expliquer :

1° Comment deux moi distincts et autres, ayant pleinement conscience qu'ils sont distincts et autres, peuvent alterner dans un seul et même cerveau ;

2° Comment le moi du corps malade acquiert, par le fait de la maladie même, une supériorité intellectuelle et morale sur le moi du corps sain ;

3° Enfin, comment le moi hystérique peut connaître les actes et les pensées du moi normal, tandis que le moi normal ne connaît ni les actes ni les pensées du moi hystérique.

II° DANS L'HYPOTHÈSE D'UN MOI, SIMPLE RÉSULTANTE DES MODIFICATIONS DU CERVEAU, TOUS LES FAITS CONCERNANT Mlle R. L. SE COMPRENNENT ET S'EXPLIQUENT.

Dans la théorie du Moi, simple résultante de l'état des cellules cérébrales, tous les faits de la vie de Mlle R. L. se comprennent et s'expliquent.

1° L'état normal du cerveau se traduit psychiquement par le moi normal.

2° Lorsque l'hystérie vient à modifier l'état des cellules cérébrales, il est nécessaire et naturel que cet état nouveau soit traduit par une résultante nouvelle :

le moi hystérique est cette traduction psychique.

3º Pour que les faits mnémoniques et les associations psychiques revivent dans la conscience, il faut, comme nous l'avons vu dans l'étude sur la mémoire, un minimum d'intensité et un minimum de durée. Si ces deux conditions ne sont pas remplies, les faits et les associations psychiques n'en subsistent pas moins enregistrées dans les cellules cérébrales; mais ils ne peuvent arriver à la conscience, ils demeurent à l'état latent. Dans le cas de Mlle R. L., l'état normal du cerveau ne réalise pas les deux conditions nécessaires pour que les actes et les pensées du moi hystérique enregistrées dans les cellules arrivent à la conscience du moi normal; ces actes et ces pensées restent donc à l'état latent; voilà pourquoi le moi normal les ignore.

Au contraire, l'hystérie communique au cerveau les deux conditions nécessaires pour que les actes et les pensées des deux moi arrivent à la conscience; voilà pourquoi le moi hystérique connaît les actes et les pensées du moi normal aussi bien que les siens propres[1].

Nous avons vu un cas très remarquable de ce méca-

---

[1]. L'hystérie agit ici sur le cerveau comme le téléphone sur l'oreille. Là où l'oreille à l'état normal n'entend que le silence, le récepteur téléphonique appliqué sur elle lui fait percevoir les sons les plus délicats d'un orchestre invisible. De même l'hystérie fait percevoir au cerveau des faits gravés et des pensées dont, à l'état normal, il était incapable de soupçonner même l'existence. Le récepteur téléphonique une fois tombé, et l'hystérie calmée, le silence se fait pour le cerveau comme pour l'oreille.

nisme de la réviviscence mnémonique dans le jeune boucher de Bicêtre, observé par le docteur Michéa. Sous l'influence de la manie, le jeune homme récitait des tirades entières de la tragédie de *Phèdre* qu'il avait entendue une seule fois; l'accès de folie passé, notre boucher, revenu à l'état normal, ne se rappelait plus un seul vers de Racine.

En résumé, dans la théorie du moi, résultante d'un état donné du cerveau, tous les faits de la vie de Mlle R. L. se comprennent et s'expliquent, car ils sont conformes à la nature de l'âme, telle que la physiologie nous la fait connaître, et aux lois de la mémoire, telles que l'analyse à la fois physiologique et psychologique les a mises en lumière.

Histoire de Félida[1]. Félida X... est née à Bordeaux de parents bien portants. Bonne ouvrière, d'une intelligence développée et assez instruite pour son état social, elle travaillait à des ouvrages de couture. Vers l'âge de treize ans, peu après la puberté, elle a présenté des symptômes dénotant une hystérie commençante. Vers l'âge de quatorze ans et demi, se sont montrés les phénomènes qui font le sujet de ce récit. Félida s'est mariée à un jeune homme qu'elle aimait; elle a eu onze grossesses, mais deux enfants seulement ont survécu. Mariée, elle a pris un magasin d'épiceries; puis, en 1877, elle abandonna son commerce pour prendre son ancien métier de couturière; elle dirige un petit atelier.

---

1. Docteur Azam, *Amnésie périodique*, *Revue scientifique*, 1876, 20 mai, 16 septembre; 1877, 22 décembre.

Le docteur Azam a été appelé auprès de Félida en 1858; il l'a observée pendant les années 1858 et 1859; puis, distrait par d'autres travaux, il la perdit de vue jusqu'en 1876. A partir de cette année, le docteur Azam a observé Félida chaque jour. Les deux lacunes d'observations qui s'étendent, l'une de 1856 à 1858, l'autre de 1859 à 1876, ont été comblées par les renseignements qu'a donnés au docteur Azam le mari de Félida, homme très intelligent. Comme ces renseignements sont en parfaite concordance avec les observations personnelles du docteur Azam, il en résulte que celles-ci peuvent être prises comme types des faits concernant Félida.

A partir de l'âge de quatorze ans et demi, Félida subit des crises qui la font passer de la personnalité naturelle apportée en naissant, et que nous appellerons l'*état premier*, à une seconde personnalité que nous appellerons l'*état second*.

1° *Caractère de Félida dans l'état premier*. — Dans l'état premier, Félida est d'un caractère triste, même morose; elle parle peu, sa conversation est sérieuse. Elle est très ardente au travail; sa volonté est très arrêtée, même à l'égard de son mari : « Il dit sans cesse : Je veux; cela ne me convient pas; il faut que dans mon autre état je lui aie laissé prendre cette habitude. » Elle est indifférente et marque peu d'affection pour ceux qui l'entourent. Enfin, elle ne se souvient d'aucun des faits qui se passent durant l'état second.

2° *Description de la crise qui fait passer Félida de l'état premier à l'état second*. — Voici la description de la crise telle que le docteur Azam l'a vue plus d'une centaine de fois :

Félida est assise, un ouvrage quelconque sur les genoux ; tout d'un coup, sans que rien puisse le faire prévoir et après une douleur aux tempes plus violente que d'habitude, sa tête tombe sur sa poitrine, ses mains deviennent inactives et descendent le long du corps ; elle dort ou paraît dormir, mais d'un sommeil spécial ; car ni bruit ni aucune excitation, pincement ou piqûre, ne sauraient l'éveiller. Cette sorte de sommeil est absolument subit ; au début de l'hystérie, en 1857, il durait une dizaine de minutes ; en 1859, deux à trois minutes ; seize ans plus tard, deux à trois secondes. Comme Félida est toujours avertie de la venue des accès par quelques signes dont le principal est une pression aux tempes, elle peut dissimuler en quelque lieu où elle se trouve cette transition qui l'humilie et la remplit de tristesse. Voici ce qui se passe (1876-1877) : Dès qu'elle sent venir les accès, elle porte la main à sa tête, se plaint d'un éblouissement ; et après une durée de temps insaisissable, elle passe dans l'autre état. Elle peut dissimuler ce qu'elle nomme une infirmité. Or cette dissimulation est si complète que, dans son entourage, son mari seul est au courant de son état du moment. L'entourage ne perçoit que les variations du caractère qui sont très accusées. Lorsque Félida s'éveille ou sort de cette transition, elle n'est plus dans l'état normal où elle était auparavant ; son caractère a changé ; elle a une autre personnalité.

3° *Caractère de Félida dans l'état second.* — Dans

l'état second, Félida est d'une gaieté qui va jusqu'à la turbulence; sa conversation est vive, mais plus frivole; elle se préoccupe beaucoup de sa toilette. Elle est moins laborieuse; elle est sensible à l'excès et témoigne beaucoup d'affection à ceux qui l'entourent; elle se soumet aisément à l'autorité de son mari. Sa mémoire embrasse tous les faits, soit les faits de l'état premier, soit les faits de l'état second. Toutes ses facultés intellectuelles sont plus développées et plus complètes. Bref, la personnalité de l'état second, non seulement est l'opposé de l'état premier, mais elle lui est de beaucoup supérieure.

Voici, mis en tableau comparatif, les deux moi de Félida, celui de l'état premier et celui de l'état second.

MOI DE L'ÉTAT PREMIER	MOI DE L'ÉTAT SECOND
1° Félida est triste, même morose; elle parle peu; sa conversation est sérieuse;	1° Félida est gaie, même turbulente; elle parle beaucoup; sa conversation est même frivole;
2° Elle est indifférente et marque peu d'affection pour ceux qui l'entourent;	2° Elle est sensible à l'excès, et témoigne beaucoup d'affection à ceux qui l'entourent;
3° Elle est très ardente au travail;	3° Elle est moins laborieuse;
4° Elle est d'une volonté très arrêtée, même à l'égard de son mari;	4° Elle est très soumise à son mari;
5° Elle ne se souvient pas des faits qui se passent durant son état second;	5° Elle se souvient des faits qui se passent durant ses deux états;
6° Toutes ses facultés intellectuelles et morales sont en un état inférieur de développement et de plénitude;	6° Toutes ses facultés intellectuelles et morales sont plus développées et plus complètes;
7° Elle se trouve très malheureuse durant son état premier[1].	7° Elle se trouve heureuse durant son état second[1].

1. Comme on le verra ci-après.

4° *Forme et genre de l'amnésie de Félida dans l'état premier*. — Dans l'état premier et dans l'état second, Félida sait parfaitement lire, écrire, compter, tailler, coudre.

Dans l'état second, elle se souvient de tous les faits de l'état premier.

Dans l'état premier, l'oubli se porte exclusivement sur les incidents fortuits et passagers qui ont eu lieu durant l'état second. En voici quelques exemples pris comme modèles dans le cours de vingt ans :

1858-1859. — Félida est à l'état second, occupée à un travail de couture; soudain la torpeur la saisit; trois ou quatre minutes s'écoulent; elle ouvre les yeux; elle est entrée dans l'état premier. Alors elle ne connaît plus le plan ni le but du travail qu'elle a dans les mains; il lui faut un effort d'esprit pour le comprendre. Néanmoins elle continue son travail comme elle peut, en gémissant sur sa malheureuse situation. Sa famille, qui a l'habitude de cet état, l'aide à se mettre au courant.

Quelques minutes avant la torpeur, elle chantonnait quelque romance; on la lui redemande; elle ignore absolument ce qu'on veut dire.

On lui parle d'une visite qu'elle vient de recevoir, elle n'a vu personne.

1876. — Le docteur Azam lui demande où est son mari; elle ne sait pas à quelle heure il l'a quittée ni ce qu'il a dit en la quittant. Or, à huit heures, l'état premier était survenu; le mari était sorti un quart d'heure auparavant,

Ses enfants ont fait leur première communion pendant qu'elle était en état second; lorsqu'elle rentre dans l'état premier, elle a le chagrin d'ignorer que cet événement religieux est accompli.

Les deux faits suivants, quoique n'ajoutant rien à l'essence du phénomène, ont un aspect plus saisissant et, partant, plus capable de frapper l'esprit.

Premier fait (1859). Félida n'était pas encore mariée, mais elle voyait fréquemment le jeune homme, son ami d'enfance, qu'elle devait épouser quelque temps après. Les deux jeunes gens s'aimaient beaucoup et s'étaient promis le mariage. Un jour, Félida, *étant dans l'état premier*, plus triste qu'à l'ordinaire, les larmes aux yeux, dit au docteur Azam : « Ma maladie s'aggrave; mon ventre grossit et chaque matin j'ai des envies de vomir. » Félida croit ainsi dépeindre l'aggravation de sa maladie hystérique; en réalité, elle fait le tableau d'une grossesse qui commence. Tandis qu'elle parle, les yeux de ceux qui l'entourent se portent avec inquiétude sur le docteur Azam. Soudain Félida est prise par sa torpeur; deux minutes après, elle se réveille *en état second;* alors, en présence des mêmes personnes, elle reprend son discours adressé au docteur Azam : « Je me souviens parfaitement de ce que je viens de vous dire; vous avez dû facilement me comprendre; je l'avoue sans détour, je suis grosse. » Sa grossesse ne l'inquiétait pas; elle en prenait gaiement son parti. Devenue enceinte durant son état second, Félida l'ignorait donc durant son état premier.

Un jour que Félida était dans une période d'état premier, une voisine qui croyait que Félida jouait la comédie lui dit brutalement qu'elle-même, Félida, avait avoué durant son état second qu'elle était enceinte. La découverte qu'elle fit qu'elle était enceinte causa à Félida une si forte impression qu'elle eut des convulsions hystériques très violentes; le docteur Azam dut lui donner des soins pendant plusieurs heures.

Ainsi, durant l'état second, Félida savait qu'elle était enceinte et n'en était pas fâchée; durant l'état premier, elle l'ignore; et lorsqu'elle l'apprend, elle en conçoit un violent chagrin. L'antithèse est frappante.

Second fait (1874). Durant l'état second, lequel était devenu l'état ordinaire, Félida revenait en compagnie d'autres dames des obsèques d'une personne de connaissance. On était en voiture. Tout à coup Félida sent venir ce qu'elle appelle sa crise, c'est-à-dire le retour à l'état premier; elle s'assoupit quelques secondes sans que les dames s'en aperçoivent; elle s'éveille en état premier, ignorant absolument pourquoi elle est dans une voiture de deuil, avec des personnes qui vantent les qualités d'une défunte dont elle ne savait pas le nom.

Par ces deux exemples, on voit que pendant vingt années la forme et le genre de l'amnésie n'ont pas changé.

5° *Marche de la durée respective de l'état premier et de l'état second*. — Pendant deux ans, de 17 à 19 ans, Félida resta en l'état premier. A 19 ans, les accidents reparurent; l'hystérie s'aggrava, avec son cortège de crachements de sang, d'hémorragies pulmonaires, etc.

De 24 à 27 ans, Félida a eu trois années d'état premier.

Après ce temps, de 1870 à 1875, les alternances d'état second et d'état premier ont reparu, mais avec un extraordinaire renversement de durée respective. En effet, en 1858 et 1859, l'état second n'occupait guère que le dixième environ de l'existence de Félida; il a augmenté graduellement, si bien qu'il est devenu égal à la durée de l'état premier; puis il l'a dépassé; en 1887, l'état second occupait l'existence presque entière de Félida, alors âgée de quarante-quatre ans [1].

6° *Influence funeste produite sur l'esprit de Félida par l'amnésie qu'amènent les retours de l'état premier.* — « Théoriquement, chacun connaît l'importance de la mémoire, dit le docteur Azam, mais jamais peut-être cette importance ne reçut une preuve pratique plus frappante, et nul n'arriverait en s'examinant soi-même à la comprendre aussi nettement qu'en étudiant cette jeune femme. On ne saurait croire, en effet, l'impression singulière que donne à l'observateur une personne qui, comme Félida, ignore tout ce qui s'est passé, tout ce qu'elle a dit, tout ce qu'on lui a raconté

---

1. En 1887, le docteur Azam a publié, en volume, sous le titre de *Hypnotisme et double conscience,* le récit du cas de Félida. Par une fâcheuse inspiration, le docteur Azam a coupé ce récit de réflexions incohérentes et d'hypothèses contradictoires; aussi le lecteur fera-t-il mieux de se borner au compte rendu que le docteur Azam a fait, en 1876, à l'Académie des sciences morales, compte rendu reproduit par la *Revue scientifique* en mai et septembre 1876, et en décembre 1877.

pendant les trois ou quatre mois qui précèdent. Elle
ne sort pas d'un rêve, car un rêve, si incohérent
qu'il soit, est toujours quelque chose. Elle sort du
néant, et si, comme la plupart des délirants, elle
n'avait pas vécu intellectuellement pendant cette
période, la lacune serait de peu d'importance. Mais
pendant ce temps son intelligence, ses actes, ont été
complets et raisonnables; le temps a marché, et sa vie
a marché avec lui et aussi tout ce qui l'entoure. J'ai
plus haut indiqué comme comparaison à cette existence un livre auquel on aurait arraché de loin en
loin des pages. Ce n'est pas assez, car un lecteur intelligent, imbu de l'esprit général de l'œuvre, pourrait
reconstituer ces lacunes, tandis qu'il est absolument
impossible à Félida de se douter d'un fait quelconque
arrivé pendant sa condition seconde. Comment saura-
t-elle, par exemple, que pendant ce temps elle a contracté une dette, reçu un dépôt, ou qu'un accident, un
mal subit, lui aurait enlevé son mari ou ses enfants?
Elle ne les retrouvera pas auprès d'elle, elle attendra
leur retour. Le voyageur qui passe trois ou quatre
mois loin de son pays, sans lettres ni nouvelles, a la
notion du temps écoulé; il peut s'étonner de ce qui
est arrivé dans cette période; mais il sait qu'il a dû
se passer quelque chose. Il s'attend à l'apprendre;
pour lui, le temps a marché. Lorsque après quatre
mois de condition seconde, Félida a une journée d'état
premier, elle n'a pendant cette journée aucune connaissance des mois qui précèdent; elle ne sait pas
combien cette période a duré : une heure ou quatre

mois sont tout un pour elle. Aussi, dans son appréciation du temps, se trompe-t-elle de la façon la plus singulière, en supprimant des mois entiers ; elle est toujours en arrière. L'almanach même ne peut lui servir, car elle n'a pas de base pour le consulter. Son mari ou son livre de ventes, en remontant jour par jour à quelque vente dont elle se souvienne, l'éclaire sur le moment où elle se trouve et sur celui où a commencé sa période d'amnésie. »

Les absences de mémoire que Félida subit lorsqu'elle est dans l'état premier lui font commettre tant de bévues dans ses rapports avec les clients de son magasin qu'elle en est très malheureuse[1]. Dans le courant de l'année 1876, le désespoir que lui cause cette amnésie est devenu si grand que, pendant une période d'état premier, elle a cherché à se suicider.

7° *Les faits concernant Félida se classent en quatre groupes de faits principaux.* — 1° Félida a deux caractères opposés : l'un que la nature lui a donné en naissant ; l'autre, que vers l'âge de quinze ans elle doit à l'hystérie. Ces deux caractères alternent à la suite d'accès qui durent à peine quelques secondes.

2° Quand elle est dans l'état premier, Félida n'a aucune mémoire des actes accomplis durant l'état second.

Quand elle est dans l'état second, Félida se souvient

---

1. A l'instar de M⁰⁰ R. L., « Je suis dans ma raison » dans la bouche de Félida, signifie que Félida est dans la condition seconde ; « Je vais avoir ma crise » signifie que Félida sent qu'elle va rentrer dans l'état premier.

également des faits accomplis, soit durant l'état premier, soit durant l'état second.

3° Dans les deux états, Félida ne cesse pas de savoir lire, écrire, compter, tailler, coudre.

4° Les absences de mémoire durant l'état premier rendent Félida assez malheureuse pour qu'elle songe à mettre fin à ses jours.

I° DANS L'HYPOTHÈSE D'UN MOI, SUBSTANCE SPIRITUELLE, UNE ET SIMPLE, LES QUATRE GROUPES DE FAITS CONCERNANT LA VIE DE FÉLIDA SONT INEXPLICABLES ET INCOMPRÉHENSIBLES.

Si le moi est une substance spirituelle, une et simple, logée dans le cerveau, les quatre groupes de faits qui composent la vie de Félida sont inexplicables et incompréhensibles. En effet :

1° Le moi, substance spirituelle, se manifeste extérieurement par cet ensemble de sentiments, de jugements et de volitions qu'on appelle un caractère. En naissant, Félida avait un moi particulier et bien défini, œuvre de la nature, bref un *moi naturel;* à quinze ans un *autre moi,* œuvre de l'hystérie, se manifeste en elle. A partir de cet âge jusqu'en 1887, c'est-à-dire durant trente années, les deux moi se chassent réciproquement et règnent l'un après l'autre avec des alternances variées. Comment un moi peut-il expulser un autre moi? Où le moi chassé va-t-il se réfugier en attendant qu'à son tour il détrône son heureux rival?

2° Le moi premier ne sait rien des faits et gestes du moi second; le moi second connaît tout ce qu'a fait le moi premier. On ne peut pas dire que le moi premier a inscrit ses actes dans les cellules cérébrales; et que le moi second entrant en possession du logement lit les inscriptions laissées par son prédécesseur; car s les actes sont inscrits dans les cellules grises, on n'a pas besoin de l'hypothèse d'une substance spirituelle, une et simple, pour expliquer les faits mentaux: ce serait la répudiation de la doctrine spiritualiste. Il s'ensuit que la connaissance que le moi second a des actes du moi premier est inexplicable et incompréhensible.

3º Le moi naturel de Félida a pendant les quinze premières années appris à lire, à écrire, à calculer, à coudre; ces connaissances lui appartiennent en propre. Comment, expulsé de Félida, peut-il laisser au moi hystérique certaines connaissances qui sont exclusivement les siennes, puisque c'est lui qui les a acquises, et non le moi hystérique, lequel n'existait pas encore?

Dans l'hypothèse d'un moi, substance spirituelle, une et simple, ces connaissances ne peuvent pas être inscrites et localisées dans le cerveau; elles sont dans le moi; le moi s'en allant, elles s'en vont nécessairement avec lui.

4º Lorsque le moi naturel rentre dans Félida, il est pris d'un tel désespoir d'avoir expulsé le moi hystérique qu'il pousse Félida au suicide. Alors pourquoi rentrer dans Félida et en chasser le moi hystérique? Cela est incompréhensible de la part d'une substance spirituelle, une et simple, dont l'intelligence participe de l'intelligence divine.

IIº DANS L'HYPOTHÈSE D'UN MOI, SIMPLE RÉSULTANTE DES MODIFICATIONS NERVEUSES, LES QUATRE GROUPES DE

FAITS DE LA VIE DE FÉLIDA SONT COMPRÉHENSIBLES ET S'EXPLIQUENT.

1° Félida naît avec un corps, un cerveau et des appareils sensoriaux d'une structure déterminée; le fonctionnement de ces appareils nerveux produit des associations psychiques, lesquelles sont liées entre elles par un rapport propre, celui qu'imposent la structure du corps et son fonctionnement à l'état normal. Le moi naturel de Félida est la résultante de ces modifications nerveuses liées entre elles par un rapport qui leur est propre.

A quinze ans, l'hystérie survient; cette maladie, quelle qu'en soit l'origine, exerce une influence énergique sur le système nerveux; c'est un fait dont nous n'avons pas à chercher le mécanisme, il suffit de le constater. Le fonctionnement des appareils sensoriaux et du cerveau éprouve un changement profond; le rapport qui unit les modifications nerveuses n'est plus le même; il devient autre. Le rapport étant changé, la résultante change aussi; on a donc un *nouveau moi*, représentation exacte des modifications introduites par l'hystérie dans le système nerveux natif.

Lorsque l'influence hystérique est suspendue, le système nerveux reprend son fonctionnement premier; la résultante première ou moi naturel reparaît.

Lorsque l'influence hystérique se fait de nouveau sentir, le système nerveux fonctionne selon le rapport second; la résultante seconde ou moi hystérique reparaît.

Les alternances des deux moi s'expliquent donc aisément par les alternances dans les rapports respectifs qui lient les modifications nerveuses entre elles.

2° Nous savons que, pour qu'il y ait conscience d'une modification nerveuse, deux conditions sont nécessaires, à savoir, un minimum d'intensité et un minimum de durée. Lorsque ces deux conditions ne sont pas remplies, les faits enregistrés par les modifications nerveuses subsistent, mais restent à l'état inconscient, ils n'existent pas pour la mémoire.

Que les réviviscences mnémoniques soient dues à une action chimique comme le sont les réviviscences photographiques, ou à une action électrique, ou à une action vibratoire, peu importe : dans le problème à résoudre, il suffit que l'action, quelle qu'elle soit, chimique, électrique ou mécanique, rende aux modifications nerveuses l'intensité et la durée nécessaires pour que les faits enregistrés revivent, pour qu'il y ait mémoire. C'est ainsi que le jeune boucher de Bicêtre se ressouvenait des tirades de Racine lorsque les cellules cérébrales étaient stimulées par la manie.

Félida, dans l'état second, a la mémoire des faits des deux états, parce que l'action hystérique donne aux modifications nerveuses acquises durant les deux états le minimum d'intensité et le minimum de durée nécessaires pour qu'il y ait conscience; alors tous les faits enregistrés revivent.

Félida, dans l'état premier, perd l'énergie stimulatrice que lui donnait l'état second; le minimum d'intensité et le minimum de durée nécessaires pour faire revivre les faits enregistrés durant l'état second ne sont plus atteints ; alors ces faits, *quoique subsistants*, restent enfouis dans les ténèbres de l'inconscience ; ils sont comme s'ils n'étaient pas.

3° Félida conserve dans les deux états la science de lire, d'écrire, de compter, de coudre et de tailler, parce que la répétition incessante des actes et des mouvements propres à chacun de ces arts a formé, dès l'enfance, des modifications assez puissantes pour résister aux vicissitudes de la santé ; les actes sont devenus automatiques.

4° La tristesse et le désespoir de Félida, contrainte de rentrer par intervalles dans une période où elle déchoit à un état d'infériorité énorme, tant au point de vue moral qu'au point de vue des intérêts matériels, n'ont pas besoin d'être expliqués.

V. — Conclusion.

1° *Corporellement*, par suite de l'évolution continue des molécules intégrantes, à partir de la naissance jusqu'à la mort, l'homme n'est jamais, à aucun moment donné, identique à lui-même.

2° *Psychiquement*, par suite de l'évolution continue des sentiments, des connaissances, des jugements et des volitions, à partir de la naissance jusqu'à la mort, l'homme n'est jamais, à aucun moment donné, identique à lui-même [1].

3° La pénétration réciproque et la combinaison

---

1. En jargon philosophique, on exprime ce fait physiologique et psychologique par ces mots : « L'homme n'est pas, il devient. » *Etre* a le sens de stabilité, tandis que *devenir* exprime l'instabilité sans trêve, l'évolution continue.

mutuelle des sensations, des sentiments, des connaissances, des jugements et des volitions font de l'unité du moi, non pas une unité collective, mais une résultante.

4° La résultante psychique correspond nécessairement à la résultante corporelle, c'est-à-dire aux variations et aux changements qui se font dans les appareils sensoriaux et dans les viscères, soit à l'état de santé ou à l'état morbide, soit à la suite du cours des années.

5° Il s'ensuit qu'un même individu peut avoir conscience de son identité personnelle, à savoir, qu'il conserve le même type corporel ou figuré, et à la fois avoir conscience de l'alternance en lui de deux résultantes psychiques, c'est-à-dire de deux moi distincts, lesquels correspondent à l'alternance de deux dispositions fonctionnelles distinctes dans les appareils sensoriaux et dans les viscères.

Cette déduction est confirmée d'une manière saisissante par le cas de Mlle R. L... et par celui de Félida.

Nota. — Une branche nouvelle de physio-psychologie, à savoir, l'hypnotisme et la suggestion, a pris récemment un grand développement. Mais le triage des faits vrais d'avec les supercheries ou les interprétations illusoires est loin d'être accompli ; le moment ne semble pas encore venu de pouvoir s'appuyer sur ces étranges phénomènes pour la solution expérimentale complète du problème de l'âme et du libre arbitre. Le devoir du philosophe est d'attendre patiemment qu'il y ait un groupe de faits irrévocablement acquis, au-dessus de toute objection ou de toute suspicion. Du reste, ces faits ne feront qu'ajouter un argument de plus aux arguments si nombreux qui démontrent la vérité de l'hypothèse physiologique.

CHAPITRE V.

LE PROGRÈS DU CERVEAU, DANS LA SÉRIE ANIMALE, EST SUIVI DU PROGRÈS DE L'AME.

Première Section. — Le cerveau animal.

Préliminaires.

LE SYSTÈME NERVEUX EST UN APPAREIL DE PERFECTIONNEMENT.

Les fonctions animales sont la sensibilité, la motilité, l'instinct et l'intelligence.

La vie réside essentiellement dans la sensibilité, plus exactement l'irritabilité, et dans la motilité.

Les Protozoaires, tels que les infusoires, les éponges, les grégarines, ont exclusivement l'irritabilité et la motilité ; on n'a pu reconnaître chez eux le moindre indice d'éléments nerveux.

L'irritabilité et la motilité se trouvent également chez plusieurs végétaux, tels que la sensitive, la dionée gobe-mouche, le droséra, etc. ; chez les anthérozoïdes des mousses et des fougères, chez les zoospores des algues, etc.

« La nature, dit M. Vulpian, n'a pas établi de ligne

de démarcation bien nette entre le règne végétal et le règne animal. Les animaux et les végétaux se continuent par une progression insensible, et c'est avec raison qu'on les a réunis sous le nom commun de règne organique [1]. »

Dès que le système nerveux apparaît chez les animaux, à l'instant les fonctions animales, à savoir, sensibilité, mouvement, instincts, intelligence, se concentrent en lui.

I. — Le Ganglion cérébral et l'Intelligence.

1° QUAND APPARAIT LE GANGLION CÉRÉBRAL, ALORS APPARAIT MANIFESTEMENT L'INSTINCT.

Certains Zoophytes, tels que les méduses et les oursins, ont quelques linéaments de système nerveux ; aussi distingue-t-on chez eux quelques faibles lueurs d'instincts.

Chez les Mollusques, le système nerveux, dans les types les plus nets, est formé principalement par deux ganglions situés, l'un au-dessus de l'œsophage, c'est le ganglion cérébral ; l'autre au-dessous de l'œsophage, c'est le ganglion pédieux, qui représente plus ou moins complètement le reste du système nerveux. Ces deux ganglions sont reliés l'un à l'autre par deux cordons qui forment une sorte de collier, le collier œsophagien.

A mesure que l'organisme s'élève, le ganglion cérébral devient double. Les deux ganglions céré-

---

1. VULPIAN, *Leçons sur le système nerveux*, page 89.

braux peuvent être séparés, comme dans la limace commune, ou réunis et formant deux lobes.

Facultés des Mollusques. — Tous les mollusques jouissent de la sensation du toucher; beaucoup de la vue et peut-être de l'odorat; quelques-uns jouissent de l'audition.

Les mollusques ont des instincts, instincts de nutrition et de propagation; quelques-uns d'entre eux ont même des instincts spéciaux, témoin les pholades, qui perforent des trous dans les rochers pour s'y faire une demeure.

II° QUAND S'ACCROIT ET SE DÉVELOPPE LE GANGLION CÉRÉBRAL, ALORS SE DÉVELOPPENT LES INSTINCTS ET APPARAIT NETTEMENT L'INTELLIGENCE.

L'accroissement et le développement du ganglion cérébral sont très marqués chez les Articulés. Dans la presque universalité des articulés, les deux ganglions cérébraux sont rapprochés et soudés, mais en présentant encore les indices plus ou moins manifestes de leur séparation typique.

Facultés des Articulés. — Dans la série des animaux articulés, dit Leuret, les facultés se développent en suivant la progression suivante :

A. Quelques sensations et des instincts bornés à la recherche de la nourriture et à la génération (Annélides : sangsues).

B. Sensations plus étendues et plus nombreuses, ardeur extrême pour la génération, voracité, cruauté aveugle (Crustacés : écrevisses).

C. Sensations encore plus étendues, construction

d'un domicile, voracité, ruse, astuce (Arachnides : araignées).

D. Sensations très étendues, construction d'un domicile, vie de relation, approvisionnements, guerre et défense commune, en un mot, sociabilité (Insectes : fourmis et abeilles).

II. — Le Cerveau et l'Intelligence.

Tous les Vertébrés ont un axe cérébro-spinal ; le cerveau est logé dans une boîte osseuse, le crâne, et entouré de membranes appelées méninges. La moelle épinière, qui continue la moelle allongée, est aussi logée dans une enveloppe osseuse connue sous le nom de canal spinal. Ce canal est formé par la juxtaposition de vertèbres, dont l'ensemble forme la colonne vertébrale.

Parmi les Vertébrés, les uns sont à *sang froid* ; ce sont les poissons, les batraciens et les reptiles.

Les autres sont à *sang chaud* ; ce sont les oiseaux et les mammifères.

L'oxygénation du sang et sa chaleur ont une grande importance relativement à la fonction du cerveau. Où le sang est plus oxygéné et où le cœur bat plus souvent, là le cerveau est stimulé avec plus de fréquence et d'énergie ; sa fonction psychique sera donc supérieure à celle du cerveau où le cœur envoie plus rarement un sang moins riche en oxygène.

Les vertébrés à sang froid sont inférieurs aux vertébrés à sang chaud pour deux raisons :

1° Leur cerveau est d'une structure inférieure ;

2° Par cela que leur cœur bat moins souvent et que leur sang est moins oxygéné, leur cerveau aura une énergie fonctionnelle inférieure.

1° Ou le cerveau est peu développé et le sang froid, la l'intelligence est rudimentaire; c'est l'instinct qui domine.

I. *Poissons.* — Prenons la carpe pour type: les lobes cérébraux sont deux renflements entièrement lisses.

Facultés des Poissons. — Les poissons sont généralement stupides. Cependant :

A. Tous ont l'instinct de la recherche de la nourriture et celui de la propagation.

B. Quelques espèces, et parmi elles la raie, ont de l'astuce et de la ruse, ce qui touche à l'intelligence;

C. On signale l'amour paternel chez les saumons, l'épinoche, le gobie noir, le macropode;

D. On peut apprivoiser la morue, les cyprins et les carpes, ce qui dénote une certaine lueur d'intelligence.

II. *Batraciens et Reptiles.* — Les Batraciens et les Reptiles ont une moelle épinière, une moelle allongée, un cervelet très petit, deux hémisphères cérébraux. Ceux-ci sont larges chez les Reptiles, et allongés chez les Batraciens.

Facultés des Batraciens et des Reptiles. — Les Batraciens sont stupides, mais tous ont les instincts de nourriture et de génération.

Les Reptiles ont les instincts développés, surtout celui de la propagation. Hors le temps de l'accouplement, le mâle et la femelle n'ont pas d'attachement l'un pour l'autre. Ils ont de la ruse et de l'astuce ; quelques-uns s'apprivoisent et sont susceptibles de quelque éducation.

II° OU LE CERVEAU EST DÉVELOPPÉ ET LE SANG CHAUD, LA L'INTELLIGENCE S'ACCROIT, ET LES SENTIMENTS AFFECTUEUX APPARAISSENT.

I. *Oiseaux*. — « Lorsqu'on passe des reptiles aux oiseaux, on franchit un intervalle immense. Chez les reptiles, les facultés intellectuelles sont très rudimentaires ; chez eux, l'instinct est le mobile presque exclusif des actes de la vie de relation. Chez les oiseaux, l'intelligence se montre, au contraire, dans un état de développement tout à fait remarquable. Aussi ne doit-on pas s'étonner de voir chez les oiseaux les parties de l'encéphale qui président à l'intelligence prendre une prépondérance tout à fait décisive [1]. »

Les hémisphères cérébraux sont très peu allongés ; leur surface est dépourvue de vraies circonvolutions.

La moelle épinière des oiseaux contient plus de substance grise que celle des reptiles.

La substance grise et la substance blanche sont aussi distinctes l'une de l'autre dans le cervelet des oiseaux que dans celui de l'homme.

La grande différence entre le cerveau des oiseaux et celui des mammifères est l'absence du corps calleux chez les oiseaux.

Les oiseaux sont d'autant plus intelligents que leur

1. VULPIAN, *Leçons sur le système nerveux*, page 867.

masse cérébrale se prolonge davantage en avant et en arrière, allant recouvrir plus ou moins le cervelet. Leuret a dressé une liste sur cette base :

1° *En tête* sont le perroquet, la pie et le corbeau. Le cerveau du perroquet est même tout à fait hors ligne ; or le perroquet mérite parmi les oiseaux d'être placé tout à fait au premier rang. Le perroquet a des rêves, car on l'a entendu parler en rêvant.

2° *Au milieu* sont l'hirondelle et le moineau.

3° *Au dernier rang* sont la poule et le pigeon, lesquels en effet sont peu intelligents.

Facultés des Oiseaux. — Leuret formule les conclusions suivantes relativement aux facultés des oiseaux :

A. *Sentiments.* — 1° Les oiseaux sont généralement très ardents en amour ; la pariade, sorte de mariage annuel, est l'état dans lequel ils vivent le plus ordinairement (amour conjugal).

2° Presque tous les oiseaux élèvent leurs petits avec soin, tendresse et prévoyance ; les plus faibles trouvent du courage quand il faut défendre leur couvée contre un ennemi (amour maternel).

3° Quelques-uns ont les uns pour les autres une véritable amitié (amitié).

4° On a vu plusieurs fois les oiseaux s'entr'aider et venir au secours les uns des autres (amour du prochain).

B. *Intelligence.* — 1° Les vieux oiseaux sont plus expérimentés, plus habiles que les jeunes ; ils se sont perfectionnés, parce qu'ils ont vu et appris.

2° Les oiseaux connaissent les saisons, les climats et les périodes du jour.

3° L'éducation que l'homme donne aux oiseaux procure à ces animaux quelques-uns des attributs de la vie humaine (reconnaissance, amitié pour le maître ; le perroquet apprend à parler), et aussi quelques-uns des vices humains, à savoir, paresse, gourmandise et même ivrognerie. Livrés à leurs forces, dit Leuret, les oiseaux n'atteindraient jamais jusque-là.

II° *Mammifères.* — Leuret a établi le tableau suivant d'après le rapport moyen du poids de l'encéphale à celui du corps. L'encéphale, pris comme unité, est au poids du corps :

1° Chez les poissons, comme 1 est à. . . 5668 ;
2° Chez les reptiles, comme 1 est à. . . 1321 ;
3° Chez les oiseaux, comme 1 est à. . . 212 ;
4° Chez les mammifères, comme 1 est à. . . 186.

Il y a donc progression continue de l'encéphale en passant d'un embranchement inférieur à l'embranchement supérieur ; mais à la condition formelle que les pesées embrassent chaque embranchement pris en bloc, et non pas telle ou telle espèce prise séparément. Car s'il est un fait aujourd'hui bien démontré, c'est que le progrès dans la série animale a lieu, non pas en ligne droite et sur une seule ligne. mais en lignes inégales et parallèles.

Leuret formule ainsi les conclusions relatives au cerveau des mammifères :

1° Dans l'encéphale des mammifères, le volume du

cerveau l'emporte de beaucoup sur celui du cervelet.

2º Le cerveau de la plupart des mammifères est pourvu de circonvolutions.

3º Les mammifères qui manquent de circonvolutions cérébrales appartiennent aux Ordres dont l'organisation est la moins parfaite.

4º Les circonvolutions cérébrales des mammifères sont toujours les mêmes chez le même animal.

5º On peut classer les mammifères d'après la similitude de leurs circonvolutions cérébrales.

6º La présence et le développement des circonvolutions cérébrales ne sont pas en rapport direct avec le volume du cerveau. Cependant il est généralement vrai de dire que les plus gros cerveaux ont les circonvolutions les plus nombreuses et les plus ondulées.

Facultés des Mammifères. A *Intelligence*. — On trouve dans les mammifères l'attention, le jugement, la mémoire, l'imagination, l'abstraction, le raisonnement; un langage d'action et un langage de voix.

B. *Sentiments passionnels*. — On trouve chez eux l'amour conjugal, l'amour maternel, l'amour du prochain, la sympathie, la haine, le désir de la vengeance, la sensibilité à la moquerie.

C. *Sentiments moraux*. — On trouve chez eux le remords, la joie morale, le sentiment du juste et de l'injuste.

D. *Sentiments sociaux*. — On a constaté chez eux des faits de services mutuels, de solidarité et de fraternité.

Seconde Section. — Le cerveau humain.

I. — Le Cerveau de l'homme comparé au cerveau des vertébrés.

1º LA SCIENCE EST RESTÉE JUSQU'A PRÉSENT IMPUISSANTE A DÉTERMINER LA QUANTITÉ PROPORTIONNELLE D'INTELLIGENCE, SOIT D'APRÈS LE VOLUME ET LE POIDS DU CERVEAU, SOIT D'APRÈS LE NOMBRE ET LA PROFONDEUR DES CIRCONVOLUTIONS.

On comprend de quel intérêt puissant serait la découverte d'un critérium qui permît de mesurer exactement la valeur de l'intelligence dans la série animale. Comme la balance est l'instrument le plus précis que l'homme ait inventé, c'est sur le poids du cerveau que se portèrent d'abord les recherches des savants.

Avec l'intelligence humaine prise pour type, la connaissance de l'intelligence de nos animaux domestiques, tels que le chien, le cheval, le bœuf, le mouton, etc., donnait des points de repère excellents. Malheureusement, tous les efforts sont restés vains jusqu'à présent.

1º *Poids absolu du cerveau.* — On a commencé par comparer le poids absolu du cerveau de l'homme avec le poids absolu du cerveau des mammifères.

En poids absolu, le cerveau de l'homme l'emporte sur celui de tous les mammifères, à l'exception de la baleine et de l'éléphant. Le cerveau de l'éléphant est le plus lourd de tous; il pèse trois fois plus que celui de l'homme. Il est donc impossible de prendre le poids absolu du cerveau pour critérium de l'intelligence.

2º *Poids relatif du cerveau*. — En comparant le poids du cerveau au poids du corps entier, le cerveau de l'homme l'emporte sur celui de la plupart des mammifères, mais il le cède au cerveau de quelques singes inférieurs et à celui de la plupart des oiseaux. Il est donc impossible de prendre le poids relatif du cerveau pour critérium de l'intelligence.

3º *Richesse en circonvolutions et profondeur des anfractuosités*. — Il n'y a aucun rapport fixe à établir entre l'étendue de l'intelligence et la disposition des circonvolutions cérébrales. En effet, certains animaux peu intelligents, tels que le mouton, par exemple, ont le cerveau très riche en circonvolutions; d'autres animaux, au contraire, reconnus comme très intelligents, tels que le chien, par exemple, ont un cerveau beaucoup plus pauvre en circonvolutions que le cerveau du mouton. Ce n'est donc pas la richesse en circonvolutions qui soit apte à donner le critérium cherché.

4º *Rapport entre le poids du cervelet et le poids du cerveau*. — Le rapport du cervelet au cerveau n'a pas la même importance que le rapport du cerveau au poids total du corps. Là encore, on ne peut pas trouver un critérium sûr, car si l'homme vient en tête des animaux, la femme ne vient qu'après un singe inférieur, le saïmiri.

Conclusion. Il y a donc dans le cerveau une

inconnue que la science n'a pas encore pu déterminer; cette inconnue échappe à la balance ainsi qu'à l'analyse élémentaire; elle est ce qu'on peut appeler *la qualité*. Mais ce que l'on sait, c'est que la qualité réside dans la substance grise; c'est à la substance grise qu'est dévolue la fonction de l'intelligence. Il est même probable que si l'on pouvait isoler les cellules grises et les peser, le poids trouvé serait en rapport exact avec la valeur intellectuelle.

II° AU SEIN DE L'ESPÈCE HUMAINE, IL Y A UN POIDS MINIMUM DU CERVEAU AU-DESSOUS DUQUEL L'INTELLIGENCE NE PEUT SE MANIFESTER; CE CARACTÈRE NÉGATIF A UNE VALEUR ABSOLUE.

D'après Broca, le cerveau du Blanc européen ne peut descendre à 1049 grammes sans que l'intelligence ne s'éteigne.

Pour le cerveau de la Femme blanche européenne, la limite minimum serait de 907 grammes

Gratiolet, sans spécifier le sexe, admet que la limite inférieure est de 900 grammes.

En prenant le poids de Gratiolet pour critérium, on peut affirmer que *au-dessous de* 900 *grammes*, dans l'espèce humaine, le cerveau est dénué d'intelligence.

Du reste, pour la théorie, peu importe que le minimum soit à 850 grammes ou à 900 grammes; le point capital est qu'il y ait un poids minimum au-dessous duquel la matière cérébrale ne puisse produire l'intelligence.

III° Au sein de l'espèce humaine, ou entre singes anthropoïdes et hommes, le poids absolu et le poids relatif du cerveau, le nombre et la profondeur des circonvolutions ont au point de vue de l'intelligence une valeur généralement très grande.

La comparaison de l'homme avec la série entière des animaux n'a pu donner de critérium. Mais si l'on se borne à comparer l'homme à l'homme, ou l'homme aux singes anthropoïdes, le poids du cerveau et le nombre des circonvolutions acquièrent une importance, non pas absolue, mais généralement très considérable. On peut même affirmer que la différence du poids entre le cerveau de l'homme et celui du singe trace entre les deux groupes la ligne de démarcation la plus nette et la moins contestable.

En effet, le cerveau des singes anthropoïdes, à savoir, gorille, chimpanzé, orang et gibbon, pèse au maximum 570 grammes et en moyenne 460 grammes. Or, au-dessous de 900 grammes, le cerveau de l'homme est absolument privé d'âme. Ce simple rapprochement suffit pour faire saillir aux yeux la grandeur de l'intervalle qui sépare l'homme du singe, au point de vue psychique.

Le volume du corps du gorille dépasse souvent celui de l'homme. Cependant le développement des circonvolutions chez le gorille est plus simple que celui des circonvolutions chez l'homme.

Chez l'homme, les plis de la surface sont nombreux; il en résulte que la substance grise reçoit par cette disposition un énorme accroissement.

II. — Évolution organique du cerveau humain.

1º ÉVOLUTION DU CERVEAU HUMAIN PENDANT LA VIE INTRA-UTÉRINE.

Le petit œuf ou ovule humain est une simple cellule qui a un diamètre de 2 dixièmes de millimètre. Il est absolument semblable aux ovules de tous les autres mammifères.

Il renferme un noyau cellulaire appelé *résicule germinative*. La vésicule germinative est un globule albuminoïde, délicat, transparent, ayant environ un cinquantième de millimètre de diamètre. Elle englobe un nucléole plus petit, arrondi, nettement limité : c'est la *tache germinative*.

Peu de temps après la fécondation, apparaissent cinq ampoules creuses : ce sera l'encéphale de l'homme. C'est la première ampoule qui donnera naissance aux hémisphères cérébraux.

Au début, l'embryon humain est *identique* à celui de tous les vertébrés, à savoir, les poissons, les batraciens, les reptiles, les oiseaux et les mammifères.

A la quatrième semaine, c'est-à-dire au bout du *premier mois*, l'embryon humain commence à se distinguer nettement de l'embryon des reptiles et des oiseaux ; il est encore presque identique à celui du chien.

Vers la neuvième semaine, au début du *troisième mois*, l'embryon humain se distingue de celui du chien.

Ce n'est seulement qu'aux périodes les plus avancées de son développement que le jeune être humain présente des différences marquées avec le jeune singe.

A six mois, les hémisphères cérébraux sont à peu près lisses.

Du sixième mois à la fin du neuvième, les changements qui se manifestent dans le cerveau sont beaucoup plus marqués que ceux qui se produisent dans le cervelet.

A l'époque de la naissance, le développement des circonvolutions est si complet chez l'enfant qu'elles ne diffèrent de celles de l'adulte qu'en ce qu'elles présentent un peu moins de complications pour les détails de moindre importance.

II° ÉVOLUTION DU CERVEAU HUMAIN PENDANT LA VIE AÉRIENNE.

1° *Poids du cerveau suivant la stature.* — Le poids du cerveau est d'autant plus lourd que la taille est plus élevée; il faut tenir compte de ce fait dans les pesées, sous peine de commettre une grave erreur dans les évaluations de la valeur intellectuelle.

2° *Poids du cerveau suivant le sexe.* — D'après tous les anatomistes, depuis Broca jusqu'à Thurnam, le poids moyen du cerveau de l'homme adulte est environ de un dixième supérieur au poids du cerveau de la femme.

3° *Poids du cerveau suivant l'âge.* — Le poids moyen du cerveau subit un accroissement progressif jusqu'à une époque située entre la 20ᵉ et la 40ᵉ année.

Le poids moyen le plus considérable est celui de 30 à 40 ans. Cela concorde parfaitement avec ce que nous savons de la continuation du développement de l'intelligence durant toute cette période.

De 40 à 50 ans, il y a une légère diminution; et une plus grande de 50 à 60 ans.

Après 60 ans, la décroissance est encore plus grande; le processus de dépérissement devient de plus en plus rapide; de 70 à 80 ans, le poids moyen du cerveau est de 80 à 90 grammes plus petit qu'il ne l'était de 30 à 40 ans.

Il y a beaucoup d'exceptions à cette règle générale; quelques personnes, surtout dans la classe aisée et instruite, conservent jusqu'à l'âge le plus avancé la plénitude et la vigueur de leurs facultés. Le cerveau de ces hommes doit perdre peu ou point du poids qu'il possédait à la fleur de l'âge.

4° *Poids du cerveau suivant la culture intellectuelle.* — En vertu de la loi physiologique de l'influence de l'exercice sur l'organe et sa fonction, le cerveau chez les individus instruits peut acquérir et acquiert un plus grand développement que chez les individus non instruits.

En vertu de la loi d'hérédité, les accroissements de volume et de poids se transmettent aux descendants. Au bout d'un certain nombre de générations, ces quantités, qui au point de départ étaient peu ou point appréciables chez l'individu, se sont accumulées : on peut les mesurer.

Les deux lois de l'influence de l'exercice et de l'hérédité donnent l'explication des deux faits suivants :

1° Les poids cérébraux élevés se rencontrent en

plus grande proportion chez les races civilisées que chez celles qui le sont peu ou point;

2° Les différences de poids se trouvent plus marquées chez les hommes qu'elles le sont chez les femmes, surtout dans les races supérieures.

En effet, l'instruction donnée aux femmes est nulle ou presque nulle; de là un niveau à peu près commun pour toutes. Chez les hommes, au contraire, l'inégalité d'instruction est énorme; du paysan ou du sauvage qui, courbé vers la terre, ne sait ni lire ni écrire et possède à peine un rudiment de pensée, au bourgeois qui tout le jour pâlit sur les livres ou qui dans les laboratoires essaye d'arracher à la nature ses secrets, l'intervalle est immense. Il n'est donc pas étonnant qu'au bout d'un certain nombre de générations les inégalités se soient accumulées et enfin traduites par une différence appréciable dans le poids ou le volume du cerveau.

D'après le docteur Le Bon, les gros et les petits crânes masculins peuvent présenter les écarts suivants en centimètres cubes :

1° Chez les Nègres. . . . . 204 centimètres cubes
2° Chez les anciens Égyptiens. . . . . 353 —
3° Chez les Parisiens du xii° siècle. . . 472 —
4° Chez les Parisiens du xix° siècle. . 593 —

Ainsi la somme des connaissances acquises au xix° siècle et les travaux qui sont faits dans toutes les directions pour augmenter le trésor intellectuel amènent entre les individus instruits et adonnés aux études scientifiques d'une part, et les manouvriers sans instruction et sans culture d'autre part, un écart qui va s'agrandissant au fur et à mesure que s'agrandit le domaine des connaissances et l'étude ardente de la nature.

III. — Le poids du Cerveau et l'Intelligence.

I° POIDS DU CERVEAU CHEZ CERTAINS HOMMES ÉMINENTS.

1° *Cuvier*, naturaliste, âgé de 63 ans......	1830 grammes
2° *Byron*, poète, âgé de 36 ans..........	1807 —
3° *Schiller*, poète, âgé de 46 ans..........	1785 —
4° *Agassiz*, naturaliste, âgé de 66 ans......	1512 —
5° *Gauss*, mathématicien, âgé de 78 ans....	1492 —
6° *Tiedemann*, anatomiste, âgé de 80 ans....	1254 —
7° *Haussmann*, minéralogiste, âgé de 77 ans.	1226 —
8° *Gambetta*, homme d'État, âgé de 45 ans...	1160 —

D'après Broca, le poids moyen du cerveau chez l'homme à 61 ans et au delà est de 1326 grammes. Il s'ensuit que le cerveau de Tiedemann et celui de Haussmann sont notablement inférieurs au poids moyen ; et cependant ce furent deux hommes distingués parmi leurs contemporains. Mais le cas le plus frappant est celui du cerveau de Gambetta. Quoi qu'on pense des actes politiques de cet homme d'État, ce qu'on ne peut lui refuser, c'est le don d'une rare intelligence. Les preuves qu'il en a données durant les quinze années de sa vie publique mettent ce fait au-dessus de toute contestation. Le cerveau de Gambetta pesait 1160 grammes ; or à 1130 grammes commence généralement la microcéphalie. Il y a donc lieu de tenir compte de la *qualité* de la substance cérébrale.

D'autre part, il est impossible de n'être pas frappé de la relation qui se révèle entre l'énormité du poids cérébral chez Cuvier, Byron, Schiller, etc., et la grandeur intellectuelle de ces hommes illustres.

II° POIDS COMPARÉ DU CERVEAU CHEZ LES CLASSES NON INSTRUITES ET CHEZ LES CLASSES INSTRUITES. — Chez les classes inférieures, peu ou point instruites, la proportion des gros cerveaux aux cerveaux moyens est de 5 0/0.

Chez les classes instruites, elle est de 23 0/0 ; et même chez les hommes éminents, elle semble être de 45 0/0.

III° POIDS COMPARÉ DU CERVEAU CHEZ LES BLANCS ET CHEZ LES NÈGRES. — D'après les pesées faites par Tiedemann, Peacock et Barkow, le poids moyen du cerveau serait :

1° Chez les Européens. . . . . . . 1390 grammes.
2° Chez les Nègres. 1225   —

La différence dans les chiffres pour le poids moyen qu'on trouve chez les anthropologistes provient, la plupart du temps, de la méthode employée dans le pesage. Cela n'infirme en rien la valeur des rapports ; car du moment que la même méthode est employée au pesage des deux groupes, les résultats obtenus sont comparables entre eux.

IV° ANOMALIES. — 1° *Cerveaux très lourds d'hommes d'une intelligence commune.* — Des poids cérébraux élevés ont été rencontrés accidentellement chez des individus qui, durant la vie, n'avaient donné aucun signe d'une intelligence extraordinaire. Ces cerveaux appartenaient à des artisans morts d'affections plus ou moins accompagnées de congestion cérébrale : ce fait est à noter.

2° *Poids moyen du cerveau chez les fous.* — Il ne faut pas confondre les fous avec les idiots et les déments.

Chez les idiots et les déments, le poids du cerveau est toujours inférieur à la moyenne.

Chez les maniaques, il est généralement, d'après le docteur Thurnam, plus élevé que le poids moyen du cerveau des hommes sains.

Thurnam a pesé plus de 700 cerveaux de maniaques :

1° Quarante-trois avaient un poids supérieur à 1559 ;

2° Quatre pesaient jusqu'à 1701 et 1729 grammes ;

3° Celui d'un boucher pesa jusqu'à 1760 grammes.

Le plus lourd cerveau de femme qu'on ait jamais rencontré est celui d'une femme qui avait la manie des grandeurs ; il pesait 1743 grammes.

Enfin le docteur Bucknill a pesé le cerveau d'un épileptique mort à 37 ans ; le poids s'élevait à 1830 grammes ; or ce poids est exactement celui du cerveau de Cuvier. Gratiolet a émis l'avis que le cerveau de Cuvier présentait les caractères d'une hypertrophie, laquelle se serait arrêtée à temps. Il s'ensuivrait que le génie confine à la folie.

« Il est possible, dit Bastian, que les cerveaux lourds se rencontrent en proportion légèrement plus élevée chez les fous que chez les hommes sains ; et cela, pour les raisons suivantes :

1º La folie dépend de divers états morbides qui peuvent se présenter aussi souvent chez les individus à gros cerveau que chez les individus à petit cerveau;

2º Dans quelques cas de folie associée ou non avec des accès d'épilepsie, le cerveau ou du moins certaines parties considérables du cerveau tendent à s'indurer, grâce à un développement disproportionné ou à une hypertrophie réelle de la névroglie ; or la névroglie est la partie constituante qui est fonctionnellement inerte ; la partie active est la substance grise [1]. »

Ces remarques du docteur Bastian sont fort importantes ; on sait en effet que l'intelligence est produite particulièrement par les cellules grises cérébrales. On voit que pour une solution nette et précise du problème, c'est moins le poids total du cerveau que celui de la substance grise qu'il faut avoir.

Première conclusion : *L'intelligence de l'homme n'a sa plénitude qu'entre deux limites.* — De ces observations si diverses et s'y complexes, on peut tirer une conclusion assez importante, c'est que l'intelligence de l'homme n'a sa plénitude qu'entre deux limites :

1º Une limite *minimum*, 1200 grammes environ [2];

---

[1]. Ch. Bastian. *Le Cerveau, organe de la Pensée,* tome II, page 29.

[2]. Abstraction faite du cerveau de Gambetta, lequel constitue une exception jusqu'à présent unique. Du reste, si on le veut, on peut abaisser la limite minimum à 1160 grammes, cela ne changera rien à la vérité de la conclusion.

2° Une limite *maximum*, 1830 grammes environ.

Au-dessus de 1830 grammes, c'est à peu près sûrement la folie.

Au-dessous de 1200 grammes, c'est ordinairement l'imbécillité.

Seconde conclusion : *Chez les hommes sains, une intelligence étendue est généralement en relation avec un poids élevé du cerveau.* — Des faits précédents on peut encore conclure que, chez les hommes sains, une intelligence étendue est, généralement, mais non absolument, en relation avec un poids élevé du cerveau. Comme le dit avec justesse le docteur Bastian.

« Il n'y a pas de relation invariable ou nécessaire entre le poids absolu du cerveau et le degré d'intelligence. Mais si l'on posait la question de savoir s'il est probable que la proportion des gros cerveaux est plus considérable chez les hommes d'une grande intelligence et d'un savoir étendu que chez les gens sans instruction et d'une intelligence obtuse, à coup sûr il faudrait répondre : Oui. »

IV. — Les Circonvolutions et l'Intelligence.

1° Comparaison des circonvolutions chez les races instruites et chez les races non instruites.

A. Le cerveau de la Vénus hottentote, soigneusement examiné et figuré par Gratiolet, avait les circonvolutions relativement fort peu compliquées.

Le cerveau d'une femme boschimane, étudié par

Marshall, offrait à peu près la même simplicité dans l'arrangement des circonvolutions.

B. Le cerveau de Cuvier, qui malheureusement n'a été ni moulé ni figuré, se distinguait, au dire des habiles anatomistes qui ont pu le voir, par la complication extraordinaire des plis et la profondeur des anfractuosités. En outre, chaque circonvolution s'était comme doublée d'une sorte de crête arrondie.

Le cerveau du grand mathématicien Gauss offrait aussi une extrême complexité dans les rangées des circonvolutions. Ce qui était surtout remarquable, c'était le grand développement des lobes frontaux.

En résumé, dit M. Quatrefages, « il paraît bien constaté que dans les races sauvages le nombre et la complication des circonvolutions cérébrales sont moindres que dans les races intelligentes et policées. La culture intellectuelle semblerait donc exercer son action d'une manière spéciale sur les couches corticales du cerveau.

II° Asymétrie des hémisphères cérébraux.

Une des particularités remarquables du cerveau humain est que ses deux hémisphères ne sont pas développés d'une manière exactement symétrique : il y a non symétrie ou asymétrie.

1° Chez les singes anthropoïdes, l'asymétrie des deux hémisphères est peu prononcée ;

2° Chez les races humaines inférieures, l'asymétrie est un peu plus marquée que chez les singes ;

3° Chez les hommes instruits des races civilisées, l'asymétrie est fortement accentuée.

Comme l'immense pluralité des hommes civilisés emploie le côté droit du corps beaucoup plus que le côté gauche, il en résulte, à cause de l'entrecroisement des nerfs dans le bulbe, que c'est probablement l'exercice répété pendant des siècles qui a donné à l'hémisphère gauche un développement plus considérable qu'à l'hémisphère droit. Ainsi l'asymétrie existante semble due, sinon en totalité, du moins en grande partie, à cette inégalité fonctionnelle des deux hémisphères cérébraux.

Conclusion : Les deux facteurs les plus importants de la valeur intellectuelle sont :

1º La quantité de la substance grise ;

2º L'exercice et la culture perfectionnée du cerveau.

VI. — Conclusion générale.

La vie réside essentiellement dans l'irritabilité et la motilité ; le système nerveux n'est qu'un appareil de perfectionnement.

Iº LE GANGLION CÉRÉBRAL. — 1º Quand apparaît le ganglion cérébral, alors apparaît manifestement l'instinct.

2º Quand s'accroît et se développe le ganglion cérébral, alors se développent les instincts et apparaît nettement l'intelligence.

IIº LE CERVEAU ANIMAL. — Le cerveau est un progrès sur le ganglion cérébral ; il fonctionne d'autant mieux que le sang qui le vivifie est chaud et oxygéné.

1º Où le cerveau est peu développé et le sang froid,

là l'intelligence est rudimentaire ; c'est l'instinct qui domine.

2° Où le cerveau est développé et le sang chaud, là l'intelligence s'accroît et les sentiments passionnels apparaissent.

III° LE CERVEAU HUMAIN. — De l'ampoule creuse, origine embryonnaire du cerveau, au cerveau de l'homme adulte, le progrès de l'organe est suivi du progrès de la fonction psychique.

La fonction psychique n'a sa plénitude qu'entre deux limites de poids cérébral, une limite minimum et une limite maximum.

1° Quoiqu'il soit impossible de mesurer la quantité d'intelligence, soit d'après le poids du cerveau, soit d'après le nombre des circonvolutions, cependant le poids du cerveau et les circonvolutions sont en relation générale avec le degré d'excellence de la fonction psychique. C'est ce que prouve :

A. Au sein d'une même race, la comparaison entre les cerveaux de la classe instruite et les cerveaux de la classe inférieure ;

B. Entre deux races différentes, la comparaison entre les cerveaux de la race blanche et ceux de la race noire.

2° La quantité d'intelligence dépend de deux facteurs principaux, à savoir, la quantité de substance grise et la culture intellectuelle.

Loi générale. — Dans la série animale entière, du zoophyte à l'homme, le progrès du cerveau est suivi du progrès de l'âme.

CHAPITRE VI

L'AME DE L'HOMME EST DE LA MÊME NATURE QUE L'AME DES ANIMAUX ; ELLE N'EN DIFFÈRE QUE PAR LE DEGRÉ.

I. — L'Instinct.

Vous placez votre main sur une plaque métallique que vous croyiez froide, mais qui, en réalité, était très chaude. La vibration des fibres sensitives des nerfs se dirige vers le centre nerveux correspondant de la moelle épinière; arrivée là, elle se réfléchit sur ce centre nerveux, à la façon d'une paume qui frappe un mur, et s'en éloigne en passant dans les fibres motrices des nerfs de la main; la main se retire brusquement, et cela, avant que le cerveau ait donné l'ordre de ce retrait. Ce genre de mouvement, où la conscience et la volonté ne sont pour rien, est appelé *mouvement réflexe*[1].

La motricité n'est pas seule à fournir des exemples d'actes réflexes; les sécrétions telles que celles de l'intestin, du pancréas, des glandes sexuelles, etc., dépendent presque toutes d'une impression venue de l'extérieur ou d'une excitation nerveuse interne où la volonté n'a aucune part. Elles réagissent à leur

---

[1]. Pour ce qui concerne l'instinct, lire DARWIN, *Origine des Espèces*, chapitre VII; ROMANES, *l'Évolution mentale chez les animaux*, et la remarquable préface que M. Edmond Perrier a mise à l'ouvrage de M. Romanes, *l'Intelligence des animaux*.

tour sur l'appareil cérébro-spinal. En effet, si les mouvements réflexes sont exécutés en dehors de la volonté consciente, il n'en est pas moins sûr qu'ils sont suivis d'un retentissement cérébral, c'est-à-dire d'une impression faite sur les cellules grises du cerveau; en d'autres termes, les excitations physiques, soit externes, soit internes, se traduisent psychiquement par des manifestations mentales correspondantes. Ce point a été développé au chapitre de la *Mémoire*.

Le milieu extérieur où vit chaque animal excite, par son action sur les appareils sensoriaux, une double série d'effets, d'abord une série d'actions corporelles réflexes, puis une série de manifestations mentales correspondantes. Ces manifestations mentales, d'abord inconscientes, sont évidemment limitées aux réactions les plus immédiates de l'organisme et du milieu où vit cet organisme.

D'autre part, chaque famille d'animaux ayant une structure qui lui est propre et presque identique pour chacun des individus du même groupe, cette structure propre exige des conditions d'existence physiques déterminées et les mêmes pour tous. Il suit de là que les actions et les réactions sont toujours à peu près les mêmes pour une même espèce, et par conséquent provoquent les mêmes obscures opérations intellectuelles.

Ces opérations, sans cesse répétées, s'incrustent en quelque sorte dans l'appareil cérébro-spinal ou dans les ganglions qui en sont l'équivalent; elles arrivent à faire partie de l'animal lui-même.

L'aptitude à traduire au dehors ces opérations inconscientes se transmet héréditairement.

Telle est la genèse des *instincts naturels primitifs*. C'est à cette classe qu'appartiennent les instincts qui ont pour objet la nutrition, la conservation, la génération.

A l'état rudimentaire des instincts naturels primitifs succède, avec le temps et l'expérience, une notion plus claire des rapports de l'organisme et du milieu où vit cet organisme. L'intelligence finit par avoir une certaine intuition du but que, sous l'aiguillon des excitations externes et internes, l'organisme poursuivait inconsciemment. L'intelligence intervient donc pour que l'organisme fasse, au profit des instincts naturels, une meilleure appropriation des conditions ambiantes; *les instincts naturels sont donc plus ou moins modifiés et perfectionnés par l'intelligence.*

Si les causes qui ont amené ces modifications sont persistantes, les modifications évoluent de la mémoire consciente vers la mémoire organique et finissent par se perdre en celle-ci; elles deviennent purement *instinctives*.

« Peu à peu cependant la conscience devient plus étendue (selon le degré de perfectionnement du cerveau), les idées plus claires, les rapports compris plus nombreux; l'intelligence se distingue nettement. Elle se mélange d'abord, à tous les degrés, à l'Instinct; enfin arrive le moment où elle masque à peu près les instincts innés[1]; où ce qu'ils ont de fixe

1. Elle les masque, mais elle ne les efface pas, tant s'en faut;

semble disparaître sous le flot changeant de ses innovations. Ce qui se transmet par l'hérédité, ce n'est plus l'aptitude à concevoir presque inconsciemment tel ou tel rapport, c'est l'aptitude à rechercher et à découvrir des rapports nouveaux, jusqu'à ce qu'enfin se montre le merveilleux épanouissement de la raison humaine[1]. »

I. Instincts naturels primitifs. — Les instincts naturels primitifs sont ceux qui dérivent de la structure de l'organisme et de ses fonctions. On peut les ranger en trois classes :

1º Ceux qui ont pour objet la recherche de la nourriture;

2º Ceux qui ont pour objet la génération;

3º Ceux qui ont pour objet la conservation, à savoir, défense contre les conditions extérieures, les intempéries des saisons, les ennemis, etc.

Les instincts n'apparaissent que quand les organes ont atteint le développement convenable et que la fonction a pris son cours normal. Ils varient selon que varient les conditions organiques. Par exemple, en ce qui concerne les instincts qui ont pour objet la nourriture, la larve de la grenouille ou têtard est frugivore, la grenouille est carnivore. Certaines larves d'insectes, telles que celles du sphex, sont carnivores; le sphex, au contraire, est frugivore.

---

car, même dans l'espèce humaine, l'immense pluralité des individus agit, au fond, presque exclusivement sous l'impulsion des instincts naturels.

1. Edm. Perrier, préface XXVI, au livre de Romanes, l'*Intelligence chez les animaux*.

C'est ainsi que, dans la première enfance, l'homme ne se nourrit que de lait, puis son alimentation se modifie au fur et à mesure que se développent ses organes. Les instincts ne sont donc que le signe psychique de l'évolution organique.

Les actes qui traduisent l'instinct au dehors ont besoin d'une éducation pour être appropriés au but que l'instinct veut atteindre. Cela est vrai des oiseaux et des mammifères.

A. *Oiseaux*. — Les éperviers et les faucons exercent leurs petits à saisir les proies vivantes, souris ou moineaux, afin que plus tard ils soient en état de pourvoir eux-mêmes à leur nourriture.

L'aigle, dit Daubenton, porte son petit sur ses ailes, et lorsqu'il est assez fort pour se soutenir, il l'éprouve en l'abandonnant en l'air; mais il le soutient à l'instant que les forces lui manquent.

B. *Mammifères*. — La louve, dit Leroy, apprend à ses petits à attaquer les animaux qu'ils doivent dévorer.

Qui n'a vu, dit Flourens, la chatte exercer ses petits à la chasse des souris? Elle commence par étourdir d'un coup de dent une souris; la souris, quoique blessée, court encore, et les petits après elle. La chatte est toujours attentive; et si la souris menace de s'échapper, la chatte s'élance d'un bond sur elle.

II. INSTINCTS ACQUIS. — L'acquisition des instincts est fondée sur deux lois physiologiques, à savoir, la loi de l'influence de l'exercice sur l'organe et la loi d'hérédité.

1° Tout acte sensoriel se traduit par une modification des cellules nerveuses;

2° La répétition des mêmes actes consolide et fixe ces modifications nerveuses;

3° L'hérédité transmet aux descendants ces modifications : c'est l'*instinct*.

« Il est certain, dit Leroy, que l'organisation transmet dans tous les animaux et même dans l'homme une sorte d'aptitude et d'inclination à faire certaines choses. »

Darwin a résumé le tout en une phrase concise : « L'instinct acquis est une habitude héréditaire. »

L'exemple le plus connu d'un instinct acquis est celui que donne le chien de chasse. Les petits, nés de chiens de chasse très exercés à la chasse, n'ont pas besoin d'une longue éducation pour chasser; ils chassent de race, selon l'expression populaire.

On peut mettre en doute qu'on eût jamais songé à dresser des chiens à l'arrêt, si un de ces animaux n'avait pas montré naturellement une tendance vers cet acte. Le fait de l'arrêt n'est probablement qu'une exagération de la courte pose pendant laquelle l'animal se ramasse pour s'élancer sur sa proie.

La première tendance à l'arrêt une fois manifestée, la sélection méthodique, jointe aux effets héréditaires d'un dressage soutenu dans chaque génération successive, a dû rapidement compléter l'œuvre.

Les instincts acquis sont moins stables que les instincts naturels. De même qu'ils se développent et se renforcent par une suite de générations actives, de même aussi ils s'affaiblissent ou se perdent par une suite de générations inactives. Par suite du changement de vie, d'autres modifications nerveuses se forment; les premières s'effacent peu à peu et à la longue finissent par disparaître; cela est conforme aux deux lois fondamentales de l'influence de l'exercice et de l'hérédité.

III° INSTINCTS PARTICULIERS. — Les instincts particuliers sont ceux qui ne sont pas donnés visiblement par la structure de l'organisme. Tels sont, entre autres, l'instinct architectural des abeilles, l'instinct bâtisseur des castors, l'instinct esclavagiste des fourmis, etc.

Ces instincts sont-ils un don spécial ou sont-ils acquis? Dans le chapitre VII de l'*Origine des espèces*, Darwin a étudié cette question avec la sagacité et la bonne foi qui caractérisent ce grand homme. L'impression qui résulte de cette discussion est la suivante : Il semble vrai qu'un grand nombre d'instincts particuliers sont des instincts acquis; cependant il en est plusieurs qui, dans l'état présent de nos connaissances, restent inexplicables. Il est très légitime d'espérer que plus tard toutes les difficultés seront résolues. On verra, en effet, ci-dessous, que la plus redoutable difficulté, celle qui provenait des instincts des sphégiens, vient d'être surmontée.

Voici deux faits récents qui feront comprendre comment un instinct certainement acquis pourra, après une longue suite de générations, apparaître comme étant un don spécial de la nature :

Les abeilles sans aiguillon, *Mélipona* et *Trigona*, construisent des ruches horizontales, consistant simplement en une seule rangée de cellules qui, lorsqu'il y a de la place, sont toutes de forme régulière, les cellules périphériques étant toutes à la même distance de la cellule centrale. M. Muller a vu, en 1874, un nid de petites abeilles *Trigona*, bâti dans le creux d'un vieil arbre à cannelle, où, par suite du défaut de place, les insectes avaient été obligés de donner à leur ruche une disposition très irrégulière, correspondant à la section transversale du creux. M. Muller emporta ce nid et le plaça dans une grande boîte. Au bout d'un an, toutes les abeilles qui avaient logé dans l'arbre à cannelle étaient mortes; néanmoins leurs descendants ont continué à construire leurs cellules irrégulièrement, à côté des ruches parfaitement correctes d'abeilles de même espèce.

M. Muller cite un autre exemple plus frappant. Il a apporté chez lui deux nids d'abeilles mélipones de la même espèce, mais situés originairement dans le voisinage d'arbres différents, en sorte que dans l'un la cire était rouge, et dans l'autre elle était jaune. Chez M. Muller, les deux communautés avaient à leur disposition des arbres des deux genres. Chacune pourtant continua à faire, l'une de la cire rouge, l'autre de la cire jaune [1].

Dans deux siècles d'ici, si l'oubli se fait sur le point de départ original de la construction de cellules irré-

---

1. *Revue scientifique*, 27 janvier, 1883, page 128.

gulières par une famille de trigones, ainsi que de la fabrication de cire rouge par une famille de mélipones, les naturalistes de l'avenir seront peut-être induits à conclure que certaines races de trigones ont un don spécial pour construire des cellules irrégulières, et que certaines mélipones ont un don spécial pour faire de la cire rouge. Or c'est en 1874 que les trigones ont construit leurs premières cellules irrégulières, et que les mélipones ont fabriqué leur première cire rouge. Il y aura donc là un instinct acquis et non un don spécial.

Les instincts les plus extraordinaires, longtemps inexplicables, sont ceux que présente une famille des Hyménoptères fouisseurs porte-aiguillon, à savoir, la famille des Sphégiens. Celle-ci comprend plusieurs groupes, entre autres, les Sphex proprement dits, les Pompiles, les Ammophiles, les Cerceris, les Scolies, etc. Voici les faits :

A l'approche de l'hiver, les sphégiens creusent des trous où ils pondent leurs œufs; puis, à côté de ces œufs, ils disposent des larves d'insectes et même des insectes parfaits, tels que le grillon et l'araignée, qu'ils ont paralysés en les piquant de leur aiguillon aux centres nerveux principaux. Peu de temps après avoir ainsi préparé des aliments à leur postérité, les sphégiens meurent; ils meurent sans avoir connu les êtres auxquels ils ont donné le jour.

De l'œuf du sphégien sort une larve qui n'a d'autre peine à prendre que de sucer et de dévorer les aliments que sa mère lui a préparés; ces aliments sont justement dans les quantités et les proportions exigées par le développement ultérieur de cette larve afin qu'elle se métamorphose en nymphe. C'est donc une véritable provision de viande fraîche que le sphégien a faite pour sa progéniture. Ce qui rend cet instinct de prévoyance encore plus remarquable, c'est que le sphégien adulte est frugivore, tandis que la larve est carnivore.

Parmi les sphégiens, le Pompile paralyse l'araignée d'un seul coup d'aiguillon dans le grand ganglion.

Le Sphex, proprement dit, paralyse le grillon d'un coup d'aiguillon dans trois centres nerveux.

L'Ammophile paralyse les grosses chenilles en les frappant de coups d'aiguillon à la face ventrale de chaque anneau.

Ces points particuliers sont précisément ceux où l'aiguillon des sphégiens a le plus d'influence paralysante. Les proies ainsi paralysées restent vivantes pendant plusieurs semaines[1], ce qui permet aux larves des sphégiens d'éclore et de se nourrir de chair fraîche durant le temps nécessaire à leur transformation en nymphes.

Tels sont les faits. Il s'agit de trouver une explication qui fasse rentrer les instincts des sphégiens dans la théorie évolutive de l'Instinct.

La difficulté est double :

---

1. Il n'y a pas intoxication, comme on l'a cru ; la léthargie de l'animal frappé est due au traumatisme du centre nerveux. Voir dans VULPIAN, *Leçons sur le système nerveux*, p. 793, les expériences de M. Faivre.

1° Comment un sphégien frugivore, qui n'a jamais connu sa progéniture, qui ne peut pas la connaître puisqu'il meurt avant qu'elle n'éclose; comment ce sphégien peut-il savoir que cette progéniture sera carnivore, puisqu'il lui prépare de la chair vivante pour aliment?

2° Comment ce même sphégien peut-il savoir que pour paralyser l'araignée, le grillon ou la chenille, le meilleur procédé est de les frapper précisément là où il les frappe, c'est-à-dire aux centres nerveux principaux?

Tant qu'on s'est borné à chercher dans les phénomènes du monde contemporain l'enchaînement des faits qui ont pu amener les sphégiens à acquérir ces instincts merveilleux, les deux difficultés sont restées insolubles; ces instincts apparaissaient comme surnaturels; ils échappaient à la théorie de l'évolution. Il n'en a plus été de même lorsqu'au lieu de se confiner dans les conditions du monde actuel, on a embrassé celles des ères géologiques qui se sont succédé jusqu'à l'époque quaternaire, époque où nous sommes. Au fond, la plus grande difficulté est celle-ci : Les sphégiens adultes ne connaissent pas leurs larves; leur amour maternel n'a donc jamais eu l'occasion d'exercer leur intelligence au profit de leur progéniture, ni par conséquent de convertir en instincts les actes répétés que l'expérience leur aurait appris comme étant les plus aptes à atteindre le but, c'est-à-dire à nourrir leurs larves. Il est clair que si l'on pouvait prouver que les sphégiens ont connu leur progéniture et ont eu le temps d'apprendre les meilleurs moyens de les nourrir, puis de convertir ces actes intelligents en instincts par un exercice séculairement répété, on comprendrait que ces instincts ainsi acquis aient pu être transmis aux descendants actuels des sphégiens, en vertu de la loi d'hérédité. Or pourquoi, dans nos pays tempérés, *actuellement*, les sphégiens meurent-ils avant de connaître leur progéniture? A quoi tient cette séparation absolue d'une génération d'insectes d'avec celle qui la suit? Cela tient à *la rigueur de nos hivers*, qui tue les parents et ne laisse subsister que les larves. Évidemment si toujours, durant toutes les époques géologiques, l'hiver a sévi, chaque année, avec la même rigueur dans nos régions, jamais les sphégiens adultes n'auront pu échapper à la mort; par conséquent, jamais ils n'auront pu connaître leur postérité.

Voici donc la seconde question à poser : Les ères géologiques ont-elles eu toutes des hivers aussi rigoureux que ceux qui sévissent à notre époque? C'est de la réponse à cette question que dépend la solution du problème.

Établissons préalablement quelles sont les différentes ères géologiques, telles que les savants les ont déterminées :

1° L'époque *primaire* s'étend à partir du terrain cambrien jusqu'au terrain permo-carbonifère inclusivement;

2° L'époque *secondaire* s'étend du terrain triasique jusqu'au terrain crétacé inclusivement;

3º L'époque *tertiaire* s'étend du terrain éocène jusqu'au terrain pliocène inclusivement.

L'époque qui a succédé est celle où nous sommes; on l'appelle *quaternaire*.

D'après les travaux du géologue américain, M. Dana, la durée relative des trois premières époques comparées l'une à l'autre peut être exprimée en chiffres de la manière suivante :

    1º Époque primaire.................. 13
    2º Époque secondaire............... 3
    3º Époque tertiaire................. 1

Les géologues, et à leur tête l'illustre Lyell, se fondant sur des observations de formations contemporaines, estiment que plus de 300 millions d'années se sont écoulées depuis la solidification des couches superficielles de la Terre.

Les physiciens, en s'appuyant sur la thermodynamique, ont admis d'abord 100 millions d'années; quelques-uns aujourd'hui n'en accordent plus que 20 millions[1].

En prenant pour base 100 millions d'années, on aurait pour la durée respective de chacune des trois époques :

    1º Époque primaire........ 75 millions d'années.
    2º Époque secondaire....... 19   —
    3º Époque tertiaire........ 6   —

En prenant pour base 20 millions d'années, la

---

[1] Voir E. FERRIÈRE, la *Matière et l'énergie*, page 474; et A. DE LAPPARENT, *Traité de géologie*, page 1468.

durée respective de chacune des époques serait la suivante :

- 1° Époque primaire. . . . . . . 15 millions d'années:
- 2° Époque secondaire. . . . . . 4 —
- 3° Époque tertiaire. . . . . . . 1 —

Quelle a été la température du globe pendant les trois époques?

« Pendant toute la durée des temps primaires, un climat semblable à celui des tropiques paraît avoir régné depuis l'équateur jusqu'aux pôles; c'est à peine si, vers la moitié de l'ère secondaire, a commencé à se manifester le rétrécissement progressif de la zone tropicale. Au milieu de l'ère tertiaire, le Groënland nourrissait encore une végétation semblable à celle qui, de nos jours, caractérise la Louisiane. L'apparition des glaces polaires a donc été très tardive, et l'on peut presque la considérer comme ayant mis fin aux temps géologiques proprement dits pour inaugurer l'ère actuelle[1] ».

Ce qui caractérise cette période immense d'années, où l'hiver était inconnu, c'est que la chaleur solaire se répartissait *uniformément* de l'équateur aux pôles; il n'y avait pas l'inégale distribution d'aujourd'hui, laquelle dépend des latitudes; les latitudes dans l'ère géologique n'influaient en rien sur la distribution calorifique; ce fait est établi par la découverte des mêmes végétaux coexistant au pôle et à l'équateur. Quelle est la cause de cette répartition uniforme de la

---

1. A. DE LAPPARENT, *Traité de géologie*, page 1462.

chaleur sur toute la terre, sans distinction de latitudes? On l'ignore; mais cela n'importe pas à la solution du problème des instincts; il suffit que cette répartition uniforme soit un fait positif, acquis définitivement à la science.

Nous connaissons la durée des trois époques géologiques; nous savons que durant ces trois époques a régné uniformément sur toute la terre une température chaude; nous savons enfin que les hivers rigoureux n'ont commencé, à proprement parler, qu'à la fin de l'époque tertiaire ou au début de l'époque où nous sommes. Voyons maintenant à quelle époque remonte l'apparition des insectes ailés.

L'époque primaire comprend, par ordre d'ancienneté, les terrains suivants : 1° terrain cambrien; 2° silurien; 3° dévonien; 4° carbonifère.

Dans le terrain dévonien on a trouvé des insectes névroptères, et dans le terrain carbonifère, des insectes orthoptères, ainsi que des milliers d'insectes qui établissent la transition entre les névroptères et les orthoptères [1]. Les découvertes sont loin d'avoir pris fin; rien ne dit que le pic d'un mineur ne mettra pas au jour des empreintes d'insectes hyménoptères.

C'est au début de l'époque secondaire que, dans le lias, on a rencontré les premiers vestiges d'insectes hyménoptères. Sans vouloir user d'une induction très légitime qui ferait des hyménoptères les contemporains

---

[1]. Ch. BRONGNIART, *Comptes rendus*, 31 mars 1884.
La sauterelle est le type des orthoptères; la libellule, celui des névroptères; l'abeille et la guêpe, celui des hyménoptères.

des névroptères et des orthoptères, contentons-nous de ce fait absolument certain, à savoir, que les hyménoptères vivaient au début de l'époque secondaire.

De l'époque secondaire à la fin de l'époque tertiaire, il s'est écoulé 25 millions d'années où régnait un printemps tropical, si l'on prend pour base d'évaluation les cent millions d'années donnés par le calcul de certains physiciens.

Il s'est écoulé 5 millions d'années, si l'on prend pour base d'évaluation les 20 millions donnés par le calcul d'autres physiciens.

Acceptons l'estimation la plus modérée, c'est-à-dire 5 millions d'années. Le problème relatif aux instincts de ces hyménoptères qu'on appelle les sphégiens se pose ainsi :

Pendant 5 millions d'années, les sphégiens ont vu éclore leurs larves, les ont connues, les ont nourries, élevées. Est-ce que ce laps de 5 millions d'années est une durée suffisante pour qu'on admette légitimement que les sphégiens ont pu apprendre quelle nourriture convenait le mieux à leurs larves, quel procédé était le meilleur pour paralyser la proie et la conserver vivante jusqu'au moment de l'éclosion des œufs ? Est-ce qu'une pratique, d'abord intelligente et consciente, a pu, après 5 millions d'années d'exercice, tomber dans le domaine de la mémoire organique et inconsciente, bref devenir *instinctive*, puis être fixée par l'hérédité et transmise aux descendants qui vivent à l'époque quaternaire, c'est-à-dire à celle où nous sommes ?

Quelques dizaines d'années ont suffi pour que le chien apprît à chasser, et que cette pratique, d'abord intelligente et consciente, devînt organique et inconsciente, c'est-à-dire instinctive; puis, que cet instinct ait été transmis aux descendants et fixé par l'hérédité.

Deux ou trois années ont suffi à certaines abeilles mélipones, citées plus haut, pour apprendre à fabriquer leurs cellules en cire rouge, pour convertir cette pratique accidentelle en instinct, puis transmettre cet instinct à leurs descendants.

En présence de pareils exemples, on peut affirmer sans témérité qu'un laps de 5 millions d'années autorise à regarder comme étant le résultat d'une évolution naturelle les instincts que déploient aujourd'hui nos sphégiens, descendants d'ancêtres qui vivaient dès l'aurore de l'époque secondaire.

IV. CARACTÈRES DE L'INSTINCT. — Dans le désir d'établir une ligne de démarcation infranchissable entre l'homme et l'animal, on a essayé de faire de l'instinct l'antithèse absolue de l'intelligence, puis d'attribuer l'instinct à la bête, et l'intelligence à l'homme. C'est Flourens qui a établi cette antithèse dans les termes les plus nets : « L'opposition la plus complète sépare l'instinct de l'intelligence. Tout dans l'instinct est aveugle, nécessaire et invariable; tout dans l'intelligence est électif, conditionnel et modifiable. » Il est juste de dire que Flourens ne refuse pas l'intelligence aux animaux et qu'il combat même très vivement la théorie cartésienne de l'automatisme des bêtes. Mais les caractères qu'il attribue à l'instinct sont démentis par les faits.

1° *L'instinct est subordonné à une condition corporelle.*
A. Instinct de la maternité. — Une poule demande à couver, c'est-à-dire à être mère; on la saisit, on lui plonge le ventre plusieurs fois dans de l'eau froide; l'excitation disparaît; l'espèce de gloussement qui accompagne ce désir cesse ainsi que tous les autres actes tendant au même but.

B. Instinct de la génération. — La castration le supprime.

C. Instinct de la fabrication d'un nid. — A l'état sauvage, les oiseaux se construisent des nids; façonnés à la domesticité, ils n'en font pas; ils n'en font pas parce qu'ils n'en ont pas besoin : la condition corporelle manquant, l'instinct ne se manifeste pas. Tels sont les coqs et les poules.

A l'état sauvage, le chien fait comme le chacal, dont il est issu : il se creuse un terrier; les chiens domestiques ne se font pas de retraites parce qu'ils n'en ont pas besoin.

Conclusion : A. La suppression des conditions internes entraîne la suppression de leur signe psychique, l'instinct.

B. Le changement des conditions externes amène le changement des conditions internes; le besoin étant satisfait constamment et sans effort par une cause extérieure, l'appétit ne naît plus; l'instinct est comme s'il n'était pas.

2° *L'instinct n'est pas immuable.* A. Insectes. — C'est l'instinct, dit Émile Blanchard, qui pousse les individus de la même espèce d'insectes à exécuter toujours les mêmes travaux. Mais dans l'exécution de ces travaux, des obstacles surgissent-ils, l'individu s'efforce de les éloigner ; il fait choix d'un meilleur emplacement pour son domicile ; il tâche d'obvier au hasard, de faire face au danger. D'autres fois, il se laisse aller à la paresse au point de ne plus bâtir lui-même d'habitation, trouvant plus commode de s'emparer d'un domicile étranger, en l'appropriant à ses besoins. L'insecte, dont il est convenu de regarder les actes comme mécaniques, donne à chaque instant la preuve qu'il tient compte de la situation dans laquelle il se trouve placé ; qu'il fait constamment la part des circonstances accidentelles, impossibles à prévoir. Mais tenir compte d'une mauvaise situation, l'améliorer, faire un choix, tendre à un but tout en s'épargnant de l'ouvrage, être paresseux quand on est créé pour être actif, est-ce donc là de l'instinct ? Sûrement non. »

B. Oiseaux. — Il est admis par tous les oiseleurs que les nids des jeunes oiseaux ne sont pas aussi bien façonnés ni aussi sûrement placés que ceux des oiseaux auxquels l'âge a donné une certaine expérience. Les oiseaux qui restent longtemps dans leur nid donnent à ce nid plus de solidité et un arrangement plus confortable; ceux au contraire que l'on a façonnés à la domesticité et qui n'ont pas besoin de nids n'en font pas [1].

[1]. Le journal *le Soleil*, 13 novembre 1887, relate le fait suivant : « Il existe à Soleure, en Suisse, un certain nombre de fabriques d'horlogerie. Le *Bolletino de' Naturalista* rapporte

Quant à l'argument tiré de la ressemblance que tous les nids d'une même espèce d'oiseaux ont les uns avec les autres, on peut assurer que cette ressemblance n'est pas aussi grande qu'elle nous le paraît au premier coup d'œil. Ceux qui les connaissent bien, et surtout ceux qui les ont faits, y voient des différences qui nous échappent. Il faut bien que ces nids soient dissemblables et que les différences qui s'y trouvent n'échappent pas aux oiseaux, car ceux-ci ne se trompent jamais de nid. Leur mémoire est si bonne que tel oiseau voyageur, absent depuis six mois, revient après ce temps reprendre le nid qu'il avait quitté. En général, dit à cette occasion Georges Leroy, dans tous ces ouvrages qui ont un objet commun et qui nous sont aussi peu familiers, nous ne pouvons être frappés que d'une ressemblance grossière, qui nous fait conclure à l'uniformité absolue.

C. Mammifères. — Certains castors, surnommés castors terriers, nous fournissent un exemple de la modification de l'instinct. Les poursuites des chasseurs leur ayant rendu impossible dans certains endroits (en France et en Allemagne) la vie en grandes sociétés, nous les avons vus se transformer d'animaux sociables en animaux solitaires. Au lieu de bâtir dans les fleuves ces grandes constructions pour

que le propriétaire d'une de ces fabriques, M. Rueder, a découvert récemment, sur un arbre de son jardin, un nid de bergeronnettes construit entièrement en ressorts d'acier. Ce nid, construit avec une adresse merveilleuse et mesurant 12 centimètres, a été déposé au cabinet d'histoire naturelle de la ville. »

lesquelles ils sont renommés en Amérique, ils se blottissent simplement dans les trous sur le rivage, se contentant tout au plus de se barricader avec des morceaux de bois. Voilà donc un animal amené par la force des circonstances à adopter, contrairement à l'instinct qu'on lui prête, la vie souterraine des cavernes, au lieu de l'existence industrieuse et sociale qu'il menait au grand air.

Conclusion : A. — L'instinct est immuable quand les conditions externes, restant les mêmes, exigent la même adaptation des conditions internes.

B. — L'instinct varie lorsque les conditions externes, s'étant modifiées, obligent les conditions internes à se modifier harmoniquement.

3° *L'Instinct n'est pas parfait.* — Les instincts ne sont pas toujours parfaits, a dit Darwin; ils sont quelquefois sujets à l'erreur. En voici quelques preuves :

A une poule qui demande à couver, on donne un œuf en craie; la poule couve cet œuf en craie.

M. Romanes a fait couver des furets à une poule de Brahma; la poule était jeune et n'avait jamais élevé une couvée de poussins.

D'après M. Wyman, on a beaucoup exagéré l'exactitude du travail de l'abeille, au point que, quelle que soit la forme typique de la cellule, cette forme n'est que rarement, si elle l'est jamais, réalisée.

Conclusion : A. — Les instincts qui sont la forme psychique d'appétits organiques peuvent se laisser égarer par les apparences extérieures; ils ont besoin d'une certaine éducation, celle que donne l'expérience.

B. — Les instincts individuels ont eu et ont besoin constamment de l'éducation que donne l'expérience pour qu'ils se rapprochent, dans leurs œuvres, de la perfection.

V° LES INSTINCTS CHEZ LES HOMMES. — L'homme a tous les instincts primordiaux qu'on trouve chez les animaux ; ces instincts ont les mêmes caractères :

1° Ils sont subordonnés à la structure de l'organisme et aux fonctions de cet organisme.

Tels sont les instincts qui ont pour objet la nourriture, la génération, la conservation.

2° Ils se manifestent lorsque l'organe a atteint le développement nécessaire pour que la fonction s'établisse normalement.

Tel est surtout l'instinct de la génération.

3° Ils varient selon que varient les organes et les fonctions.

Telles sont les variations que subit l'instinct de la nutrition ; de même que le têtard est frugivore et la grenouille adulte carnivore, de même l'enfant du premier âge se nourrit de lait ; adulte, il est carnivore.

4° Les actes instinctifs ont besoin, pour être coordonnés, d'une éducation première.

L'enfant apprend à marcher, comme le petit de l'oiseau à voler ou à saisir sa proie, comme le jeune otarie à nager, etc.

Quant aux instincts industriels, il est difficile de trouver dans nos sociétés civilisées des documents assez nets et assez saillants pour résoudre la question. Les progrès de la mécanique, toutes ces admirables inventions de l'imprimerie, des chemins de fer, du télégraphe, etc., nous dispensent d'exercer chaque jour et constamment nos organes à capturer notre nourriture, à construire nos demeures, bref à nous livrer à ce travail auquel sont voués sans relâche les animaux.

Il est à noter que les industries qui nous apparaissent merveilleuses, et par conséquent un don original de la nature, ne se trouvent guère que chez les insectes ; car il semble difficile de nier que l'instinct bâtisseur des castors soit une industrie acquise. Il est certain que les mammifères supérieurs, tels que les phoques, les cétacés, l'éléphant et les singes, en sont absolument dénués ; que sur ce point ils sont au même rang que l'homme. Or au point de vue des instincts primitifs et de l'éducation qu'exigent chez les jeunes les actes instinctifs, les mammifères supérieurs ne diffèrent en rien de l'homme.

Conclusion : Puisque l'âme humaine a les mêmes instincts primordiaux que l'âme des animaux ; puisqu'elle a comme celle-ci des instincts acquis, il résulte de ces faits que l'âme humaine a la même nature que l'âme des animaux ; elle ne diffère de cette dernière que par le degré.

II. — L'Intelligence.

Ce qui a le plus contribué à obscurcir la question si claire de l'intelligence des bêtes, même auprès d'un public qui pense avec une certaine indépendance, c'est le singulier préjugé que les savants veulent à toute force faire de la bête l'égale de l'homme. Blessé dans son orgueil, du reste fort mal placé, le public s'est regimbé contre l'évidence; craignant, s'il accordait quelque chose aux animaux, de déchoir du haut rang où il se juche, il a préféré tout leur refuser. Le public se trompe : les naturalistes n'ont jamais eu le noir dessein de faire de l'animal l'égal de l'homme; ils ont même donné la preuve la plus forte de l'immense intervalle qui sépare l'homme de l'animal le plus voisin, preuve tangible puisqu'elle se pèse à la balance, preuve sans réplique puisqu'elle s'évalue en grammes. En effet, le cerveau de l'homme sain pèse en moyenne 1300 grammes; celui du gorille, 567 : c'est-à-dire que le cerveau moyen de l'homme pèse deux fois et demie plus que le plus lourd cerveau de gorille; or c'est le cerveau qui est le producteur de l'intelligence et des sentiments. Est-ce que les monceaux de volumes où l'on exalte en style dithyrambique la précellence de l'homme peuvent être mis en comparaison avec ce nombre défini de grammes déposés sur le plateau d'une balance ? Il ne s'agit donc pas d'égaler les animaux à l'homme, ce qui serait absurde : tout le monde sait que jamais singe n'écrira la *Mécanique céleste* de Laplace, ni ne composera les *Huguenots* de Meyerbeer, ni ne peindra l'*École d'Athènes* de Raphaël. Il s'agit simplement de montrer que si l'homme est supérieur à l'animal, il n'en est pas moins vrai que sa nature est identique à la nature de l'animal, et que la différence, si grande qu'elle soit, qui sépare son âme de l'âme de l'animal, est une simple différence de degré.

La méthode est tout indiquée :

1° Constater dans l'âme des bêtes l'existence des facultés intellectuelles et des sentiments qui existent dans l'âme des hommes;

2° Prendre le plus haut degré où s'élève l'âme des bêtes, intelligence et sentiments;

3° Prendre le plus bas degré où descend l'âme des hommes, intelligence et sentiments;

4° Puis comparer ces deux manifestations psychiques extrêmes.

Il est clair que, d'une part, si l'âme des bêtes possède l'intelligence et les sentiments qui constituent l'âme humaine;

Que, d'autre part, si dans ses manifestations intellectuelles et sentimentales les plus élevées l'âme des bêtes atteint au niveau des manifestations intellectuelles et sentimentales les plus basses de l'âme des hommes;

A plus forte raison, si l'âme des bêtes les dépasse;

La conclusion qui s'imposera d'elle-même sera la suivante : L'âme des animaux est de la même nature que l'âme des hommes; elle n'en diffère que par le degré, degré le plus souvent très inférieur, mais aussi quelquefois supérieur à celui où végètent les âmes de certains groupes humains.

I° ANIMAUX. — § I. *Attention, jugement, raisonnement, association d'idées, mémoire, imagination.*

A. **Renards.** — Un fermier regardant par sa fenêtre, un matin d'été, vers trois heures, vit un renard emportant un gros canard qu'il avait capturé. En arrivant à un mur de pierre d'environ 1m,20 de haut, maître renard fit un effort pour le franchir en emportant sa proie; mais il ne put y réussir et retomba dans le champ. Après trois tentatives sans résultat, il s'assit et considéra le mur pendant quelques minutes. Ayant apparemment pris son parti, il saisit le canard par la tête et, se dressant contre le mur, avec ses pattes de devant aussi haut qu'il pouvait atteindre, il enfonça le bec du canard dans une crevasse du mur. Sautant alors sur le sommet, il se pencha et, saisissant sa proie, il la souleva et la rejeta de l'autre côté. Il n'eut plus alors qu'à sauter après son canard, et l'ayant ramassé, il continua son chemin [1].

M. Raë, qui voulait prendre quelques renards arctiques, avait tendu des pièges de plusieurs espèces; mais comme leur expérience antérieure avait appris aux renards à connaître ces pièges, nul ne donna de bons résultats. Le docteur tendit donc un nouveau piège qui n'avait jamais servi dans cette région : ce piège n'était autre chose qu'un fusil chargé, fixé sur un support et dirigé sur l'appât. Une ficelle rattachait cet appât à la détente du fusil, de sorte qu'en saisissant le morceau de viande, le renard faisait partir le fusil et devenait ainsi l'auteur de sa propre mort. Le fusil se trouvait à une vingtaine de

---

1. ROMANES, *l'Intelligence des animaux*, *Revue scientifique*, 4 janvier 1879, page 625.

mètres de l'appât, et la ficelle qui rattachait celui-ci à la détente était, sur presque toute sa longueur, cachée par la neige. Le piège ainsi tendu tua un renard ; mais ce fut tout ; car, à partir de ce moment, les renards eurent recours à deux moyens différents de prendre l'appât sans courir de dangers. Le premier de ces moyens fut de ronger la ficelle près de la détente, à l'endroit où elle se trouvait à découvert ; le second, de creuser dans la neige un chemin souterrain perpendiculaire à la ligne de tir, de telle façon que, tout en faisant partir le fusil, les renards ne recevaient point le coup ; car l'appât était tiré au-dessous de la direction du tir avant que la tension de la ficelle devînt suffisante pour faire partir le fusil. Or ces deux moyens témoignent d'une faculté qui mérite bien le nom de raisonnement, et cela à un très haut degré [1].

B. Chiens. — Il n'est pas douteux que les animaux n'aient une conception générale des idées de cause et d'effet. J'avais un chien d'arrêt, dit M. Romanes, qui avait très peur du tonnerre. Un jour, dans la maison que j'habitais, on versait sur le plancher d'un fruitier toute une provision de pommes, et ces fruits produisaient dans leur chute un bruit assez semblable à celui d'un tonnerre lointain. Mon chien parut frappé de terreur en entendant ce bruit ; mais dès que je lui eus montré la cause véritable du bruit qui l'effrayait, il reprit toute sa gaieté ordinaire.

C. Ours. — Voici, dit Flourens, ce que j'ai vu au

1. BASTIAN, le Cerveau, t. I*, page 245.

Jardin des Plantes : On avait plusieurs ours, on en avait trop. On résolut de se défaire de deux d'entre eux, et l'on imagina pour cela de se servir d'acide prussique. On versa donc quelques gouttes de cet acide dans de petits gâteaux. A la vue des gâteaux, les ours s'étaient dressés sur les pieds de derrière ; ils ouvraient la bouche : on réussit à faire tomber quelques gâteaux dans leur bouche ouverte ; mais aussitôt ils les rejetèrent et se mirent à fuir. On pouvait croire qu'ils ne seraient pas tentés d'y toucher. Cependant nous vîmes bientôt les deux ours pousser avec leurs pattes les gâteaux dans le bassin de la fosse ; là, les agiter dans l'eau, puis les flairer avec attention ; et à mesure que le poison s'évaporait, s'empresser de les manger. Ils mangèrent ainsi tous nos gâteaux impunément. Ils nous avaient montré trop d'esprit pour que notre résolution ne fût point changée : nous leur fîmes grâce.

D. Singes. — Voici un trait curieux de l'intelligence d'un singe : « J'étais assis, dit Torrebiánca, avec ma famille auprès du feu. Les domestiques faisaient cuire des châtaignes sous la cendre. Un singe, très aimé pour ses grimaces, les convoitait beaucoup. Ne trouvant point pour s'en emparer de bâton à sa portée, il sauta sur un chat qui dormait, et le saisissant avec force, en le pressant contre sa poitrine, il prit une de ses pattes et s'en servit pour tirer les marrons du feu. Aux cris affreux que poussait le chat, chacun accourut ; le coupable et sa victime s'enfuirent alors, l'un avec son butin, l'autre avec sa patte brûlée. »

Le curieux de la chose, ajoute Gratiolet, c'est qu'après cela, Torrebianca conclut que les animaux ne raisonnent point!

« J'avoue, dit le spiritualiste et religieux Agassiz, que je ne saurais dire en quoi les facultés mentales d'un enfant diffèrent de celles d'un jeune chimpanzé [1]. »

§ II. *Abstraction*. — On peut diviser les abstractions en deux catégories, à savoir, les abstractions physiques, et les abstractions métaphysiques.

A. Abstractions physiques. — Les idées abstraites physiques sont celles qui concernent les objets existants et leurs qualités sensibles. Par exemple, le rouge, le vert, le bleu, etc. ; le dur, le doux, le rugueux, le lisse, etc. ; la pierre, l'arbre, l'animal ; tel genre d'animal, chien, chat, homme, etc. ; telle sorte d'homme, homme bien habillé, homme mal habillé, etc.

Toutes ces idées abstraites, les animaux les ont : car, ainsi que le fait remarquer M. Vulpian, c'est évidemment sur ces idées que s'exercent leur mémoire, leur réflexion, leur raisonnement.

B. Abstractions métaphysiques. — Telles sont le temps, l'espace, l'infini, l'éternel, le nécessaire, le parfait, l'universel, l'absolu.

« Les animaux ont un certain sentiment de l'étendue, dit Gratiolet, puisqu'ils marchent et sautent avec précision ; du temps passé, puisqu'ils le regrettent ; du temps présent, puisqu'ils jouissent ; du temps fu-

---

1. AGASSIZ, *l'Espèce*, page 90.

tur, puisqu'ils ont, dans certains cas, des prévisions, des craintes et des espérances. Mais ce sont là des idées concrètes qui ne s'élèvent jamais au degré d'abstraction véritable. » Comme on le voit, Gratiolet donne le nom d'idées concrètes aux abstractions physiques ; il réserve celui d'abstractions véritables aux abstractions métaphysiques.

Le temps et l'espace sont des formes de la sensibilité, suivant Kant ; les animaux ont donc le sentiment de l'espace et du temps ; mais ils ne les entendent pas au sens métaphysique de Leibniz et des philosophes. On peut affirmer qu'ils n'auront jamais d'idées abstraites métaphysiques, car ils n'ont pas l'instrument nécessaire pour les fabriquer, à savoir, le langage articulé. Les animaux resteront donc aussi incapables de métaphysique qu'ils le sont de littérature ou de mathématiques. Mais sur les quinze cents millions d'hommes que comprend l'espèce humaine, combien y en a-t-il qui aient des idées métaphysiques ? Il n'y en a pas dix millions. L'immense multitude ne connaît d'autres abstractions que celles qui lui sont communes avec les animaux, c'est-à-dire les abstractions physiques.

§ III. *Religiosité.* — C'est une étrange entreprise que celle d'avoir voulu distraire absolument l'homme de la série animale, et faire de lui un règne à part au nom d'un caractère chimérique, la Religiosité. Il aurait fallu tout d'abord définir ce qu'on entend par religiosité ; est-ce la croyance à un Dieu révélé ou à un Dieu conçu par la raison ? au Dieu des religions ou à celui des philosophies ? C'est là une question capitale; car rien n'est plus dissemblable que le Dieu-homme des religions et le Dieu-Cause première des philosophies. Sous la même dénomination, comme le dit Spinoza, ils ne se ressemblent pas plus que « le chien, constellation céleste, ne ressemble au chien, animal aboyant. »

Soit qu'au mot religiosité on donne le sens de religion positive, soit qu'on lui donne celui de déisme philosophique, il est impossible de prendre la religiosité comme caractère distinctif de l'homme, pour les raisons suivantes :

1° En allant jusqu'à considérer comme religions les superstitions qui consistent dans l'adoration des pierres, des arbres, etc., il n'en reste pas moins acquis qu'il existe des peuplades n'ayant aucune idée religieuse [1].

2° Des millions d'hommes, en Europe seulement, se proclament athées ;

3° Le nombre des philosophes qui ne sont pas déistes est considérable.

Ainsi, ce prétendu caractère distinctif de l'espèce humaine n'est pas distinctif ; il n'est même pas un caractère, puisqu'il manque à la fois en bas et en haut de l'échelle, chez les sauvages et chez les penseurs qui sont l'élite et l'honneur de l'humanité.

Ce qu'il y a d'assez piquant dans cette affaire, c'est que le défenseur le plus éloquent du christianisme

---

[1]. Voir Lubbock, *Origines de la civilisation*, pages 209, 429, 479. — Voir aussi Ed. Tylor, *Civilisation primitive*.

soutient que tous les animaux ont de la religion, et que l'homme est le seul qui s'en soit affranchi : « Il est un Dieu : les herbes de la vallée et les cèdres de la montagne le bénissent ; l'insecte bourdonne ses louanges ; l'éléphant le salue au lever du jour ; l'oiseau le chante dans le feuillage ; la foudre fait éclater sa puissance, et l'Océan déclare son immensité. L'homme seul à dit : Il n'y a pas de Dieu[1] !

§ IV. *Langage*. A. Les animaux comprennent le langage de l'homme. — On sait avec quelle intelligence les chiens comprennent le langage humain. Voici un exemple très intéressant, emprunté au journal anglais *Nature*, mai 1879 : « Il y a quelques années, dit M. Charles Stewart, j'avais à ma ferme un chien nommé Bodach pour garder les vaches à lait. Ce chien reconnaissait pour maîtresse la laitière. Lorsqu'elle lui disait de garder les vaches dans une certaine partie du champ, il se couchait au milieu de la ligne qu'il avait jugée comme limite convenable. Patient et vigilant, il se tenait en repos jusqu'à ce qu'un des animaux confiés à ses soins dépassât la limite qu'il avait fixée ; il fondait alors sur le transgresseur et, l'attaquant aux talons, le ramenait bientôt en arrière. Il est étonnant combien il fallut peu de temps aux vaches pour reconnaître et respecter cet arrangement. Ce chien arriva aussi à connaître quelques-unes des vaches par leur nom. L'une d'elles nommée Aggi avait, à certaines saisons, besoin d'être traite

---

[1]. Chateaubriand, *Génie du Christianisme*, tome Ier, livre V, chap. II. Spectacle général de l'Univers.

plus souvent que les autres. La laitière n'avait qu'à dire en gaélique : « Bodach, va me chercher Aggi, » le chien partait pour la prairie, choisissait Aggi au milieu du troupeau et l'amenait soigneusement à la maison. »

Il en est de même, à un moindre degré, chez les chevaux.

Quant à l'éléphant, il surpasse même les chiens dans l'intelligence du langage de l'homme.

Enfin les singes qu'on a pu observer l'emportent en ce point sur tous les autres mammifères.

B. Les animaux ont un langage qui leur est propre. — Le langage articulé ou parole est l'apanage de l'homme, cela est incontestable. Mais parce que les animaux n'ont pas la parole, tant s'en faut qu'ils soient dépourvus de tout langage. « Chez les chiens domestiques, nous avons l'aboiement d'impatience, comme à la chasse ; celui de colère, le glapissement ou hurlement de désespoir, comme lorsque l'animal est enfermé ; celui de joie, lors du départ pour la promenade ; et le cri très distinct et suppliant par lequel le chien demande qu'on lui ouvre la porte ou la fenêtre[1]. »

Le langage d'expression est riche, surtout chez les animaux qui vivent en société. Il rend plus intimes les liens de leur association. Il est indubitable qu'ils s'appellent entre eux et se convient à des actions communes.

1. DARWIN, *Descendance de l'homme*, tome I", page 56.

« Au fond, le langage des animaux diffère-t-il du langage humain, soit par le mécanisme de la production, soit par le but, soit par les résultats? L'anatomie, la physiologie, l'expérience, nous apprennent que *non*. Encore ici il y a un progrès, un perfectionnement immense, mais il n'y a rien d'essentiellement nouveau [1]. »

Conclusion : Relativement au langage comme au point de vue des facultés intellectuelles, l'homme diffère des animaux par le degré, mais non par la nature.

II° HOMMES. A. *Les Sauvages*. — Comparés aux mammifères élevés, les sauvages leur sont de très peu supérieurs ; certaines tribus dégradées sont même au-dessous des singes anthropoïdes, de l'éléphant et du chien, au point de vue des facultés intellectuelles.

1° Chez les sauvages, l'attention n'est pas soutenue ; ils sont, à ce point de vue, dans une enfance perpétuelle.

La réflexion est peu développée : « J'ai demandé souvent à des nègres, dit Mungo-Parck, ce que devenait le soleil pendant la nuit, et si le lendemain matin nous verrions le même soleil ou un soleil différent. Ils considéraient que c'était là une question absurde. Le sujet leur paraissait si parfaitement en dehors de toute solution humaine qu'ils ne s'étaient même pas donné la peine d'essayer une conjecture ou de faire une hypothèse. De semblablables pensées, ajoute Lub-

---

1. GRATIOLET, *Anatomie du système nerveux*, tome II, page 662.

bock, sont en effet trop abstraites pour l'esprit des sauvages ; et leur infériorité sous le rapport de l'intelligence est si grande, qu'il nous est difficile de nous en faire une idée. »

2° Leurs associations d'idées proviennent d'habitudes antérieures (la routine). Aussi les sauvages, comme les animaux supérieurs, ont plus de tendance à imiter qu'à innover.

3° Leur genre d'idées abstraites n'est pas supérieur à celui des animaux élevés. Selon les missionnaires, les habitants de la Terre de Feu ne possèdent pas de termes abstraits. On trouve rarement dans les langages de l'Amérique Septentrionale un terme suffisamment général pour indiquer un chêne. Les Tasmaniens n'ont pas de terme générique signifiant arbre; ils n'ont pas non plus de termes pour exprimer les qualités telles que dur, chaud, froid, long, court, etc.

4° La partie la plus intéressante peut-être de l'étude des langages est celle qui se rapporte au système de la numération. Quelle preuve plus frappante d'ailleurs de l'infériorité mentale de tant de races sauvages que le fait certain qu'ils ne peuvent même pas compter les doigts d'une seule main ?

Selon Lichtenstein, les Boschimans ne pouvaient pas compter au delà de deux. Spix et Martius constatent le même fait chez les Indiens du Brésil. Aucun Australien ne peut compter au delà de quatre; le terme exprimant cinq implique l'idée de grand nombre [1].

1. LUBBOCK, *Origines de la civilisation*, pages 127-128.

En résumé, dit M. Romanes, en considérant l'ensemble des faits, l'esprit du sauvage présente une phase de transition entre l'intelligence humaine et l'intelligence des animaux supérieurs.

B. *Les Enfants.* — Il est certain que Newton à 50 ans l'emportait infiniment en génie sur le gorille ou le chimpanzé le plus intelligent.

Mais il est également certain que Newton âgé d'un mois était moins intelligent qu'un singe anthropoïde adulte.

Ce qui revient à dire qu'en comparant l'espèce humaine aux espèces animales supérieures, *il est une période constante où les hommes sont inférieurs en intelligence aux animaux adultes*, c'est la période qui s'étend du jour de la naissance de l'enfant jusqu'à sa deuxième ou troisième année. A partir de la deuxième ou troisième année, la séparation se fait : l'enfant dépasse l'animal et n'est plus rejoint par lui.

L'ordre de développement des facultés intellectuelles chez les enfants est le suivant :

1° Les instincts. — Les petits enfants n'ont que ces facultés intellectuelles inférieures auxquelles, chez les animaux, on donne le nom d'instincts.

2° Les associations d'idées. — Lorsque les enfants grandissent, le premier indice d'intelligence véritable semble être la faculté de former certaines associations d'idées. La mémoire se manifeste de très bonne heure ; et longtemps avant de savoir parler, l'enfant associe par la pensée les idées des objets qu'il trouve associés dans la vie réelle.

3° L'intelligence de la parole d'autrui. — L'enfant comprend la parole avant de pouvoir parler lui-même.

4° L'abstraction. — Très peu de temps après qu'il sait articuler, l'enfant commence à abstraire les qualités et à classifier les objets au moyen de signes.

C'est donc peu de temps après que l'enfant commence à parler qu'on voit poindre en lui la raison humaine.

C. *Les Idiots.* — Les idiots fournissent une expérience psychologique naturelle d'un haut intérêt, en nous présentant des êtres humains chez qui le développement de l'âme a été arrêté en deux ou trois points de son cours, tandis que le corps a continué sa croissance.

Les idiots, comme on sait, se partagent en trois classes, à savoir, les idiots complets, les idiots du deuxième degré et les imbéciles.

1° Les idiots complets sont réduits à l'automatisme : êtres inertes, dénués de sensibilité, sans idées morales ; ils sont dépourvus même de l'instinct de la bête. Le regard est hébété et sans expression ; ils n'ont ni goût ni odorat ; ils ne savent pas manger seuls : il faut qu'on leur porte les aliments jusque dans la bouche et dans l'arrière-gorge pour provoquer la déglutition. D'autres mangent avec moins de difficulté, mais avalent indistinctement tous les objets qui se trouvent à leur portée, de la terre, des cailloux, du linge, des matières fécales, etc.

Les idiots complets sont au-dessous des chiens, de

l'éléphant et du singe; et cependant ce sont des hommes.

2° Les idiots du deuxième degré ont des instincts; mais les facultés de comparer, de juger, de raisonner sont à peu près nulles.

Les idiots du deuxième degré commencent à se rappprocher des animaux sans les atteindre encore; et cependant ce sont des hommes.

3° Les imbéciles sont ceux qui possèdent des instincts et des déterminations raisonnées; ils sont capables d'abstractions physiques très simples; mais ils ne peuvent s'élever aux notions générales d'un ordre supérieur.

Les imbéciles atteignent à peine le niveau intellectuel des animaux; or les imbéciles sont des hommes.

Il en est de même des crétins.

Conclusion : L'enfance, l'idiotie et le crétinisme nous donnent l'exemple tangible et saisissant de l'évolution ascendante de l'âme humaine. Elle part de zéro, pour ainsi dire, passe par une série de degrés communs aux hommes et aux animaux s'élève rapidement au-dessus de cette phase chez l'enfant ordinaire, mais y reste à différents échelons, chez les idiots et les crétins. Il résulte de là que l'âme de l'homme diffère en degré de l'âme de l'animal, ordinairement en plus, quelquefois en moins; mais sa nature est la même que celle de l'âme animale.

III. — Le Sentiment.

I° SENTIMENTS PASSIONNELS. — § I. *Amour conjugal.* A. Oiseaux. — « Pendant tout le temps de la pariade, le mâle et la femelle restent tendrement unis, et ni l'un ni l'autre ne souffriraient l'approche d'un oiseau étranger. Le mâle ne laisserait aucun mâle auprès de sa femelle, et lui-même ne va pas chercher de femelle étrangère. Il pourrait le faire cependant, car si on casse des œufs, si on détruit son nid, il fait un nid nouveau et féconde d'autres œufs. Mais cette puissance de fécondation, il n'en fait usage qu'avec sa femelle, et l'amour qu'il ressent pour elle ne laisse de place à aucun amour étranger. Les oiseaux, dit Buffon dans son discours sur la nature des oiseaux, nous représentent tout ce qui se passe dans un ménage honnête ; ils observent la chasteté conjugale, ils soignent leurs petits ; le mâle est mari, père de famille ; tous deux, quelque faibles qu'ils soient, deviennent courageux, et s'exposent volontairement à la mort quand il s'agit de défendre leur famille [1]. »

B. Mammifères. — Voici ce que raconte Jules Gérard, le célèbre tueur de lions : « D'après ce que j'ai pu voir, le lion, à moins d'y être contraint, ne quitte jamais sa compagne et a pour elle des soins et des égards continuels. Depuis le moment où le couple léonin

---

[1]. LEURET, *Anatomie comparée du système nerveux*, tome Ier, page 319.

quitte son repaire jusqu'à la rentrée, c'est toujours la lionne qui va devant; lorsqu'il lui plaît de s'arrêter, le lion fait comme elle. Arrivent-ils près d'un douar qui doit fournir le souper, la lionne se couche, tandis que son époux s'élance bravement au milieu du parc et lui apporte ce qu'il a trouvé de meilleur. Il la regarde manger avec un plaisir infini, tout en veillant à ce que rien ne puisse la déranger ni la troubler pendant son repas, et il ne pense à assouvir sa faim que lorsque sa compagne est repue. En un mot, il n'y a pas de tendresse qu'il n'ait pour elle.

Les lamantins sont des cétacés qui ne vivent que de végétaux. Ce qu'on raconte de leur attachement est presque incroyable. Une femelle ayant été amenée au rivage, le mâle l'aurait suivie, et il y aurait passé la nuit sans que les coups aient pu le faire fuir.

Exemples contraires chez les hommes. — Les sauvages ne connaissent pas l'institution du mariage; l'amour leur est presque entièrement inconnu, et le mariage ou plus exactement l'accouplement n'est en aucune façon une affaire d'affection.

Chez quelques Indiens de la Californie septentrionale, les hommes se sont réservé le droit de tuer leurs femmes quand ils en sont fatigués.

Le docteur Hooker nous apprend qu'au sud de la Terre de Feu, il a souvent vu, au milieu de l'hiver, les *hommes endormis dans leurs wigwams, tandis que les femmes nues, et plusieurs avec des enfants sur leur sein, étaient debout dans l'eau jusqu'à mi-corps,* occupées à recueillir des crustacés; pendant ce travail, la neige tombait à gros flocons sur elles et sur leurs enfants.

Les tribus habitant les collines de Chittagong, dans l'Hindoustan (Bengale), regardent le mariage comme une simple union animale et un moyen commode de faire cuire leur dîner. Ils n'ont aucune idée de tendresse et de dévouement.

En Australie, peu d'affection réelle existe entre maris et femmes; les jeunes gens apprécient une femme principalement en raison de ses services comme esclave. Quand on leur demande pourquoi ils désirent prendre femme, ils vous répondent ordinairement : « Pour qu'elle se charge de me procurer du bois, de l'eau, des aliments, et pour porter ce que je possède. » La position des femmes, en Australie, semble en effet horrible. On les traite avec la plus grande brutalité; on les bat, on leur perce les membres de coups de lance pour la plus petite raison.

§ II. *Amour maternel.* A. Oiseaux. — L'amour qu'ont les oiseaux pour leurs petits est un fait presque universel. Tout le monde connaît l'admirable courage que déploie la poule contre des ennemis dix fois plus forts qu'elle, lorsqu'il s'agit de défendre ses poussins. Les exemples d'amour maternel, chez les oiseaux, remplissent tous les recueils; il serait oiseux d'insister sur ce point.

B. Mammifères. — Tous les mammifères, tigres, lions, chats, loups, chiens, etc., ont pour leurs petits l'amour le plus tendre, le plus ardent, un amour qui va jusqu'au sacrifice de la vie [1].

La baleine se distingue entre tous par son amour pour son baleineau. Pendant les trois ou quatre ans qu'elle le soigne, elle ne le perd pas un instant de vue. S'il ne nage encore qu'avec peine, elle le précède, lui ouvre la route au milieu des flots, ne souffre pas qu'il reste trop longtemps sous l'eau, l'instruit par son exemple, le prend entre ses nageoires pectorales et son corps, l'embrasse avec tendresse, combat avec acharnement contre les ennemis et meurt plutôt que de l'abandonner. Aussi, les pêcheurs, lorsqu'ils s'approchent d'une baleine accompagnée d'un baleineau, commencent toujours par attaquer celui-ci, qui est moins fort et moins agile, moins expérimenté; ils savent bien que s'ils prennent le baleineau, la mère leur appartiendra. Celle-ci, en effet, si elle n'a pu sauver son enfant, est prise d'un accès de désespoir effrayant; elle bondit à l'aveugle contre le navire, et court au-devant du coup mortel. On la voit quelquefois s'élancer contre les rochers du rivage et s'y briser : c'est un véritable suicide.

Chez nul mammifère, peut-être, l'amour maternel n'est aussi ardent que chez les singes. Les femelles des singes, lorsqu'elles perdent leurs petits, éprouvent un tel chagrin qu'elles en meurent. Brehm a remarqué ce fait chez quelques espèces qu'il a observées, en captivité, dans l'Afrique du Nord.

1. On en trouvera de nombreux exemples dans MÉNAULT, *l'Amour maternel* (Bibliothèque des Merveilles).

« Les mâles partagent les soins que les femelles donnent à leurs petits. Un papion, dont la femelle est morte, est père d'un petit âgé de trois ans, né à la Ménagerie (de Paris). Ce petit est rabougri, rachitique; il dort toutes les nuits entre les bras de son père qui le surveille presque constamment [1].

« Les singes orphelins sont toujours adoptés et soigneusement gardés par les autres singes, tant mâles que femelles. Une femelle de babouin (cynocéphale), remarquable par sa bonté, adoptait non seulement des singes d'autres espèces, mais encore volait de jeunes chiens et chats qu'elle emportait partout avec elle. Un petit chat ayant égratigné sa mère adoptive, celle-ci très étonnée du fait fit preuve d'intelligence en examinant les pattes du chat, dont elle coupa aussitôt les griffes avec les dents [2]. »

Exemples contraires chez les hommes. — « Presque tous les peuples peu avancés en civilisation ont une grande aversion pour les jumeaux. A Java; dans l'Hindoustan, en Guinée, quand il naît des jumeaux, on détruit toujours un des deux enfants.

A Taïti, s'il faut en croire les missionnaires, deux tiers au moins des enfants étaient assassinés par leurs parents. M. Ellis ajoute : « Je ne me rappelle pas avoir vu pendant mon séjour dans ces îles une seule femme qui, alors que régnait encore l'idolâtrie, n'ait pas plongé les mains dans le sang d'un de ses enfants.

---

1. LEURET, *Anatomie du système nerveux*, page 537.
2. DARWIN, *Descendance de l'homme*, tome I*er*, page 42.

L'infanticide chez plusieurs tribus du Paraguay était plutôt la règle que l'exception. Les femmes n'élevaient chacune qu'un enfant, et comme elles n'épargnaient que celui qu'elles présumaient devoir être le dernier, il leur arrivait souvent de rester absolument sans enfants [1]. »

En Europe, dans nos sociétés civilisées, c'est un spectacle malheureusement trop fréquent que celui de ces mères dénaturées qui étouffent leur enfant, l'étranglent, le jettent dans des puits ou le coupent par morceaux. Les moins barbares sont celles qui, pour s'en débarrasser, se contentent de l'abandonner sur la voie publique, où ils peuvent être recueillis et élevés par des mains étrangères.

§ III. *Amour du prochain*. A. Oiseaux. — « Le capitaine Stansbury a rencontré dans un lac salé de l'Utah un pélican vieux et complètement aveugle qui était fort gras et avait dû être bien et depuis longtemps nourri par ses compagnons.

M. Blyth m'informe qu'il a vu des corbeaux indiens nourrissant deux ou trois de leurs compagnons aveugles; et j'ai eu connaissance d'un fait analogue observé sur un coq domestique.

M. Burton cite le cas curieux d'un perroquet qui avait pris soin d'un oiseau d'une autre espèce chétif et estropié, lui nettoyait son plumage, et le défendait contre les autres perroquets qui parcouraient librement son jardin [2]. »

1. Lubbock, *Origines de la civilisation*, pages 28, 387.
2. Darwin, *Descendance de l'homme*, tome II, page 114.

B. Mammifères. — « M. de la Boussanelle, capitaine de cavalerie dans l'ancien régiment de Beauvilliers, raconte le fait suivant : En 1757, un cheval de sa compagnie, hors d'âge, très beau et du plus grand feu, ayant eu tout à coup les dents usées au point de ne plus pouvoir mâcher le foin et broyer son avoine, fut nourri pendant deux mois, et l'eût été davantage, si on l'eût gardé, par les deux chevaux de droite et de gauche qui mangeaient avec lui. Ces deux chevaux tiraient du râtelier le foin qu'ils mangeaient et jetaient ensuite devant le vieillard. Ils en usaient de même pour l'avoine, qu'ils broyaient bien menue et mettaient ensuite devant lui. C'est là, ajoute l'auteur, l'observation et le témoignage d'une compagnie entière, officiers et cavaliers [1]. »

On lit dans *Nature*, 19 janvier 1874 : « Je garde dans mon jardin un certain nombre de Gibbons; ils vivent tout à fait en liberté dans les arbres, ne venant que lorsqu'on les appelle pour manger. Un d'eux, un jeune mâle, tomba une fois d'un arbre et se disloqua le poignet ; il fut entouré des plus grandes attentions par les autres, surtout par une vieille femelle, qui toutefois ne lui était pas parente. Elle avait coutume, avant de manger ses bananes, de prendre les premières qu'on lui donnait chaque jour et de les donner à l'estropié, qui vivait dans les solives d'un bûcher.

« J'ai fréquemment remarqué qu'un cri de frayeur,

---

1. GRATIOLET, *Anatomie du système nerveux*, page 642.

de douleur ou de détresse de l'un de ces animaux amenait immédiatement vers lui tous les autres, qui semblaient prendre part à son chagrin et le serraient dans leurs bras. »

Exemples contraires chez les hommes. — Chez les Hottentots, lorsqu'un individu, homme ou femme, est mis par l'âge hors d'état de travailler, on le relègue dans une hutte solitaire, à une distance considérable du Kraal (village), jusqu'à ce qu'il meure de vieillesse, de faim ou sous la dent des bêtes féroces.

Le cannibalisme est un fait universel en Océanie, en Afrique, en Amérique.

M. Galbraith, agent du Gouvernement, qui a vécu pendant de longues années chez les Sioux (Amérique du Nord), les peint dans les termes suivants : Ils sont bigots, barbares et extrêmement superstitieux. Ils regardent presque tous les vices comme des qualités.

Le vol, l'incendie, le viol, le meurtre, sont chez eux des moyens d'arriver à la distinction. Ils enseignent à leurs enfants, dès leur plus jeune âge, que le meurtre est la plus grande des vertus. Dans leurs danses, dans leurs festins, les guerriers racontent leurs hauts faits de vol, de pillage et de meurtre. La plus haute, la seule ambition d'un jeune homme est d'avoir le droit de porter une plume, insigne accordé à quiconque a assommé un être humain, homme, femme ou enfant, cela importe peu. Dès qu'il possède sa première plume, il ne songe qu'à en augmenter le nombre ; car la bravoure d'un Indien s'estime par le nombre de plumes qu'il porte [1].

Nous savons malheureusement par les crimes qui se commettent chaque jour combien l'amour du prochain est étranger à des milliers d'Européens. Les cours d'assises, par toute l'Europe, voient se dérouler devant elles des forfaits tels que la société civilisée n'a rien à envier aux sauvages des deux mondes.

§ IV. *Sympathie.* — « Voici un exemple de sympathie héroïque de la part d'un petit singe américain : Il y a quelques années, un gardien zoologique me montra quelques blessures profondes et à peine cicatrisées que lui avait faites un babouin féroce, pendant qu'il était sur le plancher à côté de lui. Le petit singe, qui était un chaleureux ami du gardien, vivait dans le même compartiment et avait une peur horrible du babouin. Néanmoins, voyant le gardien en péril, il s'élança à son secours, et tourmenta tellement le babouin par ses morsures et par ses cris, que l'homme, après avoir couru de grands risques pour sa vie, put s'échapper [2].

Tous les jours, nous sommes témoins de la sympathie qui lie des chevaux et des chiens, des chiens et des chats. « J'ai vu moi-même un chien, dit Darwin, qui ne passait jamais à côté d'un de ses grands amis, un chat malade couché dans un panier, sans le lécher en passant, signe le plus certain de l'amitié chez un chien.

1. Lubbock, *Origines de la civilisation*, page 387.
2. Darwin, *Descendance de l'homme*, tome Ier, page 81.

§ V. *Antipathie.* A. Oiseaux. — « MM. Boitard et Corbié, dont l'expérience s'est étendue sur quarante-cinq ans d'observations, disent : Quand une femelle de pigeon éprouve de l'antipathie pour un mâle auquel on veut l'accoupler, malgré tous les feux de l'amour, malgré l'alpiste et le chenevis dont on la nourrit pour augmenter son ardeur, malgré un emprisonnement de six mois et même d'un an, elle refuse constamment ses caresses. Les avances empressées, les agaceries, les tournoiements, les tendres roucoulements, rien ne peut lui plaire ni l'émouvoir ; gonflée, boudeuse, blottie dans un coin de sa prison, elle n'en sort que pour boire et manger, ou pour repousser avec une sorte de rage des caresses devenues trop pressantes [1]. »

B. Mammifères. — Les exemples d'antipathie que, sous nos yeux, donnent entre eux les chevaux, les chiens et les chats sont si fréquents qu'il est inutile de faire quelques citations.

§ VI. *Magnanimité.* — « Un gros chien n'a que du mépris pour le grognement du roquet : c'est ce qu'on peut appeler de la magnanimité [2]. »

§ VII. *Vengeance.* — « La patience de l'éléphant est grande ; cependant elle a des bornes, et après avoir subi des contrariétés ou des mauvais traitements, l'éléphant sait se venger. Il est arrivé plusieurs fois que des cornacs ont été écrasés ou lancés au loin par leur éléphant ; et chose bien importante à noter ici, les

1. DARWIN, *Descendance*, tome II, page 124.
2. DARWIN, *Descendance*, tome I", page 43.

premiers torts ne venaient jamais de l'éléphant [1]. »

On sait que les chevaux brutalement frappés par certains palefreniers en conservent un profond ressentiment ; à la première occasion propice, ils saisissent dans leur mâchoire le bras de leur bourreau et le broient entre leurs dents.

§ VIII. *Jalousie.* — « Chacun a vu combien le chien est jaloux de l'affection de son maître, dit Darwin, lorsque ce dernier caresse toute autre créature ; j'ai observé le même fait chez les singes. »

Leuret a également constaté ce fait : « Un orang-outang mort, il y a deux ans, à la Ménagerie, aimait, quand il était malade, à être sur les genoux de son gardien ; il ne souffrait pas alors que personne s'approchât de lui, et il chassait surtout les enfants. » Cela montre, dit Darwin, que les animaux, non seulement aiment, mais désirent être aimés.

§ IX. *Sensibilité à la moquerie.* — « Les singes n'aiment certainement pas qu'on se moque d'eux et s'imaginent souvent à tort qu'on veut les offenser. J'ai vu au jardin zoologique un babouin qui se mettait toujours dans un état de rage furieuse lorsque le gardien sortait de sa poche une lettre ou un livre et se mettait à lire à haute voix. La fureur était si violente que, dans une occasion dont j'ai été témoin, il se mordit la jambe jusqu'au sang [2]. »

« Un éléphant qu'on élevait à la Ménagerie de Versailles semblait connaître si l'on se moquait de

---

1. Leuret, *Anatomie du système nerveux*, page 531.
2. Darwin, *Descendance*, tome I, page 43.

lui et s'en vengeait quand il en trouvait l'occasion. Ayant été trompé par un homme qui avait fait semblant de lui jeter quelque chose à manger, il donna à cet homme un coup de sa trompe qui le renversa et le blessa grièvement [1]. »

La sensibilité à la moquerie suppose un certain sentiment de la dignité personnelle.

II° Sentiment esthétique. — § I. *Sentiment du Beau.*
« On a déclaré que le sentiment du beau était spécial à l'homme ; mais lorsque nous voyons des oiseaux mâles déployant laborieusement devant leurs femelles leurs plumes aux splendides couleurs, tandis que d'autres oiseaux, qui ne sont point ainsi décorés, ne se livrent à aucune démonstration semblable, il n'est pas possible de mettre en doute que les femelles n'admirent la beauté de leurs compagnons mâles.

« De même pour le chant des oiseaux ; les douces mélodies qu'exhalent les mâles pendant la saison des amours sont certainement l'objet de l'admiration des femelles. Si en effet les femelles étaient incapables d'apprécier les splendides couleurs, les ornements et la voix de leurs mâles, toute la peine et les soucis que ceux-ci se donnent pour déployer leurs charmes aux regards des premières seraient inutiles ; cela n'est pas admissible. Nous ne pouvons pas expliquer pourquoi certains sons et certaines couleurs excitent en nous du plaisir lorsqu'ils s'harmonisent ; nous ne

---

1. Leuret, *Anatomie du système nerveux*, page 528.

pouvons pas davantage expliquer pourquoi certains goûts et certaines odeurs sont agréables ; mais il est certain que beaucoup d'animaux inférieurs admirent avec nous les mêmes sons et les mêmes couleurs [1]. »

§ II. *Sentiment de la toilette et de la propreté.* — Le sentiment de la toilette et de la propreté est le degré le plus inférieur de l'Esthétique, mais assurément il se rattache au sentiment du Beau. Vif chez les oiseaux, il l'est également chez un grand nombre de mammifères.

A. Oiseaux. — « Les oiseaux se baignent et font une sorte de toilette, et à très peu d'exceptions près ils nettoient leur nid, dans lequel ils ne déposent presque jamais leurs excréments. Dès le matin, ils lissent leurs plumes avec leur bec ; les palmipèdes, pour empêcher leurs plumes de se mouiller ou de s'imprégner d'eau, les enduisent d'une sorte de graisse qui est sécrétée par des glandes placées près de l'orifice du cloaque. Comme ils sont sujets à avoir sur la peau des insectes parasites, ils se pouillent aussi, et quelquefois ils se rendent mutuellement ce petit service [2]. »

B. Mammifères. — Nous savons tous combien nos chats domestiques ont soin de leur corps, et avec quelle minutie ils font leur toilette.

« Chez les singes, les mères font la toilette de leurs petits. C'est un spectacle curieux, dit Frédéric Cu-

1. DARWIN, *Descendance,* tome I, page 66.
2. LEURET, *Anatomie,* page 317.

vier, que de voir ces femelles porter leurs enfants à la rivière, les débarbouiller malgré leurs plaintes, les essuyer, les sécher et donner à leur propreté un temps et des soins que dans bien des cas nos enfants pourraient envier [1]. »

Exemples contraires chez les hommes. — Kolben, qui voit les Hottentots sous un jour favorable, fait d'eux la description suivante : « Leur corps est couvert de graisse ; ils ne lavent jamais leurs vêtements ; leur tête semble couverte d'une croûte de mortier noir, tant leur chevelure, d'un jour à l'autre, amasse de suie, de graisse, de poussière et autres substances malpropres que, par défaut de soin, ils laissent s'y coaguler et s'y durcir. Ils couvrent leur dos d'une peau de bête, attachée par devant. Ils portent ce vêtement toute leur vie, et, quand ils meurent, c'est leur linceul. »

Les Indiens du Paraguay, écrit don Félix de Azara, qui a longtemps vécu parmi eux, ignorent complètement l'usage de se laver; lorsqu'ils se baignent, c'est plutôt pour la fraîcheur que pour la propreté. Il est donc inutile de dire qu'ils sont excessivement sales et fort incommodés par les poux, si toutefois on peut dire qu'ils sont incommodés par ce qui leur procure une de leurs plus grandes distractions. Car il n'en était pas un qui ne prît un plaisir extrême à chercher et à manger la vermine dont leur personne, leurs cheveux et leurs vêtements fourmillaient.

1. LEURET, *Anatomie,* page 537.

En Europe, dans les campagnes où fleurissent l'ignorance et la superstition, il n'est pas rare de rencontrer des paysans qui le disputent en saleté aux Hottentots et aux Indiens. En Russie, le juif polonais pousse la malpropreté et la puanteur à un degré extraordinaire.

Au demeurant, dans toute la série animale, il n'est guère qu'une espèce qui puisse rivaliser en saleté avec l'espèce humaine, c'est le porc.

III° SENTIMENTS MORAUX. — § I. *Sens moral prouvé par le remords.* — J'avais un chien terrier de l'île de Skye, dit M. Romanes. Un jour qu'il avait grand faim, il saisit une côtelette sur la table et l'emporta sous le canapé. J'avais été témoin de ce larcin, mais je fis semblant de n'en avoir rien vu ; le coupable resta plusieurs minutes sous le canapé, partagé entre le désir d'assouvir sa faim et le sentiment du devoir. Ce dernier finit par triompher, et le chien vint déposer à mes pieds la côtelette qu'il avait dérobée. Cela fait, il retourna se coucher sous le canapé, d'où aucun appel ne put le faire sortir. En vain je lui passai doucement la main sur la tête ; cette caresse n'eut d'autre résultat que de lui faire détourner le visage d'un air de contrition vraiment comique. Ce qui donne une valeur vraiment particulière à cet exemple, c'est que ce chien n'avait jamais été battu ; de sorte que ce ne peut être la crainte d'un châtiment corporel qui l'ait fait agir. »

« Quiconque étudiera le chien avec attention, dit Agassiz, pourra se convaincre que les impulsions auxquelles cède cet animal sont analogues à celles qui meuvent l'homme. Elles sont réglées de manière à mettre en évidence des facultés psychiques, à tout égard, de la même nature que celles de l'homme. Le chien exprime par la voix ses émotions et ses sentiments avec une précision qui les rend aussi intelligibles à l'homme que le langage articulé d'un de ses frères. Sa mémoire a une puissance rétentive qui dépasse celle de la mémoire humaine. Sans doute, toutes ces facultés sont loin de faire du chien un philosophe; mais certainement elles le mettent au niveau d'une portion considérable de la pauvre humanité[1]. »

§ II. *Sens moral prouvé par la joie de l'acte accompli.* — Le chien, après avoir agi, vient demander des caresses à son maître. Sans doute, cette joie de l'acte accompli n'est pas d'un ordre aussi élevé que la satisfaction qu'éprouve le stoïcien, mais elle est du même ordre que celle qu'éprouvent les enfants et les hommes illettrés, c'est-à-dire l'immense pluralité de l'espèce humaine. Darwin a donc eu raison de dire : « Je suis d'accord avec Agassiz pour reconnaître que le chien possède quelque chose qui ressemble beaucoup à une conscience. Il a certainement quelque puissance de commandement sur lui-même qui ne paraît pas être entièrement le résultat de la crainte[2]. »

§ III. *Sentiment du juste et de l'injuste.* — « François Arago, le grand physicien, se trouva arrêté par un orage dans une mauvaise auberge, à quatre lieues de

---

1. AGASSIZ, *l'Espèce*, page 99.
2. DARWIN. *Descendance*, tome I page 82.

Montpellier. Il n'y avait qu'un poulet à lui donner pour dîner ; il commanda qu'on mît ce poulet à la broche. La broche était munie d'un tambour où l'on faisait entrer des chiens qui donnaient le mouvement. L'un de ces chiens était dans la cuisine. L'aubergiste voulut le prendre ; le chien se cacha, montra les dents et se refusa obstinément aux injonctions de son maître. Arago surpris en demanda la cause. On lui répondit que le chien résistait, parce que c'était le tour de son camarade. Arago demanda qu'on allât chercher le camarade. Celui-ci arriva et, au premier signe du cuisinier, il entra dans le tambour et tourna la broche pendant dix minutes. Arago, pour rendre l'expérience plus décisive, fit arrêter la broche, puis ordonna qu'on appelât le chien qui s'était montré si rétif. L'ordre fut exécuté. L'animal, dont le refus avait été si obstiné, convaincu que son tour de corvée était venu, entra lui-même dans le tambour, et se mit à tourner[1]. »

Exemples contraires chez les hommes. — Le gouverneur Eyre dit des Australiens qu'ils n'ont aucune notion du juste et de l'injuste ; leur seule règle de conduite est de savoir s'ils sont numériquement ou physiquement assez forts pour braver la vengeance de ceux qu'ils provoquent ou offensent.

La conscience, dit Burton, n'existe pas dans l'Afrique orientale ; le seul repentir que les indigènes puissent éprouver est le regret d'avoir manqué l'occasion de commettre un crime.

---

1. Leuret, *Anatomie*, page 472.

Dans notre Europe contemporaine, la morale internationale est encore bien peu développée, puisque la maxime qui règle les rapports des peuples entre eux est celle-ci : La force prime le droit.

Quant à la morale individuelle, il est malheureusement trop vrai que chez la grande moitié de nos frères européens le sens moral consiste dans la crainte du gendarme.

IV° SENTIMENTS SOCIAUX. — « Les instincts sociaux, a dit Darwin, sont le principe fondamental de la constitution morale de l'homme. »

A. *Services mutuels.* — « Les animaux sociables se rendent une foule de petits services réciproques : les chevaux se mordillent, et les vaches se lèchent mutuellement sur les points où ces animaux éprouvent quelques démangeaisons ; les singes se cherchent les uns les autres les parasites extérieurs. Brehm assure que lorsqu'une bande de cercopithèques (Guenons, chez Buffon) a traversé une fougère épineuse, chaque singe s'étend sur une branche et est aussitôt visité par un de ses camarades, qui examine soigneusement sa fourrure et en extrait toutes les épines [1]. »

B. *Solidarité et fraternité.* — Une hirondelle s'était prise par la patte à une ficelle, sur une saillie du toit de l'institution des dames Quentin, à Orléans. Aux cris de la pauvrette, toutes les hirondelles des environs accoururent et se mirent à becqueter la

---

1. DARWIN, *Descendance*, tome 1er, page 78.

ficelle ; mais celle-ci était trop forte, leurs efforts restèrent inutiles. A bout de ressources, les hirondelles se mirent en devoir de nourrir leur sœur en attendant qu'une main secourable vînt la délivrer. Or cette délivrance n'eut lieu que le samedi ; et c'est le mardi que l'hirondelle s'était trouvée prise. Elle n'a manqué pendant ces quatre jours ni de moucherons ni de murmures encourageants. Tout lui est venu à point, jusqu'au moment où un couvreur qu'on avait envoyé chercher, à la grande joie des jeunes élèves de la pension, a rendu la pauvre hirondelle à la liberté [1].

« Brehm rencontra en Abyssinie un grand troupeau de babouins traversant une vallée ; une partie avait déjà remonté la montagne opposée, les autres étaient encore dans la partie basse. Ces derniers furent attaqués par des chiens ; mais les vieux mâles se précipitèrent en bas des rochers, avec la bouche ouverte et un air si féroce que les chiens battirent en retraite. On les engagea à une nouvelle attaque ; mais dans l'intervalle tous les babouins avaient gravi les hauteurs, à l'exception d'un jeune ayant six mois environ. Grimpé sur un bloc de rocher, où les chiens l'entourèrent, il appelait au secours à grands cris. Un des plus grands mâles, véritable héros, redescendit lentement vers le jeune, le rassura et l'emmena triomphalement. Les chiens étonnés n'osèrent l'attaquer [2]. »

« Quand les animaux se battent, dit Agassiz ; quand ils s'associent pour un but commun ; quand ils s'aver-

---

1. MÉNAULT, *l'Intelligence des animaux*, page 140.
2. DARWIN, *Descendance*, tome Ier, page 79.

tissent l'un l'autre du danger; quand ils viennent au secours l'un de l'autre ; quand ils montrent de la tristesse ou de la joie, ils manifestent des mouvements de même nature que ceux qu'on met au nombre des attributs moraux de l'homme. La gradation des facultés morales dans les animaux supérieurs et dans l'homme est tellement imperceptible que, pour dénier au animaux un certain sens de responsabilité et de conscience, il faut exagérer outre mesure la différence qu'il y a entre eux et l'homme [1]. »

Conclusion.

De la comparaison de l'âme humaine avec l'âme des animaux :

1° Au point de vue de l'*Instinct* ;

2° Au point de vue de l'*Intelligence* ;

3° Au point de vue du *Sentiment* ;

Il résulte ceci : *L'âme humaine est de la même nature que l'âme des animaux; elle n'en diffère que par le degré.*

Cette conclusion est celle même qu'a formulée l'illustre Agassiz lorsque, vaincu par l'évidence, il écrivait, lui, platonicien égaré dans le XIXe siècle, cet aveu, précieux hommage rendu à la vérité : « Les passions des animaux sont aussi fortes et aussi nombreuses que celles de l'âme humaine ; il m'est impossible d'apercevoir une différence de nature entre les

---

1. Agassiz, l'*Espèce*, page 97.

unes et les autres, bien qu'elles puissent différer beaucoup dans le degré et dans l'expression [1]. »

CHAPITRE VII

L'EMBRYOGÉNIE ET L'AME.

Notions préliminaires.

1° LA GLANDE FEMELLE OU OVAIRE. — L'ovaire renferme une multitude de petits sacs appelés follicules, du latin *folliculus*, petit sac; chaque follicule contient un petit œuf en ovule. Chaque mois, un ou plusieurs ovules arrivent en maturité, s'échappent de l'ovaire, sont recueillis par la trompe utérine, et cheminent par celle-ci.

L'ovule est parfaitement sphérique; son diamètre est de 2 dixièmes de millimètre chez la femme. Il comprend :

1° Une enveloppe transparente, à savoir, la membrane vitelline ;

2° Une masse cohérente, granulée, presque opaque, qu'on appelle le vitellus ;

3° Le vitellus renferme un petit corps sphérique, à savoir, la vésicule germinative ;

---

1. AGASSIZ, *l'Espèce*, page 97. — C'est également la conclusion de H. Milne-Edwards, *Leçons sur la Physiologie et l'Anatomie comparées*, tome XIII, page 428 : « La science ne montre pas entre les opérations de l'entendement chez l'homme et chez certaines bêtes de différences assez radicales pour me permettre d'affirmer que l'âme de ces dernières est d'une nature différente de celle de l'âme humaine.

4° La vésicule germinative contient elle-même un petit noyau ou nucléole, qu'on appelle la tache germinative;

5° La tache germinative est un petit globule dont le diamètre est de 5 millièmes de millimètre.

L'âge où se fait pour la première fois la déhiscence d'un follicule arrivé à maturation est appelé l'âge de puberté; il est, en Europe, aux environs de la quatorzième année.

Les follicules de l'ovaire sont appelés aussi Follicules de Graaf, du nom du physiologiste hollandais qui les a étudiés.

II° LA GLANDE MALE OU TESTICULE. — La glande mâle se compose essentiellement de petits tubes en culs de sac légèrement renflés, qu'on appelle les canalicules.

Ces canalicules fabriquent ou sécrètent de petits filaments qu'on appelle les spermatozoïdes, lesquels sont longs de 51 millièmes de millimètre.

L'âge où se manifeste pour la première fois l'apparition des spermatozoïdes est appelé l'âge de puberté. Il varie selon les climats; dans nos régions, il est en moyenne à quatorze ans.

La grande différence entre l'ovaire et le testicule, au point de vue du fonctionnement, est la suivante :

Dans l'ovaire, un follicule ne fonctionne qu'une fois; dès qu'il s'est déchiré et qu'il a laissé échapper son ovule, il devient corps jaune et se résorbe.

Dans le testicule, le canalicule est un fabricateur permanent de spermatozoïdes; il fonctionne pendant toute la durée de la vie sexuelle.

III° L'Embryon. — On donne le nom de Germe au produit de l'ovule fécondé.

Lorsque les formes du corps et des membres deviennent visibles, le Germe prend le nom d'Embryon (du grec, ἐν dans, βρύω croître).

Vers le deuxième mois de la grossesse, dans l'espèce humaine, l'embryon prend le nom de *fœtus*, et le conserve durant tout le temps de la vie intra-utérine.

Voici comment se fait la fécondation de l'ovule : Les spermatozoïdes traversent la membrane vitelline; ils pénètrent dans le vitellus et s'y liquéfient; leur substance s'unit matériellement à celle du vitellus; celui-ci s'en imprègne : l'ovule est fécondé.

Aussitôt que l'ovule est fécondé, un grand travail se fait à l'intérieur. Bientôt apparaît un canal cylindrique : c'est le tube médullaire, c'est-à-dire ce qui sera la moelle épinière.

Le tube médullaire se renfle à sa partie supérieure; ce renflement est l'ampoule cérébrale.

L'ampoule cérébrale se segmente en cinq ampoules, lesquelles donnent naissance à toutes les parties de l'encéphale, à savoir, cerveau proprement dit, couches optiques, tubercules quadrijumeaux, cervelet, moelle allongée.

De très bonne heure, à gauche et à droite de la première ampoule ou ampoule supérieure, bourgeonnent *deux vésicules creuses* : ce sont les hémisphères cérébraux.

A la quatorzième semaine, les hémisphères sont encore *vésiculeux*.

Au septième mois, les principales scissures sont formées, et les principales circonvolutions dessinées sur la surface des hémisphères.

Au neuvième mois, à la naissance, il manque aux hémisphères un complément de flexuosités, un perfectionnement de la substance grise et de la substance blanche, un complément de poids.

IV° L'EMBRYON HUMAIN COMPARÉ A L'EMBRYON DES MAMMIFÈRES. — 1° La formation de l'embryon est identique à celle des embryons de tous les vertébrés : ovule fécondé par un filament spermatique, segmentation, etc.

2° Jusqu'au deuxième mois, il est impossible de distinguer l'embryon humain de l'embryon de tout autre mammifère.

3° A partir du deuxième mois, il se distingue du chien, mais non du singe.

4° Au cinquième mois, l'homme commence à se distinguer du singe.

5° Ce n'est qu'au neuvième mois, à la naissance, que l'homme se distingue radicalement du singe par la conformation de la face.

L'homme embryonnaire a une queue comme le chien, le porc, le lapin, etc. Cette queue ne s'atrophie que vers le troisième mois; le coccyx en est le vestige.

V° LONGUEUR ET POIDS DE L'HOMME DURANT LA VIE INTRA-UTÉRINE. — 1° La tache germinative, origine de l'homme, est longue de 5 millièmes de millimètre;

2° A la sixième semaine, l'homme est long de 20 à 25 millimètres; il pèse 2 grammes 1/2;

3° Au septième mois, l'homme est long de 32 à 35 centimètres ; il pèse de 1 kilogramme 1/2 à 2 kilogrammes ;

4° Au neuvième mois, il est long de 40 à 50 centimètres; il pèse de 3 kilogrammes à 3 kilogrammes 1/2.

En résumé, par son origine cellulaire, par son développement intra-utérin, l'homme est un simple anneau de la chaîne des êtres vivants; il n'est pas une exception dans la nature, c'est un animal parmi des animaux.

I. — Problème chronologique : A quelle date précise se manifeste l'âme?

Deux problèmes se rattachent à l'âme, à savoir, le problème chronologique et le problème de l'hérédité. Quelle est celle des deux hypothèses sur l'âme qui donne la meilleure solution des deux problèmes? Nous connaissons les faits embryogéniques; appliquons aux deux hypothèses sur l'âme la règle souveraine de la méthode expérimentale, à savoir, la vérification.

1° Hypothèse spiritualiste. — L'âme spirituelle est distincte du corps, étrangère à lui, entrant en lui comme dans une prison, selon la forte expression de Platon; elle est, dans son essence, en opposition absolue avec le corps; elle est immatérielle, une et simple; le corps, lui, est matériel, composé : il est un agrégat d'organes.

Problème : *A quelle date précise l'âme spirituelle entre-t-elle dans le corps?*

A. Est-ce à trois mois, alors que les hémisphères sont encore vésiculeux?

B. Est-ce à sept mois, alors que les principales scissures sont formées et les circonvolutions dessinées?

C. Est-ce à neuf mois, alors que le cerveau n'a pas encore acquis toutes ses flexuosités, ni toute la perfection de sa substance grise et de sa substance blanche, ni le maximum de son poids?

D. Généralement, quel poids faut-il au cerveau, et combien de circonvolutions doit-il avoir acquises pour que l'âme établisse chez lui sa résidence?

Il semble difficile de reculer au delà du neuvième mois l'entrée de l'âme spirituelle dans le cerveau. Admettons provisoirement ce dernier cas, et supposons que l'âme spirituelle entre dans le cerveau au moment où l'enfant, se détachant du sein maternel, inaugure une vie tout à fait dissemblable, à savoir, la vie aérienne. Les objections suivantes se présentent sur-le-champ à l'esprit :

1° Si l'âme spirituelle est entrée dans le cerveau de l'enfant à neuf mois, elle doit *penser;* car si elle est entrée dans le corps de l'enfant, évidemment c'est pour y travailler; si l'âme y restait oisive, ce serait inutile qu'elle y entrât; mieux vaudrait pour elle rester là d'où elle vient. Or, en quoi consiste l'activité de la pensée chez un enfant âgé d'une heure ou même d'un mois? Tout ce que l'observation la plus minutieuse a pu découvrir dans l'enfant qui vient de naître, ce sont les instincts de nutrition, c'est-à-dire la vie végétative; mais de *pensée*, pas la moindre trace.

2º Que si l'enfant au neuvième mois ne présente pas même l'ombre d'une pensée, c'est-à-dire d'une âme, à plus forte raison n'en présente-t-il pas au septième mois de la vie intra-utérine, alors que les circonvolutions sont à peine dessinées sur la surface des hémisphères. Et cependant, à sept mois, l'enfant est capable de rompre les liens qui l'attachent à la mère et de passer à la vie aérienne. En fait, non seulement ce phénomène se présente maintes fois par suite de causes naturelles, mais encore le médecin peut, dans des vues particulières, faire violence à la nature et, malgré elle, amener l'enfant deux mois plutôt à la lumière [1]. Concluons de là qu'à sept mois, encore moins qu'à neuf mois, il est impossible de fixer pour l'entrée de l'âme spirituelle dans le cerveau de l'enfant une date précise qui offre à la raison quoi que ce soit de sensé ou même simplement de spécieux.

Si la raison ne peut démêler rien de sensé dans la supposition où l'âme spirituelle entrerait dans le cerveau, soit au neuvième, soit au septième mois de la vie intra-utérine, *à fortiori* l'entrée de l'âme durant les mois antérieurs, alors que le cerveau consiste en ampoules creuses, apparaît-elle comme incompréhensible.

Il est non moins impossible de pouvoir assigner au cerveau, pour que l'entrée de l'âme puisse s'accomplir,

---

1. Quand le bassin maternel est trop étroit pour laisser passer un enfant qui aurait atteint le neuvième mois, le médecin administre le seigle ergoté et provoque l'accouchement au septième mois.

un poids de matière ni un nombre fixe de circonvolutions; car sur-le-champ se pose la question suivante : Pourquoi ce nombre et ce poids plutôt qu'un autre poids et un autre nombre? Qu'arriverait-il si l'on retranchait un milligramme au poids ou un millimètre aux circonvolutions? Toutes les difficultés qui dérivent de l'hypothèse spiritualiste sont inextricables.

Conclusion : La question posée est celle-ci : A quelle date précise l'âme spirituelle entre-t-elle dans le cerveau de l'enfant?

La réponse est la suivante : Il est absolument impossible d'assigner une phase, un jour, une heure, où plausiblement l'âme spirituelle entrerait dans le cerveau de l'enfant [1].

1. Dans la philosophie animiste, l'âme entrait dans le corps ou pouvait y entrer au moment même de la conception, c'est-à-dire, pour l'embryogénie moderne, à l'instant précis où le spermatozoïde pénètre dans le vitellus. L'âme était entendue au sens de *la vie totale*. Par ses admirables expériences, la physiologie du xix° siècle a ruiné cette théorie. L'âme n'est qu'*une fonction particulière et localisée* de la vie totale; on peut supprimer cette fonction particulière, et, en fait, elle est supprimée souvent, sans que la vie suspende son activité. Bref, l'âme est aujourd'hui restreinte à ce que l'ancien Animisme appelait l'*âme raisonnable;* et son siège, expérimentalement déterminé, est le cerveau.

L'Église catholique est animiste. Comme, en vue du baptême à donner aux enfants, elle a besoin d'une date précise, l'Église a fixé l'entrée de l'âme dans le corps au 40° jour pour les garçons, et au 80° pour les filles. Cette fixation a été introduite dans le catholicisme par saint Augustin, lequel l'avait empruntée à Aristote. Du reste, la loi romaine, au sujet de la répression des avortements, avait également fixé au 40° jour l'animation de l'embryon.

Au 40° jour, l'embryon est long de 20 millimètres; il pèse moins de 2 grammes; il a une queue; rien ne le distingue de l'embryon d'un chien ou de tout autre vertébré supérieur.

IIº Hypothèse physiologique. — L'hypothèse physiologique « l'âme est la fonction du cerveau » est fondée sur les trois grandes lois qui régissent l'évolution complète de l'homme.

1ʳᵉ Loi : *Pour que la fonction s'établisse, il faut que l'organe ait atteint un minimum de développement.*

Cette loi s'applique, sans exception, à tous les organes et à toutes les fonctions. Par exemple, pour que l'enfant puisse marcher, il faut que ses muscles, son cervelet, les cellules géantes de la substance grise, etc., aient acquis un certain degré de grosseur et de fermeté;

Pour que la bile puisse être sécrétée, il faut que le foie ait acquis un certain développement.

Mais l'exemple le plus saisissant peut-être, parce qu'il se révèle tardivement, longtemps après la venue au jour, c'est celui que donne la fonction génératrice. Celle-ci ne s'établit chez l'homme que lorsque les cellules coniques des canalicules se sont transformées en spermatozoïdes; il faut quatorze années, en moyenne, dans nos climats, pour que l'organe atteigne ce stade évolutif.

Chez la femme, il faut une douzaine d'années ou plus, selon les climats, pour que les follicules de Graaf arrivent à maturation; alors seulement la fonction génératrice s'établit chez la femme.

2ᵉ Loi : *Le degré d'excellence des fonctions est en relation exacte et inséparable avec le degré d'excellence de l'organe.*

Inutile de rappeler que la fonction de la marche est

en relation avec la vigueur et la santé des jambes; la fonction visuelle, avec le degré de l'excellence de l'œil; la fonction digestive, avec l'excellence des glandes de l'appareil digestif.

Comme la fonction génératrice et toutes les autres fonctions du corps, l'âme ou fonction psychique du cerveau est soumise aux mêmes lois.

1º Pour que la fonction psychique du cerveau puisse s'établir, il faut que les hémisphères cérébraux aient acquis un certain degré de développement.

2º La fonction psychique s'accomplit avec plus ou moins de perfection, selon que le cerveau acquiert plus ou moins d'excellence (richesse des circonvolutions, développement de la substance grise, etc.).

En voyant naître sur les lamelles latérales du Feuillet moyen deux paires de spatules arrondies, l'embryogéniste sait qu'arrivées à un certain stade d'évolution, la première paire deviendra *mains*, qui plus tard saisiront; et la deuxième paire, *jambes*, qui plus tard marcheront;

En voyant dans un canalicule bourgeonner en grappe de raisin une cellule épithéliale, ou dans un ovaire se segmenter les follicules, il sait que douze ou quinze ans plus tard s'établira la fonction génératrice;

De même, lorsqu'il voit se renfler en ampoule l'extrémité du tube médullaire, il sait qu'une douzaine de mois plus tard se manifestera un rudiment de pensée, parce qu'à ce moment l'organe aura atteint le minimum de développement qui lui est nécessaire pour que la fonction s'établisse.

3° Loi : *Pour que la fonction entre en exercice, il faut que l'organe soit mis en vibration par les impressions du monde extérieur.*

A la condition du développement minimum s'ajoute une autre condition. De même que la fonction visuelle, la fonction auditive, celle du goût et celle de l'odorat ne se manifestent que lorsque l'œil, l'oreille, la langue et les narines, après avoir acquis le développement nécessaire, ont besoin d'être mis en vibration par les excitations du monde extérieur; de même la fonction psychique, pour se manifester, a besoin d'abord que le cerveau ait acquis un certain développement, puis qu'il soit mis en vibration par les impressions du monde extérieur. C'est ainsi que tant qu'il reste immergé dans les eaux de l'amnios et qu'il reçoit passivement le sang nourricier maternel, l'enfant, durant toute la vie intra-utérine, est tout aussi incapable de penser qu'il l'est de voir, d'entendre, de goûter et d'odorer; son cerveau manque d'une condition principale pour entrer en vibration : il n'a pas encore l'excitation venue du monde extérieur. Il la recevra plus tard, cette excitation, lorsqu'amené à la vie aérienne, l'enfant sera obligé d'agir, de se mouvoir, de travailler pour prendre sa nourriture et la digérer; lorsqu'il subira les impressions du froid, du chaud, des langes où il est couché, bref, des mille détails propres au monde extérieur.

Enfin l'expérience nous prouve tous les jours, par des myriades d'exemples, que les variations dans l'état du cerveau sont constamment suivies de variations dans la fonction psychique. Les phénomènes morbides sont ceux qui frappent le plus l'attention. On a vu quelle répercussion avaient sur la fonction psychique les maladies, les blessures, l'aliénation mentale, l'idiotie, l'alcoolisme, etc.

On a vu de plus la contre-épreuve confirmer avec éclat la vérité de l'hypothèse physiologique, lorsque le retour du cerveau à la santé et à l'état normal rend la régularité et la vigueur à sa fonction, c'est-à-dire à l'âme.

En résumé, avec l'hypothèse spiritualiste, il est impossible de comprendre ou même d'imaginer à quelle date l'âme, substance spirituelle, s'introduirait dans le cerveau durant la vie intra-utérine ou même au début de la vie aérienne.

Dans l'hypothèse physiologique, la question d'origine pour la fonction psychique ne peut même pas se poser; la fonction psychique est, comme toutes les autres fonctions, subordonnée à deux conditions : d'abord à un certain développement de l'organe; puis à une excitation venant stimuler l'organe. La fonction psychique existe dans l'embryon et dans le fœtus comme y existent la fonction visuelle, la fonction auditive, toutes les fonctions, c'est-à-dire à l'état de puissance. Car, dans l'embryon, les organes n'ont pas encore accompli les stades suffisants d'évolution; et dans le fœtus, pendant les deux derniers mois, les excitations extérieures ne peuvent pas encore mettre les organes en vibration. Dans le nouveau-né, la fonction psychique ne se développe que lorsque les cinq sens sont capables d'apporter au cerveau les impressions du monde extérieur, et lorsque le cerveau est assez ferme pour recevoir ces impressions et vibrer sous leur stimulant.

II. — **Problème de l'hérédité : L'hérédité individuelle et l'hérédité de la race.**

1ᵉʳ Fait. — Le fils participe de la nature corporelle du père et de la mère, quelquefois avec une prédominance de l'élément paternel, quelquefois avec une prédominance de l'élément maternel.

Ce fait est prouvé par la ressemblance des traits, par l'hérédité de la complexion, par celle des maladies, des anomalies, etc. Enfin le croisement d'un blanc et d'une négresse ou d'un nègre et d'une blanche met hors de doute que, dans l'enfant né du croisement, il y a fusion des deux substances corporelles, celle du père et celle de la mère.

2ᵉ Fait. — Le fils participe du caractère du père et du caractère de la mère, tantôt avec la prédominance du caractère paternel, tantôt avec la prédominance du caractère maternel.

Ce fait est non moins certain que le premier, quoiqu'il soit sujet à de nombreuses exceptions. Ces exceptions tiennent le plus souvent à l'état de santé où sont les parents lorsque l'enfant est engendré. Qu'un père soit en état d'ivresse, voilà un fils qui naîtra épileptique, idiot ou pis encore, en proie à des impulsions irrésistibles au meurtre ou à l'incendie.

D'autres exceptions proviennent, soit d'une éducation particulière, soit d'accidents qui ont jeté l'enfant dans une certaine voie toute différente de celle que les conditions premières donnaient à prévoir, etc. Si l'on tient compte de ces causes multiples de perturbations, lesquelles sont au fond extrinsèques et accidentelles, on reconnaît aisément que, dans les conditions normales, le fils participe du caractère de son père et de celui de sa mère aussi intimement qu'il participe de leur complexion corporelle.

Le fait d'hérédité du corps et d'hérédité de l'âme est général; il est vrai des animaux comme de l'homme; c'est sur lui que les éleveurs ont fondé leur industrie. Les chevaux de course héritent du caractère vaillant ou de l'indocilité de leur père, comme les chiens de chasse ont hérité de l'aptitude à courir le gibier ou à tomber en arrêt.

3° **Fait.** — Le cas du chien de chasse nous donne clairement l'exemple d'une double hérédité : un chien de chasse hérite d'abord de l'aptitude à la chasse qui appartient à tous les individus de sa race; il hérite en outre des qualités particulières de son père et de sa mère.

Cette double hérédité se trouve dans l'homme; il y a, en effet :

1° L'hérédité particulière des parents;
2° L'hérédité générale de la race.

Une certaine manière de juger, de sentir et d'agir distingue, en effet, chaque race ou chaque peuple;

cette manière originale forme le caractère général de cette race ou de ce peuple; elle est due :

A. *Aux conditions du milieu physique* : Climat, nourriture, travaux;

B. *Aux conditions du milieu moral* : Communauté d'éducation familiale et sociale, communauté d'instruction publique, communauté d'histoire, de lois, etc.

Au bout de longs siècles, cette communauté d'éducation, d'histoire, de lois, etc., a imprimé aux cellules cérébrales de tous les membres d'un même peuple certaines modifications uniformes et stables. Fixées par un exercice plusieurs fois séculaire et transmises par hérédité à toute la descendance, les modifications acquises deviennent *nature*; leur fonction psychique constitue ce qu'on appelle l'esprit ou le caractère de la race, de la nation. C'est ainsi qu'on a l'esprit et le caractère français, l'esprit et le caractère anglais, etc.

1° HYPOTHÈSE SPIRITUALISTE. — L'âme est une substance spirituelle, une et simple, absolument distincte du corps où elle réside; elle y est entrée un jour, elle y séjourne quelque temps, puis s'en va, le laissant se dissocier et former ensuite de nouvelles combinaisons chimiques.

1° L'âme du fils est absolument distincte de l'âme du père et de l'âme de la mère; elle ne les connaît pas ; ce sont deux étrangères pour elle; rien n'est commun entre ces trois âmes; toutes trois sont unes et simples; il est donc impossible qu'elles puissent se communiquer quelque chose l'une à l'autre.

Et cependant, le fait est là, indéniable : l'âme du fils participe de l'âme du père et de l'âme de la mère.

2° Si l'âme du fils est absolument étrangère à l'âme du père et à l'âme de la mère, *à fortiori* l'est-elle aux âmes des milliers d'ancêtres qui ont précédé ses parents. Il est donc absolument impossible et incompréhensible que l'âme du fils ait reçu quelque chose de ces milliers d'âmes immatérielles, unes et simples, qui, débarrassées depuis des centaines de siècles de leur logis corporel, n'ont pu en rien contribuer à la formation du corps où réside l'âme de l'arrière-petit-fils. Du reste, cela ne servirait à rien, puisque l'âme du petit-fils est étrangère au corps qu'elle habite.

Et cependant le fait est là, indéniable : l'âme du petit-fils participe de l'âme des ancêtres; elle est imprégnée du caractère de la race, de la nation.

Ainsi la théorie spiritualiste et le fait positif sont en contradiction constante, absolue :

1° D'après la théorie spiritualiste, l'âme est une unité simple.

En fait, elle est une résultante.

2° D'après la théorie spiritualiste, l'âme est distincte du corps, étrangère à lui, logée simplement en lui; elle a une existence indépendante de l'âme paternelle et de l'âme maternelle; ce ne sont pas ces deux âmes qui l'ont créée; elle n'a rien reçu de l'une ni de l'autre; et de même qu'elle n'a hérité de rien, de même elle ne transmettra rien à sa postérité.

En fait, l'âme du fils a hérité de l'âme paternelle et

de l'âme maternelle; à son tour, elle léguera quelque chose d'elle-même à l'âme de ses descendants.

3° D'après la théorie spiritualiste, l'âme immatérielle, créée exclusivement pour un seul corps, toute neuve, n'ayant jamais servi dans les temps antérieurs, ne devant plus servir dans les temps futurs, est dans l'impossibilité de recevoir quoi que ce soit de l'âme des ancêtres, lesquels ont disparu de la terre depuis des milliers d'années; elle était déjà dans l'impuissance radicale de recevoir la plus faible tendance de l'âme des parents, *à fortiori* l'est-elle d'hériter d'ancêtres de l'ombre même d'une qualité morale et intellectuelle. Enfin elle ne pourra rien transmettre du caractère national à l'âme de ses descendants.

En fait, l'âme de chaque citoyen a hérité des ancêtres un ensemble d'aptitudes et de tendances qui la font reconnaître sur-le-champ, ici pour une âme française, là pour une âme anglaise, ailleurs pour une âme européenne; et elle transmet à l'âme des descendants cet original caractère.

Conclusion : Non seulement l'hypothèse spiritualiste n'explique pas le grand fait de l'hérédité paternelle et de l'hérédité de la race, mais encore elle est en contradiction absolue avec lui.

II° Hypothèse physiologique. — L'hypothèse physiologique donne du fait d'hérédité une explication claire et complète. En effet, la fusion du spermatozoïde dans le vitellus de l'ovule maternel a donné naissance à une troisième substance; celle-ci est donc une combinaison de la substance paternelle avec la substance maternelle. Puisque l'organe cérébral du fils participe de la substance du père et de celle de la mère, il est naturel, il est nécessaire (toute circonstance perturbatrice étant écartée) que la fonction psychique du fils participe de la fonction psychique du père et de celle de la mère. Voilà pour l'hérédité paternelle.

L'hérédité de la race s'explique de la même manière et en vertu du même fait embryogénique, à savoir, la fusion du spermatozoïde paternel dans le vitellus de l'ovule maternel. Comme ces deux éléments contiennent en puissance non seulement les qualités particulières de chacun des parents, mais aussi l'ensemble des aptitudes et des tendances générales que les parents ont héritées des ancêtres; il s'ensuit que l'âme du fils participera de l'âme de la race ou de la nation. Et de même que le fils a reçu le double héritage paternel et national, de même aussi il le transmettra à ses descendants, accru ou diminué dans la proportion où il aura pensé, senti, agi, durant sa vie. Par cette double hérédité, l'âme du fils est une résultante; or nous avons vu précédemment que dans l'hypothèse physiologique l'âme individuelle ne peut être qu'une résultante.

Conclusion : Les deux grands faits, hérédité de l'individu et hérédité de la race, sont expliqués par l'hypothèse physiologique avec une clarté et une précision qui ne laissent subsister aucun doute et ne laissent prise à aucune objection.

La concordance entre l'hypothèse physiologique et

les faits embryogéniques, tels que la science moderne est parvenue à les dévoiler, est complète.

Conclusion.

Il s'agit de résoudre deux grands problèmes qui se rattachent à l'embryogénie :

1º A quelle époque l'âme se manifeste-t-elle dans le corps ?

2º Comment expliquer l'hérédité individuelle et l'hérédité de sa race ?

L'hypothèse spiritualiste est non seulement impuissante à résoudre ces deux problèmes, mais encore elle est en contradiction absolue avec les faits embryogéniques.

L'hypothèse physiologique, au contraire, résout les deux problèmes avec une netteté et une précision parfaite.

Cette conclusion jaillit de l'étude exclusive des faits humains. Or tous les animaux et toutes les plantes sont également soumis à l'hérédité individuelle et à l'hérédité de la race ; et cela, en vertu du même procédé, à savoir, la fusion du filament mâle dans l'ovule maternel chez les animaux, et la pénétration du pollen mâle dans l'ovule chez les plantes. Il suit de là que la loi de la double hérédité et du procédé physiologique de cette hérédité embrasse tout le règne organique, de l'homme à la plante.

Ce qui achève la démonstration de cette grande loi naturelle, ce sont les cas d'atavisme, lesquels se rencontrent également chez les hommes, chez les animaux et chez les plantes ; et cela, sous la condition nécessaire que dans les générations antérieures il y ait eu fusion de l'élément mâle d'une race dans l'ovule d'une autre race. Ce fait apparaît surtout avec une évidence saisissante lorsque les atavismes portent sur des différences de coloration ou sur des anomalies, telles que la gibbosité, la claudication, un nombre supplémentaire de doigts [1].

1. Les faits d'atavisme chez les plantes sont tellement fréquents et connus qu'il serait oiseux d'en citer des exemples. Du reste, on peut consulter Darwin, *Variations chez les animaux et chez les plantes*, 2 vol. in 8.

1° *Exemple d'atavisme de coloration chez les animaux.* — En Andalousie, on élève une race noire de moutons dont la laine fournit un drap grossier fort recherché des matelots. Depuis des siècles, on tue soigneusement tout agneau taché de blanc ; et cependant, chaque année, il en apparaît quelques-uns.

2° *Exemple d'atavisme de coloration chez les hommes.* — Dans la Virginie, une négresse mariée à un nègre mit au monde une fille blanche. Elle fut très effrayée ; mais son mari la rassura en lui disant qu'il comptait parmi ses aïeux un blanc, et qu'il y avait toujours eu un enfant blanc dans les familles alliées à la sienne. La fille blanche, à l'âge de 15 ans, fut vendue à l'amiral Ward pour être montrée à la Société royale de Londres (QUATREFAGES, *Unité de l'espèce humaine*).

3° *Exemple d'atavisme d'anomalie chez les hommes.* — Il s'agit de la gibbosité.

Première génération : Un frère et une sœur, tous deux de taille droite, mais issus de parents bossus, se marient, chacun de leur côté, avec un conjoint normal.

Deuxième génération : le frère était droit, il engendre deux filles bossues. La sœur était droite ; elle enfante sept enfants, tous bossus.

Troisième génération : Trois de ces enfants bossus se marient ; ils donnent naissance à sept enfants droits.

Quatrième génération : Trois membres de cette génération droite se marient ; ils ont chacun une fille bossue. (GIROU DE BUZAREINGUE, *De la génération*, page 278 ; voir Prosper LUCAS, *Traité de l'hérédité*, 2 vol. in-8).

Appendice. — En tenant compte de la ligne de démarcation jusqu'alors restée infranchissable entre le règne minéral et le règne organique, il est intéressant, au point de vue de la philosophie naturelle, de constater l'analogie qui relie les lois régissant les combinaisons chimiques à celles qui président aux combinaisons physiologiques.

I° Alliage et croisement. — Le cuivre et le zinc ont chacun leur individualité propre. Si on les combine l'un avec l'autre en proportions définies, on obtient un corps nouveau qu'on appelle *laiton*. Celui-ci a des propriétés distinctes de celles des deux métaux qui l'ont engendré ; il a donc une individualité propre.

Mais il n'en reste pas moins le fils du cuivre et du zinc, si bien que selon la prédominance de l'élément générateur cuivre ou de l'élément zinc il se rapproche, par ses qualités, de l'un ou de l'autre des deux parents.

Qu'est-ce que le croisement entre un homme et une femme, si ce n'est la combinaison de deux individualités bien définies ? Et qu'est-ce que l'enfant qui résulte de ce croisement, si ce n'est un alliage ayant son individualité distincte de l'individualité de chacun des types générateurs, mais s'y rattachant étroitement par les qualités physiques et morales qu'il doit à la combinaison de l'élément paternel avec l'élément maternel ?

Quant à la prédominance de l'élément paternel ou de l'élément maternel chez l'enfant, elle est analogue à celle qu'on rencontre dans l'alliage, avec cette différence que nous savons pourquoi telle prédominance a lieu dans l'alliage, puisque c'est nous-mêmes qui réglons les quantités proportionnelles dans les combinaisons entre les deux métaux, tandis que nous ignorons pourquoi chez tel enfant c'est l'élément paternel qui prédomine, et chez tel autre, l'élément maternel.

Bien mieux, il est certains croisements où l'on peut graduer pour ainsi dire la quantité de chacun des éléments générateurs humains avec autant de précision que le fait le chimiste pour les éléments générateurs métalliques, ce sont les croisements entre deux individus de race et de couleur différentes, entre un blanc et une négresse, par exemple, et réciproquement.

1er *Exemple de combinaisons graduées comparatives.* — Le cuivre pur est rouge, le zinc pur est blanc bleuâtre ; en combinant en parties égales le cuivre pur et le zinc pur, le produit de la combinaison métallique est un corps nouveau, le laiton, dont la couleur jaune est intermédiaire entre la couleur rouge du premier élément générateur et la couleur blanc bleuâtre du second élément.

En croisant un blanc de race pure avec une négresse également de race pure, le produit de la combinaison physiologique est un individu nouveau, le mulâtre, dont la couleur est intermédiaire entre le blanc pur du premier type générateur et le noir pur du second type générateur.

2e *Exemple de combinaisons graduées comparatives.* — Si l'on combine le laiton provenant du premier alliage avec une quantité égale de cuivre rouge, le métal issu de cette seconde combinaison se rapproche de la couleur et des propriétés du cuivre.

Si l'on combine le nouveau métal engendré avec une égale quantité de cuivre, le métal issu de cette troisième combinaison aura des propriétés et une couleur voisines de celles du cuivre.

Et ainsi de suite, de sorte qu'au bout d'un certain nombre de combinaisons ainsi graduées, on arrive à un métal rouge qui est le type cuivre à peu près pur.

En opérant en sens inverse, c'est-à-dire en croisant le laiton avec le zinc pur, puis le nouveau produit encore avec le zinc, on obtient un métal qui se rapproche de plus en plus du zinc par ses propriétés et par sa couleur, si bien qu'au bout d'un certain nombre de combinaisons ainsi graduées, on arrive à un produit blanc bleuâtre qui est le type zinc à peu près pur.

Par le croisement de la mulâtresse avec un blanc, on obtient un produit qui se rapproche du blanc par la couleur et les qualités physiques qui caractérisent le type blanc.

En continuant à croiser avec un blanc le produit obtenu à chaque croisement, on arrive à un individu qui, par ses qualités physiques et sa couleur, est le type blanc à peu près pur.

Des croisements successifs en sens inverse, c'est-à-dire des croisements entre les métis obtenus et un nègre, conduisent à un résultat inverse, à savoir, à la production d'un individu qui, par ses qualités physiques et sa couleur, est le type noir à peu près pur.

Ce qui est vrai du parallélisme analogique entre les alliages et les croisements humains, l'est au même degré et même plus visiblement du parallélisme entre les alliages et les croisements animaux ou végétaux. L'industrie des éleveurs et des jardiniers est fondée en grande partie sur ces alliages gradués entre deux types de races ou de couleurs différentes.

II° Retour aux types générateurs. — Entre la loi qui régit les combinaisons chimiques et celle qui préside aux combinaisons physiologiques, l'analogie est manifeste ; il n'en est pas de même du phénomène surprenant qu'on appelle le *retour aux types générateurs*. Et cependant, au fond, le retour aux types existe, sous un autre nom, dans les produits des combinaisons chimiques.

1° *Exemple d'un retour aux types dans le règne physiologique.* — M. Naudin croisa la linaire à fleurs jaunes avec la linaire à fleurs pourpres. Les hybrides issus de ce premier croisement furent uniformes de caractères ; et ces caractères étaient intermédiaires entre ceux de chacun des deux parents. A la deuxième génération, ces hybrides croisés entre eux retournèrent aux types générateurs, les uns à la linaire jaune, les autres à la linaire pourpre.

2° *Exemple d'un retour aux types dans le règne chimique.* — En combinant l'alcool ordinaire ou alcool éthylique avec l'acide formique, on obtient un éther, à savoir, l'éther éthylformique ($C^6H^6O^4$).

En combinant l'alcool méthylique avec l'acide acétique, on obtient un éther, à savoir, l'éther méthylacétique ($C^6H^6O^4$), lequel a la même formule, c'est-à-dire la même composition élémentaire que l'éther éthylformique.

En présence d'un agent hydratant, l'éther éthylformique retourne aux types générateurs, c'est-à-dire à l'alcool ordinaire et à l'acide formique.

En présence d'un agent hydratant, l'éther méthylacétique retourne aux types générateurs, c'est-à-dire à l'alcool méthylique et à l'acide acétique.

L'analogie entre le retour aux types dans les combinaisons physiologiques et le retour aux types dans les combinaisons chimiques est donc réelle.

La grande différence est que nous savons quelles conditions déterminent le retour aux types dans les combinaisons chimiques, tandis que nous l'ignorons dans les combinaisons physiologiques ; cette ignorance ne change rien au fait lui-même.

On pourrait poursuivre plus loin encore le parallélisme entre les phénomènes d'atavisme dans le règne organique, d'une part, et les phénomènes de dissociation partielle ou totale dans le règne minéral, d'autre part ; car la dissociation n'est autre chose que le retour partiel ou total d'un composé aux types générateurs. Mais il vaut mieux rester en deçà des conclusions légitimes que courir le risque de se perdre dans les fantaisies d'une assimilation à outrance. Comme nous l'avons dit au début de l'Appendice, entre le règne organique, il ne peut y avoir que des analogies ; l'abîme qui les sépare est infranchissable.

CHAPITRE VIII

ENTRE CERTAINES SÉCRÉTIONS CORPORELLES, LA DIFFÉRENCE EST PLUS GRANDE QU'ENTRE L'AME ET LE MAGNÉTISME.

I. — L'argument suprême des spiritualistes.

Impuissante à expliquer les phénomènes psychiques, soit à l'état sain, soit à l'état morbide, l'hypothèse spiritualiste repose, au fond, sur un argument unique : « La production de la pensée est tout à fait dissemblable de la production de la bile, de la salive, de la pepsine, bref, de tous les produits des sécrétions corporelles. Les produits sécrétés se décomposent en éléments définis, se voient et se pèsent. Il s'ensuit qu'il est impossible que le cerveau soit un organe ayant une fonction analogue à la fonction qu'exerce chaque organe du corps. Le cerveau est donc en dehors de la série des organes corporels, et le rôle qu'il joue est en dehors de la série des fonctions corporelles. »

A supposer que la physiologie n'eût rien à opposer à cet argument, il n'en resterait pas moins acquis qu'elle a rendu compte des phénomènes psychiques positifs, tandis que l'hypothèse spiritualiste non seulement n'a pu les expliquer, mais encore s'est trouvée avec eux en complète contradiction. Le spiritualisme, qui n'explique rien et ignore tout, ne serait donc nullement fondé à triompher de la physiologie ; car si la physiologie ignore quelque chose, elle sait du moins donner des phénomènes existants une interprétation qui subit victorieusement le contrôle de la vérification expérimentale. Entre deux hypothèses, dont l'une est en contradiction avec les faits, et dont l'autre explique ces mêmes faits, le choix de l'homme qui cherche sincèrement la vérité ne saurait être douteux.

II. — Les Fonctions.

1° L'ORIGINE EN TOUTES CHOSES EST INEXPLICABLE; ON LA CONSTATE, VOILA TOUT.

Il est vrai que la physiologie ne sait pas comment le cerveau peut penser, ni pourquoi le produit de la fonction cérébrale est invisible et impondérable ; mais cette ignorance ne comprend pas exclusivement le cerveau et sa fonction, elle s'étend à tous les organes et à toutes les fonctions. Les origines sont impénétrables à l'homme ; de même que l'homme peut analyser et par conséquent expliquer tous les nombres, sauf le nombre 1, de même le nombre 1 de toutes choses, c'est-à-dire *l'origine*, ne peut être analysé ni par conséquent expliqué. Lorsque la science est remontée à ce 1 primordial, elle le constate et s'arrête : sa tâche est achevée. C'est cette vérité que Royer Collard exprimait en un style un peu théâtral lorsqu'il disait : « La science de l'homme est complète lorsqu'elle est allée puiser l'ignorance à sa source la plus élevée. »

Dans le problème particulier qui nous occupe, il s'agit de montrer que l'ignorance où est la physiologie, relativement à la fonction psychique et au produit de cette fonction, est du même ordre que l'ignorance où l'on est du *pourquoi originel* de toutes les fonctions, et du *pourquoi essentiel* de tous leurs produits.

Enfin il est des phénomènes physiques tout aussi invisibles, tout aussi impondérables que l'est la pensée; et cependant personne n'oserait proposer d'admettre qu'ils sont les manifestations extérieures d'une substance divine logée dans les corps animés ou dans les corps bruts.

II° CONSIDÉRÉES EN ELLES-MÊMES, TOUTES LES PROPRIÉTÉS ET TOUTES LES FONCTIONS SONT INEXPLICABLES.

1° *Minéraux*. — Prenons pour exemple une dissolution de chlorure de sodium ou sel de cuisine; sa propriété est de cristalliser dans le 1er système cristallin ou système cubique. En vain s'efforcerait-on de la faire cristalliser dans un autre système, toujours la solution engendrera des cubes.

Comment expliquer cette force mystérieuse, ainsi qu'on dit en langage spiritualiste, qui oblige les éléments chlore et sodium à se combiner dans la forme cubique? Est-elle susceptible de tomber sous l'œil pénétrant du microscope ou de se trahir sous l'action d'un réactif colorant? En aucune façon; cette propriété cristalline est aussi inaccessible aux sens, aussi impénétrable que l'est la fonction du cerveau.

Spectacle plus extraordinaire encore! Le soufre dissous dans le sulfure de carbone cristallise, à la température ambiante, en octaèdres à base rhombique du 4ᵉ système cristallin.

Chauffé à 100 degrés, il cristallise en prismes du 5ᵉ système; mais quand il s'est refroidi, on s'aperçoit que les cristaux prismatiques du 5ᵉ système se sont métamorphosés en un chapelet d'octaèdres du 4ᵉ système.

Se figure-t-on l'étonnement d'un fermier qui, après avoir remis à l'ombre de l'étable un bœuf exposé pendant plusieurs heures à la lumière solaire, verrait cet animal se décomposer en un chapelet de petits agneaux? Cette transmutation du bœuf serait l'image exacte de la métamorphose qu'éprouvent les cristaux du soufre.

En chimie, on sait que ce passage d'une individualité cristalline à une autre individualité tient à un emmagasinement de chaleur; c'est le fait. Mais comment expliquer et comprendre qu'un peu plus ou un peu moins de chaleur puisse donner au même corps deux individualités incompatibles? La science n'en sait rien; elle le constate, voilà tout.

2º *Végétaux*. — Voici un petit corps ovoïde, pesant au plus quelques grammes; mis en terre, il pousse une tige; de cette tige se développent des branches; au bout d'un siècle, c'est un arbre gigantesque: le gland est devenu chêne.

Comment expliquer cette force mystérieuse qui emprunte à la terre ses éléments minéraux, et à l'air ses gaz constituants et son carbone; puis, qui transforme ces éléments inanimés en tissus vivants, doués des fonctions les plus variées ? Faudra-t-il conclure que dans ce gland est logée une substance divine ? On l'admettait jadis ; l'hypothèse de la force vitale était le dédoublement logique de l'hypothèse de l'Animisme. Où sont aujourd'hui le Vitalisme et l'Animisme ? Mais où sont les neiges d'antan ?

L'évolution vitale est, dans son principe, tout aussi inconnue que la propriété cristalline ; la science étudie les manifestations de l'une et de l'autre, et s'efforce d'en démêler les lois ainsi que d'en reconnaître le mode d'action. Or le mode de formation des cristaux, comme celui de la nutrition et de la vie, est un mode de mouvement.

Il en est de même de la fonction psychique ; inconnue dans son principe, elle est, dans son activité, un mode de mouvement ; ses conditions sont les mêmes que celles de tous les tissus vivants ; elle ne peut s'accomplir qu'en oxydant de la matière cérébrale.

III° LA FONCTION EST DÉTERMINÉE PAR LA SITUATION DE L'ORGANE DANS LE PLAN ORGANIQUE.

Chez un Polype tubuliforme, la surface extérieure respire, et la surface intérieure digère. S'il y a deux fonctions dissemblables, c'est assurément la respiration et la digestion ; il semble que le mécanisme de la digestion doive exiger un appareil entièrement distinct de celui que demande la fonction respiratoire. Je prends le Polype, je le retourne comme un doigt de gant ; la surface externe devient intérieure, et la surface interne devient extérieure. Alors, après un léger temps d'arrêt, comme si le Polype prenait ses dispositions pour s'adapter à cette situation inverse, la surface externe actuelle, qui naguère digérait, maintenant respire; la surface interne actuelle, qui tout à l'heure respirait, maintenant digère ; de sorte qu'une permutation de place a suffi pour changer le rôle et la fonction. Cette chose si originale, si singulière, qu'on appelle *une fonction*, dépendant d'une situation topographique sur le corps ! voilà certes un prodige bien autrement extraordinaire que celui d'un organe tel que le cerveau possédant, comme tout autre organe, sa fonction propre.

Au chapitre intitulé *Les conditions vitales du cerveau*, on a vu que l'organe cérébral ne diffère en rien, quant aux conditions vitales, des autres organes corporels ; il n'est pas hors de la série, il est en plein et tout entier dans la série organique. Mais si quelque organe devait, selon l'expression de Spinoza, exciter « un étonnement stupide [1] », ce ne serait pas tant le cerveau que ces appareils spéciaux qu'on nomme les glandes.

---

1. Spinoza, *Éthique*, De Dieu, *Appendice* : « De même aussi, quand nos adversaires considèrent l'économie du corps humain, ils tombent dans *un étonnement stupide*, et comme ils ignorent les causes d'un art si merveilleux, ils concluent que ce ne sont point des lois mécaniques, mais une industrie divine et surnaturelle qui a formé cet ouvrage et en a disposé les parties de façon qu'elles ne se nuisent point réciproquement. C'est pourquoi quiconque cherche les véritables causes des miracles et s'efforce de comprendre les choses naturelles *en philosophe*, au lieu de les admirer *en homme stupide*; est tenu aussitôt pour hérétique et pour impie, et proclamé tel par les hommes que le vulgaire adore comme les interprètes de la nature et de Dieu. Ils savent bien, en effet, que l'ignorance une fois disparue ferait disparaître l'étonnement, c'est-à-dire l'unique base de tous leurs arguments, l'unique appui de leur autorité. »

Les glandes se distribuent en trois groupes :

1º Les glandes à tube, droit ou enroulé ;

2º Les glandes en grappe, simple ou composée ;

3º Les glandes à vésicule close.

Les glandes à tubes et les glandes en grappes ont des conduits excréteurs qui déversent au dehors le produit de la fonction glandulaire.

Les glandes à vésicule close n'ont pas de conduits excréteurs ; le produit de la fonction entre immédiatement dans le torrent circulatoire : tel est le sucre fabriqué par la glande glycogénique du foie.

La texture anatomique des glandes est la même ; on ne peut pas, à ce point de vue, les distinguer l'une de l'autre.

Les glandes puisent toutes dans le sang les éléments du produit qu'elles fabriquent.

Et cependant, pas une glande ne donne un produit identique à celui d'une autre glande, dont la situation topographique est différente.

Concluons donc :

1º Que, considérée en elle-même, toute fonction est inexplicable ;

2º Que le genre de fonction dépendant de la place qu'occupe la glande est, en jugeant le fait à la manière vulgaire, un phénomène plus extraordinaire que celui d'un appareil corporel, tel que le cerveau, ayant sa fonction, comme a la sienne tout autre organe du corps.

IV° LA DIFFÉRENCE ENTRE UNE GOUTTE DE LAIT ET UN SPERMATOZOIDE EST INFINIE.

Voici deux glandes, la glande mammaire et la glande mâle génératrice :

Par cela que l'une est située sur la poitrine, elle sécrètera du lait ;

Par cela que l'autre est située au-dessous du pubis, elle sécrétera un filament ayant une tête en forme d'amande.

Ni le lait ni le spermatozoïde ne préexistent dans le sang ; mais c'est dans le sang que les deux glandes puisent les matériaux du produit que chacune d'elles élabore.

Ainsi, même matière travaillée par deux appareils d'une structure au fond identique, mais occupant dans le plan du corps deux places différentes. Si on compare les deux produits au point de vue de leur vertu spécifique, quelle distance énorme, infinie, les sépare ! Le lait a certainement un prix très grand, lui qui sert à la nourriture du nouveau-né. Mais il ne peut remplir sa mission que par des quantités croissantes et sans cesse renouvelées durant nombre de mois ; du reste, il peut être remplacé par un autre aliment. Mais qu'est-ce que l'alimentation passagère d'un jeune être en comparaison de la création même de cet être ! C'est en vain que sur l'ovule on verserait des torrents de lait ou même le sang qui a fourni à la glande les éléments constituants du spermatozoïde, l'ovule restera inerte, infécond. Mais qu'un filament, si ténu que sa présence ne peut être décélée que par un puissant microscope, oui, qu'un seul filament pénètre dans cet ovule, sur-le-champ un mouvement tumultueux se produit dans la masse vitelline; le résultat final de cette évolution est la création de cette merveille incompréhensible qu'on appelle un être vivant. Si au lieu de « s'efforcer de comprendre les choses naturelles en philosophe », il était permis de se laisser aller « à les admirer en homme stupide », assurément nul phénomène mieux que celui-là ne mériterait cette stupeur et cette admiration.

III. — Le Magnétisme.

1° LE MAGNÉTISME EST UNE FORCE INVISIBLE ET IMPONDÉRABLE OU, EN UN SEUL MOT SPIRITUALISTE, IMMATÉRIELLE.

Voici un morceau de fer combiné avec l'oxygène dans la proportion de trois équivalents de l'un avec quatre équivalents de l'autre ($Fe^3 O^4$). Il est d'un noir métallique, avec éclat faible; rayé par le quartz, il fait feu avec l'acier; il n'y a donc en lui rien d'extraordinaire.

Mais si je l'approche d'une pincée de limaille de fer, voilà cette poussière inanimée qui tremble et s'agite; finalement elle se précipite sur le fer et l'étreint énergiquement.

Si je mets la limaille sur une feuille de carton ou sur une plaque de bois, et qu'en dessous je promène mon fer oxydulé, la limaille se déplace et suit tous les mouvements du métal; la force qui réside dans le fer oxydulé agit donc à travers les corps[1]. Ce fer est un aimant, et la vertu qui est en lui s'appelle le Magnétisme : cette vertu est *invisible*.

Je prends un barreau de fer doux, c'est-à-dire ne contenant ni oxygène ni carbone ; j'enroule autour de lui un fil de cuivre, puis je fais passer un courant électrique. Le barreau devient magnétique ; il attire le fer avec une puissance d'autant plus grande que le courant électrique est plus intense. J'interromps le courant ; le magnétisme sur-le-champ disparaît : le barreau n'est plus un aimant, il est revenu à son état premier.

Lorsqu'il est à l'état nu de fer doux, je le pèse ; je le pèse lorsque, saturé de vertu magnétique, il exerce une attraction puissante sur les morceaux de fer : c'est toujours le *même poids*.

Brisé et examiné au microscope, il ne présente aucun changement : il est toujours le *même*.

On doit donc conclure que la vertu qu'il acquiert est une force invisible et impondérable ou, en un seul mot spiritualiste, *immatérielle*.

II° LE MAGNÉTISME, FORCE IMMATÉRIELLE, EST SUSCEPTIBLE D'AUGMENTATION ET DE DIMINUTION.

---

1. RADAU, *le Magnétisme*, page 23 : « Le physicien hollandais Musschenbroeck, pour bien s'assurer que la force magnétique *traverse les corps*, enfermait des aimants dans des enveloppes de plomb, de cuivre, et mesurait à l'aide d'une balance l'intensité de l'attraction exercée, à travers les *enveloppes*, sur un cylindre de fer suspendu à la balance ; il trouva qu'elle était la même que celle qu'il avait observée quand les aimants étaient à découvert. » Cette force immatérielle *qui traverse les corps* est, au point de vue spiritualiste, bien autrement merveilleuse que l'âme, laquelle est incapable de rien traverser.

Un barreau de fer doux perd son aimantation aussitôt que cesse le courant électrique ; un barreau d'acier la conserve.

La quantité d'aimantation que peut accumuler le barreau d'acier n'est pas indéfinie : elle s'accroît jusqu'à une certaine limite ; arrivée à ce point, elle reste fixe, quelle que soit l'intensité grandissante du courant électrique.

Mais si à un aimant disposé en fer-à-cheval qui, sous l'action du courant électrique, a atteint son point de saturation, je mets une armature ; c'est-à-dire si je joins par une masse de fer les deux bouts du fer-à-cheval, la quantité de magnétisme augmente avec le temps ; chaque jour je pourrai ajouter un nouveau poids au poids mis la veille ; de cette sorte, je parviendrai presque à *tripler* la puissance magnétique. Mais là encore, il y a une limite ; une fois cette limite atteinte, les poids tombent : la force magnétique perdant le surcroît de puissance qu'elle avait acquis progressivement est ramenée à son point de départ. Par exemple, les plus forts aimants qu'on ait aujourd'hui portent une armature pesant 300 kilogrammes. On peut graduellement arriver à faire porter à l'aimant 800 kilogrammes. L'aimant gardera indéfiniment cette force à deux conditions, à savoir, si on ne la dépasse pas par l'addition de nouveaux poids, et si on lui laisse l'armature contact. Soit que l'on dépasse le poids de 800 kilogrammes, soit que l'on arrache le contact, l'aimant perd le surcroît de vertu qu'il avait acquis ; ramené au point de départ, il ne peut plus porter que 300 kilogrammes. Porter 300 kilogrammes est le point de *saturation persistante* de l'aimant.

Soit que l'aimant possède une quantité de force magnétique capable de supporter 300 kilogrammes, soit que la quantité augmente au point de supporter 800 kilogrammes, l'aimant reste toujours le même ; il a le même poids et la même contexture.

Ainsi le magnétisme, force invisible et impondérable, autrement dit, immatérielle, est susceptible d'augmentation et de diminution.

III° LE MAGNÉTISME, FORCE IMMATÉRIELLE, N'EST PAS RÉPANDU DANS TOUT L'AIMANT : IL A UN HABITAT LIMITÉ.

On a cru longtemps que le magnétisme était répandu dans toute la masse du barreau d'acier : il n'en est rien. Les belles expériences de Jamin ont démontré que l'aimantation pénètre au plus à 4 *dixièmes de millimètre* ; il est même des aciers où la pénétration n'est que de 1 dixième de millimètre. « La limite est très variable pour les divers aciers, dit Jamin ; elle est très grande pour ceux qui sont mous et recuits ; elle diminue quand la richesse en carbone augmente et que la trempe est plus forte. J'ai dit qu'elle était égale à 4 dixièmes de millimètre pour les lames que j'ai étudiées ; mais je possède des échantillons où elle est inférieure à 1 dixième de millimètre. On peut dire que ceux-ci ne prennent qu'un vernis magnétique à leur surface, et il est impossible d'en augmenter l'épaisseur par une plus grande intensité de courant [1]. »

1. JAMIN, Comptes rendus, 15 février 1875.

L'intensité de la puissance magnétique va en diminuant de la surface, où elle est maxima, jusqu'à la limite de pénétration, où elle devient nulle.

IV° LE MAGNÉTISME, FORCE IMMATÉRIELLE, PEUT ÊTRE DISSOUS PAR UN ACIDE.

De même qu'en zoologie, chez les animaux supérieurs, chaque espèce se subdivise en mâles et en femelles sans que pour cela l'espèce perde son unité ; de même le magnétisme, sans rien perdre de son unité, a deux manifestations extérieures qui se distinguent l'une de l'autre. L'une peut être appelée l'aimantation positive ; l'autre, l'aimantation négative ; elles agissent en sens inverse ; toutes les deux sont invisibles et impondérables.

Ces deux forces immatérielles, Jamin est parvenu à les superposer l'une à l'autre.

Il prend une lame d'acier et la sature d'aimantation positive jusqu'à une profondeur de 4 dixièmes de millimètre. Cela fait, il soumet la même lame à un courant inverse d'électricité, lequel développe une aimantation négative ; mais ce courant, bien moins énergique que le premier, est réglé de telle sorte que l'aimantation ne pénètre qu'à 1 dixième de millimètre. Voici ce qui se passe : Dans la première phase de l'opération, l'aimantation négative neutralise l'aimantation positive jusqu'à une profondeur de 1 dixième de millimètre ; mais ne pouvant aller plus avant à cause de la faiblesse du courant électrique, elle laisse intacts les 3 dixièmes de millimètre restants. Dans la seconde phase, elle sature de sa propre puissance le 1 dixième de millimètre de la surface de l'aimant. On a donc superposées l'une à l'autre l'aimantation négative qui s'étend à une profondeur de 1 dixième de millimètre, et l'aimantation positive qui, immédiatement au-dessous, occupe une épaisseur de 3 dixièmes de millimètre.

Si l'on dissout dans l'acide sulfurique dilué un bout de l'aimant jusqu'à une profondeur de 1 dixième de millimètre, l'acide sulfurique en dissolvant l'acier dissout en même temps le magnétisme négatif ; le magnétisme positif est mis à nu et agit comme tel.

De cette remarquable expérience il résulte qu'un acide, en dissolvant une couche métallique, dissout aussi la quantité de force invisible et impondérable que possédait cette couche.

V° LE MAGNÉTISME EST LA FONCTION PROPRE DE L'AIMANT ; LES PHÉNOMÈNES MAGNÉTIQUES SONT DES MOUVEMENTS.

En résumé :

1° Le magnétisme, si l'on juge d'après la manière de voir des spiritualistes, est une force invisible et impondérable, c'est-à-dire, selon le langage spiritualiste, immatérielle ;

2° Cette force immatérielle traverse les corps et agit à distance ;

3° Elle se manifeste sous deux formes de signe différent, qui peuvent se superposer l'une à l'autre ;

4° Elle est susceptible d'augmentation et de diminution ;

5° Elle a un habitat limité ;

6° Elle peut être dissoute par un acide qui dissout

l'acier où elle réside. Est-ce que les physiciens se sont crus en droit d'élever le magnétisme à la dignité de substance immatérielle et par conséquent d'essence divine? Pas le moins du monde. Le magnétisme est la fonction propre de l'aimant; les phénomènes magnétiques, manifestations de cette fonction, sont des mouvements propres, originaux, de même que les pensées, manifestations de la fonction psychique, sont des mouvements propres, originaux [1].

Rien n'est plus frappant que les analogies qui existent entre le magnétisme et l'âme ; on peut les résumer de la manière suivante, en un petit tableau comparatif :

MAGNÉTISME	AME
1° Le magnétisme est invisible et impondérable; cette force immatérielle réside naturellement dans un corps matériel, le fer oxydulé;	1° L'âme est invisible et impondérable; cette force immatérielle réside naturellement dans un organe matériel, le cerveau;
2° Elle a un habitat limité en profondeur, à partir de la couche superficielle de l'aimant (de 1 dixième à 4 dixièmes de millimètre).	2° Elle a un habitat limité en profondeur, à partir de la couche superficielle du cerveau; elle réside uniquement dans la substance grise [2];

1. JOULE, WERTHEIM et TYNDALL ont constaté qu'une barre de fer s'allonge au moment où elle s'aimante; mais elle diminue en même temps d'épaisseur, car le volume ne change pas.
Le cerveau en fonction a-t-il un mouvement d'ordre purement physique? Cela n'est pas prouvé expérimentalement; mais il est certain qu'il a un mouvement d'ordre chimique, car penser, c'est oxyder de la matière cérébrale; or toute oxydation est un mouvement.

2. L'épaisseur de la substance grise est d'environ 3 millimètres dans les circonvolutions frontales, et de 2 millimètres seulement dans les occipitales.

MAGNÉTISME.	AME.
3° Elle agit avec une grande puissance sur les corps, principalement sur le fer, soit simple, soit oxydulé, soit carboné (l'aimant naturel est un fer oxydulé).	3° Elle agit avec une grande puissance sur les organes corporels par l'intermédiaire des nerfs (le cerveau est un nerf mou);
4° Elle est susceptible d'augmentation et de diminution;	4° Elle est susceptible d'augmentation et de diminution, comme le prouvent les suppressions de facultés intellectuelles, morales et sensibles par les maladies (aliénation, paralysie, alcoolisme, etc.).
5° En dissolvant une portion métallique de l'aimant, un acide dissout en même temps la partie de la force immatérielle qui y est adhérente.	5° En dissolvant ou en annulant une portion de la substance cérébrale, la maladie (ramollissement, sclérose, etc.) dissout en même temps ou annule la faculté intellectuelle qui y est adhérente (mémoire d'une langue, de mots; sentiments moraux, etc.).

Ces rapprochements ne tendent pas à identifier l'âme et le magnétisme, mais simplement à montrer que les spiritualistes prétendent à tort que l'âme et ses actes sont uniques dans leur genre et en dehors de toute comparaison, de toute analogie.

Conclusion.

Nous avons montré :

1° Que toutes les propriétés et toutes les fonctions considérées en elles-mêmes sont également inexplicables;

2° Qu'une distance infinie séparait le produit matériel d'une sécrétion, à savoir, le lait d'avec le produit matériel d'une autre sécrétion, à savoir, le spermatozoïde ;

3° Que la plus remarquable et la plus saisissante analogie existait entre l'âme et le magnétisme.

Il résulte de là que, même en se mettant au point de vue spiritualiste : *Il y a moins de différence entre la fonction psychique du cerveau et la fonction magnétique de l'aimant qu'entre deux sécrétions matérielles, à savoir, la sécrétion lactée et la sécrétion génératrice.*

CHAPITRE IX

L'AME ET LE CERVEAU FONT UN TOUT NATUREL.

I. — La Théorie de Bossuet.

L'âme et le cerveau font un Tout naturel, voilà le fait. Pour l'expliquer, deux théories sont en présence, à savoir, la théorie spiritualiste et la théorie physiologiste. Avant de passer à la vérification expérimentale et à l'examen critique de chaque théorie, il est bon de signaler le vice de raisonnement dans lequel tombent les philosophes spiritualistes contemporains.

En premier lieu, ils suent à démontrer que l'âme est une substance radicalement distincte du corps ;

En second lieu, ils posent que cette âme et ce corps font un Tout naturel.

C'est le renversement de la méthode : le Tout naturel, en effet, est le point de départ, et non pas le point d'arrivée. Il fallait d'abord poser ce Tout naturel, puis l'expliquer en démontrant par quelle magie il peut être formé par une âme dont l'essence est l'antithèse absolue de l'essence du corps.

La formule de l'âme et du corps formant un Tout naturel est empruntée à Bossuet, qui lui-même l'avait empruntée à saint Thomas d'Aquin. Bossuet pose le Tout naturel comme un fait, ce qui est vrai; mais pour l'expliquer il n'a d'autre argument que la volonté de Dieu ! « *Connaissance de Dieu et de soi-même*, chapitre III. Il a plu à Dieu que des n⟨⟩s si différentes fussent étroitement unies... Les deux substances sont de nature si différente que l'une ne pourrait rien sur l'autre si Dieu, créateur de l'une et de l'autre, n'avait, *par sa volonté souveraine*, joint les deux substances par la dépendance mutuelle de l'âme à l'égard de l'autre, ce qui est une espèce de *miracle perpétuel*, général et subsistant, qui paraît dans toutes les sensations de l'une et dans tous les mouvements volontaires du corps. »

Expliquer un fait positif par la volonté de Dieu et par un miracle perpétuel est peut-être de la bonne théologie de religion révélée, mais ce n'est pas de la philosophie. Comme l'a dit Spinoza, avec l'énergie qui caractérise ce grand penseur : « La volonté de Dieu est l'asile de l'ignorance[1]. »

Bossuet va même plus loin dans la voie théologique;

---

[1] SPINOZA, *Éthique*, de Dieu, Appendice, édition Saisset, p. 44.

plus heureux que le Garo de La Fontaine, il a assisté au conseil du Créateur; il sait que ce miracle perpétuel, Dieu l'a fait dans un but artistique; Dieu voulait qu'il y eût dans le monde trois sortes d'êtres :

1° Des esprits sans corps, tels que lui-même et les anges;

2° Des corps sans esprit, tels que la terre et l'eau;

3° Des corps unis à un esprit, à savoir, les hommes.

La gradation est parfaite; malheureusement elle appartient au domaine de la rêverie mystique; elle n'a rien de commun avec la science.

Enfin Bossuet est animiste [1], comme l'était et comme l'est encore l'Église romaine. L'âme est identique à la vie totale; aussi non seulement préside-t-elle à la pensée, mais encore à la nutrition, au sommeil, bref à toutes les fonctions du corps. En tant que produisant la pensée, elle réside principalement dans le cerveau; mais en tant que sensitive, elle est unie à tous les membres; et c'est précisément parce qu'elle est identique à la vie totale et règle toutes les fonctions vitales qu'elle est unie au corps et forme avec lui un Tout naturel; car si elle n'était pas la vie totale, si sa fonction consistait seulement dans la pensée, elle aurait son siège uniquement dans le cerveau; et, de ce poste élevé, elle gouvernerait le corps comme un pilote gouverne un navire; elle ne ferait donc pas avec le corps un Tout naturel.

« Chap. III. Le corps, à le regarder comme orga-

---

[1]. Bossuet n'est pas cartésien; son maître est saint Thomas d'Aquin.

nique, est un par la proportion et la correspondance de ses parties; de sorte qu'on peut l'appeler un même organe, de même qu'un luth ou un orgue est appelé un seul instrument. D'où il résulte que l'âme lui doit être unie en son tout, parce qu'elle lui est unie comme à un seul organe parfait dans sa totalité.

« Le cerveau est le siège principal de l'âme, car encore qu'elle soit unie à tous les membres...

« Le corps n'est pas un simple instrument appliqué par le dehors, ni un vaisseau que l'âme gouverne à la manière d'un pilote. Il en serait ainsi *si elle n'était simplement qu'intellectuelle;* mais parce qu'elle est sensitive, elle est forcée de s'intéresser d'une façon plus particulière à ce qui le touche et de le gouverner, non comme une chose étrangère, mais comme une chose naturelle et intimement unie. En un mot, *l'âme et le corps ne font ensemble qu'un Tout naturel*, et il y a entre les parties une parfaite et nécessaire communication[1]. »

II. — **Vérification expérimentale.**

I° L'HYPOTHÈSE SPIRITUALISTE. — L'âme et le cerveau font un Tout naturel, tel est le fait qu'il s'agit d'expliquer.

Si je disais à un philosophe spiritualiste : « Un élé-

---

[1]. Cet alinéa si net et si catégorique prouve combien il s'en faut que Bossuet soit cartésien.

phant et une lentille font un Tout naturel », le philosophe, ouvrant de grands yeux étonnés, s'écrierait : « Cet homme-là est fou ; à Charenton ! » Le philosophe aurait raison, et cependant :

1° La lentille et l'éléphant ont la même composition élémentaire ; leur protoplasma est identique ; ce sont les mêmes matières albuminoïdes et les mêmes sels minéraux. Les matières albuminoïdes sont composées de : hydrogène, oxygène, carbone, azote, soufre et phosphore ; les sels minéraux sont des combinaisons de : fluor, chlore, potassium, sodium, magnésium, calcium, fer, silicium.

2° Comme l'éléphant, la lentille est née d'une cellule fécondée par le produit d'un organe mâle ;

3° Comme l'éléphant, la lentille respire de l'oxygène et exhale de l'acide carbonique ;

4° La lentille se nourrit, croît, grandit et décline, suivant des lois fixes et constantes ; c'est selon les mêmes lois que l'éléphant se nourrit, croît, grandit et décline.

Ainsi, même composition élémentaire, même embryogénie, même respiration, même nutrition, même évolution vitale, tels sont les nombreux points d'identité entre la lentille et l'éléphant. Au demeurant, tout ce qu'on trouve dans la lentille se trouve dans l'éléphant ; ce qui distingue l'éléphant, c'est qu'il a quelque chose en plus, à savoir, la vie animale et son principal attribut, le système nerveux.

Faisons maintenant l'analyse comparative de l'*âme spiritualiste* et du cerveau.

1° L'Ame spiritualiste est une substance immatérielle, une et simple.

Le cerveau est une substance matérielle, composée de quatorze éléments; ses parties sont très nombreuses : substance grise, substance blanche, névroglie, cellules pyramidales petites, géantes, fibres nerveuses, etc.

2° L'Ame, substance spirituelle, dérive de Dieu.

Le cerveau, substance matérielle, dérive d'une ampoule creuse.

3° L'Ame étant simple, il est impossible qu'elle croisse, grandisse, diminue.

Le cerveau étant un composé vivant, est soumis aux lois de la nutrition et de l'évolution vitale; il croît, grandit, diminue.

4° L'Ame, étant une et simple, ne peut pas périr par la décomposition totale de ses parties.

Le cerveau, étant composé de parties, périt par la décomposition totale de ces parties.

5° L'Ame, substance divine, est incorruptible.

Le cerveau, substance albuminoïde, se corrompt; sous l'action de ferments microscopiques, bactéries et vibrions, il se fond en une bouillie hideuse, exhalant une puanteur horrible, toxique.

Il n'y a donc rien de commun entre l'Ame spiritualiste et le cerveau; non seulement il n'y a rien de commun, mais encore il est impossible d'imaginer une antithèse aussi absolue que celle qui règne entre l'Ame, substance spirituelle, ayant la même essence que Dieu; et le cerveau, matière terrestre, fabriqué au moyen d'un travail chimique interne avec des carottes, des oignons, des haricots, de la viande de bœuf, de porc et de mouton.

Et cependant, voilà que le philosophe spiritualiste qui tout à l'heure m'accusait de démence au sujet de deux substances dont l'une était identique à l'autre avec quelque chose en plus; oui, ce même philosophe vient me dire gravement : « Un dieu et une charogne font un Tout naturel! »

III° L'HYPOTHÈSE PHYSIOLOGIQUE. — Dans l'hypothèse physiologique, l'âme et le cerveau font un Tout naturel, comme la vision et l'œil font un Tout naturel, comme l'audition et le nerf acoustique font un Tout naturel, et ainsi de l'odorat et du nerf olfactif, ainsi du goût et des papilles nerveuses, etc.; en un mot, l'âme et le cerveau font un Tout naturel comme le fait tout organe et sa fonction. Bien plus! il n'y a pas d'autre Tout naturel que celui que forment l'organe et sa fonction.

La vérification expérimentale, soit à l'état sain, soit à l'état morbide, avec les contre-épreuves selon les règles rigoureuses de la méthode, a confirmé avec une évidence éclatante la vérité de l'hypothèse physiologique.

III° PREUVE PRÉALABLE QUE N'ONT JAMAIS PU FAIRE LES SPIRITUALISTES. — « L'âme est une substance spirituelle, et le corps une substance matérielle, » disent les philosophes spiritualistes. Avant d'affirmer que l'âme est une substance spirituelle, il faudrait préalablement démontrer qu'il existe des substances spirituelles, en dehors de toute matière, isolées de toute matière, indépendantes de toute matière.

Cette démonstration préalable accomplie, il faudrait prouver ensuite que l'âme est l'une de ces substances spirituelles, et non la simple fonction d'une substance matérielle.

Or jamais, jusqu'à présent, on n'a pu constater l'existence d'une substance spirituelle.

Le résultat de l'enquête faite par la science dans l'univers physique, avec la méthode la plus rigoureuse, à l'aide des instruments les plus puissants, comme avec les réactifs les plus délicats, avec une analyse spectrale qui tient du prodige; le résultat de cette enquête, poursuivie dans l'infiniment grand comme dans l'infiniment petit, est celui-ci : Il a été impossible de constater isolément et indépendamment de toute matière l'existence d'une substance spirituelle.

L'illusion des philosophes spiritualistes est de croire que la matière est dénuée d'énergie et qu'elle est incompatible avec la pensée. Or comme ils ont jusqu'à ce jour dédaigné d'étudier les sciences physiques et de s'initier aux merveilleux progrès qu'elles ont faits durant le xix° siècle, ils en sont restés là où en était Platon, leur père, il y a deux mille ans.

Il résulte de là que l'hypothèse spiritualiste, n'ayant aucune base positive, réelle, est exclue du domaine de la connaissance scientifique; elle est donc nécessairement reléguée dans la sphère des fictions romanesques.

CHAPITRE X

LES PROBLÈMES MÉTAPHYSIQUES OU PHYSIQUES ET LES DEUX HYPOTHÈSES SUR L'AME.

I. — L'Hypothèse spiritualiste et les Problèmes.

En faisant de l'Ame une substance spirituelle, une et simple, d'essence divine, l'hypothèse spiritualiste pose fatalement une série de problèmes métaphysiques et de problèmes physiques en des termes tels qu'ils sont insolubles.

1° PROBLÈMES MÉTAPHYSIQUES. — Dans la doctrine spiritualiste, Dieu est la substance spirituelle infinie, créatrice des âmes.

Les âmes sont des substances spirituelles finies, créées.

1° *Coexistence de l'infini et du fini.* —Comment Dieu, substance infinie, peut-il, sans cesser d'être infini, coexister avec des substances finies, distinctes de lui?

2° *Endroit céleste où se trouvent les âmes.* — Dieu, étant infini, est partout; mais les âmes, étant finies, sont nécessairement quelque part; or l'astronomie physique les exclut de tous les coins de l'univers; où sont-elles?

3° *Distinction des âmes entre elles.* — A. Les âmes, étant spirituelles, n'ont pas de parties; elles sont indivisibles. Puisqu'elles n'ont pas de parties, comment peuvent-elles être finies, limitées?

B. Les âmes sont distinctes l'une de l'autre, c'est-à-dire finies, limitées; ce qui est limité est divisible. Comment les âmes peuvent-elles être à la fois indivisibles parce qu'elles sont simples, et divisibles parce qu'elles sont limitées?

II° PROBLÈMES PHYSIQUES. — 1° *Logement corporel de l'âme.* — L'âme est logée dans le corps comme dans une prison, selon l'énergique expression de Platon; pour simplifier la question, disons de suite, dans le cerveau. Comment une substance immatérielle peut-elle être logée dans quelques grammes de matière?

2° *Époque où l'âme entre dans son logement.* — A quel moment l'âme entre-t-elle dans son logement? Est-ce à la première apparition des hémisphères cérébraux? Mais à deux mois et demi, le fœtus a deux hémisphères qui ne sont que deux vésicules creuses. A quoi servirait à l'enfant d'avoir, au bout de 75 jours, une âme logée dans deux vésicules creuses, puisque cette âme serait incapable de penser? Ce n'est qu'à 7 mois que l'enfant est viable, mais il ne pense pas encore; car au 9° mois, à sa venue au jour, il ne le fait pas davantage : il respire, il se nourrit, il crie, il se meut; toutes ces opérations sont réglées par la protubérance, le bulbe et par la moelle épinière; le cerveau n'est pas encore dans les conditions qui le rendent propre à fonctionner. Si l'âme est logée dans le cerveau au 9° mois, qu'y fait-elle? Et si elle n'y est pas, à quel moment y entrera-t-elle?

3° *Action du corps sur l'âme et de l'âme sur le corps.* — Le corps transmet des impressions et des images à l'âme; comment la matière peut-elle agir sur une substance immatérielle?

L'âme fait exécuter des mouvements au corps; comment une substance immatérielle peut-elle mouvoir une substance matérielle? Problème qu'ont vainement essayé de résoudre des hommes de génie, tels que Malebranche et Leibniz.

Les effets des maladies, des poisons, etc., ne sont qu'un cas particulier, mais d'un tour saisissant et dramatique, de l'action du corps sur l'âme. Un seul exemple : Dans le corps vivant on introduit un verre d'eau-de-vie, et voilà l'âme spirituelle qui aperçoit des rats courant sur les murs, des crapauds sautant sur des tables! Prodige non moins inconcevable : ces rats que voit si nettement l'âme spirituelle n'existent pas; ces crapauds qui lui inspirent tant d'horreur sont des crapauds fictifs! Comment expliquer les effets que produisent sur une substance spirituelle et participant à la nature divine quelques centimètres cubes d'un liquide hydrocarburé?

4° *Diversité intellectuelle et morale des âmes.* — A. Toutes les âmes sont simples et participent également à la nature divine; car il serait absurde qu'un Dieu sage, juste et bon, tel que l'est le Dieu spiritualiste, ait fait ici une âme bonne, là une âme méchante; ici une âme stupide, là une âme de génie!

B. D'autre part, il est incompréhensible qu'une substance spirituelle, étant sans parties, par conséquent non susceptible d'accroissement ou de diminution, puisse différer en plus ou en moins d'une autre substance qui lui est absolument identique.

Il s'ensuit que toutes les âmes, par cela même qu'elles sont spirituelles et participent à la nature divine, sont égales et identiques.

Or, c'est un fait d'expérience qu'il y a d'énormes inégalités entre la valeur intellectuelle et morale de chaque âme; comment concilier cette inégalité réelle avec la théorie de substances spirituelles ayant toutes l'essence divine?

Et si l'on dit que ces inégalités sont dues à l'inégalité dans la structure et la composition du corps où est l'âme, depuis quand la valeur intellectuelle et morale d'un locataire dépend-elle de l'appartement qu'il occupe? Une lézarde dans le plafond d'une chambre produit-elle une lézarde dans l'âme de l'habitant? Un locataire devient-il idiot dans une chambre en brique ou en plâtre, et homme de génie dans un salon en stuc ou en marbre? Enfin et toujours, comment un logis matériel peut-il influer sur la valeur intellectuelle et morale d'un hôte immatériel?

5° *Hérédité intellectuelle et morale des âmes.* — Chaque âme étant créée séparément par Dieu, soit avant la conception corporelle, soit après celle-ci, est absolument exempte de toute parenté avec toute autre âme; elle ne reçoit rien d'autrui, ni ne donne rien à autrui; elle est elle-même, exclusivement.

Par cela même qu'elle est simple, elle ne peut rien recevoir; car alors elle serait susceptible d'augmentation ou de diminution; elle serait matière et non esprit.

En outre, elle n'apparaît et ne se manifeste dans l'enfant que plus de dix mois, au minimum, après la conception ; elle ne peut donc rien recevoir de l'âme du père, rien de l'âme de la mère. Cela est absolument impossible, soit à cause de sa nature spirituelle, soit à cause de l'époque où elle entre dans son logement cérébral.

Or rien n'est plus fréquent, chez les enfants, que les cas d'hérédité du caractère paternel et maternel ; comment expliquer cet étrange phénomène ?

6° *L'âme des bêtes.* — Ou les bêtes n'ont pas d'âme, ainsi que l'enseignait Descartes ; ou elles en ont une, ainsi que tout le monde le reconnaît aujourd'hui.

A. Si les bêtes n'ont pas d'âme, comment se fait-il que leur corps ait des sentiments, juge, associe des idées, c'est-à-dire donne toutes les manifestations qui caractérisent l'âme humaine et n'appartiennent qu'à l'âme humaine, selon l'hypothèse spiritualiste ?

B. Si les bêtes ont une âme, alors tous les problèmes que soulève l'âme humaine, problèmes métaphysiques et problèmes physiques, se dressent également pour l'âme des bêtes et sont aussi insolubles.

C. En outre, ils se compliquent d'autres problèmes relatifs au parallèle entre les Bêtes et l'Homme, aux relations qui doivent exister entre les unes et l'autre, ainsi qu'à l'immortalité que l'école spiritualiste ne peut refuser aux âmes des bêtes sans la refuser aux âmes humaines. Étant donnée l'unité simple de l'âme, il est impossible d'établir une distinction entre l'âme des Bêtes et celle de l'Homme ; ce que l'on accorde à celle-ci, il faut l'accorder à celle-là. Nouvelle série de problèmes insolubles!

En résumé, tous les problèmes qui découlent nécessairement de la théorie spiritualiste, soit qu'ils relèvent de la métaphysique, soit qu'ils se rattachent au monde physique, sont tous également insolubles dans les termes où fatalement les pose l'hypothèse d'une âme, substance spirituelle, une et simple, d'essence divine.

II. — L'Hypothèse physiologique et les Problèmes.

1º Problèmes métaphysiques. — Après avoir étudié les faits physiques, soit à l'état sain, soit à l'état morbide, la physiologie dit : L'âme est la fonction du cerveau.

Cette conclusion déduite des faits positifs, en dehors de toute préoccupation métaphysique, n'est que l'expression même de ces faits, condensée en une formule générale. Il résulte de là que, se tenant exclusivement sur le terrain de la réalité concrète, la physiologie n'a pas à s'inquiéter des questions métaphysiques : *elle ne les connaît pas.*

Quelles que soient les solutions diverses que les métaphysiciens donnent au problème de l'univers, la physiologie n'a rien à en espérer; elles lui sont complètement étrangères. Autant elle se réjouit de l'invention d'un nouvel instrument ou d'un nouveau réactif qui lui permet de pénétrer plus avant dans l'étude intime des organes et des fonctions, autant elle est indifférente à l'étude de métaphysiques nouvelles.

Elle n'a rien à en craindre non plus; car sa déduction est fondée sur des faits existants, vérifiables et contrôlables, qui sont positivement vérifiés et contrôlés chaque jour. Bien mieux, ce n'est pas la physiologie qui a quelque chose à craindre des théories métaphysiques, ce sont au contraire les théories métaphysiques qui, sous peine de tomber en ruines, sont obligées de tenir compte des résultats acquis par la physiologie à l'aide de l'observation et de l'expérimentation.

Cette indépendance de toute spéculation métaphysique assure à l'hypothèse physiologique une supériorité incomparable sur l'hypothèse spiritualiste. Celle-ci en effet déduit la définition de l'âme d'une conception théologique particulière; pour peu que cette conception soit battue en brèche, *et elle l'est*, la définition de l'âme s'écroule.

Mais ce qu'il y a de plus grave et de plus étrange, c'est que les philosophes spiritualistes, après avoir expliqué l'âme à l'aide de leur conception théologique, défendent ensuite leur conception théologique à l'aide de l'âme qu'ils ont érigée en substance spirituelle. Plus d'un argument en faveur de l'existence d'un dieu personnel est emprunté à l'existence d'une âme spirituelle et d'essence divine. Ce cercle vicieux est un des mieux caractérisés que contienne l'histoire de l'esprit humain.

En résumé, toute la série des problèmes métaphysiques qui découlent nécessairement de l'hypothèse spiritualiste, et sont insolubles pour elle, est absolument étrangère à l'hypothèse physiologique. Celle-ci n'a donc pas à s'en occuper; une physiologie qui s'occuperait des questions suivantes :

1° Coexistence de l'infini et du fini;

2° Endroit céleste où se trouvent les âmes;

3° Distinction des âmes entre elles;

Cette physiologie-là serait absurde et ridicule.

III° PROBLÈMES PHYSIQUES. — L'âme est la fonction du cerveau; comme toutes les autres fonctions corporelles, la fonction cérébrale ne peut s'accomplir que lorsque l'organe a atteint un certain degré de développement.

Il suit de là que les problèmes physiques, que l'hypothèse spiritualiste pose fatalement de manière à ne pouvoir les résoudre, sont résolus sur-le-champ et naturellement par l'hypothèse physiologique.

1° *Le logement de l'âme.* — Posée en ces termes nécessaires par l'hypothèse spiritualiste, la question est absurde; mais si on la dépouille de sa forme pour en conserver le sens, sur-le-champ elle est résolue expérimentalement par la physiologie : « L'âme est la fonction du cerveau »; ce n'est donc pas dans une autre partie du corps qu'on trouvera l'âme; bien mieux, la physiologie a précisé dans le cerveau lui-même la partie et le genre de substance qui possèdent les fonctions psychiques : Ce sont les circonvolutions et la substance grise corticale.

2° *Époque où l'âme entre dans son logement.* — Même

absurdité dans la manière où l'hypothèse spiritualiste est obligée de poser la question. Mise dans sa forme sensée : « A quel moment l'âme se manifeste-t-elle? » la question est résolue par la physiologie, comme est résolue la question de toutes les autres fonctions corporelles. En effet, de même que les autres fonctions corporelles ne se manifestent que lorsque l'organe a acquis un certain degré de développement, de même la fonction psychique se manifeste lorsque l'organe cérébral a pris un développement suffisant. C'est l'expérience qui décide pour les autres fonctions corporelles; c'est aussi l'expérience qui décide pour la fonction psychique.

3° *Action du corps sur l'âme, et de l'âme sur le corps.* — Encore un problème qui, sous cette forme, ne peut pas être posé sans absurdité à l'hypothèse physiologique. En effet, en tant qu'organe corporel, le cerveau est, comme tous les autres organes, soumis à l'action de la circulation sanguine; il en subit les variations, soit en bien, soit en mal; la fonction cérébrale, comme toutes les fonctions corporelles, subit les variations que la circulation fait éprouver à l'organe. Voilà pour l'action générale, commune au cerveau et à tous les organes corporels.

Quant à sa fonction propre, le cerveau reçoit les impressions externes ou internes par ses auxiliaires naturels, les nerfs; à son tour, par l'intermédiaire de ces mêmes nerfs, il agit sur le corps; et par le corps, sur le monde extérieur. Sentir, penser, vouloir, agir, telle est sa fonction, comme celle de l'œil est de voir, comme celle de l'ouïe est d'entendre, celle du foie de sécréter du sucre et de la bile, celle des jambes de marcher, et ainsi de suite.

Toutes les fonctions sont inexplicables dans leur origine; la tâche de la science consiste à en constater l'existence; puis, elle en étudie les lois et le mécanisme.

Comment le cerveau fabrique-t-il de la pensée? La science ne le sait pas plus qu'elle ne sait comment le foie fabrique du sucre et de la bile, comment telle glande fabrique du lait, telle autre de la pepsine, et ainsi de suite.

Pourquoi le cerveau pense-t-il? La science ne le sait pas plus qu'elle ne sait pourquoi l'oreille a la fonction d'entendre; l'œil, celle de voir; les papilles nerveuses, celle de goûter, etc. Elle ne sait pas encore quelle est la fonction de la glande pinéale; elle commence à entrevoir quelle est celle de la rate; et si, à l'aide de l'expérimentation, elle parvient à les découvrir, elle restera aussi ignorante du *pourquoi* de ces fonctions découvertes qu'elle l'est du *pourquoi* de la fonction psychique, de la fonction auditive, de toutes les fonctions glandulaires; comme elle est et sera toujours ignorante de toutes les origines.

Quant au *comment*, elle peut espérer de le déchiffrer un jour; mais à l'heure présente, elle ignore le *comment* de la fabrication de la pensée, comme elle ignore le *comment* de la fabrication du lait, de la bile, bref, de toutes les sécrétions.

4° *Diversité intellectuelle et morale des âmes.* —

Les âmes ou fonctions cérébrales sont diverses :

A. Parce que la complexion des cerveaux chez les individus est diverse.

Il en est du cerveau comme de tous les autres organes; selon que les yeux sont plus ou moins bien conformés, la vue est plus ou moins bonne; selon que l'oreille est plus ou moins bien conformée; l'ouïe est plus ou moins délicate, etc.

B. Parce que l'exercice bien dirigé ou éducation du cerveau améliore cet organe, et par conséquent améliore sa fonction.

Il en est du cerveau comme de tous les autres organes; l'exercice bien dirigé de chaque organe améliore sa fonction; c'est ainsi que l'œil du peintre voit mieux; que l'oreille du musicien entend mieux que ne le font l'œil et l'oreille du vulgaire; que les jambes du coureur marchent mieux que celles de l'homme dont la vie est sédentaire, etc.

5° *Hérédité intellectuelle et morale des âmes.* — Puisque l'âme est la fonction du cerveau, cette fonction dépend de la complexion de la substance cérébrale; or, la complexion de la substance cérébrale est transmise au fils (d'une manière générale, abstraction faite des conditions particulières) par le père et par la mère; rien de plus conforme à l'hypothèse physiologique que cette hérédité intellectuelle et morale de la fonction psychique, conséquence naturelle et nécessaire de l'hérédité de la complexion cérébrale.

6° *L'âme des bêtes.* — Le problème de l'âme des bêtes, qui a fait couler tant de flots d'encre et sombrer tant de systèmes métaphysiques, est résolu avec une aisance et une netteté admirables par l'hypothèse physiologique. En effet :

A. L'âme est la fonction du cerveau.

Donc, partout où il y aura un cerveau ou un ganglion cérébral, il y aura de l'âme.

B. La fonction est d'autant plus perfectionnée que l'organe est plus perfectionné.

Donc, plus le ganglion cérébral ou le cerveau se perfectionnent, plus la fonction psychique sera perfectionnée.

Cette loi physiologique se vérifie expérimentalement dans tous les embranchements du règne animal.

Les Bêtes, vertébrés et invertébrés, ont une âme, c'est-à-dire une fonction psychique dans la mesure où ils ont un organe cérébral, ganglion ou cerveau. C'est le fait positif; rien n'est plus conforme à l'hypothèse physiologique.

En résumé, l'hypothèse physiologique, se maintenant exclusivement sur le terrain des faits existants, vérifiables et contrôlables, déduit de l'observation de ces faits que l'âme est la fonction du cerveau. Elle est absolument indépendante de la métaphysique; elle ne la connaît pas. Elle n'a donc pas à résoudre des problèmes qu'elle ne pose pas et auxquels elle se déclare tout à fait étrangère. Voilà pour les problèmes métaphysiques.

Quant aux problèmes physiques, ils sont résolus par l'hypothèse physiologique avec une netteté frappante; mais ces problèmes ont besoin d'être formulés en d'autres termes que ne les pose l'hypothèse spiritualiste; car sous cette dernière forme, ils sont, pour la physiologie, absurdes et ridicules.

CHAPITRE XI

CONCLUSION

I° Définition de l'hypothèse scientifique. — L'hypothèse scientifique est celle qui a pour objet l'explication de faits existants dont la cause ne peut être saisie directement; elle doit satisfaire à deux conditions :

1° Expliquer tous les faits existants connus;

2° Permettre de prévoir les faits à venir.

La loi inflexible à laquelle toute hypothèse scientifique est soumise est la vérification expérimentale.

Le modèle de l'hypothèse scientifique nous est fourni par deux hypothèses qui, au xvii° et au xviii° siècle, avaient pour but d'expliquer la lumière, à savoir, l'hypothèse de l'Emission, proposée par Newton, et l'hypothèse des Ondulations, développée par Huygens.

Les deux hypothèses rendaient compte de tous les faits connus jusqu'à la fin du xviii° siècle; mais dans leurs conséquences elles aboutissaient à deux conclusions opposées :

1° D'après l'hypothèse de l'Emission, deux rayons lumineux ne pouvaient donner qu'un accroissement de lumière; en second lieu, la vitesse de la lumière devait être plus grande dans l'eau que dans l'air;

2º D'après l'hypothèse des Ondulations, deux ondes lumineuses pouvaient, lorsqu'elles sont de signes contraires, donner de l'obscurité ; en second lieu, la vitesse de la lumière devait être moins grande dans l'eau que dans l'air.

Au XIXᵉ siècle, la découverte des phénomènes d'interférence qui prouvent que deux ondes lumineuses, en de certaines conditions, donnent de l'ombre ; en second lieu, la mesure de la vitesse de la lumière dans l'eau, qui prouve que cette vitesse est moindre dans l'eau que dans l'air ; ces deux faits nouveaux, acquis par l'expérience, ont donné la victoire à l'hypothèse des Ondulations. L'hypothèse de l'Emission a succombé ; elle n'en reste pas moins une hypothèse scientifique, car pendant deux siècles elle a expliqué les faits qu'alors seuls on connaissait.

Mais lorsqu'une théorie se présente avec la prétention d'expliquer les faits, et que, soumise à la vérification expérimentale, elle n'en explique aucun, cette théorie-là, aux yeux de la science, ne mérite pas même le nom d'hypothèse ; elle est une construction chimérique ou le produit d'une imagination rêveuse et mystique ; elle n'a rien, absolument rien, des caractères que doit revêtir toute doctrine digne d'entrer dans la connaissance humaine.

IIᵉ VÉRIFICATION EXPÉRIMENTALE DE L'HYPOTHÈSE SPIRITUALISTE. — Pour expliquer les faits psychiques, l'hypothèse spiritualiste dit : « Les faits psychiques sont les manifestations d'une substance spirituelle, une et simple, d'essence divine, qu'on appelle l'âme.

Voici quel est le résultat de la vérification expérimentale :

1° *L'hypothèse spiritualiste non seulement n'explique aucun des faits psychiques existants, soit à l'état sain, soit à l'état morbide, mais encore elle est en complète contradiction avec eux.*

A. Tels sont les faits pathologiques : Aliénation mentale, idiotie, crétinisme, alcoolisme, blessures, action des poisons, etc.

B. Tels sont les faits de mémoire : Conservation et reproduction des souvenirs, amnésies, hypermnésies, etc.

C. Tels sont les faits embryogéniques;

D. Tels sont les faits d'hérédité intellectuelle et morale;

E. Tels sont les faits psychiques de l'évolution vitale : Naissance successive et départ successif des sentiments et des facultés intellectuelles et morales, de l'enfance à l'extrême vieillesse;

F. Tels sont les faits psychiques qui éclatent dans toute la série des animaux, du zoophyte à l'homme, proportionnellement à la perfection du système cérébro-spinal.

2° *L'hypothèse spiritualiste ne permet pas de prévoir les faits futurs.*

Il est impossible avec elle de prévoir les effets que peuvent produire sur une substance spirituelle, une et simple, d'essence divine :

A. Les maladies, les blessures, les poisons, etc.;

B. L'union féconde de tel père avec telle mère;

C. La succession des années, de l'enfance à l'extrême vieillesse, etc.

3° *L'hypothèse spiritualiste se rend solidaire d'une certaine métaphysique ; à ce tort grave, elle en ajoute un plus grave encore, c'est de rendre insolubles tous les problèmes de cette métaphysique.*

Elle pose, entre autres, les problèmes suivants :

A. Coexistence de l'infini et du fini ;

B. Endroit céleste où se tiennent les âmes spirituelles ;

C. Distinction, l'une de l'autre, des âmes, substances unes et simples, sans parties ;

D. Union d'une substance spirituelle avec le corps, substance matérielle ;

E. Action de l'âme spirituelle sur le corps matériel, et réciproquement.

Conclusion : Puisque l'hypothèse spiritualiste n'explique pas un seul fait existant, soit à l'état sain, soit à l'état morbide ; que même elle est en contradiction complète avec eux ;

Puisqu'elle ne permet en rien de prévoir les faits à venir, et qu'en outre elle introduit et pose des problèmes métaphysiques ou physiques qui sont insolubles ;

Il s'ensuit que l'hypothèse spiritualiste non seulement doit être absolument rejetée, mais encore qu'elle ne mérite pas même le nom d'hypothèse, au sens scientifique du mot.

L'hypothèse spiritualiste n'a d'autre appui ou d'autre argument qu'une illusion et une erreur.

1° L'*illusion* est de croire que le Moi est une unité simple.

Or nous avons démontré expérimentalement, en observant rigoureusement les règles de la méthode, que le Moi était une unité résultante.

2° L'*erreur* est de croire que, comparée aux fonctions du corps, l'âme est seule inexplicable, et que son produit, la pensée, seul est invisible et impondérable.

Or nous avons démontré :

A. Que considérées en elles-mêmes, à l'origine, toutes les fonctions sont inexplicables; la fonction psychique l'est autant que les autres, mais ne l'est pas davantage ;

B. Que les produits de la fonction magnétique sont aussi invisibles et impondérables que le sont les produits de la fonction psychique ;

C. Nous avons même démontré qu'il y a plus de différence entre deux sécrétions corporelles, la goutte de lait, par exemple, et le spermatozoïde, qu'il y en a entre la fonction psychique du cerveau et la fonction magnétique de l'aimant.

Ainsi, cet argument qui déjà n'explique aucun fait existant et, par conséquent, est étranger à tout ce qui constitue une hypothèse scientifique; même ce suprême argument n'est aucunement fondé : il est démenti par les faits.

III° Vérification expérimentale de l'hypothèse physiologique. — Pour expliquer les faits psychiques, l'hypothèse physiologique dit : L'âme est la fonction du cerveau; les faits psychiques sont les manifestations de cette fonction.

Voici quel est le résultat de la vérification expérimentale :

1° *L'hypothèse physiologique explique tous les faits existants, soit à l'état sain, soit à l'état morbide.*

A. Faits pathologiques : Aliénation mentale, idiotie, crétinisme, alcoolisme, blessures, action des poisons, etc.;

B. Faits de la mémoire : Conservation et reproduction des souvenirs, amnésies, hypermnésies, etc.;

C. Faits embryogéniques ;

D. Faits de l'hérédité intellectuelle et morale;

E. Faits psychiques de l'évolution vitale, de l'enfance à l'extrême vieillesse;

F. Faits psychiques qui éclatent dans toute la série animale, du zoophyte à l'homme.

2° *L'hypothèse physiologique permet de prévoir les faits à venir.*

A. Effets que produiront telles maladies, telles blessures, tels poisons, etc.; applications à la thérapeutique;

B. Effets que produira chez l'enfant à naître l'union de tel père avec telle mère;

C. Effets que produira la succession des années, de 'enfance à l'extrême vieillesse, relativement à la mémoire, à l'intelligence, etc.

3° *L'hypothèse physiologique est en concordance avec le système organique de l'homme.*

A. Les conditions vitales du cerveau sont identiques aux conditions vitales des autres organes; le cerveau est donc un organe parmi les organes.

B. Le cerveau a sa fonction propre, comme chaque organe a sa fonction propre; les lois qui régissent le cerveau et sa fonction sont les mêmes que celles qui régissent les autres organes et leurs fonctions, à savoir, influence réciproque de l'état de l'organe sur la fonction, et de la fonction sur l'organe.

4° *L'hypothèse physiologique est en concordance avec le système organique du règne animal entier.*

A. Dans la série des animaux, du zoophyte à l'homme, la présence d'un cerveau, soit rudimentaire (*ganglion*), soit perfectionné, est toujours accompagnée d'une fonction psychique, soit rudimentaire (*instincts*), soit perfectionnée.

B. Les faits psychiques chez les animaux et chez l'homme prouvent que la nature de l'âme est identique chez tous, sans exception, et qu'une âme ne diffère d'une autre que par le degré.

5° *Enfin, l'hypothèse physiologique résout le problème de l'âme et du cerveau en lui-même, à l'aide des seuls faits positifs, existants, vérifiables, indépendamment de toute conception métaphysique.*

Aussi la solution qu'elle en donne est-elle à l'abri des fluctuations des théories philosophiques passées, présentes et futures. Si quelque théorie philosophique est d'accord avec elle, tant mieux pour la théorie; si quelque autre système est en désaccord avec elle, tant pis pour le système; car la solution physiologique, fondée sur les faits réels, est une solution inébranlable ; elle est définitivement acquise.

Conclusion : Puisque l'hypothèse physiologique explique tous les faits existants et permet de prévoir les faits à venir ;

Puisque, en outre, elle est en concordance avec le système organique de l'homme, et qu'elle rend compte également des faits psychiques dans toute la série des animaux ;

Il est nécessaire de conclure qu'elle remplit toutes les conditions de l'hypothèse scientifique ; bref, qu'elle est et même qu'elle seule est l'expression de la vérité ; et la vérité, la voici :

L'AME EST LA FONCTION DU CERVEAU.

TROISIÈME PARTIE

LA VIE ET L'AME

DANS LEURS RAPPORTS AVEC LA MATIÈRE ET L'ÉNERGIE.

CHAPITRE PREMIER

FAITS CONCERNANT LA MATIÈRE ET L'ÉNERGIE; DÉDUCTIONS RELATIVES A LA VIE ET A L'AME.

1. — Faits concernant l'énergie.

Dans le livre *la Matière et l'énergie*[1], l'étude des faits a établi sur le solide fondement de la réalité concrète les vérités suivantes :

1º LA MATIÈRE ET L'ÉNERGIE SONT SUBSTANTIELLEMENT IDENTIQUES. — En effet, dans l'univers physique, il est impossible de rencontrer, d'une part, un atome de matière dénué d'énergie, ni, d'autre part, la plus minime manifestation d'énergie qui soit indépendante de toute matière. L'énergie est liée à la matière d'une manière indissoluble, si bien que l'existence continuée de la matière nous est démontrée uniquement par la manifestation continue de l'énergie.

« La matière et l'énergie sont corrélatives dans le

---

1. E. FERRIÈRE, *la Matière et l'énergie*, chez l'éditeur Félix Alcan.

sens rigoureux du mot, dit Grove; la conception de l'existence de l'une implique la conception de l'existence de l'autre. »

Cette vérité, en tant qu'on se borne à l'observation du monde physique, est reconnue par tous les physiciens, depuis Grove jusqu'au Père Secchi. Ce n'est qu'en abandonnant le terrain des faits positifs que l'accord n'est plus unanime : quelques physiciens, en effet, supposent que l'énergie a été originellement distincte de la matière, puis ajoutée à celle-ci. Cette hypothèse, par cela même qu'elle est en dehors des faits naturels, appartient au domaine de la métaphysique; c'est donc parmi les problèmes métaphysiques qu'elle doit être rangée. Comme ici nous nous maintenons exclusivement sur le terrain des faits concrets, il n'y a pas lieu de discuter cette hypothèse transcendantale. Quant à l'immense pluralité des physiciens, ils s'en tiennent rigoureusement au fait qui seul est donné par l'observation et l'expérience, à savoir, l'inséparabilité absolue de la matière et de l'énergie.

La distinction que fait le langage entre la matière et l'énergie est une pure distinction logique; elle est nécessitée par la faiblesse de l'esprit humain. Celui-ci, en effet, est incapable d'embrasser d'un seul coup d'œil l'ensemble total des phénomènes. Pour étudier, comprendre et connaître, l'esprit est obligé d'abord de distinguer et de séparer les phénomènes, puis de ranger ceux-ci en classes. Quand il étudie les phénomènes physiques sous un certain aspect qu'il appelle l'aspect *passif*, il donne à la substance manifestée par ces phénomènes le nom de Matière. Quand il étudie les mêmes phénomènes sous un autre aspect qu'il appelle l'aspect *actif*, il donne à la même substance le nom d'Énergie. En un mot, Matière et Énergie ne sont que les deux aspects logiques d'une seule et même substance[1].

II° LE MOUVEMENT EST PARTOUT; LE REPOS ABSOLU N'EST NULLE PART. — On sait que, par mouvement, il faut entendre non seulement le mouvement visible des masses totales, mais encore le mouvement des molécules composantes de ces masses, mouvement qui jusqu'à présent échappe à nos yeux ainsi qu'à nos instruments.

On sait aussi que l'équilibre n'est pas le repos. Lorsqu'un corps est sollicité par deux forces égales et contraires, ce corps est en équilibre; le repos d'un corps en équilibre est une illusion d'optique.

Un objet qui ne serait sollicité par aucune force serait en repos absolu. Or il n'est pas dans l'univers un seul corps qui soit dans un tel cas; non seulement le repos absolu n'existe pas, mais il est impossible qu'il puisse exister. Ce que la multitude prend pour le repos est simplement un rapport d'équidistance entre les masses totales de deux ou plusieurs objets. Prenons pour exemple ce qui, aux yeux de la foule, est le type du repos absolu, à savoir, un caillou; par l'énumération des forces qui sollicitent ce caillou, on va voir quelle est l'énormité de l'erreur populaire.

1. Voir HERZEN, *le Cerveau et l'activité cérébrale*, pages 30 et suivantes.

1° Le caillou est entraîné par la Terre dans son mouvement de translation autour du soleil, c'est-à-dire que ce caillou qu'on prétend être en repos absolu accomplit, en une année, un voyage d'environ 230 millions de lieues.

2° Il est entraîné par la Terre dans son mouvement de rotation diurne, c'est-à-dire que notre caillou, tout en voyageant à travers l'espace céleste, exécute, chaque 24 heures, une pirouette de 9 mille lieues de circonférence.

3° Le caillou est attiré vers le centre de la Terre par la gravitation; l'intensité de l'attraction est exprimée par le poids même du caillou; notre caillou, par hypothèse, est situé à Paris; il pèse 1 kilogramme; il s'ensuit qu'il est tiré de haut en bas par une force équivalant à 1 kilogramme.

4° En disant que le poids de 1 kilogramme de notre caillou mesure l'intensité de l'énergie avec laquelle il est tiré de haut en bas, nous n'avons pas parlé exactement, car le caillou est tiré en sens inverse, c'est-à-dire de bas en haut, par une autre force, à savoir, par la force centrifuge, laquelle résulte du mouvement de rotation de la Terre. Le poids de 1 kilogramme représente donc l'intensité de la gravitation diminuée de la force centrifuge.

Nous aurions également pu dire que si la Terre attire notre caillou, le caillou, à son tour, attire la Terre; mais l'intensité de l'attraction exercée par le caillou est si faible en regard de l'attraction terrestre que, pour simplifier le discours, nous n'en avons pas tenu compte.

5° Le caillou (Si^2O^3) est le résultat de la combinaison d'atomes d'oxygène avec des atomes de silicium; chaque combinaison atomique forme une molécule. Or toute combinaison est, d'après la théorie moderne, un mouvement attractif (affinité); cette attraction se mesure par la quantité de chaleur dégagée ou absorbée; il s'ensuit que non seulement la masse totale du caillou, mais encore les éléments de chacune des molécules sont sollicités par ce genre d'attraction chimique moléculaire qu'on appelle l'affinité.

6° En outre, les molécules s'attirent réciproquement entre elles et se font équilibre; cette attraction physique moléculaire s'appelle cohésion; on peut la mesurer et l'exprimer en poids (poids d'arrachement).

7° Appliqué à un thermomètre, notre caillou fait descendre ou monter la colonne liquide d'un certain nombre de degrés; en général, la température du caillou est voisine de celle de l'air ambiant; notre caillou possède donc une certaine chaleur. Or qu'est-ce que la chaleur? La thermodynamique répond que c'est un mouvement d'oscillation des molécules composantes. Pour que les molécules du caillou fussent en repos absolu, il faudrait que le caillou fût au zéro absolu, c'est-à-dire à — 273° au-dessous du zéro de la glace fondante. Le froid naturel sur la surface de la terre ne doit guère dépasser — 70°, ainsi que le donnent à croire les observations faites par les explorateurs des régions polaires. Quand même le froid atteindrait — 100° sur la surface terrestre, il resterait encore un écart de 173 degrés avant que le caillou n'atteignît le zéro absolu. Les molécules du caillou éprouvent donc un mouvement oscillatoire.

8° Enfin, le caillou subit le choc des ondulations aériennes ainsi que celui des ondulations éthérées. Si faibles que l'imagination puisse se représenter ces dernières, elles existent cependant ; comme le dit M. Faye, n'y eût-il que les ondulations éthérées, cela empêcherait à jamais que le zéro absolu fût atteint, c'est-à-dire que tout mouvement s'éteignît.

Par cet exemple du caillou, lequel apparaissait comme le type même du repos absolu, on voit à combien de mouvements divers sont en proie tous les corps sans exception, soit dans leur masse totale, soit dans leurs molécules composantes. Il est donc démontré expérimentalement que dans l'univers le mouvement est partout, et le repos absolu nulle part.

III° LE MOUVEMENT NE PEUT ÊTRE ANÉANTI NI CRÉÉ ; IL NE SUBIT QUE DES TRANSFORMATIONS. — « Dans tous les phénomènes physiques qui se passent journellement sous nos yeux, dit le Père Secchi, les mouvements semblent s'annihiler, mais ce n'est qu'en apparence ; en réalité, ils ne sont que transformés. » La démonstration de ce fait capital est l'objet de la Physique de l'énergie, connue sous le nom de Thermodynamique. On peut résumer brièvement les faits acquis, de la manière suivante :

1° Le mouvement visible des masses totales (changement de position dans l'espace) peut se transformer en un mouvement invisible des molécules ; cette transformation est décelée et mesurée par la chaleur qui se dégage.

2° A son tour, la chaleur, manifestation du mouvement invisible des molécules, peut se transformer en une quantité équivalente du mouvement visible des masses; on a mesuré cette transformation; la mesure déterminée est connue sous le nom d'équivalent mécanique de la chaleur.

3° A travers ces transformations équivalentes, la quantité totale de l'énergie reste constante, ainsi que le démontrent tous les faits de la mécanique et toutes les réactions de la chimie.

4° Le mouvement visible et le mouvement invisible peuvent se transformer en électricité, en magnétisme, en lumière, et réciproquement. Il est même certain que toutes ces formes de l'énergie sont inséparables; l'une ne peut apparaître sans que les autres n'apparaissent également, à un degré aussi faible qu'on voudra, mais elles apparaissent. Si nous ne les voyons pas toutes, si l'une d'elles seulement frappe nos regards à cause de son intensité majeure, c'est à la faiblesse de la vue humaine et des sens humains qu'il faut nous en prendre, et non à l'absence des phénomènes.

Il est donc prouvé expérimentalement que le mouvement ne peut être anéanti; il ne fait que se transformer.

D'autre part, « le mouvement ne naît jamais de rien, dit le Père Secchi, il résulte toujours d'un autre mouvement. Il est absurde d'admettre que le mouvement dans la nature brute puisse avoir d'autre origine que le mouvement lui-même. » Si, en effet, le mouvement (entendu dans le sens général de manifestation de l'énergie) pouvait être créé, la quantité de l'énergie totale ne serait pas constante; elle pourrait subir un accroissement; or il est démontré expérimentalement que la quantité de l'énergie est constante.

Enfin, en vertu du célèbre théorème mécanique du système fermé, il est impossible que la quantité de l'énergie totale puisse varier en plus ou en moins. Or l'univers considéré dans son tout est un système nécessairement fermé; il ne peut rien recevoir du dehors puisqu'il n'y a rien en dehors de lui; il s'ensuit que l'énergie totale de l'univers est une quantité constante. Toutes les variations partielles qui se font dans son sein se compensent mutuellement; la quantité totale de l'énergie ne peut subir ni gain ni perte; elle a été toujours la même; elle est et sera toujours la même : l'univers est un système fermé [1].

IV° LA MATIÈRE ET L'ÉNERGIE NE POUVANT ÊTRE ANÉANTIES NI CRÉÉES SONT DONC ÉTERNELLES. — Lavoisier avait démontré que la matière ne peut être créée ni détruite; qu'elle passe seulement par des transformations; il en est de même de l'énergie, comme on vient de le voir. Ce double fait est connu en physique et en chimie sous le nom assez impropre, mais consacré par l'usage, de Loi de conservation de la matière

---

[1]. Voir E. FERRIÈRE, la Matière et l'énergie, page 239.

et Loi de conservation de l'énergie. En métaphysique, comme on appelle éternel ce qui ne peut être créé ni anéanti, l'expression exacte est Loi de l'éternité de la matière et de l'énergie. Cette formule résume les trois vérités précédemment exposées.

II. — Faits concernant la matière.

Dans le livre *la Matière et l'énergie*, l'étude des faits nous a conduits aux conclusions suivantes :

1º Les trois états physiques, à savoir, état solide, état liquide, état gazeux, ne sont que les trois formes relatives qu'affecte ou peut affecter successivement chaque corps matériel selon le degré de sa température ; c'est donc le calorique qui détermine l'état physique des corps.

Conséquence : Unité de la loi qui détermine les états physiques de la matière.

2º Les solides fortement comprimés s'écoulent comme le font les liquides; les gaz fortement comprimés agissent mécaniquement comme le font les solides.

Conséquence : Unité d'action de la matière dans ses trois états physiques.

3º Les animaux et les végétaux sont constitués par un petit nombre d'éléments communs; ces éléments appartiennent au monde minéral; ils y retournent.

Conséquence : Unité de composition élémentaire des trois règnes de la matière.

4° Un grand nombre de principes immédiats du monde organique ont été créés artificiellement en partant des éléments minéraux; les méthodes de synthèse permettent d'espérer qu'un jour, on créera artificiellement les autres principes immédiats:

Conséquence : UNITÉ DES LOIS CHIMIQUES QUI RÉGISSENT LA MATIÈRE, SOIT ORGANIQUE, SOIT INORGANIQUE.

5° Chaque homme, chaque animal, chaque végétal, est une forme qui a revêtu successivement et par fractions un certain poids de matière terreuse; or une forme est ce qu'en métaphysique on appelle un mode.

Conséquence : TOUT CE QUI EXISTE, HOMMES, ANIMAUX, PLANTES, MINÉRAUX, SONT DES MODES DE LA MATIÈRE.

III. — Déductions relatives à la Vie et à l'Ame.

L'Énergie universelle a deux modes généraux, à savoir, le mode inorganique et le mode organique.

Au mode inorganique appartient le règne minéral.

Au mode organique appartient le règne vivant, végétaux et animaux.

1° LA VIE. — La Vie est un nom abstrait; il n'existe que des êtres vivants.

Les quatre caractères des êtres vivants sont l'organisation, la génération, la nutrition, l'évolution.

Du moment que la vie est un nom abstrait commode pour exprimer la communauté des phénomènes chez tous les êtres vivants, et qu'elle ne correspond pas à un être distinct et en dehors des individus vivants;

Du moment qu'en fait, dans la nature, il n'existe que des individus vivants, végétaux ou animaux;

D'autre part, du moment que tous les individus vivants ou non vivants sont des modes de la matière et par conséquent de l'énergie, puisque matière et énergie, étant inséparables, sont substantiellement identiques;

Il s'ensuit que la Vie, en tant qu'elle représente les phénomènes d'activité des individus vivants, est un des deux modes généraux de l'Énergie universelle, à savoir, le mode organique.

La Vie, mode ou fonction de l'Énergie universelle, se rattache à l'autre mode général de l'Énergie qu'on appelle le mode minéral en ce que la fonction organique ou vitale s'accomplit conformément aux lois physico-chimiques, ainsi que le fait l'autre mode général de l'Énergie.

Cette communauté des lois qui régissent les deux modes généraux de l'Énergie universelle est la preuve que le mode organique et le mode inorganique ne sont pas autre chose que deux manifestations d'une seule et même chose, à savoir, l'Énergie universelle.

II° L'Ame. — La Vie est un des deux modes généraux de l'Énergie; comme tout mode général, elle se subdivise en modes particuliers.

Ces modes particuliers sont les fonctions particulières de chaque organe ou de chaque appareil organique des individus vivants.

De même que chaque organe ou appareil organique, en tant qu'il est composé d'éléments matériels, est un mode particulier de la matière vivante et par conséquent de la Matière universelle, de même chaque fonction organique est un mode particulier de l'énergie vitale et par conséquent de l'Énergie universelle.

En effet, la fonction qu'accomplit chaque organe est la manifestation de l'activité propre à chaque organe; or l'activité est le nom qu'on donne à l'énergie lorsque l'on considère celle-ci dans ses applications diverses. Exemples :

La digestion étant la fonction propre de l'appareil digestif (estomac et intestin) est un mode particulier de l'énergie vitale;

La respiration étant la fonction de l'appareil respiratoire (trachée, bronches et poumons) est un autre mode particulier de l'énergie vitale;

La fabrication de la bile étant l'œuvre de la glande hépatique est un mode particulier de l'énergie vitale;

La fabrication du spermatozoïde étant l'œuvre de la glande génératrice est un mode particulier de l'énergie vitale.

Et ainsi de la fonction de tous les organes, de tous les appareils organiques.

Or l'âme est la fonction de l'appareil cérébral; il s'ensuit que l'âme est un mode particulier de l'énergie vitale.

La respiration, la digestion, la fabrication de la bile, du filament spermatique, sont des modes particuliers de l'énergie vitale, parce que ces modes ne peuvent se manifester que dans une matière vivante; mais ils se rattachent à l'énergie inorganique parce que ces manifestations s'accomplissent suivant les lois physico-chimiques.

De même l'âme, mode particulier de l'énergie vitale, se rattache à l'énergie inorganique, parce que les conditions physico-chimiques qui régissent la manifestation psychique sont les mêmes que celles qui régissent les autres manifestations organiques.

III° Résumé. — On peut résumer de la manière suivante les rapports immédiats de la Vie et de l'Ame avec la Matière et l'Énergie.

§ I. **Matière**. — La Matière a deux modes généraux, le mode inorganique et le mode organique.

A. *Mode général inorganique* : il comprend tous les minéraux, solides, liquides ou gazeux.

B. *Mode général organique* : il comprend tous les individus, soit végétaux, soit animaux.

§ II. **Énergie**. — L'Énergie a deux modes généraux, à savoir, l'énergie inorganique (physico-chimique) et l'énergie organique (vitalo-physico-chimique).

A. *Mode général inorganique* : il comprend toutes les réactions et toutes les propriétés des corps minéraux, simples ou composés.

B. *Mode général organique* : il comprend tous les phénomènes qui caractérisent les êtres vivants, en un seul mot, la Vie. Il se subdivise en deux modes :

1° Modes vitaux des appareils organiques : fonctions des muscles, des glandes, des nerfs, etc. ;

2° Modes vitaux de la reproduction et de l'évolution : prolification, croissance et décroissance, etc.

Parmi les modes vitaux des appareils organiques se range celui de l'appareil cérébral; ce mode s'appelle l'âme.

CHAPITRE II

FAITS CONCERNANT LES FORMES DIVERSES DE LA TRANFORMATION DE L'ÉNERGIE.

I. — Concomitance des formes diverses de la transformation de l'énergie.

Nous savons que l'énergie potentielle d'un corps dérive, soit de la constitution de ce corps, soit de la force vive venue de l'extérieur que le corps a emmagasinée, soit des deux choses à la fois.

Nous savons que l'énergie potentielle, lorsqu'elle entre en acte, prend le nom d'énergie actuelle, et qu'en ajoutant la quantité d'énergie potentielle non transformée à la quantité d'énergie actuelle on a une somme constante, ce qu'on exprime en ces termes : La quantité de l'énergie totale est constante. Ce fait général est connu sous le nom de Loi de la conservation de l'énergie.

Lorsque l'énergie potentielle passe à l'état d'énergie actuelle, elle se transforme, soit en mouvement calorifique, soit en mouvement lumineux, soit en mouvement électrique, soit en mouvement magnétique, et parfois en mouvement visible ; mais cette dernière transformation n'a pas lieu nécessairement, comme le font les autres ; elle est secondaire.

Quand nous disons que l'énergie subit telle ou telle transformation, cela ne signifie pas que cette transformation se fait à l'exclusion des autres, mais seulement que la transformation constatée l'emporte tellement sur les autres par son intensité majeure que ces transformations sont, vu la faiblesse des sens humains et vu la grossièreté des instruments fabriqués par l'homme, comme si elles n'étaient pas. Et encore faut-il ajouter que l'homme est parvenu à déceler, dans la plupart des cas, la présence simultanée de la chaleur, de l'électricité et par conséquent du magnétisme, puisque le magnétisme n'est qu'un mode particulier de l'électricité. Reste le mouvement lumineux ou, en d'autres termes, l'ondulation éthérée. Or nous savons[1] que l'œil humain ne peut percevoir les ondulations éthérées sous la forme lumineuse que lorsque 500 trillions au moins de vibrations frappent, en une seconde, la rétine ; nous savons que la rétine est le seul nerf capable de nous donner la perception lumineuse ; que sans elle, pour nous, tout est obscurité ; que par conséquent la lumière est un pur phénomème physiologique, dû aux vibrations d'un nerf spécial ; qu'il n'y a donc pas de lumière dans la nature ; qu'il n'existe que des ondulations éthérées. Comme l'éther est partout, dans les corps et hors des corps, il s'ensuit que pas un mouvement ne peut avoir lieu, dans les masses totales ni dans les molécules, sans déterminer des ondulations éthérées.

1. Voir E. FERRIÈRE, *la Matière et l'énergie*, pages 450-457.

La conclusion est donc celle que l'illustre physicien anglais Grove énonçait dès 1843 : « Lorsqu'un mode de l'énergie est produit, tous les autres sont développés simultanément. »

II. — **Intensité inégale dans la concomitance des formes diverses de la transformation de l'Énergie.**

Si tout mouvement actuel emporte avec lui la manifestation simultanée des quatre manifestations générales de l'énergie, il n'en est pas de même de l'égalité d'intensité de ces transformations. La plupart du temps, c'est l'une ou l'autre transformation qui semble apparaître seule, tant la grandeur de son intensité est hors de proportion avec les manifestations des autres transformations! Aussi, dans la pratique, passe-t-on sous silence les autres manifestations comme étant des quantités entièrement négligeables. Exemple : Lorsque faisant passer un courant électrique dans un fil enroulé autour d'un barreau de fer doux, on aimante celui-ci ; en d'autres termes, lorsque l'énergie électrique amène dans le fer doux une transformation magnétique, il a dû se manifester de la chaleur à la suite du mouvement des molécules du fer doux qui s'orientent en molécules magnétiques ; mais comme cette chaleur est si faible qu'elle échappe à nos thermomètres les plus sensibles, on n'en tient nul compte.

Les conditions particulières des cas où s'opère la

transformation de l'énergie potentielle en énergie actuelle jouent un rôle capital au point de vue de la prépondérance de telle ou telle manifestation. « Là où les corps qui frottent l'un contre l'autre, dit Grove, sont des corps homogènes, c'est de la chaleur et non de l'électricité qui résulte du frottement ; là où les corps frottants sont hétérogènes, nous pouvons affirmer en toute sécurité qu'il y a de l'électricité engendrée par le frottement, quoique cette électricité soit toujours accompagnée de chaleur dans une proportion plus grande ou plus petite. »

III. — **Intensité proportionnelle dans la concomitance de certaines transformations de l'énergie.**

Dans certaines actions chimiques, la transformation concomitante de l'énergie potentielle en chaleur et en électricité est si exactement proportionnelle que l'intensité de l'énergie calorifique sert à mesurer l'intensité de l'énergie électrique. Les piles voltaïques nous en offrent un remarquable exemple.

Soit un couple métallique formé de zinc et de cuivre qu'on plonge dans l'acide sulfurique étendu d'eau. L'énergie potentielle de ce système se transforme simultanément en chaleur et en électricité ; la concomitance de ces deux transformations est si exactement proportionnelle que l'intensité de l'énergie calorifique actuelle sert à mesurer l'intensité développée de l'énergie électrique ou, ce qui est la même chose, de la force électro-motrice.

La dissolution du zinc dans l'acide sulfurique développe 53000 calories ; mais le dégagement de l'hydrogène en emporte 34000 ; reste 19000. C'est le cas du couple de Wollaston (zinc pur et cuivre) ; sa force électro-motrice est 19000.

Dans le couple de Daniell (zinc pur et sulfate de cuivre), le zinc en se dissolvant dégage encore 53000 calories ; le cuivre (du sulfate de cuivre) en se déposant en absorbe 30000 ; ce qui reste disponible es 23000. La force électro-motrice est donc 23000 ; elle est plus grande que pour le couple de Wollaston.

Enfin dans le couple de Grove (zinc, platine, acide azotique), l'hydrogène ne se dégage pas ; il réduit l'acide azotique à l'état azoteux, ce qui absorbe peu de chaleur et laisse disponible l'énorme quantité de 46000 calories. La force électro-motrice de la pile de Grove est donc deux fois plus grande que celle de l'élément Daniell [1].

Ces exemples montrent que dans certaines actions chimiques l'énergie potentielle, loin de se transformer en une forme exclusive de l'énergie actuelle, se manifeste en deux transformations concomitantes exactement proportionnelles ; les variations de la première entraînent simultanément les variations de la seconde, et cela dans les mêmes proportions, si bien que l'intensité de l'une sert à mesurer l'intensité de l'autre.

En résumé, l'énergie potentielle passe à l'état d'é-

---

1. JAMIN, *Petit traité de physique*, page 358.

nergie actuelle en se transformant simultanément en les quatre espèces de mouvements, à savoir, chaleur, électricité, magnétisme et ondulations éthérées ; ou plus brièvement, en les deux espèces fondamentales, à savoir, chaleur et électricité, puisque la chaleur implique les ondulations éthérées, comme l'électricité implique le magnétisme ; tantôt avec prédominance presque exclusive de l'une ou l'autre transformation, tantôt avec une constante proportionnalité entre les deux. Mais, quel que soit le degré de concomitance et de proportionnalité, la quantité de l'énergie totale reste constante.

IV. — Transformations réciproques et mutuelles des différentes formes de l'énergie actuelle; spécialement transformation en travail extérieur.

Chacune des transformations de l'énergie peut se transformer en telle autre, c'est-à-dire qu'une transformation actuellement prédominante peut se convertir en une autre transformation, soit partiellement, soit en presque totalité (du moins, eu égard à la faiblesse des moyens de contrôle que possède l'homme); par exemple [1] :

1º La chaleur ou mouvement calorifique peut se transformer partiellement en mouvement électrique, en mouvement lumineux, en mouvement visible (déplacement, travail mécanique).

2º L'électricité ou mouvement électrique peut se

1. Voir E. FERRIÈRE, *la Matière et l'énergie*, page 439.

transformer en mouvement magnétique, en mouvement lumineux, en mouvement calorifique, en mouvement visible (déplacement, travail mécanique).

De même pour le magnétisme ; de même pour la lumière ; de même pour le mouvement visible, lequel se transforme en mouvement calorifique, électrique, lumineux.

Toutes ces transformations mutuelles, quelle qu'en soit la quantité ou la complexité, se font conformément à la loi de la conservation de l'énergie. Peu importe, en effet, que telle quantité d'électricité se métamorphose en mouvement visible ; ensuite, que ce mouvement visible se métamorphose partiellement en mouvement calorifique ; car si l'on traduit par des chiffres l'importance de chacune des manifestations ; puis si l'on additionne les nombres partiels, on retrouvera invariablement la somme qui représente la quantité de l'énergie totale. Comme le disait Leibniz, on n'a fait que changer de la grosse monnaie en petite.

Parmi ces transformations mutuelles et réciproques, il en est une qui, particulièrement intéressante, a besoin d'être définie avec le plus grand soin, car elle joue un grand rôle dans les discussions qu'on a soulevées relativement au problème de l'activité psychique ; cette transformation est celle de la chaleur en travail mécanique. Que doit-on entendre, tout d'abord, par le nom de travail mécanique ? Les actions chimiques sont des travaux qui, longtemps restés à l'écart, rentrent aujourd'hui dans la théorie mécanique de l'univers ; mais les réactions chimiques sont des travaux spéciaux qu'on distingue nettement de ce que l'on est convenu d'appeler travaux mécaniques. Les travaux chimiques se traduisent en chaleur, c'est-à-dire en une sorte de mouvement oscillatoire des molécules intégrantes, comme on l'admet aujourd'hui ; mais en réalité la forme de ce mouvement est ignorée.

Le travail mécanique, au contraire, est, ainsi que le nom grec μηχανή l'indique celui, qu'accomplissent nos machines ; or nos machines déplacent, soulèvent, coupent, modifient les objets extérieurs selon les vues d'utilité qu'a l'homme.

Le sens du mot travail mécanique étant ainsi défini, prenons un cas où l'une des formes de l'énergie actuelle, à savoir, le mouvement calorifique, se transforme en travail mécanique.

Supposons qu'il faille brûler 100 kilos de charbon pour élever à 273 degrés une machine qui ne travaille pas. Si nous faisons soulever à cette machine un poids de 10,000 kilogrammes, nous serons obligés, pour maintenir la température à 273 degrés, de brûler, outre les 100 kilos de charbon, 42 autres kilos. Cela veut dire que le travail de la machine a consommé 42 kilos de houille ou, ce qui est la même chose, 42 unités de chaleur (en prenant le kilogramme pour unité). En d'autres termes, 42 unités d'énergie calorifique ont été transformées en énergie purement mécanique. Cette transformation d'un mode particulier de l'énergie en un autre mode de l'énergie est appelée vulgairement *Consommation de l'énergie :* on dit alors que la machine a consommé de l'énergie.

L'expression de consommation de l'énergie est absolument vicieuse ; c'est son emploi qui a rendu obscures les discussions relatives au problème de l'activité psychique. Tout d'abord, l'énergie étant indestructible ne peut pas être consommée ; elle passe d'une transformation à une autre transformation ; mais, quel que soit le nombre ou la nature de ces transformations, la somme totale de l'énergie reste constante.

Dans l'exemple précédent, il ne faut donc pas dire : « Il y a eu consommation de 42 unités d'énergie » ; il faut dire : « 42 unités de mouvement calorifique se sont transformées en mouvement mécanique (travail extérieur). »

En second lieu, le mot énergie est employé abusivement dans le sens exclusif d'énergie calorifique ; or le mouvement calorifique n'est pas la seule forme que revêt l'énergie actuelle ; il n'a pas non plus le privilège d'apparaître seul lorsqu'il apparaît ; les autres genres de transformation de l'énergie potentielle sont concomitants, à des degrés divers d'intensité.

Il s'ensuit que, dans le cas de la machine chauffée, qui de l'inactivité passe à l'exécution d'un travail extérieur, on doit dire : Une partie du mouvement calorifique de la machine s'est transformée en travail extérieur.

Nous avons ajouté 42 kilos de houille au foyer pour maintenir à 273 degrés la température de la machine en travail ; si nous n'avions rien ajouté au foyer et que nous eussions demandé à la machine le même travail, la température se serait abaissée selon la proportion même de l'addition de houille que nous avons faite dans le but de conserver les 273 degrés. Les deux opérations sont donc équivalentes. C'est toujours la même proportion de mouvement calorifique qui s'est changée en mouvement mécanique. Estimons en nombre rond à $\frac{1}{3}$ la portion de chaleur convertie en travail extérieur ; si l'on additionne ce $\frac{1}{3}$ de mouvement mécanique aux $\frac{2}{3}$ restants du mouvement calorifique, on retrouvera la totalité de l'énergie primitive. Ainsi, soit que la machine chauffée reste inactive, soit que travaillant elle transforme une partie de son mouvement calorifique en mouvement mécanique, la quantité totale de l'énergie reste constante ; la loi de la conservation de l'énergie ne subit aucune atteinte.

Ce que nous venons de dire de la transformation de la chaleur en travail extérieur, nous pourrions le dire également de l'électricité. Lorsque, dans la transformation de l'énergie potentielle d'un couple voltaïque en chaleur et en électricité proportionnelle concomitante, nous obligeons l'électricité à accomplir un travail extérieur, à savoir, se frayer une route à travers un fil métallique, la force électro-motrice est diminuée d'autant plus que la résistance des molécules métalliques est plus grande : on consomme de l'énergie électrique, selon l'expression vulgaire. En réalité, le mouvement électrique se convertit partiellement en mouvement calorifique, comme le prouve l'échauffement du fil métallique, de sorte que l'élévation de la température du fil métallique sert à mesurer la quantité de mouvement électrique qui s'est transformée en mouvement calorifique. La somme de ces deux quantités reproduit la quantité totale de l'énergie électrique primitive. Ce qu'on appelle un corps bon conducteur de l'électricité est un corps qui impose à l'électricité un faible travail extérieur, c'est-à-dire une transformation minime en mouvement calorifique. Au contraire, un corps mauvais conducteur est celui qui nécessite une transformation très grande du mouvement électrique en mouvement calorifique. Aussi, lorsque l'électricien veut obtenir un travail déterminé, il est obligé de calculer la grandeur du travail extérieur que l'électricité doit accomplir, et de proportionner l'intensité des sources productrices d'électricité à la quantité d'électricité qui, d'après le calcul et l'expérience, se transformera en mouvement calorifique.

Au demeurant, dans un couple voltaïque, la quantité totale d'énergie électrique reste constante, soit que la totalité de cette énergie électrique n'étant pas employée à un travail extérieur reste exclusivement à l'état de mouvement électrique, soit qu'une portion plus ou moins grande étant contrainte d'effectuer un travail extérieur se transforme en mouvement calorifique; car la somme des deux portions, l'une électrique, l'autre calorifique, de l'énergie actuelle reproduit la quantité totale de l'énergie électrique.

Il en est donc de l'électricité comme de la chaleur : ce qu'on appelle improprement consommation de l'énergie n'est qu'une transformation d'un mode de l'énergie actuelle en un autre mode ; et ces transformations sont équivalentes.

Enfin, dans le sens restreint qu'on a donné vulgairement à l'expression de consommation de l'énergie, c'est-à-dire à la transformation d'une portion du mouvement calorifique en travail mécanique, il ne faut pas oublier que cette transformation particulière du mouvement calorifique est employée à un travail extérieur ; ce point est très important.

Les notions précédentes se résument dans les formules suivantes :

1° Lorsque l'énergie potentielle passe à l'état d'énergie actuelle, toutes les formes de l'énergie apparaissent simultanément, tantôt avec prédominance presque exclusive d'un seul mode, tantôt avec proportionnalité équivalente entre deux modes ;

2° Chacun des modes de l'énergie peut ensuite se convertir, selon des quantités variables, en un autre mode ;

3° Particulièrement le mode calorifique peut se transformer en mouvement purement mécanique, lorsqu'il y a un travail extérieur à effectuer.

Mais lorsqu'il n'y a pas de travail extérieur à exécuter, le mode calorifique n'éprouve aucune transformation ; il coexiste avec les autres modes de l'énergie actuelle, soit avec prédominance, soit en balance proportionnelle.

Il est clair que le même raisonnement s'applique au mode électrique.

CHAPITRE III

RAPPORTS GÉNÉRAUX DE L'ORGANISME ENTIER AVEC LA MATIÈRE ET L'ÉNERGIE.

I. — Les conditions de la Vie et les transformations de l'énergie.

Les organes du corps humain peuvent être rangés en quatre classes, à savoir, les vaisseaux, les muscles, les glandes et les nerfs. Le cerveau sera l'objet d'une étude particulière.

Pour que chaque organe puisse accomplir ses fonctions, il faut qu'il soit vivant. Or la vie consiste en deux opérations connexes et inséparables, à savoir, la désassimilation et l'assimilation, c'est-à-dire en deux opérations chimiques. Enfin la condition fondamentale de son maintien est un certain degré de chaleur, oscillant entre deux limites assez étroites, surtout chez l'homme. La température normale pour l'homme est de $37°5$ à $38°$; au-dessus de 42_0, c'est la mort; au-dessous de $25°$ environ, c'est également la mort. Quel que soit le lieu de l'habitat, aux pôles ou à l'équateur, cette condition calorifique du maintien de la vie reste la même.

Comme la condition d'une température de $38°$ pour le sang est indispensable au maintien de la vie ; comme la source principale de la chaleur animale est dans les actions chimiques qui se passent dans l'intérieur du corps vivant, il s'ensuit qu'une autre condition est nécessaire au maintien de la vie, c'est l'instabilité d'équilibre des combinaisons opérées par la fonction assimilatrice. Si les combinaisons assimilatrices étaient stables, aucune action chimique n'aurait lieu; par conséquent, il ne se ferait aucun dégagement de chaleur; le refroidissement amènerait l'arrêt successif des fonctions de tous les organes; la vie s'éteindrait. Ainsi la condition fondamentale d'un certain degré de température pour le sang a pour corollaire obligatoire l'instabilité sans trêve des combinaisons vitales dans tous les organes. Du moment qu'un corps vit, qu'un organe vit, le corps et l'organe sont le théâtre de continuelles actions chimiques, soit de nutrition, soit de dénutrition; en d'autres termes, dans tout corps vivant, dans tout organe vivant, les transformations de l'énergie sont continues, et cela, en un double courant connexe et inséparable, à savoir, un courant de transformation des aliments en énergie potentielle des tissus vivants, et un courant de transformation de l'énergie potentielle des tissus vivants en manifestations concomitantes et simultanées de l'énergie actuelle.

Le genre des manifestations de l'énergie actuelle est en relation étroite avec la nature de chaque organe et avec la fonction que chaque organe remplit. Il est une transformation de l'énergie potentielle des tissus vivants qui apparaît toujours d'une manière sensible; c'est la chaleur. Quelques physiologistes ont essayé de faire de la calorification une fonction de l'organisme vivant, c'est une erreur : la calorification n'est pas une fonction, elle est le résultat des fonctions de l'organisme; par réciprocité, elle concourt obligatoirement à la continuité de l'activité fonctionnelle de l'organisme.

On sait que l'on distingue en chimie deux espèces de réactions, à savoir, les réactions qui absorbent de la chaleur ou réactions endothermiques, et les réactions qui dégagent de la chaleur ou réactions exothermiques [1].

On sait que les corps composés avec absorption de chaleur sont plus aptes à entrer en une nouvelle combinaison, laquelle se fait avec un dégagement de chaleur. Comme la chaleur de l'organisme vivant est le résultat de la transformation de l'énergie potentielle des tissus vivants, il s'ensuit que l'acte formateur de ces tissus, c'est-à-dire l'actif nutritif, doit se faire avec absorption de chaleur. Si l'acte assimilateur pouvait être isolé de la désassimilation, il est évident que le thermomètre accuserait un abaissement de température; mais par cela que l'organisme est vivant, la désassimilation est inséparable de l'assimilation, de sorte que nous ne pouvons percevoir que la différence entre la chaleur produite par la réaction désassimilatrice et la chaleur absorbée par les actes d'assimilation [2]. Comme le dégagement de la chaleur est de beaucoup supérieur, c'est l'excès de

---

1. Voir E. Ferrière, *la Matière et l'énergie*, page 425 et suivantes.
2. Hirn, *Revue scientifique*, 28 mai 1887, page 683. Conclusions de ses expériences :
1° Nos aliments (sucre, fécule, albumine), en se formant

la chaleur qui seul est perçu. L'excès est d'autant plus faible que l'assimilation est plus intense, et la désassimilation très faible; tel est le cas de la formation ovulaire des embryons animaux et végétaux; cet emmagasinement primordial d'énergie potentielle est nécessaire pour que puissent s'effectuer sur-le-champ les transformations en énergie actuelle, aussitôt que l'individu embryonnaire enfin formé arrivera en conflit avec le monde extérieur. Réciproquement, dans les fièvres et les inflammations, la production de la chaleur est énorme, parce que dans les corps en proie à la fièvre et soumis à l'abstinence prédomine la désassimilation.

II. — Les diverses réactions thermiques dans l'organisme vivant.

Pendant la première moitié de ce siècle, on a cru que la transformation de l'énergie en mouvement calorifique provenait presque exclusivement de la combinaison de l'oxygène avec le carbone et l'hydrogène des éléments anatomiques. On calculait la chaleur dégagée dans le corps des animaux d'après la quantité d'oxygène absorbé et la quantité d'acide carbonique rejeté. Les travaux de Berthelot ont montré qu'il était loin d'en être ainsi. Le savant chimiste a démontré les faits suivants :

n'importe où et n'importe comment, *absorbent* de la chaleur;
2° Cette chaleur est ensuite *restituée* quand ces matières alimentaires se combinent avec l'oxygène, n'importe où et n'importe comment, dans l'organisme.

1° Une même quantité d'oxygène, en s'unissant aux composés organiques, produit plus de chaleur que lorsqu'elle se fixe sur le carbone seul.

Cette quantité de chaleur est double dans les oxydations complètes, triples dans les oxydations incomplètes (L'acide carbonique est un corps complètement oxydé. L'urée est un corps incomplètement oxydé; rejetée au dehors, l'urée, sous l'action d'un ferment microscopique, s'oxyde complètement; elle devient carbonate d'ammoniaque).

2° La chaleur est encore dégagée par les phénomènes physiologiques d'hydratation, de déshydratation et de dédoublement, phénomènes qui ont lieu en dehors de toute oxydation. Exemples :

A. l'hydratation des albuminoïdes avec dédoublement;

B. Les déshydratations des albuminoïdes avec combinaison à leurs homologues;

C. Les dédoublements, avec ou sans combinaison, des sucres et des fécules;

D. Le dédoublement et la simple hydratation des corps gras;

E. Les dédoublements avec fixation d'eau, comme dans le dédoublement de la créatine en sarcosine et en urée;

F. Les fermentations, les déshydratations organiques, comme celles qui séparent l'eau urinaire de l'albumine.

Toutes ces actions dégagent une chaleur considérable; et cependant elles peuvent être déterminées sans que l'homme se livre à un travail extérieur notable.

En résumé : 1° La condition fondamentale de la vie, considérée dans ses rapports avec la Matière et l'Énergie, est la transformation continue de l'énergie potentielle des tissus matériels vivants en énergie actuelle, spécialement dans le mode calorifique.

2° Cette nécessité de transformation continue de l'énergie des tissus vivants en mode calorifique exige un équilibre instable dans les tissus créés par la fonction assimilatrice.

3° La transformation d'un des modes quelconques de l'énergie actuelle en mouvement purement mécanique n'a lieu que dans le cas où, soit le corps entier, soit un appareil organique, accomplit un travail extérieur.

4° De la naissance à la mort, les manifestations continues de l'énergie dépensée sont la traduction variée, mais rigoureusement exacte, de l'énergie potentielle emmagasinée dans les tissus vivants,

Conclusion. Tout individu vivant est donc, en tant que corps matériel, un mode particulier de la matière vivante; en tant qu'activité continue, un mode particulier de l'énergie vitale.

CHAPITRE IV

RAPPORTS PARTICULIERS DE CHAQUE CLASSE D'ORGANES AVEC LA MATIÈRE ET L'ÉNERGIE.

I. — Les Vaisseaux.

Nous venons de voir que pour l'organisme entier la condition fondamentale est la continuité des actions et réactions chimiques au sein des tissus. Reste à examiner de plus près ce qui concerne la fonction propre de chacune des classes des organes vivants.

Les vaisseaux, artères et veines, ont pour fonction de charrier le sang hors du cœur et de le ramener au cœur. Cette fonction est un travail mécanique, extérieur aux tissus des artères et des veines; c'est un travail analogue à celui qu'accomplissent les tuyaux conducteurs de l'eau. En effet, de même que le piston de la pompe refoule cette eau dans les tubes, de même le cœur refoule le sang dans les artères. Il s'ensuit que :

1° Le cœur, qui est un muscle creux, pour se contracter, doit transformer une portion de son énergie calorifique en mouvement mécanique;

2° Le mouvement mécanique du sang, en frottant contre les parois des artères et des veines, doit se transformer partiellement en mouvement calorifique.

Aucune mesure de ces transformations réciproques n'a été prise par les savants.

Ce qui vient d'être dit des veines et des artères peut l'être également de la trachée-artère, laquelle sert à la conduite de l'air comme les vaisseaux sanguins à celle du sang.

II. — Les Muscles.

Les muscles forment les $\frac{19}{20}$ du volume total du corps humain [1].

1° CHALEUR. — « Il a été observé depuis longtemps sur des muscles encore vivants, dit M. Marey, qu'il se forme aux points que l'on excite des saillies ou nodosités qui courent ensuite, d'un mouvement plus ou moins rapide, tout le long du muscle, comme une onde à la surface de l'eau. C'est là un phénomène normal; l'*onde musculaire* se transporte aux deux extrémités du muscle avec une vitesse d'environ un mètre par seconde.

« Quand l'onde apparaît dans le muscle, elle constitue une cause de raccourcissement. Pendant toute la durée du transport, le raccourcissement persiste, et quand, arrivant au bout de la fibre musculaire, l'onde s'évanouit, le raccourcissement disparaît avec elle.

« Le transport de l'onde musculaire implique, dans la fibre musculaire, la propagation successive de l'action chimique qui dégage de la chaleur. C'est ainsi que si l'on allume une traînée de poudre sur un de

---

[1]. Cl. BERNARD, *Tissus vivants*, page 227.

ses points, l'incandescence se propage sur toute la longueur[1]. »

Les muscles ont pour fonction d'accomplir un travail extérieur. Il s'ensuit que, lorsqu'ils se contractent pour accomplir cette fonction, ils doivent transformer une portion de leur énergie calorifique en mouvement purement mécanique. La preuve expérimentale en a été enfin donnée; mais les difficultés à vaincre étaient énormes. En effet :

1° Soumis sans trêve à l'influence du milieu ambiant, les nerfs transmettent les impressions à l'axe cérébro-spinal; de là résultent des actes réflexes inconscients qui maintiennent les fibres musculaires dans une vibration assurément très faible, mais continue. Cette vibration donne une activité plus grande aux actions chimiques vitales qui s'accomplissent incessamment dans l'intimité des tissus, grâce à l'incessant afflux du sang oxygéné sous la propulsion du cœur. De là un dégagement continu de chaleur.

2° L'effort que fait le muscle en se contractant donne aux réactions chimiques qui se font dans la trame du tissu musculaire une intensité proportionnelle à l'intensité même de l'effort, de sorte que le dégagement de chaleur croît parallèlement; il masque la conversion d'une fraction de la chaleur en mouvement mécanique.

3° Comme la sensation de la douleur affecte péniblement l'homme lorsque l'effort est parvenu à la

---

[1]. MAREY, la Machine animale, pages 34, 35, 39.

limite de la puissance musculaire, il s'ensuit que l'homme ne franchit point cette limite; vaincu par la grandeur du travail à accomplir, il cède. Or, pour que la fraction de la chaleur transformée en mouvement mécanique devînt sensible aux instruments grossiers de l'homme, il serait nécessaire que la consommation de l'énergie, selon l'expression courante, dépassât notablement, dans une même période de temps, la production connexe de chaleur qui se fait dans le muscle en proie aux réactions chimiques. Les conditions du problème semblaient impossibles à réaliser; on les a cependant réalisées.

Dès l'année 1860, Jules Béclard fit des expériences sur la différence de température qui se manifeste dans le même muscle lorsque celui-ci d'abord travaille à vide, puis travaille utilement. Lever le bras sans rien soulever, c'est faire travailler le bras à vide; lever le bras en soulevant un poids, c'est faire travailler le bras utilement. Béclard constata que le bras qui travaille à vide s'échauffe plus que le bras qui travaille utilement; ce qui veut dire que, dans ce dernier cas, une partie de la chaleur est convertie en travail mécanique extérieur. Béclard appelait contraction musculaire *statique* le travail du muscle à vide; et *contraction dynamique*, le travail utile.

M. le Dr Max Dufour (de Lausanne) introduit la boule d'un thermomètre dans le creux de l'aisselle, en enveloppant de coton toute la région par où elle eût pu recevoir l'impression de la température extérieure. Il gravissait alors rapidement un escalier de 17 mètres de hauteur. A la première montée, il y eut une diminution de 0°,2; à la seconde montée, de 0°,1. Dès que la montée cessait, aussitôt la température commençait à s'élever et continuait de le faire pendant 7 à 9 minutes, alors que le corps restait immobile.

En 1883, M. A. Herzen refit l'expérience à l'aide d'un homme qui, ayant une fistule gastrique, put recevoir dans l'estomac un thermomètre très sensible. M. Herzen observait les températures à chaque instant. Or, pendant l'ascension rapide d'un très long escalier, l'homme a donné plusieurs fois, à jeûn, le matin, un abaissement de 2 à 3 dixièmes de degré; une fois même, 4 dixièmes, au commencement de la montée; mais cet abaissement disparaissait déjà et était remplacé par une élévation avant l'achèvement de la montée. C'est là évidemment l'excès de chaleur dû aux réactions chimiques; mais, on le voit, il est précédé par un déficit dû au travail mécanique.

La même expérience tentée avec un chien également muni d'un thermomètre introduit dans une fistule gastrique a donné un abaissement de 8 à 9 dixièmes de degré.

Il résulte de là que, dans un corps vivant, il y a un abaissement de température au début d'un travail extérieur utile, par suite de la conversion d'une fraction de la chaleur en travail mécanique; mais cet abaissement est fugace parce que l'exercice, en déterminant des réactions chimiques, provoque ainsi le dégagement d'un excès de chaleur [1].

1. HERZEN, *Revue scientifique*, 20 juin 1885, page 796.

La contraction musculaire ainsi considérée est un phénomène physique qui convertit en mouvement mécanique une fraction de la chaleur déjà existante; mais en même temps que la chaleur se produit, elle détermine dans le tissu musculaire une traînée de réactions chimiques qui produisent une notable quantité de chaleur additionnelle. Il suit de là que si l'on pouvait accomplir le phénomène physique sans déterminer le phénomène chimique, on aurait exclusivement un refroidissement du muscle; c'est-à-dire qu'une fraction de la chaleur préexistante dans le muscle serait convertie en travail mécanique extérieur; et comme, par hypothèse, aucune réaction chimique interne ne se ferait, la fraction de chaleur convertie ne serait pas compensée par un nouvel afflux de chaleur créée. Cette expérience n'est pas réalisable dans l'organisme vivant.

Mais si l'expérience n'est pas réalisable dans ces conditions particulières, on pourra peut-être en essayer une qui sera équivalente et non moins démonstrative.

Dans le fonctionnement normal de l'organisme vivant, le muscle n'est contracté que graduellement; et même dans cette contraction graduellement croissante, il ne dépasse jamais une certaine limite, à savoir, celle de la fatigue résultant de l'accumulation de l'acide lactique[1]. L'homme est alors obligé de re-

---

[1]. L'acide lactique est un des produits du travail du muscle; il semble dériver du dédoublement des sucres et du glycogène musculaires. Les expériences des physiologistes ont

poser son muscle, c'est-à-dire de lui laisser le temps d'éliminer l'excès d'acide lactique. Or cette gradation dans l'intensité de contraction musculaire, puis ce temps d'arrêt qu'amène chez l'homme le sentiment de son impuissance à triompher immédiatement de l'obstacle (fardeau à soulever, etc.), ces deux faits réunis laissent à la chaleur produite par les réactions chimiques au sein du muscle contracté tout le temps de se manifester et de masquer ainsi le refroidissement primitif dû à ce qu'une fraction de la chaleur déjà existante dans le muscle se convertit en travail extérieur.

Cela dit, imaginons ce qui devra arriver si nous disposons une expérience de la manière suivante : Nous imposons subitement au muscle, sans gradation appréciable, mais d'une manière foudroyante, un travail extérieur excédant de beaucoup les conditions où normalement ce muscle travaille. D'après les faits que nous avons établis ci-dessus, on verra apparaître les phénomènes suivants :

1° Le muscle contraint d'exécuter sans gradation, d'une manière foudroyante, un travail excessif, convertira pour suffire au travail exigé une certaine portion de la chaleur qu'il possède ; la température s'abaissera d'une manière sensible.

2° Aussitôt le travail excessif foudroyant supprimé,

---

prouvé que seuls l'acide lactique et le phosphate de potasse produisent dans le muscle le sentiment de fatigue et l'inaptitude au travail. — Voir A. GAUTIER, *Chimie appliquée à la physiologie*, tome Ier, pages 314, 315.

les réactions chimiques qu'a déterminées la contraction se manifesteront par un dégagement de chaleur d'autant plus intense que le travail extérieur aura été plus grand.

L'expérience a été faite en 1887 par le Dr V. Laborde[1]. On sait qu'après la mort les muscles conservent leur propriété contractile, c'est-à-dire restent vivants pendant une vingtaine de minutes en moyenne. C'est la connaissance de ce fait qui a réglé la disposition de l'expérience suivante :

Un chien vigoureux est fixé sur une planche par les quatre pattes; un thermomètre très sensible et gradué en centièmes de degré est plongé dans l'intérieur de la cuisse. Le bulbe du chien est rapidement sectionné; on attend cinq minutes, afin que le cœur ait cessé de battre et d'envoyer les dernières ondées. Il n'y a donc plus de circulation du sang ni par conséquent de chaleur charriée à travers l'organisme; chaque organe n'a que la chaleur qui lui est propre. Le thermomètre intra-musculaire marque 39°,13.

En ce moment, on fait passer un courant électrique extrêmement violent par toute la longueur de la moelle épinière. Sous l'action foudroyante de l'électricité, les muscles se contractent avec une telle énergie qu'ils soulèvent brusquement le corps de l'animal sur ses pattes, lesquelles sont fixées par des attaches. Durant que les muscles tétanisés accomplissaient cet énorme travail extérieur, le thermomètre intra-mus-

---

1. LABORDE, *Tribune médicale*, 22 mai 1887, page 247.

culaire descendait graduellement à 38°,78, accusant ainsi, au bout de quarante-cinq secondes, une baisse de 0°,35 de degré.

On cesse l'électrisation; les muscles s'affaissent; ils n'exécutent plus de travail extérieur; la colonne du thermomètre intra-musculaire prend une marche ascendante; elle atteint 39°,13, température initiale, dépasse ce point et s'arrête à 39°,16.

Après quelques minutes de repos, on répète l'expérience; un violent tétanos généralisé est de nouveau provoqué; les mêmes effets de projection et de soulèvement du corps se produisent; cette fois encore, la température s'abaisse graduellement de 39°,16 à 39°,07.

On interrompt le courant électrique; les muscles se relâchent; alors la température monte de 39°,07 à 39°,18, dépassant ainsi de 0°,2 la température initiale.

La signification de ce double phénomène est très nette :

1° Pour accomplir sur-le-champ l'énorme travail extérieur que leur impose le courant électrique, les muscles convertissent en mouvement mécanique une fraction de la chaleur qu'ils possédaient. Comme la chaleur qu'ils convertissaient n'est pas compensée par celle que charrie la circulation du sang (la circulation n'existant plus dans les muscles), alors le refroidissement apparaît seul.

2° Une fois le courant électrique interrompu, les muscles n'ont plus de travail extérieur à accomplir ni par conséquent de chaleur à convertir en mouvement mécanique. Mais en se contractant tétaniquement, ils ont déterminé dans l'intimité du tissu une série de réactions chimiques qui dégagent de la chaleur; c'est cette chaleur créée qui, à la suite de la cessation de tout travail extérieur, se fait sentir dans toute la trame musculaire; elle compense la quantité de chaleur initiale qu'a absorbée le travail extérieur; bien plus, elle l'excède. C'est pourquoi la colonne thermométrique non seulement remonte à la température qui existait au début de l'expérience, mais encore la dépasse.

Une troisième expérience fut faite sur le même chien, quatorze minutes après la mort de l'animal. On laissa le thermomètre intra-musculaire dans la cuisse; on plaça un second thermomètre dans le rectum. Puis, au moyen du courant électrique, on provoqua un nouveau tétanos généralisé. Voici ce qu'on observa sur chacun des deux thermomètres :

Le thermomètre intra-musculaire s'abaissa tout d'abord sensiblement, comme l'exigeait l'énorme travail extérieur qu'accomplissaient les muscles en soulevant le corps entier. Ce n'est qu'au bout de deux minutes et quelques secondes que le thermomètre reprit sa marche ascensionnelle, due aux réactions chimiques qu'avait déterminées dans les tissus le tétanos électrique.

Le thermomètre du rectum, avant le passage du courant, marquait 40°; le passage du courant le fit monter à 40°,6; et cela devait être ainsi. En effet, les fibres du rectum ayant à effectuer un travail mécanique presque nul, n'ont pas besoin de convertir une quantité appréciable de chaleur en mouvement mécanique; il s'ensuit que la chaleur additionnelle dégagée par les réactions chimiques internes s'est manifestée immédiatement sur la colonne thermométrique.

En résumé, les muscles, comme tout organe vivant, ont, à l'état de repos, une température propre, celle qui est nécessaire à la vie. Leur fonction étant d'accomplir un travail extérieur, ils convertissent d'abord en mouvement mécanique une portion de leur chaleur existante; mais ils en récupèrent une nouvelle portion en déterminant, par leur contraction même, dans l'intimité des tissus, une traînée de réactions chimiques qui toutes dégagent de la chaleur.

II° ÉLECTRICITÉ. — 1°. *État de repos du muscle.* Le dégagement incessant de l'électricité résulte des actions chimiques dont les tissus animaux ou végétaux sont le siège [1]. « L'électricité se produit chez tous les animaux et dans tous les muscles, sans distinguer sous ce rapport ceux de la vie animale et ceux de la vie organique. Ainsi le cœur est électrisé *positivement* à sa pointe, et *négativement* à sa base; par suite, il est traversé par les courants qu'engendre nécessairement cette différence d'état électrique de ses parties.

« Chaque fibre musculaire possède un courant électrique dirigé de la surface au centre. Un muscle

---

1. MAREY, *Machine animale,* page 50. — Cl. BERNARD, *Tissus vivants,* page 211.

représenterait une sorte d'aimant; car au milieu se trouve une ligne neutre où la tension électrique est nulle, tandis qu'aux deux extrémités on trouve des courants qui vont en décroissant d'intensité jusqu'au milieu. La surface du muscle est électrisée *positivement;* son centre, *négativement.* Si nous prenons le muscle entier avec l'un et l'autre tendon qui lui servent d'attaches à chaque extrémité, ces tendons continueront l'électricité négative du centre [1]. »

2°. *État de contraction du muscle.* — « Au moment de la contraction, le courant électrique est instantanément supprimé dans le muscle. Lorsqu'on maintient le muscle en tétanos, c'est-à-dire en état de contraction permanente assez long, l'aiguille du galvanomètre s'arrête toujours au zéro [2]. »

La disparition de l'état électrique d'un muscle au moment où celui-ci effectue sa contraction ou lorsqu'on le tétanise, offre un grand intérêt au point de vue de la transformation de l'énergie; la manifestation sous forme de travail mécanique se substitue à la manifestation sous forme d'électricité [3].

3°. *Cessation de la vie du muscle.* — « Au moment où le muscle entre en rigidité cadavérique, le courant se renverse, c'est-à-dire que la surface est électrisée négativement; et l'intérieur, positivement. Enfin tout courant électrique disparaît quand le muscle entre en

---

1. Cl. BERNARD, *Tissus vivants,* XIe leçon; voir aussi *Système nerveux,* tome Ier douzième leçon, les expériences de Galvani, de Matteucci, de Dubois-Reymond.
2. Cl. BERNARD, *Tissus vivants,* page 207.
3. MAREY, *Machine animale,* pages 50, 52.

décomposition. On n'a pas encore expliqué ce fait du renversement du courant au moment de la rigidité cadavérique; mais il tient peut-être à une cause chimique, car la coupe du muscle, ordinairement alcaline à l'état normal, devient généralement acide au moment de la rigidité cadavérique.

« Un certain temps après la mort, il se produit dans le muscle de l'acide lactique qui détruit l'alcalinité du suc musculaire, et par suite amène la coagulation de la syntonine, c'est-à-dire de la matière contractile renfermée dans les tubes musculaires [1]. »

En résumé, les muscles, à l'état de repos, possèdent une électricité dérivant des actions chimiques qui se passent dans l'intimité des tissus.

Lorsque les muscles se contractent, l'électricité préexistante se convertit tout entière en mouvement mécanique.

A son tour, le mouvement mécanique détermine dans l'intimité des tissus une traînée d'actions chimiques qui régénèrent l'électricité transformée, et rendent ainsi le muscle apte à de nouvelles contractions.

Il se pourrait que la conversion totale de l'électricité préexistante en contraction des fibres expliquât pourquoi cette même contraction exige, pour s'effectuer aux dépens de la chaleur préexistante, une faible consommation de quelques dixièmes ou centièmes de degré centigrade, que l'on constate dans les expé-

---

[1]. Cl. BERNARD, *Tissus vivants,* pages 209, 230.

riences. La transformation totale de l'électricité suffirait donc, presque à elle seule, à l'accomplissement du travail extérieur.

On voit enfin que, dans le muscle, les phases du mécanisme électrique sont exactement les mêmes que celles du mécanisme calorifique.

III. — Les Glandes.

Les glandes sont des organes dont la fonction est de fabriquer, aux dépens des matériaux que leur apporte le sang, certains produits spéciaux dont la destination est d'une merveilleuse variété. Tels sont, par exemple, les ferments que sécrète le pancréas, le lait que sécrètent les glandes mammaires, la glycose et la bile que sécrète le foie, etc.

Comment se fabriquent ces produits spéciaux? On l'ignore absolument. On sait seulement ceci :

1º Le tissu de la glande est plus chaud que le sang qui en sort, ce qui prouve que les réactions chimico-vitales se font dans l'intimité même du tissu;

2º Le sang veineux qui sort d'une glande en activité est plus rouge qu'en sortant d'une glande en repos fonctionnel, ce qui prouve que la chaleur manifestée par la glande en fonction est due aux réactions chimiques qui ont lieu au sein du tissu, et non pas exclusivement aux combustions respiratoires. Si la chaleur de la glande était due exclusivement à la combustion respiratoire, le sang contiendrait exclusivement de l'acide carbonique, résultat de la combinaison de l'oxygène respiré avec le carbone du sang ; le sang veineux en sortant de la glande serait donc noir.

La chaleur dégagée par les glandes en activité est donc la conséquence des réactions chimiques qui se passent dans l'intimité des tissus glandulaires, car c'est dans ces tissus que se fabriquent les produits spéciaux de chaque glande. Il pourrait se faire que la chaleur constatée fût l'excédent provenant des réactions qui dégageraient de la chaleur (réactions exothermiques) concurremment avec d'autres réactions absorbant de la chaleur (réactions endothermiques); mais, en aucune hypothèse, cette chaleur ne peut être l'excédent d'une conversion thermique en mouvement mécanique pur, attendu qu'aucune glande n'a de travail extérieur à effectuer.

En résumé, chez les glandes, la chaleur qui se dégage est celle même qui provient de la fonction chimique de leurs tissus; cette chaleur est proportionnelle à l'activité même du tissu, c'est-à-dire à l'intensité des réactions chimiques qui ont lieu dans le tissu glandulaire. Comme les glandes n'ont pas de travail extérieur à exécuter, il ne peut y avoir abaissement momentané de température.

IV. — Les Nerfs.

Tous les nerfs en activité dégagent à la fois chaleur et électricité.

1º CHALEUR. — D'après les expériences de Valentin, de Schiff et de Lombard, il demeure établi que :

1° Lorsque l'activité propre d'un cordon nerveux est mise en jeu par une excitation quelconque, la propagation de cette excitation s'accompagne d'une élévation de température appréciable sur le trajet du nerf;

2° L'intensité de la chaleur dégagée est en rapport avec l'intensité de l'excitation produite et aussi avec l'excitabilité propre du nerf en expérience [1].

Les nerfs, en effet, ne sont pas tous également excitables; en premier lieu, viennent les nerfs moteurs; les nerfs sensitifs le sont infiniment moins; enfin les filets du grand sympathique exigent, pour être excités, un plus fort courant électrique. Mais, à l'intensité près, l'action est la même, c'est-à-dire qu'il y a action motrice produite, et l'on observe la contraction des vaisseaux, la dilatation ou le resserrement de la pupille, l'écoulement de la salive, etc. [2].

II. Électricité. — L'électricité dans les nerfs se manifeste sous deux formes distinctes :

1° Il y a le courant normal, que M. Dubois-Reymond appelle force électromotrice; on l'a constaté dans la moelle épinière, dans les nerfs rachidiens, dans les nerfs des sensations spéciales, tels que le nerf optique, etc.

2° Il y a un autre courant, auquel Dubois-Reymond a donné le nom d'électrotonus ou force électrotonique.

Dans l'état ordinaire, le nerf est électrisé positive-

1. Gavarret, *Phénomènes physiques de la vie*, page 249.
2. Cl. Bernard, *Système nerveux*, tome Ier, page 300.

ment à la surface, et négativement à l'intérieur, exactement comme le muscle à l'état normal [1]. Mais lorsque le muscle se contracte, la partie du nerf moteur afférente au muscle prend un état électrique particulier, qui se propage à gauche et à droite du nerf dans toute sa longueur : c'est l'état électrotonique. Celui-ci résulte, comme on le voit, d'un changement moléculaire qui, parti d'un point du nerf, se propage dans les deux sens par tout le nerf, et donne ainsi naissance à un nouveau courant nerveux. L'électrotonus dure tant que dure la cause qui l'a fait naître, par exemple, une contraction musculaire.

En s'ajoutant au courant normal, l'électrotonus en accroît l'intensité lorsqu'il est de même sens que lui, ou diminue cette intensité lorsqu'il est de sens contraire.

En résumé, la conversion de l'énergie potentielle en chaleur et en électricité concomitante est la même dans les nerfs que dans les muscles, bref dans tous les tissus vivants. En effet, les tendons, les artères, les veines, les os, aussi bien que les nerfs et les muscles, donnent des courants électriques dans le même sens et avec les mêmes propriétés ; ces faits démontrent que les courants ne proviennent nullement d'une organisation électrique spéciale des muscles et des nerfs.

III. Causes de la conversion de l'énergie en chaleur et en électricité. — La conversion de l'énergie

---

[1]. Cl. Bernard, *Tissus vivants*, page 288.

potentielle en chaleur et en électricité se rattache à deux causes, une cause chimique et une cause physique.

1° *Une cause chimique.* — Par le fait même qu'un nerf, qu'un muscle, bref qu'un tissu est vivant, ce tissu est le siège de phénomènes inséparables et continus d'assimilation et de désassimilation ; or ces phénomènes chimiques dégagent, en même temps que de la chaleur, une certaine quantité d'électricité, laquelle se manifeste sous la forme de courants.

2° *Une cause physique.* — Dans les corps vivants, partout où il y a deux liquides différents séparés par une membrane cellulaire, il se forme des courants que Becquerel a appelés courants électro-capillaires.

V. — Cas extraordinaire d'électricité humaine.

Si l'électricité semble absente du corps humain vivant, tandis que la chaleur se manifeste avec éclat, cela tient à ce que la peau humaine est conductrice de l'électricité et la laisse s'écouler dans l'atmosphère au fur et à mesure qu'elle se produit. Tout le monde sait que par les temps humides il est impossible de tirer une étincelle des machines électriques à plateau de verre. Au fur et à mesure que le jeu des organes générateurs produit l'électricité, celle-ci est soustraite par la vapeur d'eau et se dissipe dans l'air ambiant. Pour la retenir dans les cylindres et l'y emmagasiner, il est nécessaire de chauffer les organes de la machine au moyen d'un réchaud afin de rendre sec l'air qui les enveloppe. La condition qui régit la dispersion ou l'emmagasinement de l'électricité humaine est la même. C'est la phase de la dispersion qui est le phénomène habituel; car la peau étant constamment humide par suite de la perspiration et des sécrétions sudorifiques ou autres, l'électricité s'écoule continuement et se disperse au dehors. Il est clair que dans le cas où la peau serait sèche et par conséquent non conductrice, d'une part; où, d'autre part, la production d'électricité serait plus grande à la suite, d'une disposition fonctionnelle, d'une névropathie par exemple, il arriverait ceci durant les jours d'atmosphère sèche, c'est que le corps humain se conduirait comme les machines statiques qui ont emmagasiné une quantité notable d'électricité. La science possède plusieurs exemples de cas où cette hypothèse s'est réalisée.

En 1846, Arago a publié le cas d'une jeune fille qui, lorsqu'on la frottait, pouvait attirer certains corps et en repousser d'autres.

En 1876, Girard a publié le cas d'une femme de 36 ans dont on pouvait tirer des étincelles, surtout au cuir chevelu. Cette femme était probablement nerveuse, car elle était sujette aux migraines.

Mais le cas le plus intéressant est celui que le docteur Féré a fait connaître à la Société de Biologie, séance du 14 janvier 1888. Il s'agit d'une femme âgée de 32 ans, appartenant à une famille névropathique; elle-même est franchement hystérique. Voilà quatre ans que le docteur Féré la soigne et l'observe avec attention.

Étant jeune fille, vers l'âge de 14 ou 15 ans, cette malade s'était déjà aperçue qu'à certains moments sa chevelure était le siège d'une crépitation plus ou moins vive, et qu'il s'en dégageait des étincelles visibles dans l'obscurité. Ce phénomène n'a fait qu'augmenter avec les années; mais c'est surtout depuis 1882 qu'il est devenu à peu près permanent et très intense, *sauf dans les temps humides* et par les vents du sud.

Depuis cette époque, la jeune femme a remarqué que ses doigts attirent les corps légers, tels que fragments de papier, rubans, etc. Ses cheveux, non seulement donnent des étincelles au contact du peigne, mais présentent une tendance à se redresser et à s'écarter les uns des autres. Quand ses vêtements s'approchent de la peau, sur quelque partie que ce soit, il se produit une crépitation lumineuse ; puis les vêtements adhèrent au corps, quelquefois assez étroitement pour donner de la gêne.

La tension électrique et la vivacité des décharges augmentent encore sous l'influence des *émotions morales*; et même un des premiers faits qui ont été remarqués, c'est que la crépitation s'exagérait à la suite de l'audition de morceaux de musique qui amenaient une grande excitation générale.

Les temps *secs* favorisent les phénomènes électriques, surtout au moment des gelées.

Les temps *humides et brumeux* produisent des effets contraires. Les modifications de la tension électrique, qui est *nulle* par les temps de pluie ou de vent du sud, préviennent même quelquefois plusieurs jours à l'avance d'un changement de temps.

A l'exagération de tension correspond une activité nettement appréciable; celle-ci est remplacée par une sensation de lassitude et d'impuissance, quand la tension électrique diminue.

Cette dame a un fils âgé de 11 ans qui est atteint depuis trois ans de phénomènes hystériques très accusés ; en même temps, il présente la crépitation lumineuse qu'on observait chez sa mère, lorsque celle-ci était jeune.

Au moyen d'un hygromètre spécial, MM. d'Arsonval et Féré se sont assurés que chez la mère et le fils la peau était d'une sécheresse considérable, plus accentuée encore du côté où les phénomènes électriques étaient les plus intenses.

Ce qui rend ce cas surtout remarquable, c'est le fait que les émotions, *phénomènes psychiques*, exercent une vive influence sur la tension de l'électricité humaine.

Quant à la sécheresse de la peau, elle serait elle-même la conséquence d'un état nerveux pathologique[1].

---

1. *Revue scientifique*, 4 février 1888, page 156 — et *Tribune médicale*, 22 janvier 1888, page 48.

CHAPITRE V

RAPPORTS PARTICULIERS DU CERVEAU AVEC LA MATIÈRE ET L'ÉNERGIE

I. — Rappel à la mémoire.

Avant d'aborder la grave question du cerveau et de sa fonction l'Ame, il est utile de remettre sous les yeux les faits acquis qui viennent d'être exposés.

I° L'ONDULATION ÉTHÉRÉE EST PERMANENTE. — Lorsqu'un organe ou un appareil organique entre en activité, c'est-à-dire lorsque l'énergie potentielle de ces organes se convertit en énergie actuelle, on constate la concomitance des formes générales de l'énergie actuelle, le plus souvent avec prédominance de l'une ou de deux de ces formes.

L'ondulation éthérée est permanente; si elle n'apparaît sous forme de lumière que dans le cas où elle affecte le nerf optique, et encore à la condition que les vibrations atteignent en une seconde le nombre de 500 trillions au moins, elle est déjà sensible sous forme de chaleur obscure lorsque les vibrations atteignent en une seconde le nombre de 60 trillions. Les sens de l'homme sont impuissants à percevoir les ondulations éthérées dont le nombre est inférieur à 60 trillions par seconde; mais ces ondulations n'en existent pas moins.

II° LA CHALEUR EST DANS TOUS LES CORPS. — Tous les

corps sont animés d'un mouvement calorifique, car leur température est de beaucoup supérieure à — 273°, c'est-à-dire au zéro absolu, point où cesserait toute oscillation calorifique, si ce point pouvait être atteint, ce qui est impossible. Ondulation éthérée et chaleur sont concomitantes, puisqu'au fond elles ne sont qu'une seule et même chose ; nous ne les distinguons que parce que les ondulations éthérées affectent différemment chacun des nerfs spéciaux.

III° L'ÉLECTRICITÉ AFFECTE ET EST CAPABLE D'AFFECTER LES MODES LES PLUS DIVERS. — La troisième forme de l'énergie actuelle, l'électricité, se manifeste continuement dans les phases évolutives de l'organisme vivant. Or le magnétisme n'est qu'un certain aspect de l'électricité ; l'un se transforme usuellement dans l'autre, comme le prouvent les machines dynamo-électriques de l'industrie. Il s'ensuit qu'en constatant la présence de l'électricité, en même temps que celle de la chaleur, on démontre ainsi la concomitance de toutes les formes de l'énergie actuelle dans toute conversion de l'énergie potentielle. Du reste, nombre de physiciens éminents, entre autres, le Père Secchi, considèrent l'électricité et le magnétisme comme des modes particuliers de l'ondulation éthérée.

En étudiant à part l'électricité, on peut distinguer deux modes généraux, à savoir, l'électricité minérale ou électricité proprement dite, et l'électricité animale, celle qui appartient en propre aux corps vivants. L'électricité animale revêt dans les nerfs un aspect spécial, à savoir, l'électrotonus. Rien n'empêche qu'il y ait d'autres formes d'électricité animale. En effet, celle-ci dérive des réactions chimiques qui se font au sein même des tissus vivants. Il est aisé de comprendre qu'elle se manifestera sous des aspects divers, selon le mécanisme de la réaction chimique, selon la composition élémentaire des tissus et selon le groupement différent des molécules.

A. *Selon le mécanisme de la réaction chimique.* — La réaction peut être exothermique ou endothermique ; elle peut être une oxydation, un dédoublement, une hydratation, etc. La forme du résultat peut et doit varier selon le mécanisme de la réaction chimique.

B. *Selon la composition élémentaire des tissus.* — Par exemple, dans un tissu composé exclusivement de carbone et d'hydrogène, la réaction chimico-vitale doit donner, quant à la forme, un résultat différent de celui que donne la réaction chimique qui se passe au sein d'un tissu composé de carbone, d'hydrogène, d'oxygène, d'azote, de soufre et de phosphore.

C. *Selon le groupement différent des molécules.* — Les corps isomères offrent le plus significatif des exemples. Quoique composés des mêmes éléments, en même quantité, les isomères ont cependant des propriétés chimiques et physiques différentes, souvent même opposées. C'est que ces éléments identiques ne sont plus groupés de la même manière [1].

On voit donc que l'électricité animale, dont on con-

---

[1]. Voir E. Ferrière, *la Matière et l'énergie*, page 90 et suivantes.

naît déjà une forme spéciale, à savoir, l'électrotronus, peut en revêtir d'autres selon le tissu duquel elle naît et se dégage.

IV. La transformation des formes nécessaires de l'énergie actuelle en travail extérieur est contingente et particulière. — Enfin, toutes les formes concomitantes de l'énergie actuelle peuvent se convertir, *s'il y a lieu*, partiellement ou presque totalement en travail extérieur, lorsque les organes où elles apparaissent à la suite des réactions chimico-vitales ont un travail extérieur à accomplir.

Bien entendu, lorsque l'appareil organique n'a pas de travail extérieur à effectuer, il n'y a pas, il ne peut y avoir de conversion, soit de la chaleur, soit de l'électricité.

Parmi les appareils du corps humain qui ont un travail extérieur à accomplir brille au premier rang l'appareil musculaire. Celui-là doit nécessairement convertir en mouvement mécanique une partie de la chaleur vitale préexistante ou de la chaleur créée par les contractions.

Les glandes, au contraire, n'ayant pas de travail extérieur à effectuer, ne doivent rien convertir ni de la chaleur ni de l'électricité qui se dégagent des réactions chimiques glandulaires.

Par conséquent, vouloir que toujours une partie de la chaleur se convertisse en travail, quel que soit l'organe en activité, est une conception fausse. La transformation de l'énergie potentielle en énergie actuelle se fait essentiellement sous les formes de chaleur et d'électricité; cette première transformation est nécessaire et générale. C'est dans des cas spéciaux seulement qu'une fraction de la chaleur et de l'électricité se convertit en travail; cette seconde transformation est contingente et particulière.

II. — Mise en activité du cerveau sous l'influence de la circulation générale.

Nous avons vu dans la partie de ce livre consacrée à l'Ame que le cerveau est un organe comme les autres organes corporels; il est soumis aux mêmes lois, soit au point de vue de l'activité qui résulte de la circulation générale du sang, laquelle activité lui est commune avec tous les organes du corps, soit au point de vue de son activité spéciale, laquelle est inséparable de l'incitation nerveuse.

Le cerveau est irrigué par le plus riche système de circulation sanguine. L'afflux continuel du sang chaud oxygéné détermine, à lui seul, une suite continue de réactions chimiques, oxydations, dédoublements, hydratations, etc.; d'où résultent à la fois un dégagement de chaleur et d'électricité et une manifestation psychique; celle-ci reste à l'état inconscient lorsqu'elle ne remplit pas les deux conditions nécessaires à la pensée consciente d'elle-même, à savoir, durée et intensité. Nous avons vu que, quoique inconsciente, cette activité cérébrale n'en existe pas moins; qu'elle se fait jour à la longue, dans certaines conditions.

Cette activité cérébrale est connue en physiologie sous le nom de cérébration inconsciente [1].

Dans le sommeil, état de repos du cerveau, l'afflux du sang oxygéné est considérablement diminué ; par suite, le nombre et l'intensité des réactions chimiques au sein de la substance cérébrale diminuent proportionnellement ; proportionnellement s'affaiblissent les manifestations psychiques. Cela prouve que la pensée, quelle qu'en soit la nature, est la transformation de l'énergie potentielle de la matière cérébrale au moyen du mécanisme de la réaction chimique.

Enfin, dans la léthargie, laquelle est un sommeil aggravé (morbide bien entendu), non seulement la circulation du sang n'a plus la même activité, mais encore, par suite de la condition morbide du système nerveux, la matière cérébrale n'est plus aussi apte à réagir chimiquement ; les réactions sont réduites au minimum compatible avec la vie ; la production psychique est par conséquent réduite elle-même au minimum. On doit au docteur Sémelaigne l'observation de l'un des cas les plus curieux de léthargie que l'on connaisse [2].

Un certain M. X..., névropathique par tempérament, fut atteint, à l'âge de 46 ans, de délire mélancolique avec hallucinations et idées de persécution. Une modification s'opéra dans son état ; le malade fut en proie à des crises de léthargie, pendant lesquelles on l'alimenta au moyen d'une sonde œsophagienne.

1. Voir page 249 de ce livre.
2. *Tribune médicale*, 17 et 24 janvier 1886.

La première crise de léthargie dura 7 mois ; la dernière, 15 mois. C'est à la suite de celle-ci que M. X... mourut, en juillet 1883. En moins de huit années d'existence, il avait dormi 4 ans et 7 mois et demi!

Durant le sommeil léthargique, le pouls était petit, peu fréquent et assez mou.

Au réveil, le pouls s'élevait sur-le-champ ; de 48 pulsations, il est monté parfois à 80 et même à 85.

Chose digne d'attention, pendant la durée de la crise léthargique, le sommeil nocturne différait sensiblement du sommeil diurne; la respiration dans le jour était normale, paisible et régulière; durant la nuit, elle devenait plus lente, plus profonde et plus bruyante; parfois M. X... ronflait.

Cela indiquerait que, *durant le jour*, le cerveau dépensait en production psychique une quantité d'énergie proportionnelle à l'activité possible de son état morbide; puis, que la nuit venue, il éprouvait le besoin du repos, comme en a besoin tout cerveau normal qui fonctionne durant le jour. Il y aurait donc dans la léthargie les mêmes phases, mais considérablement atténuées, que dans l'état normal.

Dans les phases de réveil, l'intelligence fonctionnait normalement, sauf quelques signes de vésanie. Les sentiments étaient affectueux; quant à la mémoire, elle est demeurée intacte jusqu'à la fin.

III. — Mise en activité du cerveau sous l'influence du système nerveux.

1° Perceptions inconscientes. — Par cela que l'homme est vivant et que son système le met continuement en relation avec le monde extérieur, il s'ensuit que chaque mouvement du monde extérieur communique quelque mouvement aux nerfs sensitifs ; ceux-ci transmettent ce mouvement au cerveau, lequel vibre à son tour et renvoie le mouvement aux nerfs moteurs.

Le mouvement ainsi communiqué est-il physique ou chimique ? Il est l'un et l'autre, sinon à la fois, du moins consécutivement. La vibration physique détermine un surcroît d'activité dans la substance nerveuse et cérébrale : cette activité est décélée par une apparition de chaleur ; l'intensité de la chaleur mesure l'intensité de l'activité nerveuse ou cérébrale[1].

Une grande partie des vibrations venues de l'extérieur ne communiquent au cerveau une vibration ni assez longue ni assez vive pour arriver à l'état de conscience ; mais la phase psychique n'en a pas moins eu lieu ; elle est enregistrée dans les cellules nerveuses. Quoiqu'il se fasse d'une manière latente, le travail psychique n'en continue pas moins. Dès le xviie siècle, le génie de Leibniz, en s'appuyant sur l'indestructibilité de l'énergie, avait pénétré ce

---

1. Voir Herzen, *l'Activité cérébrale*, page 108, les expériences de Helmholtz, de Valentin, de Schiff.

phénomène mystérieux des perceptions inconscientes, que Leibniz appelait perceptions insensibles [1].

On sait que, durant la vie, les muscles sont constamment dans un état de demi-tension, auquel on a donné le nom de *tonicité;* la tonicité du muscle est due précisément à l'action sans trêve du monde extérieur sur les nerfs sensitifs; l'axe cérébro-spinal reçoit ces impressions et réagit par l'intermédiaire des nerfs moteurs; c'est l'activité des nerfs moteurs qui met le muscle constamment en tonicité.

II° PERCEPTIONS CONSCIENTES. — Le mécanisme physique et chimique de l'activité cérébrale, pour les perceptions conscientes, est le même que pour les perceptions inconscientes; la seule différence est dans la durée et l'intensité des réactions cérébrales. Par conséquent, ce que nous dirons des réactions qui produisent les perceptions conscientes s'appliquera à toutes les réactions cérébrales.

Toute impression transmise au cerveau détermine une réaction physique et chimique, c'est-à-dire qu'une fraction de la substance cérébrale se convertit en énergie actuelle. Or, dans toute transformation en énergie actuelle, on trouve concomitantes, en quantité plus au moins inégale, la chaleur et l'électricité. Il s'ensuit que tout acte psychique doit être accompagné de chaleur et d'électricité. Le dégagement de chaleur que donne toute impression cérébrale a été

---

1. LEIBNIZ, *Avant-Propos des nouveaux essais; Monadologie,* 61. Tout corps se ressent de tout ce qui se fait dans l'univers.

mis hors de doute par les expériences de Broca, de Lombard, et surtout de Schiff.

A l'aide d'une couronne de thermomètres appliquée sur le crâne, Broca a pu suivre le développement de la température chez les sujets en expérience, à mesure qu'il sollicitait la mise en activité du cerveau. C'est ainsi, par exemple, qu'en faisant lire quelqu'un à haute voix, il a constaté une élévation de température se manifestant tout d'abord dans le lobe cérébral gauche.

Lombard (de Boston) s'est servi d'appareils thermo-électriques :

« Les variations de la température, dit-il comme conclusion de ses expériences, paraissent liées aux différents degrés de l'activité cérébrale. Le travail actif du cerveau ne dépasse jamais $\frac{1}{20}$ de degré centigrade. Toute cause attirant l'attention, un bruit, la vue d'un objet ou d'une personne, produit l'élévation de la chaleur. Une élévation de la température a lieu également sous l'influence d'une émotion ou pendant une lecture intéressante à haute voix [1]. »

Les expériences faites par Schiff comptent parmi les plus importantes. Schiff a opéré sur des animaux narcotisés et non narcotisés, à l'aide d'aiguilles thermo-électriques implantées dans le cerveau à travers le crâne et rattachées à un galvanomètre très sensible. Les résultats qu'il a obtenus sont les suivants :

---

1. Luys, *Traité des maladies mentales*, page 191.

1° Toutes les fois que chacun des sens de l'animal mis en expérience, soit le toucher ou la vue, soit le goût et l'odorat, était incité séparément par l'opérateur, la déviation de l'aiguille du galvanomètre indiquait deux choses, à savoir, une élévation de la température et une région particulière d'où naissait ce surcroît de température.

2° Toutes les fois que l'incitation du même sens se répétait à de courts intervalles, la déviation de l'aiguille galvanométrique s'affaiblissait progressivement, indiquant ainsi un affaiblissement progressif de la chaleur qui se dégageait à chaque incitation.

3° Chez les animaux en expérience, la vivacité des perceptions décroissait avec l'affaiblissement progressif de la chaleur.

Ce résultat offre une similitude remarquable avec ce qui se passe dans le muscle. En effet, lorsqu'un muscle est soumis à une série de contractions successives, séparées par de courts intervalles, la première contraction est celle qui développe le plus de chaleur; la dernière est celle qui en donne le moins. Et même si l'on opère sur un muscle séparé du corps et par conséquent ne recevant plus, du torrent circulatoire, de nouveaux matériaux oxygénés et chauds, le muscle au bout d'un court laps de temps ne se contracte plus : il est mort. Grâce aux travaux de Béclard, de Helmholtz, de Matteucci et des vivisecteurs contemporains, on sait aujourd'hui que le muscle vivant renferme une certaine quantité de matériaux dans une disposition telle que ces matériaux sont aptes à entrer en réaction chimique (oxydation, hydratation, dédoublement, etc.); pour la commodité du discours, nous appellerons en abrégé cette quantité « quantité disponible ».

A la première incitation, le muscle se contracte; une partie de la quantité disponible entre en une réaction dont le résultat principal est un dégagement de chaleur et la formation d'acide lactique. C'est l'intensité de la chaleur dégagée qui sert à mesurer l'intensité de la réaction.

A la seconde incitation, une seconde fraction de la quantité disponible entre en réaction; d'où nouvelle formation d'acide lactique et nouveau dégagement de chaleur. Mais cette seconde réaction est moins intense que la première pour deux raisons : en premier lieu, la quantité disponible a beaucoup diminué; en second lieu, la formation d'acide lactique fait obstacle aux combustions intimes.

On voit maintenant pourquoi à chaque nouvelle incitation la réaction diminue d'intensité, et avec elle, le dégagement de chaleur. C'est que la quantité disponible diminue progressivement, d'une part, et que, d'autre part, la quantité d'acide lactique a augmenté parallèlement. C'est la présence de l'acide lactique qui, après des efforts musculaires prolongés, nous donne la sensation de fatigue que nous éprouvons. Pour rendre aux muscles leur vigueur, il faut qu'on leur accorde un certain repos. Ce repos permet à l'acide lactique de s'éliminer, puis une nouvelle réserve de quantité disponible se reforme, de sorte que, au bout d'un temps convenable, le tissu musculaire est redevenu apte à se contracter avec sa première énergie.

Traduit en langage physiologique, le mot *fatigue du muscle* signifie que le muscle à la fois est saturé d'acide lactique et qu'il a épuisé la plus grande portion de sa réserve disponible. Réciproquement, l'expression *repos* ou *rigueur du muscle* signifie que l'acide lactique a été éliminé et que les réserves reconstituées sont de nouveau prêtes à entrer en réaction.

Ce qui se passe dans le muscle est ce qui se passe dans tous les appareils organiques, en tenant compte, bien entendu, des conditions propres de chacun de ces appareils. Comme la loi qui régit les organes corporels est la même pour tous, on ne peut douter qu'il n'en soit de même pour l'appareil cérébral; les expériences de Schiff en sont la preuve.

La première incitation d'un sens spécial trouve, au cerveau, une forte quantité disponible qui entre en vive réaction chimique; les combustions internes (oxydations, dédoublements, hydratations, etc.) donnent pour premier résultat un dégagement de chaleur, une perception vive et un déchet de matière cérébrale comburée. Celle-ci non seulement est devenue impropre à réagir, mais encore elle oppose un certain obstacle à la réaction qui suit.

A la seconde incitation du même sens, la quantité disponible qui entre en réaction est moins forte; la présence de la matière comburée non encore éliminée contribue à rendre moins intense la réaction chimique; de là résultent à la fois un moindre dégagement de chaleur et une perception moins vive.

C'est ainsi qu'à chaque incitation successive s'affaiblit la réaction chimique, et qu'avec l'affaiblissement de la réaction chimique, s'affaiblit l'acte psychique. C'est un fait connu de tout le monde qu'à la suite d'un exercice prolongé chacun de nos appareils sensoriaux s'émousse et se fatigue. Nous savons donc maintenant comment sont traduites en faits chimiques et physiologiques les expressions vulgaires « s'émousser, se fatiguer. »

Ce n'est pas seulement à la suite des incitations de chaque sens que se manifestent les phénomènes concomitants d'une réaction chimique plus ou moins intense et d'une perception plus ou moins vive; c'est également dans « le travail de tête », si bien connu des savants et des lettrés, qu'apparaissent les mêmes résultats chimiques et psychologiques. Si le savant a contraint son cerveau à une tension prolongée, il sent au bout d'un certain intervalle qu'il devient impuissant à continuer utilement son étude : « Je n'y vois plus rien, j'ai la tête en feu », s'écrie-t-il; et il dépose sa plume afin de recouvrer sa vigueur intellectuelle au moyen d'un repos convenable. C'est qu'à la suite d'une tension excessive, les combustions internes ont épuisé les réserves disponibles plus vite que celles-ci ne se reforment; c'est que la chaleur dégagée ainsi que les déchets produits par les réactions chimiques n'ont pu s'éliminer assez promptement pour laisser la place libre à de nouvelles réactions; la fonction de l'appareil cérébral étant ainsi considérablement affaiblie, il en résulte nécessairement l'affaiblissement parallèle de sa production originale, à savoir, la pensée.

IV. — Le cerveau n'a pas de travail extérieur à accomplir.

Nous savons que l'énergie potentielle des tissus vivants se convertit en énergie actuelle sous les deux formes fondamentales chaleur et électricité; ces deux formes sont inséparablement concomitantes.

Nous savons qu'une fraction plus ou moins grande de la chaleur dégagée peut se convertir en mouvement mécanique, mais à la condition absolue que l'organe où s'accomplit la réaction physico-chimique ait un travail extérieur à effectuer.

Les choses étant ainsi, quelle sera la solution du problème suivant : La pensée, lorsqu'elle se produit, consomme-t-elle de la chaleur?

L'énoncé du problème équivaut à celui-ci : La pensée est-elle un travail extérieur?

Évidemment la pensée n'est pas un travail extérieur. Les muscles seuls sont appelés à effectuer un travail extérieur; chez eux seuls, par conséquent, une fraction de la chaleur existante doit se transformer et se transforme en mouvement purement mécanique. Le cerveau, pas plus que les glandes, n'a de travail extérieur à effectuer; sa fonction est tout intrinsèque. Au fond, le cerveau est une véritable glande, très complexe, il est vrai, mais en ayant tous les caractères; en l'appelant « *la glande cérébrale* », on ne ferait que se conformer à la vérité physiologique. Il suit de là que les formes de l'énergie actuelle en lesquelles se métamorphose l'énergie potentielle de la substance cérébrale apparaissent *intactes*, telles que les a engendrées la réaction physico-chimique, sans que rien de la quantité de chaleur dégagée n'ait été converti en quoi que ce soit. Ces formes sont concomitantes, et non successives, et encore moins dérivées l'une d'une transformation de l'autre. Par conséquent, une fois que le physiologiste les a constatées, sa tâche sur ce point est achevée.

La conclusion de tous ces faits peut se formuler de la manière suivante : L'énergie potentielle de la substance cérébrale se transforme simultanément en chaleur, en électricité et en pensée (par pensée, il faut entendre tous les actes psychiques) [1].

V. — Conjecture sur la nature de la Pensée.

Quelle peut être la nature de la Pensée ? Nous avons vu dans la deuxième partie de ce livre,

---

[1]. C'est ainsi que se transforme la substance de chaque glande :

1° Dans la glande hépatique, on a chaleur, électricité et glycose;

2° Dans la glande pancréatique, on a chaleur, électricité et pancréatine;

3° Dans la glande mammaire, on a chaleur, électricité et lait, etc., etc.

chapitre VIII, que l'ignorance où l'on est de la nature de la pensée est identique à celle où nous sommes de l'essence de toutes choses.

En procédant par examen comparatif, nous avons vu qu'il y a moins de différence entre la fonction psychique du cerveau et la fonction magnétique de l'aimant qu'entre deux sécrétions matérielles, à savoir, la sécrétion lactée et la sécrétion génératrice.

L'analogie entre l'âme et le magnétisme est réellement frappante; or le magnétisme n'est qu'une forme de l'électricité. S'il est une conjecture plausible à faire sur la nature de la pensée, assurément c'est de considérer celle-ci comme une autre forme de l'électricité. Au tableau comparatif que nous avons donné entre le magnétisme et l'âme on peut ajouter les faits suivants :

Tout d'abord l'électricité se manifeste sous deux grands modes, l'électricité minérale et l'électricité animale. Celle-ci se manifeste, à son tour, sous deux modes distincts, à savoir, l'électricité musculaire et l'électrotonus des nerfs moteurs. A quoi tient cette variété dans les manifestations de l'un des grands modes de l'énergie actuelle? A deux choses, la constitution élémentaire des tissus et le groupement moléculaire.

Même lorsque la nature des éléments et leur nombre sont identiques, nous savons quelle prodigieuse différence de propriétés donne aux corps isomères le groupement différent des mêmes éléments. Il est aisé de comprendre que si la diversité des groupements suffit, à elle seule, pour expliquer la diversité et même l'antithèse des propriétés, à plus forte raison cette diversité des propriétés pourra-t-elle s'expliquer par une variation et une complexité du nombre ou de la nature des éléments.

De même que la constitution élémentaire et le groupement moléculaire chez les nerfs moteurs permettent de comprendre pourquoi l'électricité issue des réactions chimiques qui se font au sein du tissu nerveux diffère de l'électricité issue des réactions qui comburent le tissu musculaire, de même la constitution élémentaire et le groupement des molécules chez la substance cérébrale autorisent à induire que l'électricité revêt, dans les réactions cérébrales, une forme autre que dans les réactions nerveuses ou musculaires; et que cette forme nouvelle, originale, est celle que nous désignons sous le nom d'instincts, de sentiments chez les êtres inférieurs, et de pensée chez les hommes d'élite. Tel est le sens profond et telle est assurément la portée du célèbre aphorisme de Moleschott : « Sans phosphore, pas d'âme. » Cette condition déterminante de la production de la pensée peut être admise comme un fait physique; il semble même difficile de la rejeter, tant elle concorde avec les faits donnés par l'expérience chimique et physiologique ! Elle n'est même pas opposée à une certaine conception métaphysique, car le Père Secchi, cartésien mitigé [1], a écrit ces lignes : « On a dit, et peut-

---

[1]. A l'imitation de Descartes, le Père Secchi fait donner par Dieu une chiquenaude au monde; puis il explique tout par les lois de la mécanique.

être avec raison, que sans phosphore, il n'y a pas de pensée; mais on peut ajouter que sans oxygène, il n'y a pas de pensée, non plus [1]. » Cela est vrai; nous avons vu que la circulation du sang oxygéné était la condition indispensable de la vie; mais à côté de cette condition générale, *commune* à tous les organes et à toutes les fonctions, il y a concurremment des conditions particulières, *propres* à chaque organe, à chaque fonction et qui constituent leur originalité; la condition particulière de la production de la pensée est le phosphore cérébral; c'est ce qu'a voulu dire Moleschott et ce qu'admet également le Père Secchi.

Quelle que soit la valeur des considérations en vertu desquelles on peut légitimement attribuer une essence électrique à la pensée, on ne doit pas oublier que ce n'est qu'une conjecture. Une conjecture n'est, en dernière analyse, qu'une idée préconçue, selon l'expression de Claude Bernard : « Une idée préconçue est toujours interrogative; c'est une question adressée à la nature; il faut écouter froidement la réponse, quand la réponse, quelle qu'elle soit, a été donnée [2]. »

En suivant le précepte méthodique de l'illustre

---

1. Secchi, *Unité des forces physiques*, page 593.
2. Cl. Bernard, *Système nerveux*, tome Ier, page 10. — M. Marey a dit également, *Revue scientifique*, 3 juillet 1886, page 3 : « Quoi qu'on ait pu dire sur les avantages qu'il y a pour l'expérimentateur de n'avoir pas d'idée préconçue, il est démontré, par des exemples innombrables, qu'on laisse souvent échapper les phénomènes qu'on ne s'attendait pas à rencontrer, et que l'observation est bien plus intense et bien plus fructueuse quand le chercheur sait d'avance ce qu'il doit trouver, et qu'il s'acharne à le trouver malgré de premiers insuccès. »

physiologiste, on peut provisoirement admettre l'essence électrique de la pensée, quitte à rejeter l'hypothèse, si les expérimentateurs de l'avenir viennent à démontrer qu'elle est erronée.

VI. — Conclusion.

L'examen critique des faits physiologiques confirme les conclusions que nous avions déduites de la connaissance des faits mécaniques, lorsque nous avions considéré la Vie et l'Ame dans leurs rapports généraux avec la Matière et l'Énergie.

1º La Vie est un des deux modes généraux de l'énergie universelle, à savoir, le mode général organique ou Énergie vitale.

2º L'Ame ou fonction du cerveau est un des modes particuliers de l'Énergie vitale.

A. *Le Cerveau.* — Dans ses *rapports généraux* avec la Matière vivante, le cerveau est soumis aux conditions qui sont communes à tous les organes corporels, à savoir, circulation de sang oxygéné, certaine élévation de température, etc.

Dans ses *rapports particuliers* avec la Matière vivante, le cerveau doit son caractère propre, son originalité, d'abord à la place topographique qu'il occupe dans le plan corporel (il en est de même pour chaque organe corporel), puis à certaines conditions physiques et chimiques, telles que les cellules grises et les graisses phosphorées.

B. *L'Ame.* — Dans ses *rapports généraux* avec l'Énergie vitale, la fonction du cerveau ou Ame est soumise aux conditions communes à toutes les fonctions organiques ; ses produits, à savoir, les faits psychiques, n'apparaissent qu'à la suite de réactions physico-chimiques. Ces réactions attestent que c'est bien l'énergie potentielle du tissu cérébral qui se convertit en chaleur, en électricité, c'est-à-dire dans les formes fondamentales de l'énergie actuelle ; or il en est ainsi pour toutes les fonctions organiques.

Dans ses *rapports particuliers* avec l'Énergie vitale, l'Ame ou fonction du cerveau doit son caractère propre, son originalité, à la nature de ses produits psychiques, de même que la fonction de chaque glande doit son originalité à la nature du produit spécial que fabrique la glande.

La nature de la pensée semble être une forme particulière de l'électricité nerveuse.

CHAPITRE VI

LA FORME STRUCTURALE ET FONCTIONNELLE EST INEXPLICABLE

I. — La Forme n'est pas explicable par les lois physiques.

Il est chez les êtres quelque chose qui non seulement n'est pas expliqué, mais n'est même pas explicable par les lois physiques, chimiques et mécaniques ; ce quelque chose, c'est la *forme* même qu'affecte chacun des êtres.

En effet :

1° Les lois naturelles expliquent très bien *comment* le chlorure de sodium, par exemple, cristallise en cubes, c'est-à-dire quelles sont les conditions de cette cristallisation ; mais elles sont impuissantes à expliquer *pourquoi* le chlorure de sodium revêt la forme cubique plutôt que toute autre.

Ce que nous venons de dire du chlorure de sodium s'applique à tous les minéraux.

2° Les lois naturelles expliquent très bien *comment* le gland, en évoluant en chêne, se nourrit, s'accroît et vieillit ; mais elles sont impuissantes à expliquer *pourquoi* le gland évolue sous la forme que nous appelons chêne.

Et ainsi de tous les végétaux.

3° Les lois naturelles expliquent très bien *comment* un animal se nourrit, grandit et vieillit ; mais elles sont impuissantes à expliquer *pourquoi* un ovule fécondé revêt telle forme ou telle autre.

Non-seulement les lois naturelles n'expliquent pas les formes des individus, mais rien dans l'essence des individus n'implique virtuellement l'idée de forme ; l'idée de forme est absolument en dehors du concept des lois naturelles ; elle est au-dessus de ce concept. Les lois naturelles acceptent la forme comme un fait irréductible ; elles partent de la forme pour étudier et expliquer tout le reste. Il y a donc dans la nature quelque chose qui n'est pas du domaine des lois physiques ; ce quelque chose, c'est la forme ; c'est à la forme que commence le domaine de la Métaphysique.

II. — **La forme vivante comprend deux choses, le plan structural et le type fonctionnel.**

La forme chez les êtres vivants comprend deux choses, le plan structural et le type fonctionnel.

A. *Plan structural.* — On sait quelle est la variété des plans structuraux chez les végétaux et chez les animaux.

B. *Type fonctionnel.* — Ce sont les fonctions envisagées abstraitement, en dehors de toute structure particulière d'appareil ; telle est, par exemple, dans le règne organique entier, la respiration chez les végétaux et chez les animaux ; puis, dans le règne animal seul, la respiration chez les insectes, chez les poissons, chez les mammifères, etc. On sait que chez les insectes, elle se fait par des trachées ; par des branchies chez les poissons ; par des poumons chez les mammifères, etc. La fonction est la même, mais les appareils et le mécanisme sont différents.

En comparant les végétaux et les animaux au point de vue des fonctions, on reconnaît les deux points suivants :

1º Les végétaux et les animaux *vivent* ; de là vient qu'on trouve chez les uns et les autres la communauté d'appareils d'évolution, de nutrition, de reproduction.

2º Seuls les animaux *pensent* et *sentent* ; de là vient qu'on trouve chez eux seuls un autre système d'appareils qui permettent à l'animal de sentir et de penser : c'est le système nerveux.

III. — La Vie ne se crée pas, elle continue.

Par cela qu'un individu vit, ses appareils fonctionnent ; c'est, en effet, le fonctionnement des appareils organiques qui est la condition même du maintien de la vie ; lorsque les appareils cessent de fonctionner, la vie s'arrête ; l'individu est mort. Alors les matériaux dont les appareils sont composés cessent d'être une matière vivante ; ils redeviennent matière minérale. Pour qu'ils redeviennent matière vivante, il faut qu'ils passent de nouveau par le creuset d'un organisme vivant.

Première conséquence. — Il suit de là que la vertu communiquée à la matière minérale, à savoir, *la vie*, n'aurait jamais pu lui être communiquée si préalablement il n'avait existé un individu vivant.

Seconde conséquence. — Puisque la matière minérale, de laquelle sont composés tous les individus vivants, est incapable par elle-même de s'animer et de prendre les fonctions de la matière vivante ; puisque, en vertu de cette raison, la vie ne peut être créée (par « être créée » il faut entendre être issue de la matière minérale sans passer par le creuset d'un être vivant), il s'ensuit que *la vie se continue*.

En effet, chaque homme vivant actuel est le développement d'une cellule vivante détachée du sein maternel, développement qui se fait conformément au type structural et fonctionnel, à savoir, celui de l'Homme, et conformément aux lois qui régissent le fonctionnement du système humain. Chaque homme vivant *continue* donc la vie des parents.

Le père et la mère, de leur côté, sont chacun une cellule vivante détachée du sein maternel ; et ainsi de suite en remontant dans la nuit des temps.

De chaque homme actuel à l'homme originel, souche de toute la descendance des individus humains, il n'y a pas eu la plus petite interruption ; car si dans la ligne des ancêtres d'un homme vivant actuel il y avait eu la moindre solution de continuité, cet homme actuel n'aurait pu apparaître ; la matière minérale qui compose ses éléments n'eût jamais pu d'elle-même se convertir en matière vivante.

Concluons donc : *La vie ne se crée pas, elle continue.*

CHAPITRE VII

LA VIE, PRINCIPE ET RÉSULTAT

I. — Définitions.

L'un des problèmes les plus anciens qui aient exercé la sagacité des physiologistes est celui-ci : La vie est-elle un principe, ou bien est-elle un résultat ? Aujourd'hui encore il est l'objet de discussions ; mais celles-ci ne sont plus guère que les dernières ardeurs d'un feu qui s'éteint : les mémorables travaux de Pasteur ont donné au problème une solution définitive parce qu'elle est expérimentale.

Tout d'abord définissons bien les termes. Que faut-il entendre par ces propositions : La vie est un principe ; la vie est un résultat ?

Voici un certain nombre de kilogrammes de matière terreuse, comprenant des carbonates de chaux et de magnésie, des sulfates et des silicates de potasse, des phosphates de chaux et d'ammoniaque, des fluorures et des chlorures de calcium, des oxydes de fer, bref les quatorze ou quinze corps premiers qui entrent dans la composition des êtres vivants, soit végétaux, soit animaux. Supposons que ce monceau de matière terreuse soit soumis à l'action de la chaleur et de la lumière solaires, de l'oxygène et de l'humidité atmosphériques ainsi que de l'électricité, pendant un temps aussi long qu'on voudra et avec le degré d'intensité qu'on jugera convenable. Si ce monceau de matière terreuse se métamorphosait graduellement en un chêne et en un homme, nous dirions : La formation du chêne et celle de l'homme *résultent* de l'action combinée de la chaleur et de la lumière solaires, de l'humidité, de l'oxygène et de l'électricité atmosphériques, sur la matière terreuse. La formation de l'individu qu'on appelle chêne et de l'autre individu vivant qu'on appelle homme est donc *un résultat*. Comme ce qui est vrai de la formation d'un chêne et d'un homme le serait également de celle de tous les êtres vivants, soit végétaux, soit animaux, on serait en droit de résumer la formation de tous les êtres vivants en la formule abrégée suivante : La vie est un résultat. Ainsi, pour les physiologistes qui admettent exclusivement que la vie est un résultat, cette formule signifie qu'il suffit de la matière terreuse, telle que nous la connaissons, pour que, sous l'action de la chaleur et de la lumière solaires, de l'air humide et de l'électricité, la matière terreuse s'organise d'elle-même en muscles, en nerfs, en os, en appareils circulatoire, digestif, glandulaire, bref en une forme spécifique, soit animale, soit végétale.

Reprenons notre monceau de matière terreuse, et supposons qu'après l'avoir soumis à l'action du soleil, de l'air humide et de l'électricité, pendant tout le temps qu'on voudra et avec l'intensité qu'on jugera le plus efficace, on ne retrouve que la même matière terreuse, combinée en cristaux conformément aux lois chimiques et cristallographiques, mais n'ayant pas évolué en la plus petite parcelle de matière vivante, soit végétale, soit animale, et encore moins en un type d'arbre ou d'animal qui se nourrit et se reproduit. Nous dirons alors : Aussi énergiquement soumise que la matière terreuse peut l'être à l'action des agents chaleur, lumière, oxygène, eau et électricité, cette matière terreuse est incapable, à elle seule, d'évoluer en matière vivante, et à plus forte raison en un type végétal ou animal. Pour qu'elle évoluât en matière vivante d'abord, puis en individus végétaux ou animaux, il a donc fallu que *quelque chose* lui fût ajouté. Ce quelque chose n'existait pas auparavant dans la matière terreuse ; il n'a donc pas d'antécédent ; il est donc *un commencement* ; et comme tout commencement qui a des conséquences s'appelle *un principe*,

31.

on a formulé ainsi l'origine des individus vivants, soit végétaux, soit animaux : La vie est un principe.

Tel est le sens qu'il convient de donner à ces deux propositions : La vie est un principe, la vie est un résultat.

Voyons maintenant quelle déduction jaillit de l'exposé et de l'examen critique des faits scientifiques modernes.

II. — **La Vie est un principe, quant à son origine.**

On sait que, d'après la cosmogonie universellement adoptée, la terre a été primitivement un fragment de nébuleuse qui s'est contracté en soleil ; puis, que ce soleil, à la suite de contractions continues, est passé de l'état gazeux à l'état de liquidité ignée ; et enfin, qu'à la suite du rayonnement de la chaleur dans l'espace, la surface du globe s'est encroûtée. L'oxygène et l'hydrogène, jusque-là dissociés, se sont combinés pour former la vapeur d'eau. Lorsque l'écorce terrestre fut suffisamment refroidie, la vapeur aqueuse se condensa en pluie et couvrit la surface de la terre d'une immense nappe d'eau. Avec le temps, les continents émergèrent ; la nappe d'eau reflua dans les vallées et donna ainsi naissance aux mers. Quand se furent succédé toutes ces phases d'évolution, lesquelles embrassent des millions d'années ; quand les conditions du milieu terrestre et aérien furent, sauf le degré d'intensité, les mêmes qu'elles sont aujourd'hui, alors apparut la première plante, puis le premier animal.

C'est à ce moment que se pose le problème : La vie, à l'origine, fut-elle un principe, ou fut-elle un résultat?

L'Antiquité, qui en l'absence de toute connaissance scientifique essayait de deviner ce qu'elle ne pouvait expérimentalement résoudre, inclina à croire que même les hommes étaient nés *spontanément* de la terre ; c'est du moins ce que certains mythes semblent donner à entendre. Ce qui est sûr, c'est qu'elle crut absolument que les insectes naissaient, soit de la terre brute, soit de la matière qui naguère vivante tombait en putréfaction.

L'Antiquité, en cela, jugeait d'après ce qu'avec les simples yeux humains elle croyait voir et constater. Pour elle donc, la vie végétale et la vie animale, au moins pour les types inférieurs, étaient un résultat.

La croyance à la génération spontanée des insectes dura jusqu'au XVIIe siècle [1], époque où un naturaliste italien Redi constata que les insectes ne naissaient pas de la matière en pourriture, mais d'œufs déposés par les insectes vivants dans cette matière putréfiée. De ce fait Redi donna la preuve et la contre-épreuve.

Enfin, les perfectionnements apportés au microscope, en permettant à l'œil humain de discerner les germes qui jusqu'alors étaient restés imperceptibles, restreignirent le domaine que l'on attribuait à la génération spontanée. Lorsque dans la seconde moitié du XIXe siècle la théorie de la génération spontanée réap-

---

1. Même au XVIe siècle, on croyait que les souris étaient engendrées par pourriture et de l'humeur de la terre. — Voir *Revue scientifique*, 7 avril 1888, page 430.

parut, et qu'une nouvelle discussion sur ce point s'éleva entre les savants, il ne s'agissait plus que de l'origine des infiniment petits du règne végétal et du règne animal, à savoir, des moisissures et des infusoires. C'est alors que dans le but de combattre cette hypothèse renaissante, Pasteur commença ces travaux qui devaient inaugurer pour la médecine une révolution telle qu'on n'en a point vu d'aussi grande depuis trois mille ans. Pasteur démontra avec toute la rigueur de la méthode expérimentale, preuves, contre-épreuves et vérifications les plus variées, que tout individu végétal, chêne ou moisissure, naît d'une graine; que tout individu animal, homme ou infusoire, naît d'un ovule; ou, en une formule unique, que tout individu vivant naît d'un germe ; que là où il n'y a pas de germe, il est impossible que là naisse, soit une moisissure, soit un infusoire.

Puisque la matière terreuse, lorsqu'elle n'est pas dépositaire d'un germe, est incapable de donner naissance directement et immédiatement à un être vivant, soit végétal, soit animal, il s'ensuit que la vie ne peut pas *résulter* directement ni immédiatement de la matière terreuse ; la vie a donc été, à l'origine, *un principe*.

On a fait à cette conclusion deux objections : l'une tirée des conditions où le globe terrestre a pu se trouver dans l'âge primordial ; l'autre, des admirables synthèses opérées par les chimistes dans la seconde moitié du xixe siècle.

Première objection, tirée des conditions particulières

du milieu terrestre dans l'âge primordial de la planète.
— Cette objection repose sur la supposition absolument gratuite que les lois naturelles, durant l'âge enfantin de la Terre, ont pu être différentes de celles qui régissent le monde contemporain. Or toute la science humaine est fondée sur la constance et l'invariabilité des lois naturelles. C'est guidés par la foi en cette constance et en cette invariabilité que les savants se livrent à leurs recherches. On peut dire que chaque découverte qui est faite est due à cette foi et qu'en même temps elle la confirme. On peut supposer que, vu les conditions du milieu atmosphérique et terrestre à l'âge primordial, les effets des lois naturelles se soient produits avec une intensité dix ou vingt fois supérieure à celle dont nous sommes témoins aujourd'hui, cela est possible et même probable; mais cela n'a rien ajouté à la vertu des lois naturelles. De ce que les effets des lois qui régissent la végétation sont mille fois plus intenses à l'équateur qu'aux régions polaires, ira-t-on conclure que les lois végétales sont autres aux pôles qu'à l'équateur ? Les lois naturelles sont restées les mêmes ; elles n'ont pas aujourd'hui la vertu de fabriquer directement avec un fragment de matière terreuse, *en l'absence de tout germe*, soit une moisissure, soit un infusoire ; elles n'ont jamais eu cette vertu, elles ne l'auront jamais ; car elles sont constantes et invariables. Concluons donc que l'objection, non seulement ne s'appuie sur aucun fait, mais encore est en opposition avec le fondement même de la science, à savoir, la constance et

l'invariabilité des lois naturelles ; elle est une pure fantaisie.

Seconde objection, tirée des synthèses opérées par la chimie moderne. — La chimie a opéré la synthèse de certaines catégories de la matière vivante; elle a l'espoir légitime d'opérer la synthèse des autres catégories ; elle a donc le droit de conclure que la matière vivante dérive directement de la matière minérale ; telle est la seconde objection.

Les synthèses artificielles opérées par les chimistes contemporains sont dignes d'admiration; les conséquences philosophiques en sont très importantes ; mais elles laissent intact le fait capital de la Vie principe, quant à l'origine. C'est ce que l'examen critique des synthèses accomplies mettra hors de doute.

Les principes immédiats qui composent la matière vivante animale (pour se borner à celle-ci) se divisent en deux classes, à savoir, les principes volatils et les principes fixes [1].

A. *Les principes volatils* comprennent les carbures d'hydrogène, les alcools, les aldéhydes, les éthers, les acides, les alcalis, une partie des amides, ainsi que les corps qu'on peut former avec tous ces principes.

La chimie a opéré la synthèse des principes volatils en vertu de lois générales et de méthodes régulières. Cet ensemble constitue le premier étage de la chimie organique.

[1]. Voir E. FERRIÈRE, *La Matière et l'énergie,* chapitre VI Constitution de la Matière organique.

B. *Les principes fixes* comprennent les principes gras, les principes sucrés ou hydro-carbonés, les principes azotés ou albuminoïdes. Ces principes constituent le second étage de la chimie organique ; c'est le plus important, car il correspond à la fonction assimilatrice de la matière vivante, tandis que le premier étage correspond plutôt à celui de la fonction dénutritive de la matière vivante.

La synthèse des corps gras a été opérée par Berthelot : celle des principes hydro-carbonés et celle des albuminoïdes ne sont même pas ébauchées. Admettons que cette synthèse soit également accomplie, bref que le chimiste ait créé artificiellement un morceau de viande comme il a su fabriquer une portion de graisse. Résultat assurément merveilleux ! mais le chimiste aura-t-il réellement créé *un individu vivant ?* En effet :

1º Un individu vivant n'est pas un simple assemblage de principes immédiats : il est un système d'organes ayant chacun une forme propre, système étroitement coordonné, où les organes sont, comme l'a dit Claude Bernard, à la fois autonomes et solidaires. Par cela qu'un individu vivant a une forme, cela seul suffit pour rendre à jamais inaccessible à l'art du chimiste la création d'un individu vivant.

2º L'individu est soumis à la loi de croissance, de période d'état et de décroissance ; chez lui, la nutrition et la dénutrition agissent simultanément et sans interruption.

Si le chimiste parvenait à fabriquer artificiellement

un kilogramme de chair, ce morceau de chair, en supposant qu'il fût soustrait à l'action des ferments aériens, conserverait éternellement le même poids ; il ne possèderait aucun des caractères distinctifs de la matière vivante, à savoir, l'évolution et la nutrition.

Sous l'action de l'électricité, un muscle artificiel pourrait se contracter, subir dans l'intimité de ses tissus une combustion chimique et donner de la chaleur, ainsi que le fait le muscle naturel sous l'action du système nerveux ; mais au bout d'un certain nombre de contractions, les réserves oxydables du muscle artificiel seraient épuisées ; le muscle deviendrait incapable de répondre aux excitations électriques.

Au contraire, le muscle naturel de l'individu vivant répare l'usure de la matière au fur et à mesure que cette usure se produit ; il conserve sa propriété contractile tant que la vie n'a pas abandonné le système de l'individu vivant [1]. Ce contraste met en lumière l'abîme qui séparerait le muscle artificiel d'avec le muscle vivant, en supposant que la chimie parvînt à fabriquer un muscle.

3° L'individu vivant se reproduit ; on sait quelles sont les conditions et le mécanisme de l'embryogénie.

Tant que le chimiste n'aura pas réussi à fabriquer ce que fabriquent les glandes génératrices, à savoir, un ovule et un filament, pour ne parler que du règne animal ; puis, tant que ce filament et cet ovule, en

---

[1]. Le muscle conserve même la contractilité une demi-heure, au plus, après la mort de l'individu.

supposant que le chimiste soit parvenu à les créer artificiellement, ne seront pas capables de se féconder mutuellement et de donner naissance à un individu vivant ; tant que le chimiste n'aura pas accompli cette série de miracles, il ne pourra pas dire qu'il a tiré directement de la matière terreuse la vie ; par conséquent, il ne pourra pas affirmer que la vie est un résultat.

Si les synthèses accomplies par la chimie moderne n'ont pas résolu le problème de l'origine de la vie conformément aux vues des physiologistes, pour qui la vie n'est pas un principe, il n'en est pas moins vrai que ces synthèses ont rendu un immense service à la philosophie. Elles ont élagué certaines substances métaphysiques, pures chimères, qui compliquaient le problème et le rendaient insoluble ; nous en parlerons ci-après.

En résumé, trois faits capitaux s'opposent invinciblement à ce que la formation des individus vivants puisse provenir directement de la matière minérale, quelles que soient les actions chimiques que le milieu ait pu jadis exercer ; ces trois faits sont les suivants :

1° Les formes qu'affectent les individus vivants, soit dans leur tout, soit dans chacun de leurs organes ;

2° Les lois d'évolution, de nutrition et de reproduction qui caractérisent tous les individus vivants ;

3° La nécessité d'un germe pour qu'un individu vivant apparaisse.

Concluons donc que la Vie est un principe, quant à son origine.

III. — La Vie est un résultat, quant aux conditions de son fonctionnement.

A l'instant même où le premier individu vivant du règne végétal et le premier individu vivant du règne animal sont apparus, leur organisme est entré en conflit avec les conditions du milieu extérieur. Le conflit vital a déterminé dans l'organisme de chacun des individus vivants deux ordres de phénomènes, à savoir, les phénomènes de destruction organique et les phénomènes de création; ces deux ordres de phénomènes ont été et sont connexes et inséparables. Pour que la Vie, principe à l'origine, ait pu se maintenir et poursuivre son évolution, il a fallu qu'elle trouvât dans le milieu extérieur l'humidité, l'air, la chaleur et une certaine composition minérale chimique; ces quatre conditions sont, en effet, nécessaires à son fonctionnement [1]. Tout individu vivant qui ne trouve point dans le milieu extérieur les conditions nécessaires à son fonctionnement est voué à la mort. Il s'ensuit que le maintien de la vie et l'évolution vitale *résultent* du conflit de l'individu vivant avec un milieu qui remplit les quatre conditions générales dont nous venons de parler. La Vie est donc un résultat, quant aux conditions de son fonctionnement.

Remarque. — Il est important de signaler ici l'obscurité qu'a jetée dans le débat entre les physio-

---

1. Voir page 33.

logistes l'emploi des deux formules sèches : La Vie est un principe; la Vie est un résultat. Il semble tout d'abord que rien n'est plus clair et prête moins à l'équivoque ou aux sous-entendus que ces deux petites phrases. Il n'en est rien cependant : chacune des deux formules a besoin d'une addition qui la complète, et de commentaires qui l'éclairent.

En soutenant que la Vie est un principe, une école de physiologistes entendait que dans *chaque* individu naissant actuellement ou devant naître dans la suite des siècles, la vie était un principe; de là la nécessité de l'intervention constante et continue d'une substance métaphysique à qui l'on prêtait les attributs d'une Providence subalterne. Or nous savons expérimentalement que si la vie a été un principe, elle ne l'a été qu'à son origine chez le *premier* individu vivant qui soit éclos; puis, qu'à partir de ce moment le fonctionnement de l'organisme en conflit avec le monde extérieur a fait de la vie un résultat, ainsi que le démontre avec une évidence irrésistible l'autre école de physiologistes.

En soutenant sans restriction que la Vie est un résultat, non seulement cette seconde école a voulu dire que les conditions extérieures nécessaires au fonctionnement de la vie font de celle-ci un résultat, mais elle donnait à entendre qu'à l'origine, les individus vivants avaient pu, sans l'intervention d'aucun germe, surgir de la simple action du soleil, de l'eau et de l'électricité sur la matière terreuse. Quelques physiologistes moins timides professaient naguère hautement cette doctrine, sous le nom de Génération spontanée ou d'hétérogénie. Réduite à s'appuyer exclusivement sur l'ignorance où l'on était de l'embryogénie des moisissures et des infusoires, cette doctrine depuis longtemps mourante a succombé définitivement : les admirables expériences de Pasteur lui ont donné le coup mortel.

On voit que pour supprimer toute équivoque et tout sous-entendu, il est nécessaire d'ajouter à chacune des deux formules une indication qui la précise ou en délimite nettement le sens et la portée. On doit donc les énoncer ainsi : La Vie est un principe, quant à son origine; elle est un résultat, quant aux conditions de son fonctionnement.

CHAPITRE VIII

POSITION ACTUELLE DU PROBLÈME MÉTAPHYSIQUE.

I. — La science moderne et la cause première.

Les lacunes et les conquêtes de la science contemporaine démontrent la nécessité d'une Cause première :

1° Puisque la science moderne non seulement est incapable d'expliquer les *Formes*, mais encore d'émettre sur ce point l'ombre même d'une hypothèse, il s'ensuit que l'existence des Formes implique l'existence d'une Cause première.

La théorie de l'Évolution pour le règne organique réussit bien à expliquer par la descendance, par l'hérédité et par la divergence des caractères, nombre de formes dérivées; mais son efficacité se réduit à rattacher ces formes dérivées à des types antérieurs qu'elle accepte comme point de départ. Or c'est précisément sur ces types que la science est réduite au mutisme absolu.

2° Puisque la science moderne a démontré que la terre est impuissante à donner directement naissance à la moindre moisissure ni au plus humble infusoire; puisque, par les travaux de Pasteur, il est acquis que le point de départ de tout être vivant est un *germe*, il s'ensuit que l'origine de la vie sur le globe terrestre implique l'existence d'une *Cause première*.

II. — **Les deux termes du Problème métaphysique.**

Ce fait, comme on l'a vu ci-dessus, est une conquête expérimentale de la seconde moitié du xixe siècle. Jusqu'à cette époque, maints savants ont cru ou ont pu croire que l'origine de la vie était explicable par la seule action des agents physiques sur la matière terreuse. L'erreur dans laquelle ils étaient se comprend aisément; dans l'antiquité, en l'absence de microscopes, les philosophes n'avaient que leurs yeux pour observer, alors que les germes infiniment petits exigent, pour être vus, des grossissements de mille à deux mille diamètres. Si, au xixe siècle, l'origine terrestre de la vie a pu de nouveau être soutenue, c'est qu'à la puissance des microscopes il fallait adjoindre les précautions de la méthode la plus rigoureuse, les procédés les plus délicats de culture microbienne, les vérifications les plus diverses avec preuves et contre-épreuves, en un mot, toutes les ressources du génie expérimental. Un homme s'est rencontré qui réunissait en lui ces admirables conditions : l'origine terrestre de la vie a été définitivement écartée.

1° En fabriquant artificiellement avec les corps minéraux les principes immédiats volatils et l'un des trois principes fixes, à savoir, le principe gras, la chimie contemporaine a déblayé largement le champ métaphysique ; elle a supprimé, en effet, une multitude de substances métaphysiques subalternes, à savoir, les *Forces vitales* de chaque végétal et de chaque animal. Or la coexistence de ces substances subalternes avec la Substance suprême soulevait des problèmes secondaires tels qu'ils rendaient insoluble le problème de la Cause première.

2° En démontrant expérimentalement que l'Ame est la fonction du cerveau, la physiologie contemporaine a débarrassé le terrain d'une autre série de substances métaphysiques subalternes, à savoir, les *âmes individuelles*, dont la coexistence avec la Substance suprême rendait également insoluble le problème de la Cause première.

Les termes du problème métaphysique se trouvent donc réduits aux deux suivants :

1° *Une Cause première*, terme que posent nécessairement à la fois l'existence inexplicable des formes et l'origine inexplicable de la vie ;

2° *La Matière-Énergie* et ses deux modes généraux d'évolution, à savoir :

A. Le mode inorganique, qui comprend tous les modes individuels appelés corps minéraux;

B. Le mode organique, qui comprend tous les modes individuels appelés végétaux et animaux.

L'ensemble des modes individuels, minéraux, végétaux et animaux, ainsi que leurs évolutions, est connu en philosophie sous le nom consacré de Monde.

III. — Comment se pose le problème métaphysique.

Tels sont les deux termes; voici maintenant comment se pose le problème :

1° La Cause première est-elle immanente au Monde, c'est-à-dire ne fait-elle qu'un avec lui; en d'autres termes, la Substance est-elle unique?

2° La Cause première est-elle transcendante au Monde, c'est-à-dire est-elle distincte du Monde et supérieure à lui; en d'autres termes, y a-t-il deux Substances?

Tel est le problème qu'il s'agit de résoudre, en se maintenant exclusivement sur le terrain des données expérimentales. Ce sera l'objet d'un troisième et dernier volume, qui sera intitulé : La Cause première et la Connaissance humaine.

FIN.

TABLE ANALYTIQUE DES MATIÈRES

PREMIÈRE PARTIE.

LA VIE

CHAPITRE PREMIER

CARACTÈRES GÉNÉRAUX ET CONDITIONS DE LA VIE

I° LE CONFLIT VITAL. — 1° La vie est un conflit entre le monde extérieur et la constitution préétablie de l'organisme; 2° le conflit vital détermine dans l'être vivant deux ordres de phénomènes, à savoir, les phénomènes de destruction organique et les phénomènes de création organique; 3° ces deux ordres de phénomènes sont connexes et inséparables. 23

II° CARACTÈRES GÉNÉRAUX DES ÊTRES VIVANTS. — Les caractères généraux sont au nombre de quatre, à savoir : l'organisation, la génération, la nutrition, l'évolution. 28

III° CONDITIONS GÉNÉRALES DE LA VIE. — 1° Les conditions extrinsèques nécessaires aux manifestations de la vie sont au nombre de quatre, à savoir : l'humidité, l'air, la chaleur, une certaine composition chimique du milieu; 2° Les conditions extrinsèques doivent être réalisées, soit dans le milieu extérieur, soit dans le milieu intérieur de l'être vivant; 3° Une réserve de matériaux est nécessaire pour le maintien de la vie; 4° Selon le degré de dépendance ou d'indépendance des organismes vivants à l'égard du milieu extérieur, on distingue trois formes de vie, à savoir : a vie latente, la vie oscillante, la vie constante. 33

IV° CARACTÈRES ET MÉCANISME DE LA DESTRUCTION ORGANIQUE ET DE LA CRÉATION ORGANIQUE. — 1° Parallèle entre la destruction organique et la synthèse organique; 2° les phénomènes de destruction et de synthèse organiques sont physico-chimiques, mais le mécanisme en est vital. . . . 65

CHAPITRE II

LA DIGESTION

I° LA FONCTION DIGESTIVE ET LA NUTRITION. — 1° Les trois fonctions génératrices du milieu intérieur ou sang et conservatrices de sa composition constante sont : l'absorption, la sécrétion, l'excrétion; 2° l'opération qui précède l'absorption est la digestion; 3° la propriété digestive est commune aux animaux et aux végétaux; 4° la digestion n'est qu'une élaboration préparatoire des aliments qui doivent servir à la nutrition; 5° chez les végétaux, l'élaboration digestive ne vient qu'après l'absorption; les animaux seuls ont la fonction digestive avant l'absorption; 6° chez les animaux élevés, la fonction digestive a pour théâtre le tube digestif, lequel est, en quelque sorte, extérieur à l'édifice organique; 7° Depuis les animaux inférieurs, lesquels n'ont pas de tube digestif, jusqu'aux animaux supérieurs, lesquels ont un appareil digestif compliqué, on passe par tous les états intermédiaires; 8° la nutrition n'est pas directe, elle est indirecte; 9° les principes immédiats une fois formés sont emmagasinés ou mis en réserve; c'est de ces réserves que vit tout être vivant, animal ou végétal; 10° dans la fonction digestive, les phénomènes chimiques seuls sont essentiels; 11° le résultat de la digestion est identique chez tous, herbivores ou carnivores : c'est la forme physique de l'aliment, et non sa nature, qui fait que tel animal choisit pour se nourrir l'aliment herbe, et tel autre, l'aliment chair. 72

II° PHÉNOMÈNES CHIMIQUES DE LA DIGESTION. — 1° Les phénomènes chimiques de la digestion sont des fermentations; 2° on distingue deux classes de ferments, à savoir, les ferments solubles ou non vivants et les ferments insolubles ou vivants; 3° parallèle entre les ferments solubles et les ferments insolubles; 4° les cinq classes d'aliments et les ferments solubles digestifs; 5° digestion des substances féculentes; elles sont converties en glycose; 6° digestion des substances sucrées; elles sont converties en glycose; 7° digestion des substances grasses; elles sont émulsionnées et saponifiées; 8° digestion des substances albuminoïdes; elles sont converties en peptones; 9° l'absorption des substances élaborées n'est pas directe, elle est indirecte; 10° En résumé, la propriété digestive, les agents digestifs et les quatre classes d'aliments féculents, sucrés, gras et azotés, sont communs aux plantes et aux animaux. . . . 89

CHAPITRE III

LA RESPIRATION

I° LA RESPIRATION DES ANIMAUX. — 1° Sous le nom de respiration on doit distinguer deux choses, à savoir, la propriété respiratoire et la fonction respiratoire ; 2° la combustion est indirecte et non directe : elle s'accomplit dans tous les tissus; 3° dans les muscles, l'énergie de la combustion est en raison directe de l'effort musculaire; 4° dans les muscles, l'énergie de la réparation est en raison directe de la combustion; 5° le fait que la combustion du muscle est égale à son travail de contraction est une application particulière de la loi de la conservation de l'énergie; 6° la combustion et la réparation des glandes, des nerfs, du cerveau, se font comme dans le muscle; 7° c'est le système nerveux qui préside aux phénomènes fonctionnels ou de destruction organique. 106

II° LA RESPIRATION DES PLANTES ET LA FONCTION CHLOROPHYLLIENNE. — 1° Faits successifs qui conduisirent à attribuer aux plantes deux respirations, l'une de jour, l'autre de nuit, inverses l'une de l'autre; 2° les plantes n'ont qu'une respiration, laquelle est un phénomène de destruction organique; l'autre prétendue respiration est une fonction propre à la chlorophylle; c'est un phénomène de création organique; 3° la respiration est identique chez les animaux et les végétaux; 4° parallèle entre la respiration et la fonction chlorophyllienne. 112

CHAPITRE IV

L'ÊTRE VIVANT

I° LA BASE PHYSIQUE DE L'ÊTRE VIVANT. — 1° La vie est indépendante des organes et de la structure; elle réside dans une substance amorphe, le protoplasma; 2° composition chimique du protoplasma; ses éléments principaux sont le carbone, l'hydrogène, l'oxygène et l'azote; 3° propriétés du protoplasma; elles sont au nombre de quatre, à savoir : la sensibilité, le mouvement, la nutrition, la reproduction; 4° les quatre propriétés, sensibilité, motilité, nutrition, reproduction, ne sont que les manifestations ou fonctions particulières d'une propriété fondamentale, l'irritabilité; 5° la cellule est la première forme que prend le protoplasma; 6° les modes principaux de la formation des cellules et de leur multiplication sont au nombre de cinq, à savoir : condensation libre, rajeunissement, conjugaison, division, gemmation. 122

II° LE MODE DE FORMATION DE L'ÊTRE VIVANT. — 1° L'œuf est une cellule; les parties de l'organisme se font successivement par épigénèse ou addition et par différenciation. 131

III° L'ÊTRE VIVANT. — 1° La matière et la forme; la matière est une, c'est le protoplasma; le nombre des formes est indéfini; 2° relation entre la matière et la forme, ou loi de construction des organismes; cette loi s'énonce ainsi : l'organisme est construit en vue de la vie élémentaire; 3° la construction de l'organisme se fait par différenciation et par division du travail physiologique; 4° au point de vue de la vie élémentaire, il n'y a pas d'animal supérieur ni d'animal inférieur, tous sont sur la même ligne; 5° propriétés et fonctions : la propriété appartient à la cellule; la fonction, à un organe ou à un appareil; 6° autonomie des organes : les organes sont autonomes, mais solidaires avec l'ensemble; 7° les organismes élémentaires sont subordonnés à la place naturelle qu'ils occupent; 8° le système nerveux est l'harmonisateur de tous les organes; 9° conclusion : l'organisme est fait pour la cellule. 133

CHAPITRE V

L'IRRITABILITÉ ET LA SENSIBILITÉ

1° La sensibilité est la réaction matérielle à une stimulation; 2° en dehors de nous, la seule manifestation extérieure que décèle la sensibilité est la réaction motrice, soit mécanique, soit physico-chimique; 3° la sensibilité consciente, la sensibilité inconsciente et la sensibilité simple ne sont que les formes diverses et particulières d'une propriété unique, l'irritabilité; 4° l'identité de la sensibilité chez les animaux et chez les végétaux est prouvée expérimentalement par l'action des anesthésiques; 5° En résumé, la sensibilité est une des fonctions de la propriété fondamentale du protoplasma, l'irritabilité. . .   149

CHAPITRE VI

L'EMBOITEMENT DES GERMES ET L'ÉPIGÉNÈSE

I° THÉORIE DE L'EMBOITEMENT DES GERMES. — 1° Expériences de croisements; 2° expériences sur la formation des os..............................   161

II° THÉORIE DE L'ÉPIGÉNÈSE — Tableau comparatif des deux théories   166

CONCLUSION

I° PHÉNOMÈNES GÉNÉRAUX COMMUNS AUX ANIMAUX ET AUX VÉGÉTAUX. — 1° Le protoplasma; 2° la cellule; 3° les propriétés du protoplasma; 4° la destruction organique et la création organique; 5° la digestion; 6° la respiration; 7° le sommeil; 8° les trois formes de la vie, à savoir, vie latente, vie oscillante, vie constante; 9° le sexe et le mariage; 10° l'action des anesthésiques   167

II° CONCLUSION : Unité de la vie chez les animaux et les végétaux   170

DEUXIÈME PARTIE

L'AME

NOTIONS PRÉLIMINAIRES

I° ANATOMIE. — L'encéphale et la moelle épinière   171

II° PHYSIOLOGIE. — 1° Fonctions du cerveau; 2° fonctions de la moelle épinière; 3° fonctions du bulbe rachidien; 4° fonctions de la protubérance; 5° fonctions du cervelet.   173

CHAPITRE PREMIER

LES CONDITIONS VITALES DE L'ORGANE CERVEAU ET DE SA FONCTION SONT LES MÊMES QUE LES CONDITIONS VITALES DES AUTRES ORGANES CORPORELS.

Première Section : Conditions vitales des organes corporels et de leurs fonctions.

I° LE SANG OXYGÉNÉ ET L'ACTIVITÉ VITALE. — 1° Il n'y a pas de vie possible sans oxygène chez les animaux à sang chaud; 2° lorsque l'oxygène contenu dans le sang dépasse une certaine quantité maximum, il agit comme un poison violent 175

II° LE TRAVAIL DE L'ORGANE ET LA PRODUCTION DE LA CHALEUR 176

III° INFLUENCE DE LA FONCTION SUR L'ÉTAT DE L'ORGANE .. 177

IV° INFLUENCE DE L'ÉTAT DE L'ORGANE SUR LA FONCTION .. 178

V° ACTION DE LA TEMPÉRATURE SUR L'ORGANE ET SA FONCTION. — 1° Effets du froid sur les organes et leurs fonctions; 2° Effets de la chaleur sur les organes et leurs fonctions. 178

VI° ACTION DES POISONS SUR LES ORGANES ET LEURS FONCTIONS 180

VII° DIFFÉRENCE DES PHÉNOMÈNES DE CIRCULATION DANS LES ORGANES, SELON QU'ILS SONT EN ÉTAT D'ACTIVITÉ OU EN REPOS. 182

VIII° MÉTHODE DE DÉTERMINATION DE LA FONCTION D'UN ORGANE. — 1° Principe du Déterminisme; 2° les règles de la Méthode; 3° les procédés opératoires 183

Seconde Section : Conditions vitales du cerveau et de sa fonction.

I° LE SANG OXYGÉNÉ ET L'ACTIVITÉ DU CERVEAU. — 1° Anémie cérébrale; 2° hyperémie cérébrale 186

II° LE TRAVAIL DU CERVEAU ET LA PRODUCTION DE LA CHALEUR. — 1° Echauffement du cerveau à la suite du travail intellectuel; 2° l'échauffement de la substance cérébrale commence là où est le centre nerveux de l'irritation; 3° Rapport entre le travail cérébral et l'oxydation chimique; 4° Conclusion 189

III° INFLUENCE DE LA FONCTION DU CERVEAU SUR L'ÉTAT DU CERVEAU. — 1° Accroissement du cerveau à la suite de l'exercice de la fonction; 2° Atrophie de certaines régions du cerveau à la suite de la perte de la fonction 192

IV° INFLUENCE DE L'ÉTAT DU CERVEAU SUR LA FONCTION. — 1° Santé du cerveau donnant l'excellence de la fonction; 2° Perturbations et destruction du cerveau amenant les perturbations et la destruction de sa fonction 193

V° ACTION DE LA TEMPÉRATURE SUR LE CERVEAU ET SA FONCTION. — 1° Le froid supprime la faculté de penser; 2° la chaleur supprime la faculté de penser 194

VI° ACTION DES POISONS SUR LE CERVEAU ET SA FONCTION . . 195

VII° DIFFÉRENCE DES PHÉNOMÈNES DE CIRCULATION DANS LE CERVEAU SELON QU'IL EST EN ÉTAT D'ACTIVITÉ OU DE REPOS . . 196

VIII° MÉTHODE DE DÉTERMINATION DE LA FONCTION DU CERVEAU. — 1° Méthode de vivisection; 2° méthode des poisons; 3° méthode électrique; 4° pathologie naturelle . . . 197

CHAPITRE II

LA PATHOLOGIE CÉRÉBRALE ET L'AME

Première Section : Altérations générales de la fonction du cerveau

I° ALIÉNATION MENTALE. — 1° Définitions; 2° mécanismes de l'aliénation mentale; 3° Causes générales de l'aliénation mentale; 4° anatomie et thérapeutique 207

II° L'ALCOOLISME. — 1° Action physiologique de l'alcool; 2° mécanisme de l'action de l'alcool; 3° altérations de la fonction du cerveau 220

III° L'IDIOTIE ET LE CRÉTINISME 223

IV° CONCLUSION DE LA PREMIÈRE SECTION 227

Seconde Section : Localisations cérébrales

I° FAITS PATHOLOGIQUES ATTESTANT L'EXISTENCE D'UN CENTRE GÉNÉRAL POUR LES PERCEPTIONS AUDITIVES, ET D'UN CENTRE GÉNÉRAL POUR LES PERCEPTIONS VISUELLES 230

II° FAITS PATHOLOGIQUES ATTESTANT L'EXISTENCE D'UN CENTRE MOTEUR GÉNÉRAL POUR LE LANGAGE ARTICULÉ, ET CELLE D'UN CENTRE MOTEUR GÉNÉRAL POUR LES MOUVEMENTS DE L'ÉCRITURE. 235

III° Faits pathologiques attestant que les centres perceptifs généraux se subdivisent en centres perceptifs partiels. 239

IV° Thérapeutique fondée sur la connaissance des localisations cérébrales 241

V° Conclusion de la seconde section. 243

CHAPITRE III

LA MÉMOIRE

I° La mémoire organique. — 1° Toute impression sensible sur un centre nerveux y laisse une trace; cette trace est fixée par l'exercice; 2° une modification acquise et fixée par l'exercice est difficilement remplacée par une autre; 3° la mémoire n'est pas une faculté une et indépendante; elle est une collection de mémoires locales; 4° les inégalités des mémoires locales proviennent, soit d'une inégalité constitutionnelle des centres nerveux respectifs, soit de l'exercice ou éducation donnée aux sens 244

II° La mémoire psychique ou mémoire consciente. — 1° Pour qu'une activité nerveuse puisse être perçue par l'âme, c'est-à-dire arriver à l'état de conscience, il faut qu'elle réalise deux conditions, à savoir, l'intensité et la durée; 2° lorsqu'une action nerveuse n'atteint pas le minimum d'intensité et le minimum de durée nécessaires pour qu'il y ait conscience, cette action nerveuse n'en existe pas moins; la modification imprimée aux centres nerveux est acquise; 3° le caractère propre de la mémoire psychique est la localisation dans le passé; 4° vu la faiblesse de la nature humaine, une des conditions d'une bonne mémoire psychique est la rentrée à l'état latent d'un grand nombre d'états de conscience; 5° à la suite d'exercices répétés et continus, la mémoire consciente évolue vers la mémoire inconsciente ou organique et finit par se perdre en elle. 248

III° Maladies temporaires de la mémoire. — 1° Amnésie passagère, accompagnée d'automatisme cérébral; 2° Amnésie des événements d'une certaine période de temps; 3° perte de toute la mémoire psychique et rééducation; 4° Amnésie des signes; 5° hypermnésie 251

IV° DISSOLUTION DE LA MÉMOIRE. — 1° La dissolution progressive de la mémoire a pour cause une lésion du cerveau à marche envahissante; 2° ordre d'extinction suivant lequel se fait la dissolution progressive de la mémoire 258

V° FONCTIONS PHYSIOLOGIQUES D'OÙ DÉPENDENT LES DEUX FONCTIONS DE LA MÉMOIRE. — 1° La conservation mnémonique dépend de la nutrition; 2° la reproduction mnémonique dépend de la circulation 261

CHAPITRE IV

L'UNITÉ DU MOI EST UNE RÉSULTANTE

I° UNITÉ RÉSULTANT D'UNE COMBINAISON. — Exemples empruntés à la physique et à la chimie. 266

II° CONSTITUTION DU MOI. — 1° Le moi comprend trois groupes de faits; 2° importance comparative de chacun des trois groupes de faits au point de vue de l'essence du moi; 3° ce qui distingue le moi d'un homme du moi d'un autre homme, ou caractère distinctif de la personnalité; 4° la pénétration réciproque et la combinaison mutuelle des sensations, des sentiments, des connaissances, des jugements et des volitions, font de l'unité du moi, non pas une unité collective, mais une unité de combinaison, en un seul mot, une résultante.................... 269

III° L'IDENTITÉ PERSONNELLE ET L'IDENTITÉ DU MOI. — 1° L'homme n'est jamais, à aucun moment de sa durée, identique à lui-même; 2° définition de ce qu'on appelle vulgairement le sentiment de l'identité personnelle; 3° à travers l'évolution continue qui se fait de la naissance à la mort, ce qui persiste le plus dans le corps, c'est le type figuré; ce qui persiste le plus dans la fonction particulière appelée Ame, c'est le type moral ou caractère; 4° de l'analyse du moi ainsi que des définitions de l'identité personnelle et de l'identité du moi, il résulte qu'un même individu peut avoir conscience de son identité personnelle et conscience de l'alternance en lui de deux moi distincts...................................... 282

IV° VÉRIFICATION EXPÉRIMENTALE DES DEUX HYPOTHÈSES SUR L'AME. — Histoire de Mlle R. L. — 1° Dans l'hypothèse d'un moi, substance spirituelle, une et simple, logée dans le cerveau, les faits concernant Mlle R. L. sont inexplicables et incompréhensibles; 2° dans l'hypothèse d'un moi, simple résultante des modifications du cerveau, tous les faits concernant Mlle R. L. se comprennent et s'expliquent. 293

Histoire de Félida. — 1° Dans l'hypothèse d'un moi, substance spirituelle, une et simple, les quatre groupes de faits concernant la vie de Félida sont inexplicables et incompréhensibles; 2° dans l'hypothèse d'un moi, simple résultante des modifications nerveuses, les quatre groupes de faits de la vie de Félida sont compréhensibles et s'expliquent. Conclusion. 302

CHAPITRE V

LE PROGRÈS DU CERVEAU, DANS LA SÉRIE ANIMALE, EST SUIVI DU PROGRÈS DE L'AME

Première Section : Le cerveau animal.

PRÉLIMINAIRES. — Le système nerveux est un appareil de perfectionnement. 318

I° LE GANGLION CÉRÉBRAL ET L'INTELLIGENCE. — 1° Quand apparaît le ganglion cérébral, alors apparaît manifestement l'instinct; 2° quand s'accroît et se développe le ganglion cérébral, alors se développent les instincts et apparaît nettement l'intelligence. 319

II° LE CERVEAU ET L'INTELLIGENCE. — 1° Où le cerveau est peu développé et le sang froid, là l'intelligence est rudimentaire; 2° où le cerveau est développé et le sang chaud, là l'intelligence s'accroît et les sentiments affectueux apparaissent. 321

Seconde Section : Le cerveau humain.

I° LE CERVEAU DE L'HOMME COMPARÉ AU CERVEAU DES VERTÉBRÉS. — 1° La science est restée jusqu'ici impuissante à déterminer la quantité proportionnelle d'intelligence, soit d'après le volume et le poids du cerveau, soit d'après le nombre et la profondeur des circonvolutions; 2° au sein de l'espèce humaine, il y a un poids minimum du cerveau au-dessous duquel l'intelligence ne peut se manifester; ce caractère négatif a une valeur absolue; 3° au sein de l'espèce humaine, ou entre singes anthropoïdes et hommes, le poids absolu et le poids relatif du cerveau, le nombre et la profondeur des circonvolutions, ont au point de vue de l'intelligence une valeur généralement très grande.................................... 327

 II° Évolution organique du cerveau humain. — 1° Evolution du cerveau pendant la vie intra-utérine ; 2° évolution du cerveau pendant la vie aérienne............ 331

 III° Le poids du cerveau et l'intelligence. — 1° Poids du cerveau chez certains hommes éminents; 2° poids comparé du cerveau chez les classes non instruites et chez les classes instruites; 3° poids comparé du cerveau chez les blancs et chez les nègres ; 4° anomalies...... 335

 IV° Les circonvolutions et l'intelligence. — Circonvolutions chez les races instruites et chez les races non instruites; 2° asymétrie des hémisphères cérébraux... 339

 V° Conclusion générale........................ 341

CHAPITRE VI

L'AME DE L'HOMME EST DE LA MÊME NATURE QUE L'AME DES ANIMAUX ; ELLE N'EN DIFFÈRE QUE PAR LE DEGRÉ

 1° L'instinct. — 1° Instincts naturels primitifs; 2° instincts acquis; 3° instincts particuliers; 4° caractères de l'instinct; 5° instincts chez les hommes............ 343

 II° L'intelligence. — 1° Animaux; 2° hommes...... 365

 III° Le sentiment. —1° Sentiments passionnels; 2° sentiment esthétique; 3° sentiments moraux: 4° sentiments sociaux... 381

 Conclusion............................... 400

CHAPITRE VII

L'EMBRYOGÉNIE ET L'AME

 Notions préliminaires. — 1° La glande femelle ou ovaire; 2° la glande mâle ou testicule; 3° l'embryon; 4° l'embryon humain comparé à l'embryon des mammifères; 5° longueur et poids de l'homme durant la vie intra-utérine.. 401

 I° Problème chronologique : *A quelle date précise se manifeste l'âme ?* — 1° L'hypothèse spiritualiste; 2° l'hypothèse physiologique............................... 405

II° Problème de l'hérédité : *L'Hérédité individuelle et l'hérédité de la race*................. 413

1° L'hypothèse spiritualiste; 2° l'hypothèse physiologique................................ 415

Conclusion........................... 419

CHAPITRE VIII

ENTRE CERTAINES SÉCRÉTIONS CORPORELLES, LA DIFFÉRENCE EST PLUS GRANDE QU'ENTRE L'AME ET LE MAGNÉTISME.

I° L'argument suprême des spiritualistes........... 426

II° Les fonctions. — 1° L'origine en toutes choses est inexplicable; on la constate, voilà tout; 2° considérées en elles-mêmes, toutes les propriétés et toutes les fonctions sont inexplicables; 3° la fonction est déterminée par la situation de l'organe dans le plan organique; 4° la différence entre une goutte de lait et un spermatozoïde est infinie.................................. 427

III° Le magnétisme. — 1° Le magnétisme est une force invisible et impondérable ou, en un seul mot spiritualiste, immatérielle; 2° le magnétisme, force immatérielle, est susceptible d'augmentation et de diminution; 3° le magnétisme, force immatérielle, n'est pas répandu dans tout l'aimant; il a un habitat limité; 4° le magnétisme, force immatérielle, peut être dissous par un acide; 5° le magnétisme est la fonction propre de l'aimant; les phénomènes magnétiques sont ses manifestations.......... 434

Conclusion........................... 441

CHAPITRE IX

L'AME ET LE CERVEAU FONT UN TOUT NATUREL.

I° La théorie de Bossuet................... 442

II° Vérification expérimentale. — 1° L'hypothèse spiritualiste; 2° l'hypothèse physiologique; 3° preuve préalable que n'ont jamais pu faire les spiritualistes.......... 445

CHAPITRE X

LES PROBLÈMES MÉTAPHYSIQUES OU PHYSIQUES ET LES DEUX HYPOTHÈSES SUR L'AME.

I° L'HYPOTHÈSE SPIRITUALISTE ET LES PROBLÈMES. — 1° Problèmes métaphysiques; 2° problèmes physiques. 450

II° L'HYPOTHÈSE PHYSIOLOGIQUE ET LES PROBLÈMES. — 1° Problèmes métaphysiques; 2° problèmes physiques. 455

CONCLUSION

1° Définition de l'hypothèse scientifique; 2° Vérification expérimentale de l'hypothèse spiritualiste; 3° Vérification expérimentale de l'hypothèse physiologique 463

Conclusion : L'âme est la fonction du cerveau. . . . 469

TROISIÈME PARTIE

LA VIE ET L'AME DANS LEURS RAPPORTS AVEC LA MATIÈRE ET L'ÉNERGIE

CHAPITRE PREMIER

FAITS CONCERNANT LA MATIÈRE ET L'ÉNERGIE; DÉDUCTIONS RELATIVES A LA VIE ET A L'AME.

I° FAITS CONCERNANT L'ÉNERGIE. — 1° La matière et l'énergie sont substantiellement identiques; 2° le mouvement est partout, le repos absolu nulle part; 3° le mouvement ne peut être anéanti ni créé, il ne subit que des transformations; 4° la matière et l'énergie ne pouvant être anéanties ni créées sont donc éternelles 471

II° FAITS CONCERNANT LA MATIÈRE. — 1° Unité de la loi qui détermine les états physiques de la matière; 2° unité d'action de la matière dans ses trois états physiques; 3° unité de composition élémentaire des trois règnes de la matière; 4° unité des lois chimiques qui régissent la matière. 479

III° DÉDUCTIONS RELATIVES A LA VIE ET A L'AME. — 1° La vie; 2° L'âme; 3° Résumé. 480

CHAPITRE II

FAITS CONCERNANT LES FORMES DIVERSES DE LA TRANSFORMATION DE L'ÉNERGIE.

I° CONCOMITANCE DES FORMES DIVERSES DE LA TRANSFORMATION DE L'ÉNERGIE. 484

II° INTENSITÉ INÉGALE DANS LA CONCOMITANCE DES FORMES DIVERSES DE LA TRANSFORMATION DE L'ÉNERGIE. 486

III° INTENSITÉ PROPORTIONNELLE DANS LA CONCOMITANCE DES FORMES DIVERSES DE LA TRANSFORMATION DE L'ÉNERGIE 487

VI° TRANSFORMATIONS RÉCIPROQUES ET MUTUELLES DES DIFFÉRENTES FORMES DE L'ÉNERGIE ACTUELLE; SPÉCIALEMENT TRANSFORMATION EN TRAVAIL EXTÉRIEUR. 489

CHAPITRE III

RAPPORTS GÉNÉRAUX DE L'ORGANISME ENTIER AVEC LA MATIÈRE ET L'ÉNERGIE.

I° LES CONDITIONS DE LA VIE ET LES TRANSFORMATIONS DE L'ÉNERGIE. 496

II° LES DIVERSES RÉACTIONS THERMIQUES DANS L'ORGANISME VIVANT. 499

CHAPITRE IV

RAPPORTS PARTICULIERS DE CHAQUE CLASSE D'ORGANES AVEC LA MATIÈRE ET L'ÉNERGIE.

I° LES VAISSEAUX 502
II° LES MUSCLES. — 1° Chaleur; 2° Électricité. 503
III° LES GLANDES. 515
IV° LES NERFS. — 1° Chaleur; 2° Électricité. 516
V° CAS EXTRAORDINAIRE D'ÉLECTRICITÉ HUMAINE 549

CHAPITRE V

RAPPORTS PARTICULIERS DU CERVEAU AVEC LA MATIÈRE ET L'ÉNERGIE.

I° RAPPEL A LA MÉMOIRE. — 1° L'ondulation éthérée est permanente; 2° La chaleur est dans tous les corps; 3° L'électricité affecte et est capable d'affecter les modes les plus divers; 4° La transformation des formes nécessaires de l'énergie actuelle en travail extérieur est contingente et particulière.................................... 523

II° MISE EN ACTIVITÉ DU CERVEAU SOUS L'INFLUENCE DE LA CIRCULATION GÉNÉRALE............................. 527

III° MISE EN ACTIVITÉ DU CERVEAU SOUS L'INFLUENCE DU SYSTÈME NERVEUX. — 1° Perceptions inconscientes; 2° Perceptions conscientes..................................... 530

IV° LE CERVEAU N'A PAS DE TRAVAIL EXTÉRIEUR A ACCOMPLIR... 537

V° CONJECTURE SUR LA NATURE DE LA PENSÉE........... 538

VI° CONCLUSION.. 542

CHAPITRE VI

LA FORME STRUCTURALE ET FONCTIONNELLE EST INEXPLICABLE.

I° LA FORME N'EST PAS EXPLICABLE PAR LES LOIS PHYSIQUES. 543

II° LA FORME VIVANTE COMPREND DEUX CHOSES : LE PLAN STRUCTURAL ET LE TYPE FONCTIONNEL....................... 545

III° LA VIE NE SE CRÉE PAS, ELLE CONTINUE............. 546

CHAPITRE VII

LA VIE, PRINCIPE ET RÉSULTAT.

I° DÉFINITIONS.. 547

II° LA VIE EST UN PRINCIPE, QUANT A L'ORIGINE......... 550

III° LA VIE EST UN RÉSULTAT, QUANT AUX CONDITIONS DE SON FONCTIONNEMENT..................................... 558

CHAPITRE VIII

POSITION ACTUELLE DU PROBLÈME MÉTAPHYSIQUE.

I° La science moderne et la cause première. 560
II° Les deux termes du problème métaphysique. 561
III° Comment se pose le problème métaphysique 563

FIN DE LA TABLE DES MATIÈRES.

Sceaux. — Imprimerie Charaire et fils.

Librairie FÉLIX ALCAN

AUTRES OUVRAGES DE M. E. FERRIÈRE

Les Apôtres, essai d'histoire religieuse, d'après la méthode des sciences naturelles. 1 vol. in-12. . . . . 4 fr. 50
L'Âme est la fonction du cerveau. 2 volumes in-18. 1883. . . . 7 fr. »
Le Paganisme des Hébreux jusqu'à la captivité de Babylone.
1 vol. in-18. 1884. . . . . 3 fr. 50
La Matière et l'Énergie. 1 vol. in-18. 1887. . . . . 4 fr. 50
Le Darwinisme. 1 vol. petit in-18 de la *Bibliothèque utile*. . . 0 fr. 60

A LA MÊME LIBRAIRIE

Volumes in-12 brochés à 2 fr. 50

BINET (A.). La Psychologie du raisonnement, expériences par l'hypnotisme.
DELBŒUF (J.). La Matière brute et la matière vivante. Étude sur l'origine de la vie et de la mort.
FÉRÉ (Ch.). Sensation et mouvement. Étude de psycho-mécanique, avec figures.
— Dégénérescence et criminalité, avec figures.
L. LIARD. Des définitions géométriques et des définitions empiriques. 2ᵉ édition.
MOSSO. La Peur. Étude psycho-physiologique, trad. de l'italien par F. Hément (avec figures).
PAULHAN. Les Phénomènes affectifs et les lois de leur apparition. Essai de psychologie générale.
RIBOT (Th.), directeur de la *Revue philosophique*. La Philosophie de Schopenhauer. 2ᵉ édition.
— Les Maladies de la mémoire. 4ᵉ édition.
— Les Maladies de la volonté. 4ᵉ édition.
— Les Maladies de la personnalité. 2ᵉ édition.
— La Psychologie de l'attention. (Sous presse.)
RICHET (Ch.), professeur à la Faculté de médecine. Essai de psychologie générale (avec figures).
SAISSET (Émile), de l'Institut. L'Âme et la Vie.
STRICKER. Le Langage et la Musique, traduit par M. Schwiedland.
TARDE. La Criminalité comparée.
VIANNA DE LIMA. L'Homme selon le transformisme.

REVUE PHILOSOPHIQUE
DE LA FRANCE ET DE L'ÉTRANGER
Dirigée par TH. RIBOT
Professeur au Collège de France.

(13ᵉ année, 1888.)

La **Revue philosophique** paraît tous les mois, par livraisons de 6 ou 7 feuilles grand in-8°, et forme ainsi, à la fin de chaque année, deux forts volumes d'environ 680 pages chacun.

Prix d'abonnement :

Un an, pour Paris, 30 fr. — Pour les départements et l'étranger, 33 fr.
La livraison. . . . . 3 fr.

Les années écoulées se vendent séparément 30 francs, et par livraisons de 3 francs.

Sceaux. — Imprimerie Charaire et fils.

www.ingramcontent.com/pod-product-compliance
Lightning Source LLC
Chambersburg PA
CBHW060505230426
43665CB00013B/1396